21世纪通识教育系列教材

胡 伟
邹秋珍 ◎ 编著

演讲与口才（第3版）

清华大学出版社
北京

内容简介

本书以演讲、朗诵、辩论,以及主持、社交、求职、谈判、推销等各类演讲与口才的基本知识为基础,遵循由易到难、循序渐进和可操作性原则,对提高演讲与口才能力的各个方面进行了系统的阐述,兼顾知识教育、素质教育和能力教育,旨在提高学生整体素质,增强学生实践能力。

本书具有以下几个特点:一是时代性,书中取例尽量搜集最新的材料,贴近生活,给人以强烈的时代感;二是通俗性,理论与案例相结合,易于理解和掌握;三是可操作性,每章都配有案例和大量训练,既方便教师备课,也方便学生练习;四是实用性,通过本书训练,可使学生掌握各种口才表达形式的基本要领,全面提升自己的口才素养和演讲能力。

本书可作为高等院校本科及高职高专层次的公共课及专业基础课教材,还可作为演讲与口才爱好者的参考用书。

本书封面贴有清华大学出版社防伪标签,无标签者不得销售。
版权所有,侵权必究。举报:010-62782989,beiqinquan@tup.tsinghua.edu.cn。

图书在版编目(CIP)数据

演讲与口才 / 胡伟,邹秋珍编著. —3 版. —北京:清华大学出版社,2021.10(2025.7重印)
21 世纪通识教育系列教材
ISBN 978-7-302-59218-1

Ⅰ.①演… Ⅱ.①胡…②邹… Ⅲ.①演讲—高等学校—教材②口才学—高等学校—教材
Ⅳ.①H019

中国版本图书馆 CIP 数据核字(2021)第 192002 号

责任编辑:邓 婷
封面设计:刘 超
版式设计:文森时代
责任校对:马军令
责任印制:沈 露

出版发行:清华大学出版社
网   址:https://www.tup.com.cn,https://www.wqxuetang.com
地   址:北京清华大学学研大厦 A 座   邮   编:100084
社 总 机:010-83470000   邮   购:010-62786544
投稿与读者服务:010-62776969,c-service@tup.tsinghua.edu.cn
质 量 反 馈:010-62772015,zhiliang@tup.tsinghua.edu.cn
印 装 者:三河市科茂嘉荣印务有限公司
经   销:全国新华书店
开   本:185mm×260mm   印   张:19.75   字   数:476 千字
版   次:2009 年 9 月第 1 版 2021 年 11 月第 3 版   印   次:2025 年 7 月第 7 次印刷
定   价:55.00 元

产品编号:075728-01

前 言

自《演讲与口才》初版于2009年9月面世后,销售情况良好,在高校和社会中产生了积极的影响,也得到了同行的充分肯定。该书被清华大学、北京师范大学、中山大学、四川大学、北京航空航天大学、中国石油大学、上海大学、华北电力大学、贵州大学、河南大学等全国一百余所高校选作指定教材,受到了以上院校师生的普遍好评和认可。感谢大家的支持!为了更好地更新和完善教材的内容体系,我们特修订了第3版。

本书以口语基础、普通话、朗诵、演讲口才、辩论口才、主持口才、社交口才、求职口才、谈判口才、推销口才的基本知识为基础,遵循由易到难、循序渐进和可操作性强的原则,系统训练学生演讲与口才各个方面的能力。演讲、朗诵、辩论与口才既是普通话的综合运用,又是当代青年重要的人文素养,已成为现代人求职应聘、职场发展等必须具备的重要能力。因此,大学生应积极进行口才训练,以不断提高交际能力,满足成长需求,促进事业成功。

本书体现新的课程体系、教学内容和教学方法,以提高学生整体素质为基础,以增强学生实践能力为本位,兼顾知识教育、素质教育和能力教育。本书的编写以理论为指导,以训练为主线,突出科学性、实用性和示范性,力图为教师提供一本科学实用的口语教材,为学生提供一套有效的训练材料。我们在设计训练时力求系统、科学,有层次、有力度,注重讲练的对应性和可操作性。本书内容的安排别具匠心,开篇以贴切的案例导入,正文辅以小故事、小实例、小启示和小训练等模块,结尾配有思考与训练,形式多样、内容活泼,在锻炼口才、增强兴趣的同时,也培养了学生的社交能力,提高了学习效果。

本书具有以下几个特点。

第一,时代性。书中取例尽量搜集最新素材,贴近生活,给人以强烈的时代感。

第二,通俗性。理论与案例相结合,易于理解和掌握。

第三,可操作性。每章都配有案例和大量训练,既方便教师备课,也方便学生练习。通过训练,学生可掌握各种口才表达形式的基本要领,全面提高口才素养和演讲能力。

第四,实用性。通过训练,学生将掌握各种口才表达形式的基本要领,全面提升演讲与口才方面的能力。

本书既可作为公共课教材，又可作为专业基础课教材，适合普通高等本科院校、应用型本科院校、高职高专院校、成人高校的教师和学生以及相关人士使用，还可作为演讲与口才爱好者的参考用书。

本书由胡伟、邹秋珍编著。具体编写分工为：暨南大学胡伟编写第一、二、三、五、六、九、十章，广州大学华软软件学院邹秋珍编写第四、七、八章。

本次修订我们主要做了如下工作：

（1）增加了训练方法，如第一章增加"练气的方法"，第二章增加"绕口令训练的方法"；

（2）增加了案例，如第二章增加"发音不准造成不良后果"的案例，第三章增加"重音轻读"的案例；

（3）增加了内容，如第五章增加"破除诡辩"的内容。

在本书的编写过程中，我们参考和引用了国内外许多专家和学者的专著、论文及网络文章，在此谨向他们表示诚挚的谢意！

本书的出版得到了清华大学出版社的大力支持，此外，还得到了"国务院侨务办公室立项""彭磷基外招生人才培养改革基金"的资助，在此对相关部门和人员表示衷心的感谢！

由于编者水平有限，加上时间仓促，书中错误和疏漏在所难免，敬请专家、学者和读者不吝指正。

编　者

目 录

第一章 口语基础 ··001

第一节 培养综合素质 ···001
　　一、道德修养 ···001
　　二、知识结构 ···003
　　三、能力结构 ···004

第二节 心理素质训练 ···005
　　一、克服怯场心理 ···005
　　二、心理调节方法 ···006

第三节 态势语言 ···008
　　一、态势语言的作用 ···008
　　二、态势语言训练 ···010

第四节 口才训练方法 ···020
　　一、名人练口才 ···020
　　二、常见的几种口才训练方法 ·································021

第五节 发声训练 ···028
　　一、气息控制训练 ···029
　　二、共鸣控制训练 ···031
　　三、声音弹性 ···033
　　四、吐字归音训练 ···033
　　五、特殊声音的模拟训练 ···034
　　六、用声与嗓音保护 ···037

思考与训练 ···038

第二章　普通话 039

第一节　普通话语音基础 040
  一、声母 040
  二、韵母 046
  三、声调 055
  四、音变 057

第二节　普通话朗读技巧 060
  一、停顿 060
  二、重音 062
  三、语速 063
  四、语调 066

第三节　普通话水平测试 069
  一、普通话水平测试概述 070
  二、普通话水平测试试卷介绍 071
  三、普通话水平测试题型 074

思考与训练 079

第三章　朗诵 080

第一节　朗诵概述 081
  一、朗诵的特点 082
  二、朗诵的要求 082
  三、朗诵情感的把握 083

第二节　朗诵的技巧 087
  一、停顿和相连 087
  二、重音和轻音 090
  三、速度和节奏 093
  四、语气和语调 093
  五、朗诵的态势语 096
  六、朗诵注意事项 097
  七、朗诵、朗读、演戏三者的区别 098

第三节　不同文体的朗诵 098
  一、诗歌的朗诵 098

二、散文的朗诵···102

　　三、童话、寓言的朗诵···104

思考与训练···105

第四章　演讲口才···115

第一节　演讲概述···115

　　一、演讲的定义···116

　　二、演讲的特征···116

　　三、演讲的分类···117

　　四、即兴演讲···118

第二节　演讲前的准备···119

　　一、演讲的选题···119

　　二、演讲的选材···120

　　三、演讲前的思想准备···121

第三节　演讲稿的写作技巧···122

　　一、演讲稿的特点···122

　　二、演讲稿的结构技巧···123

　　三、演讲稿的语言技巧···127

　　四、优秀演讲稿范例···128

第四节　演讲语言的表达技巧··130

　　一、有声语言表达技巧···130

　　二、无声语言表达技巧···133

思考与训练···142

第五章　辩论口才···144

第一节　辩论概述···144

　　一、辩论的含义与作用···145

　　二、辩论的原则···145

　　三、辩论的种类···146

　　四、辩论的语言类型···148

　　五、赛场辩论···150

　　六、辩词赏析···153

第二节　辩论的准备 ·········· 154
一、辩论审题与立论 ·········· 154
二、辩论材料的准备 ·········· 159
三、辩论谋略的制定 ·········· 162
四、辩词讲稿的撰写 ·········· 165
五、辩论制胜要诀 ·········· 169

第三节　辩论技巧 ·········· 172
一、立论精当 ·········· 172
二、临场不乱 ·········· 172
三、巧于言辞 ·········· 173
四、善用逻辑 ·········· 177
五、破除诡辩 ·········· 182

思考与训练 ·········· 183

第六章　主持口才 ·········· 185

第一节　主持人概述 ·········· 185
一、主持人 ·········· 185
二、主持人应具备的素质与能力 ·········· 186
三、主持的类型 ·········· 189

第二节　主持语言技巧 ·········· 190
一、开场技巧 ·········· 190
二、串联技巧 ·········· 194
三、情趣引导、掌控场面技巧 ·········· 197
四、摆脱困境技巧 ·········· 199
五、即兴访谈技巧 ·········· 202
六、结束技巧 ·········· 205

思考与训练 ·········· 207

第七章　社交口才 ·········· 209

第一节　社交口才概述 ·········· 209
一、社交与社交口才 ·········· 210
二、社交口才的作用 ·········· 210
三、社交语言的基本原则 ·········· 211

第二节　社交语言表达的基本要求·················212
　　　　一、明确交际目的·····························213
　　　　二、认准交际对象·····························213
　　　　三、建立时空观念·····························215
　　　　四、选择话题健康有益·························215
　　第三节　社交语言的实用技巧·······················216
　　　　一、介绍语言技巧·····························216
　　　　二、提问语言技巧·····························217
　　　　三、拒绝与说服的语言技巧·····················219
　　　　四、赞美与批评的语言技巧·····················221
　　思考与训练···224

第八章　求职口才·······································225

　　第一节　求职面试概述·······························225
　　　　一、求职面试前的准备·························226
　　　　二、求职面试礼仪·····························228
　　　　三、求职材料的准备···························229
　　第二节　求职面试语言要求·························244
　　　　一、简明扼要，重点突出·······················244
　　　　二、真诚朴实·································245
　　　　三、扬长避短·································245
　　　　四、谦恭有度·································246
　　第三节　求职面试语言表达的技巧···················247
　　　　一、常见问题的回答技巧·······················247
　　　　二、解除困境的语言技巧·······················249
　　　　三、提问的语言技巧···························250
　　　　四、应聘时的忌讳·····························251
　　思考与训练···252

第九章　谈判口才·······································253

　　第一节　谈判概述···································254
　　　　一、谈判的含义·······························254
　　　　二、谈判的特点·······························255

三、谈判的种类 257
第二节　谈判策略与口才 258
　　一、劣势条件下的谈判策略 258
　　二、优势条件下的谈判策略 260
　　三、均势条件下的谈判策略 262
第三节　谈判语言技巧 266
　　一、重复意见法 266
　　二、赞美对方法 267
　　三、故意示弱法 269
　　四、巧妙激将法 269
　　五、曲径通幽法 270
　　六、正话反说法 271
　　七、刚柔并济法 271
　　八、侧面暗示法 272
　　九、列举数字法 272
　　十、巧打比喻法 273
思考与训练 274

第十章　推销口才 276

第一节　推销概述 277
　　一、推销的含义 277
　　二、推销的形式 279
　　三、推销的基本原则 280
第二节　推销语言技巧 284
　　一、接近顾客的语言技巧 284
　　二、面谈时的语言技巧 287
　　三、消释异议的语言技巧 291
　　四、商品成交的语言技巧 295
　　五、收回货款的语言技巧 299
思考与训练 301

参考文献 302

第一章

口语基础

学习目标

- 了解态势语言的作用。
- 提高综合素质。
- 掌握态势语。
- 掌握口才训练方法。
- 提高心理素质。
- 提高发声能力。

引例

美国记者根宝在他写的《回忆罗斯福》一书中说,罗斯福总统"在短短二十分钟之内,他的面部表情有:稀奇、好奇、伪装的吃惊、真情的关切、担心、同情、坚定、嬉笑、庄严,都有超绝的魅力,但他可不曾说过一个字"。

第一节 培养综合素质

口才的培养离不开口语主体综合素质的提高。综合素质是指人们生存、发展和从事社会实践能力的各种内在基础条件的总和。它是指品德、学识、能力、生理、心理、胆略等多方面素质的综合,通常人们认为它的基本内涵是"德、识、才、学、体"。下面重点分析道德修养、知识结构和能力结构。

一、道德修养

道德修养是一个人的思想意识、文化素养、道德观念的集中体现,有好坏优劣之分。口语表达作为一种社会现象,具有道德实质。任何口语表达中(社交、演讲、论辩、谈判、推销等），总要包含一定的伦理道德观念并以一定的方式体现出来。从宏观上说，口才艺术的首要目的就是要通过口语表达，卓有成效地提高人们认识世界和改造世界的能力。因此，一个优秀的口语表达者应该是一个教育者，如果自己没有较高的道德修养，又谈何去教育别人？从微观上说，面向听众演讲、答问，和他人辩论、谈判等，总是企图影响对方的思想感情、行为举止，目的总是不外乎让对方相信什么、承认什么、应允什么。因此，口语主体就不免是某种思想观念、某种伦理道德的体现者和宣传者。在口语表达中，也只有品行端正、道德高尚的人才会受到人们的尊重和信赖，他的言论才会在听众中产生积极的影响。否则，便会出现"台上你说，台下说你"或"前面你说，后面说你"的现象，听众会视口语主体为口是心非、哗众取宠的江湖骗子。

　　口语主体要用语言来引导、教育听众，但身教更为重要。《论语》中说："其身正，不令而行；其身不正，虽令不从。"众所周知，"正己然后可以正人"。听众对于那些不讲诚信、表里不一的夸夸其谈者一贯极为反感。所以口语主体必须讲道德、重道德，要注重自身道德修养的提高，努力做到严于律己、宽以待人；实事求是、光明磊落；爱国爱民、讲究信义；勇于拼搏、乐于奉献；"先天下之忧而忧，后天下之乐而乐"；"富贵不能淫，贫贱不能移，威武不能屈"；继承和发扬中华民族的传统美德，使自己的道德修养不断提升而趋于完善。只有这样的口语主体，当他站于人前时，虽未开口，听众就先信服三分了。也只有这样的口语主体施教于人，其讲话才有分量、有威信。例如，周恩来等人的讲演总是能使人信服。

　　口语主体的道德修养，必然会从他的话语中反映出来，而听众对于口语主体是"不患位之不尊，而患德之不崇"。口语主体的道德修养高，必然会对听众产生较大的影响力，听众就会被感染，随着感情迁移，便会收到"爱屋及乌"的效果。听众出于尊崇演讲者的思想道德修养或仰慕其名气而倾心于演讲者演讲内容的情况，在口才实践中屡见不鲜。因此，即使是从口语表达要说服听众，令其为之行动这一角度来说，口语主体也应努力加强道德修养，提升道德境界，做一个道德高尚、德才兼备的时代所需人才。

例证 1-1

以诚信为本

　　黑龙江优秀农民企业家孙乃奇创办的绥滨县啤酒厂，在东北已经闯出了"北国啤酒"的市场。孙乃奇"奇"在哪里？很简单——以诚信为本，狠抓产品质量。他无法容忍质量低劣的产品，绝不会让劣质产品流入市场。有一次，当班工人不慎将糖化程度提升了20℃，这样产出的酒浆质量肯定不合格，即使出酒，味道也不纯正。孙乃奇厉声宣布："我孙乃奇让你们花钱买一个观念，必须严格执行工艺要求，质量丝毫不能差！"一道"放酒"命令之后，10吨浅黄色啤酒浆被倒掉，企业各级干部伫立一旁纷纷为之动容。

> **分析**：创业不易，守业更难。经营头脑和能力固然重要，但正己正人，诚实守信，遵守职业道德更是至关重要。没有企业领导人痛下决心根除劣质商品的决策，企业的名优品牌又从何而来？一个人知识再多、能力再强，但不讲道德、不讲诚信，必然无法建起成功的事业。

智能，就是人们掌握和运用知识的能力。合理的智能结构应该由两个部分组成：一是智，二是能。"智"即合理的知识结构，"能"即应有的能力结构。能力建立在知识的基础之上，知识则往往通过一定的能力表现出来。掌握知识和培养能力二者之间，既相互依存、相互制约，又相互促进、相互转化。一般来说，知识越渊博，其能力就越强，缺少某一方面的知识，便不可能具有某一方面的能力，不注重掌握新知识、更新旧知识，发展能力就只能是水中望月。同时，在学习知识的过程中，能力较强的人则会比能力较弱的人学得更多、更快、更好。

二、知识结构

合理的知识结构是口语主体进行现代社会实践的工具和基础。它应为"T"字形结构，既必须兼备多学科、跨学科的经过精选的宽广的知识面，还要具备某一专业纵深的知识。只有这样，做到专博结合、两相兼备，才能成为跨越多个知识领域的"通才"。这是社会对现代人才所提出的较高的知识结构的要求，也是我们现代青年调整、优化知识结构的努力方向。

庄子曰："水之积也不厚，则其负大舟也无力。"口才水平的提高，必须以广博的学识为基础。口语主体的学识越充实、越广泛、越深厚，口语表达才越能内容丰富、说理透辟、联想巧妙、得心应手。如果学识浅薄、孤陋寡闻，口语表达必然贫乏枯燥、呆板生硬、捉襟见肘，无法与听众会心地交流思想感情。纵观古今中外一切成功的口语表达，无不闪烁着智慧的光芒，口才家们掌握的知识，就是启迪人们心智的一把"钥匙"。马克思、恩格斯、毛泽东等无产阶级革命家和鲁迅、闻一多等文学家都是出类拔萃的演讲家，同时又是学识渊博、才华横溢，具有很高学术造诣和文化修养的学者。他们博览群书，汲取了人类优秀的文化成果，所以才能在自己的演讲中旁征博引、纵横古今、说理透彻、见解深刻，从而使演讲产生巨大的说服力。

口语表达属于社会科学范畴，它与哲学、文学、美学、伦理学、教育学等社会科学有着密切联系；同时它又与语言学、文章学之间，甚至与表演艺术、曲艺艺术、音乐艺术之间，也都有着某种不可分割的内在联系，所以口语主体必须以广博的知识作为基础。当然，任何口语主体都不可能也没有必要精通一切知识领域，只是要求口语主体对与口语表达有关的学科尽可能地多做一些了解。口语主体的学识不仅要"博"，同时也要求"专"，因为口语主体一般都有自己特定的专业，其口语表达也常与自己的专业有关，尤其是学术演讲，听众衡量演讲者水平的高低，总是以其专业学识作为主要的检验标准。

口语主体的学识除了包括从书本上学到的知识以外，还包括从实际生活中体验到的知识。《红楼梦》中有副对联："世事洞明皆学问，人情练达即文章。"古语也有："读万卷书，行万里路。"前者说明社会生活范畴里也有学问，后者则指明求学、治学的两条根本途径。口语表达是一种信息传播和交流的方式，因此，口语主体与听众的交互感应十分重要。如果没有这种交互感应，双方的思想感情就不能真正沟通，也就谈不上听众会对口语主体的表达产生共鸣。而要真正进行有效沟通，关键在于口语主体是否具备一定的社会实践经验和丰富的生活阅历。因此，口语主体要具备合理的知识结构，不仅要博览各类书籍，还要认真去品读"生活这本百科全书",以便更好地揣摩和把握听众的心理定势,摸准听众的思想脉搏,抓住与听众建立情感交流的热点,使口语表达深入听众心扉,从而收到一呼百应的理想效果。

三、能力结构

口语主体应有的能力结构主要指认识能力、组织能力、沟通能力、表达能力和创新能力。这五种能力既相互联系又相互区别,五者是有机的统一体。口语主体只有具备了这些能力,方可巧妙、娴熟、完善地表达自己的思想感情,收到最佳的口语表达效果。

(1)认识能力。认识能力是指口语主体观察事物、分析问题、认识现实、预测未来的能力。口语主体者深邃的思想、远见的卓识,都来自卓越的认识能力。一次好的口语表达,总是既有针对性,又有说服力,这样才能解决问题。而针对性和说服力又来自于对听众思想情绪的了解和掌握,这就需要口语主体具有一定的认识能力,这样才有可能选好话题,并采用生动而有说服力的事例进行透彻的分析说明,也才能对整体表达进行恰到好处的统筹安排,使口语表达顺利达到目的。

(2)组织能力。组织能力包括组织材料、组织语言等方面的能力。组织材料的能力,无论是在演讲、论辩中,还是在社交、谈判或推销中都非常重要。它可以使口语主体在有限的时间内,选择出恰当的材料并组织成一个有机的整体,以便说服、打动听众。而组织语言的能力,则直接影响到口语的表达效果。口才是一门语言艺术,想要运用简练的语句来表达博大精深的思想,用优美动听的语句来激发、感染听众,使语言听起来娓娓动听、声情并茂、令人折服,就必须要有高超的组织语言的能力。

(3)沟通能力。沟通能力主要指口语主体要善于与听众沟通,使听众随着口语主体者思路的展开,较好地领会口语主体者的隐含或言外之意,做到共鸣与情感交融。例如,《我有一个梦想》的演讲和奥巴马在竞选时的演讲。

(4)表达能力。表达能力是指有声语言和态势语言的表达才能。口语表达作为一种具有较强审美价值的艺术形式,它要求自己的语言表达必须有相应的艺术性。有声语言表达,既有语义上的要求,又有语音上的要求,语义上要求用语准确、生动、优美、通俗、得体;语音上要求清晰流畅,说起来朗朗上口,听起来悦耳动人,从而使口语表达具有文采美和艺术美。

(5)创新能力。创新能力是指对已积累的知识和经验,通过创造性思维进行科学加工,提出新想法、创造新事物的能力。没有创新意识,哥白尼就提不出"太阳中心说",爱因斯坦的"相对论"就无法建立,居里夫人就不会有镭的发现,莱特兄弟就不能将飞机送上天。创新意识不仅为人们的实践创造性活动提供了内在起点,更为解决现实与未来的难题提供了种种可能的途径,它在我们创造理想的世界中起着越来越重要的作用。

对于口语主体来说,创新能力就是指通过创造性思维,创造性地运用科学知识发现新问题、分析新问题、解决新问题的能力。一个优秀的口语表达者,应该善于汲取和运用别人的经验,结合现实情况,创造性地提出新观点,突破旧框架,开辟解决问题的新途径。创造能力离不开创造性思维和创造实践的统一,在创造活动中,它表现为选择、突破、重建这三者的有机结合。选择就是充分地观察、思考,让各方面问题充分暴露出来,然后经过"去粗取精、去伪存真"的加工过程，有意识地选择那些有价值又符合需要，并在实践中切实可行的信息，作为创造活动的原材料。突破是指心智在一个聚焦点上的爆发，是新价值在一个缺口上的涌流，是新假设、新方案、新思想、新观点的诞生。创新需要质疑的精神和批判的能力，需要有提出新观点、新结论的魄力。选择和突破都不是创造活动的目的，其目的主要是重新构建新的观念、新的学说、新的理论等。重建是指有效地抓住思维活动中的心智，建筑起新的思维支架，迅速扩充新的价值领域，完善和充实新的思想体系，为理论的发展奠定新的基础，创造出一个新成果。口语主体者只有具备创造能力，在口语表达中才不会人云亦云、空话套话连篇，令听众厌烦；才能看问题深入本质，不囿于一隅，打破定势，思路开阔，见人之所未见，讲人之所未讲，提出新见解、发现新事物、开拓新领域；才能用自己新颖独到的见解，来启迪听众的心智，使听众备受教益的同时又对口语表达者刮目相看。例如，一个竞选校学生会主席的学生，上台后的称呼语是："尊敬的选民朋友，大家下午好！"这种表达方式打破了"尊敬的老师，亲爱的同学"的惯用语，令人耳目一新。

第二节 心理素质训练

心理素质是人的个性所具有的基本特征和品质。它是人类在长期社会生活中形成的心理活动在个体身上的积淀，是一个人在思想和行为上表现出来的比较稳定的心理倾向、特征和能动性。在口语表达过程中，讲说者往往面临着生疏、频繁变化的对象和环境。为了消除不良环境的影响，战胜自己可能产生的怯场等心理障碍，充分发挥自己的口语才能，讲说者就必须要进行心理素质的训练。

一、克服怯场心理

（一）关于怯场心理

（1）怯场的具体表现。某些人当遇见陌生人或者一想到自己要在大庭广众之下讲话，便会出现心率加快、血压升高、汗腺分泌、喉头发紧、声音发颤、四肢僵硬、肌肉抽搐、头痛晕眩等生理反应，这些不自然的神态举动便是怯场的表现。它是人说话时所出现的恐惧慌乱的心理。

（2）怯场的原因。产生怯场的原因主要有：会场隆重严肃、听众过多、气氛特殊、担心失败、害怕忘词、情绪过度紧张等。

（二）克服怯场心理的方法

（1）应有正确的认识。怯场是一种常见的心理表现，许多极具口才的著名人士在演讲时也不能幸免。例如，罗马演说家西塞罗第一次演讲时"脸色苍白、四肢和心灵都在颤抖"；印度前总理拉吉夫·甘地在演讲时"不是在讲话，而是在尖叫"；美国著名作家马克·吐温在演讲时"嘴里仿佛塞满了棉花，脉搏快得像赛跑的运动员"。美国的研究人员曾在三千多人中做过一项调查，题目是"你最担心的是什么？"，约有 40% 的人认为，最令人担心也最令人痛苦的事就是在大庭广众之下讲话。因此，每一个人都有惧怕演讲的情绪，只不过程度不同。

（2）树立充分的自信。相信自己，就是自信。居里夫人说得好："我们应该有信心，特别是要有自信心。我们必须相信，我们的天赋是用来做某种事情的，无论什么代价，这种事情必须做到。"巴甫洛夫也曾说："如果我坚持什么，就是用大炮也不能把我打倒。"

自信心对于人的心理有重要的影响。一位心理学家曾做过这样的试验：当一位很胆怯又不具有自信心的女孩子，在被人有意地充分肯定、赞扬一段时间后，其自信心便大为增强，言谈举止会与从前判若两人。有了自信心才能够在讲说前情绪饱满、意气风发、精力旺盛。在讲说中，只有克服怯场、情绪镇静、神态自若、思维敏捷、言语流利，才能使自己所讲的内容精准恰当，从而更好地展示自己的口才。

自信绝不是自夸，自信要建立在充分准备的基础上，一方面要进行必要的知识积累，因为说话是以大脑储备的知识为基础的；另一方面要加强对自信心的培养与训练。美国著名演讲家戴尔·卡耐基认为："发展自信的方法，就是做你怕做的事，而得到一个成功的记录。"

（3）加强平时练习。要充分利用一切在众人面前讲话的机会，大胆地锻炼，不断地积累经验，锻炼越多，胆子越大；反之，胆子越小。同时，要排除各种杂念，不要去想是否失败，不要去想听众是否厌烦，不要去想是否冷场，不要去想听众地位的高低，不要考虑太多影响自己情绪的事情，从而避免使思绪受到阻碍，要做到"目中无人，心中有人"。这样，在讲话时就能获得最佳的心理状态。

二、心理调节方法

调节紧张情绪有许多具体方法，可根据对象、场合、时间的不同对自己演讲前的心理进行调节。

（一）反复背诵法

可在演讲前反复背诵或默诵自己写好的演讲词或诗词等稿件，也可以把动作设想出来，轮到自己出场时就会胸有成竹。

（二）形象调节法

想象或回忆美好的经历，使自己保持身心愉快，消除焦虑。如你喜欢洗澡，可以想象自己浸泡在舒适的浴缸里的惬意感；也可以回忆自己躺着晒日光浴的情形。这样，你的心情自然会平静下来。又如，你可以闭上眼睛，在头脑中展现出一幅你进行演讲的画面：在灯火辉煌的大厅里，你用浑厚洪亮的声音，准确而生动地表述自己的观点，听众则聚精会神地听着，仿佛入了迷……

（三）呼吸调节法

上场前均匀地深呼吸，每次呼吸都要感觉到气是从丹田提起又落回丹田之中。呼与吸的时间要相等，可以在吸时数三个数，呼时以相等的时间数三个数，一呼一吸在6秒内完成。这样反复多次，因怯场造成的紧张感便会减弱直至消失。

（四）活动转移法

有意识地观察某一件事物，或者与人交谈相关的话题，或者散散步、活动一下身躯等，都能调节紧张情绪。

（五）现场熟悉法

要避免临场紧张，一定要提前到场。演说前可熟悉一下环境，如走上讲台环视大厅，打量一下讲台的摆设等；掌握现场的器具，如话筒是手握式还是直立式等，并设计好现场的态势语；还可以提前到现场做几次预讲演；也可以到听众中间进行交谈，这样不仅可以了解听众的需求、特点等，也可以消除由于"陌生体验"而带来的紧张情绪。

（六）自我暗示法

利用内部语言进行自我安慰、排解、鼓励，如"讲得好坏没关系，只要我讲完就是胜利""听众是不会注意我的每句话的"等。

（七）饮料摄入法

摄入适当的饮料，如咖啡、茶、糖水等，不仅能消除因紧张而带来的不适，也能产生暂时的旺盛精力和舒适的情绪，缓解因疲惫而产生的厌倦、紧张、焦虑等不良心理。

（八）扫视全场法

演讲时可用眼神扫视全场，又不专注某一点，可起到避免情绪紧张的作用。

小训练

教师要根据具体要求做好示范与点评，组织学生以全班或小组为单位进行练习；要将课堂练习与平时练习结合起来，将练习与考核结合起来。学生要根据自身实际有针对性地进行练习，要将自我练习与全班演练结合起来。

1. 按要求"无语练胆"

要求：学生轮流昂首阔步走上讲台，然后微笑着目视台下最后一排同学而不讲话，让视线笼罩全场，使每位同学都感到在被关注着，听众微笑着注视台上同学的面部，时间为两分钟或直到台上学生不感到过于紧张为止。

2. 按要求"随意练口"

要求：上台学生需注意"心中有情，目中无人"，随意讲自己最快乐（气愤、难忘）的事，或者大声念"绕口令"，习惯于低声说话者要有意识地提高音量，而习惯于声音洪亮者则相反。

第三节 态势语言

如果说口头语言是人类以有义、有序的声音为物质材料的信息载体，书面语言是人类以有义、有序的文字为物质材料的信息载体的话，那么，态势语言则是人类以有义、有序的面部表情、体态语言、空间距离、服饰装束为物质材料的信息载体。态势语言，它和口头语言、书面语言一同构建起神圣的"语言殿堂"。

态势语言是人类独有的语言形态。当人们不会、不必、不想或不宜使用口头语言和书面语言时，态势语言却能独立地发挥它特有的表情达意的作用。而人们在进行口头语言表达时，态势语言所能起到的作用更是不容忽视。

例证 1-2

英国前首相丘吉尔在一次演讲中说："我们现在的生活水平比历史上任何时期都高，我们现在吃得很多。"讲到这里，他故意停了下来，看着听众好一会儿，然后他盯着自己的大肚腩说："这是最有力的实证。"

> **分析：** 丘吉尔在这段演讲中首先妙用停顿，把听众的注意力吸引到他自己身上，然后巧妙地运用"盯着自己的大肚腩"的体态语辅助有声语言进行论证，产生了妙趣横生、令人捧腹的交际效果。

一、态势语言的作用

（一）强调作用

在口语表述过程中，有的意思已经表达得很清楚、很充分了，但为了突出这层意思的重要性，讲话者常常辅之以眼神或手势等，以便加深听众的印象。

毛泽东在《中华人民共和国第一届全国人民代表大会第一次会议开幕词》报告结尾时，用激情澎湃、坚定有力的声音说：

我们的目的一定要达到！（掌声）

我们的目的一定能够达到！（掌声）

毛主席每讲完一句，就伴随着一个向前推进的有力的手势。这个手势强调了"我们的目的一定要达到"的革命坚定性和"我们的目的一定能够达到"的胜利必然性，给了全党全军和全国人民以极大的鼓舞和鞭策。

（二）补充作用

在口语表述过程中，有的意思虽然表述清楚了，但意犹未尽，于是讲话者便使用手势等态势语言加以补充，完善口语表达的不足。

1917年11月7日晚，列宁领导的布尔什维克武装力量炮轰冬宫。叶童在《列宁：伟大的红色学说演说家》中是这样描绘当时的列宁的——在这革命胜利的第一个夜晚，整整一夜列宁和托洛茨基都是躺在斯莫尔尼宫的地板上。列宁的样子有点疲惫。拿下冬宫后，天色已近早晨，列宁微笑着对托洛茨基说："从地下状态和动荡不安到掌握政权，这个转变太突然啦，头昏脑涨。"说着他用手在头边做了个旋转动作。

口语中的"头昏脑涨"已经把意思说得差不多了，再用手势做一个"旋转动作"，作为对前面话语的适时的、恰到好处的补充。

（三）替代作用

在口语表达中的某一时段，讲话者有时会暂停讲话，而以态势语言替代后续的内容。这种替代非但不影响听众对内容的准确理解，相反，还能收到"此时无声胜有声"的效果。

1945年8月28日清晨，毛泽东乘飞机去重庆和蒋介石谈判。在延安机场，毛泽东向成千上万欢送的人告别，作家方纪在《挥手之间》中细腻描写了这感人肺腑的一幕。

机场上人群静静地立着，千百双眼睛跟随着主席高大的身形在人群里移动，望着主席一步一步走近了飞机，一步一步踏上了飞机的梯子。

这一会儿时间好长啊！人们屏住了呼吸，一动不动地望着主席的一举手，一投足，直到他在飞机舱口停住，回转身来，又向着送行的人群。

人群又一次像疾风卷过水面，向着飞机涌了过去。主席站在飞机舱口，取下头上的帽子，注视着送行的人们，像是安慰，像是鼓励。人们不知道怎样表达自己的心情，只是拼命地一齐挥手，像是机场上蓦地刮来一阵狂风，千百条手臂挥舞着，从下面，从远处，伸向主席。

主席也举起手来，举起他那顶深灰色的盔式帽，但是举得很慢很慢，像是在举起一件十分沉重的东西。一点一点地，一点一点地，举起来，举起来，等到举过了头顶，忽然用力一挥，便停止在空中，一动不动了。

我们不难想象，在上飞机之前和上飞机之后，毛主席肯定和他周围的人说了不少的话。上飞机时，他当然可以慷慨激昂地发表激励人心的演说。但是他没有这样做，而是以他特有的"挥手"替代了他此时此刻的心情、愿望和嘱托。毛主席的"挥手"究竟表达了什么含义呢？方纪以诗一样的语言诠释了"挥手"的丰富内涵："主席的这个动作，给全体在场的人，以极其深刻的印象。它像是表达了一种思维的过程，做出了断然的决定；像是集中了所有在场的人，以及不在场的所有革命的干部、战士和群众的心情，而用这个动作表达出来。这是一个特定的、历史性的动作，概括了当那个伟大的历史转折时期到来的时候，领袖、同志、战友以及广大革命群众之间，无间的亲密，无比的决心，无上的英勇。"

例证 1-3

有一次，曾任美国第16届总统的林肯作为被告的辩护律师出庭。原告律师将一个简单的论据翻来覆去地陈述了两个多小时，听众听得早已不耐烦。好不容易才轮到林肯辩护，只见他走上讲台，一言不发，先把外衣脱下来放在桌上，然后拿起玻璃杯喝了口水，接着重新穿上外衣，然后又喝了口水，这样的动作重复了五六次，逗得听众笑得前仰后合。这时，林肯才在笑声中开始了他的辩护。

> **分析：** 林肯与其他听众一样，对原告律师啰啰唆唆、翻来覆去的发言极为不满，却又不便直言指责。于是他上台之后进行了一系列体态动作的表演，以此代替有声语言嘲讽原告律师，以抒发自己心中的不满。此举胜过千言万语，收到了无声胜有声的表达效果。

当然，在常见的口语表达中，用态势语言替代口头语言一般是短暂的，表意也是明确的，远没有"毛主席挥手"这样持久、这样深刻，但态势语言在口语表达中的替代作用却是显而易见的。

（四）审美作用

态势语言不仅是演讲者思想情感的外化，同时也是演讲者风采风度的展示。准确、简洁、优雅和富有个性的态势语言，既有助于演讲者顺畅无误地表达自己的思想和情感，又能带给听众以美好和谐的审美愉悦。

美国已故总统尼克松在他的《回忆录》中对周恩来总理的风度做了如下描述。

周恩来的敏捷机智大大超过了我能知道的其他任何一位世界领袖。这是中国独有的、特殊的品德，是多少世纪以来的历史发展和中国文明的精华结晶。他做人很谦虚，但沉着坚定。他优雅的举止，直率而从容的姿态，都显示出巨大的魅力和泰然自若的风度。他从来不提高讲话的调门，不敲桌子，也不以中止谈判相威胁来迫使对方让步。他在手里有"牌"时，说话声音反而更加柔和了……在谈话中，他有四个特点给我留下了不可磨灭的印象：精力充沛、准备充分、谈判中显示出高超的技巧，在压力下表现出的泰然自若。

这是对周总理谈判时整体的审美评价，其中不容忽视的是，尼克松所谈到的举止、姿态、讲话的调门、不敲桌子等，都是态势语言中的组成部分。这就是说周总理的行为举止（即态势语言）和他的智慧、品德一样，都具有极高的审美价值。

二、态势语言训练

态势语言包括面部表情、体态语言、空间距离和服饰装束等。

（一）面部表情

面部表情通常是指眼睛、眉毛、嘴巴、面部肌肉及其综合运动所反映的心理活动和情感信息。语言专家测定，在人们可接收的信息之中，只有45%来自有声语言，而55%则来自无声的态势语言，而在态势语言中，又有70%来自面部表情。面部表情能表达丰富而复杂微妙的情感，具有超凡的魅力。

例证 1-4

有人曾问古希腊大演讲家德摩斯梯尼："演讲家最重要的才能是什么？"他回答："表情。"

又问:"其次呢?""表情。""再其次呢?""表情。"

罗曼·罗兰早就指出:"面部表情是多少世纪培养的成功的语言,是比嘴里讲的要复杂到千万倍的语言。"事实上,面部表情又集中体现在眼神、笑容、面容三个方面。

1. 眼神

古人有"眉目传情""暗送秋波"等反映眼睛功能的说法。眼神,是对眼睛整体活动的一种描述。眼睛除了具有接受外界信息的功能,还有外泄和传输内心世界的功能。内心的欢乐与痛苦、平和与焦躁、喜爱与憎恶、尊敬与鄙薄、恬淡与奢求、渴望与气馁、进攻与退却、接纳与拒绝、感情的潮涨与潮落、良心的苏醒与泯灭等都可用眼神来传达。所以,泰戈尔说:"一旦学会了眼睛的语言,表情的变化将是无穷无尽的。"

人们高兴时往往"眉开眼笑",发怒时会"横眉竖目",说明了眼神含义的微妙和丰富。意大利画家达·芬奇认为:"眼睛是心灵的窗户。"人的眼神可以反映一个人的内心世界。一个人内心世界的信息传递出去,以及外界信息传入大脑枕叶,80%～90%要靠眼睛。于是,眼神便成为一种无形的传递语言,它往往能够真实地表达一个人的内心世界。有时不用开口说话,通过眼神便可以倒出心中所思。心理学家苏赞也说:"眼睛能够暴露一个人心中最大的秘密。不管他在说什么,他的眼睛就会告诉你他正在想什么。如果瞳孔扩大,眼睛大睁,那就表明他听到了什么令他高兴的事,抑或你说的话使他感觉良好。如果瞳孔缩小,那就表明情况正好相反,即他听到了什么他不喜欢的事情。如果他的眼睛眯起来,那就表明你大概是告诉了他什么他不相信的话,于是他感到他有理由不相信你或不相信你说的话。"

眼神的运用包括四个方面:注视的时间、注视的角度、注视的部位、注视的方式。

(1)注视的时间。注视时间的长短,一般和注视者的态度有着密切关系,如果是表示友好、重视、颇感兴趣,通常注视的时间较长;如果表示不在意、漫不经心甚至是蔑视,则注视的时间极短。眼神有其特殊的表现力和感染力。有人做过这样的统计,讲课者、讲演者的目光与学生、听众的目光接触时间达到讲课、讲演时间70%以上的,其讲课、讲演将会最大限度地获得学生、听众的好感、信赖、喜欢,并能最大限度地激发学生、听众的兴致。这是因为目光接触得越多,和学生、听众交流感情的机会就越多。

(2)注视的角度。加拿大医学博士埃里克·伯恩提出的有关人格结构的P、A、C分析理论,对于理解注视角度不无裨益。第一种,视线向下的P型(parents),表现出父母对子女,或者长者对后辈的爱护、爱怜与宽容的心理状态;第二种,保持平视的A型(adult),是基于理性与冷静思考等评价的成人心理状态;第三种,视线向上的C型(children),表示尊敬、敬畏和撒娇等以自我为中心的儿童心理状态。这些分析理论,现在依然是判断注视角度和情感色彩对应关系的依据。

(3)注视的部位。在口语表达过程中,对象是个体还是群体,其注视的部位是完全不同的。所谓注视的部位,实际上是指人际交往中目光所及之处。如果口语表达者面对的是讲话者群体,那么,目光所及之处应该是"大家"。高明的口语表达者会让在场的每一位受众都能亲切地感受到讲话者是在看着他说话。如果口语表达者面对的是个体,注视的部位若不同,则不但说明自己所持的态度不同,而且表明双方的关系也不相同,注视对方的双眼,表示重视对方,聚精会神、一心一意,这属于关注型注视;注视对方的额头,表示认真严肃，这属于公务型注视；注视对方眼部至唇部，是口语表达时常用的眼神注视部位，这属于常规社交型注视。

（4）注视的方式。注视的方式有直视、凝视、环视等，每种注视的效果各不相同。

当众讲话时要注意观察听众的眼神，以便了解听众的心态从而随机调节讲话策略。听众的眼神黯淡无光，表明其内心忧伤，说话时就不要神采飞扬；听众眼神突然明亮，表明其对自己或自己的表现产生兴趣，说话时就应趁热打铁；听众眼神游移躲闪，表明其慌乱心虚，说话时就应穷追猛击；听众眼神沉稳坚毅，表明其成竹在胸，说话时应谦虚谨慎。当别人用压倒性的目光注视你时，你不要看他的眼睛，而是在他前额眼眉的上方找一个地方，然后就目不转睛地盯着那个地方看。这样，谁也没办法用目光的逼视将你压倒，最后那个人除了将自己的目光收敛起来别无选择。当然在你愤怒时也不妨以目光表示出来。据说19世纪埃及有一名法官叫达乌德，双目犀利、眼光敏锐，在审案时端坐在台上，上面仅露出自己的头，用自己威严的目光死死盯住犯人，阴森可怖、寒气逼人，因此犯人多会招供。这当然也许仅仅是传奇式的传说。英国前首相丘吉尔有一张怒容满面、目光炯炯的照片，据说这是加拿大摄影家卡希的杰作，当时丘吉尔刚步入镜头之内，卡希猛然向前，一把夺下了他的烟斗，首相毫无思想准备，一时勃然大怒，双目圆睁、一手叉腰，气势咄咄逼人。后来，这张照片就成为二战时英伦三岛"永不投降"的精神象征，不能不说这是管理者态势语言成功运用的一个有力证明。

总之，眼神的力量是无穷的。这里引用德国古典哲学家黑格尔的一段话："不但是身体的面容、姿态和姿势，就是行动和事迹、语言和声音以及它们在不同生活中的千变万化，全部可以艺术化为眼睛。人们从这眼睛里可以认识到内在的无限自由的心灵。"

2. 笑容

笑容，即人们愉快欢乐时所呈现出来的面部表情。在言语交际中，它不但是内容的显示屏，同时，也是交际者之间的一种润滑剂。展示笑容，可以缩短彼此间的心理距离，打破交际障碍，为心灵的沟通创造有利条件。人们说，教师的微笑，是阳光，它可以温暖学生的心灵；教师的微笑，能沟通师生的心灵，唤起学生对美的寻觅。

微笑如此美好，但也不容易掌握。这里有一个嘴巴开合度的问题，嘴巴不张开的笑，往往会给人一种皮笑肉不笑或冷笑的感觉；嘴巴咧得太大，又给人一种傻笑的感觉。电影表演家孙道临说，只要在嘴里念声"茄子"就行了，嘴巴开合度控制在"不露或刚露齿缝"为佳，也就是说，微笑完全含蓄在口缝之间。当然，如果讲课、讲演的内容是严肃、愤怒或者悲凉的，那就不能面带笑容，而应有其他相应的表情。

以下为笑容的不同种类。

（1）微笑。微笑是一种程度较浅的笑容，是一种自得其乐、知心会意、亲善友好的表示，这是一种适应范围最广的笑容。

（2）大笑。大笑是一种程度较深的笑容，常常伴随"哈哈哈"的笑声，通常表达十分开心、十分欢乐、十分愉快的心情。

（3）狂笑。狂笑是一种程度最深的笑容，笑声响亮并伴随前仰后合的动作。狂笑通常表现为狂喜和极度快乐，一般只用于模拟人物的情态，说话和演讲中应禁忌狂笑。

此外，在口语表达中，还有假笑、冷笑之类的笑容。

3. 面容

所谓面容，是在情感的驱动下，面部肌肉的运动和面部器官如眉、嘴、鼻、耳的互动所显示的综合表情。最常见的有以下几种面容。

（1）反省与沉思。眼睛凝视某一方向，皱眉，伴有呼吸急促、肌肉紧张等反应。

（2）悲哀与痛苦。面孔拉长，面部肌肉松弛，两侧面皮自然垂落，眼睛、嘴唇了无生气，眉头紧皱。

（3）怨恨与愤怒。怨恨与愤怒虽然是两种不同的情态，但面部特征却是大同小异。面部发红或发紫，呼吸急促、青筋暴起、鼻孔打开且发抖，双唇紧闭、眼睛瞪大、眼中放光、眉头紧锁。

（4）侮慢与轻蔑。眼睛半闭或将目光投向别处，鼻子向上扬起，伴以微笑或冷笑。

（5）羞惭与愧疚。眼神回避，不敢正视，或眼睛向下，目光不停地左右移动，面呈红色。

（二）体态语言

人身体的每一部分、每一个器官都有表情达意的功能，包括头部、颈部、肩部、胸部、腹部、腰部、四肢以及它们之间的互联、互动、互补的协调的运动形态。

1. 首语

首语又叫头部动作。自古以来，我国有很多成语反映了首语的功能，如昂首阔步、点头哈腰、摇头晃脑、俯首帖耳等。在说话或演讲中经常出现的各种头部动作，就是通过头部活动表示某种意思的一种体态语，它通过点头、摇头、昂头、侧头、低头等动作来表达思想。

（1）点头和摇头。点头和摇头是基本的首语，也是含义最明确的首语。点头，可以表明这样一些思想：致意、同意、肯定、承认、赞同、感谢、应允、满意、认可、理解、顺从等。如两人交谈时，甲对乙的谈话很感兴趣或表示赞同，就会频频点头。摇头可以表达这样一些思想：不满、怀疑、反对、否定、拒绝、不同意、不理解、无可奈何等。在多数国家，最基本、最普遍的首语只有两种：点头或摇头。而这两种首语所表达的内容，在文化习惯不同的国家是不一样的，甚至会相反。如在斯里兰卡、印度、尼泊尔、巴基斯坦和阿尔巴尼亚等国，点头是一种否定信号。假如你问一个尼泊尔人是否同意你的见解，若他点点头，这就是说他不同意；如果你认为他这是同意你的见解，那就是大错特错了。然而在大多数国家，如中国、美国、英国和加拿大等国，点头则是一种积极信号，通常表示"是"或"肯定"。有人对出生就聋、哑、盲的人做过专门观察，发现他们也用点头表示同意和肯定，因此认为这是一种天生的人体行为。在大多数国家，摇头表示"不"或"否定"，也被认为是一种天生的人体行为。

（2）昂头。昂头表示的义项有：充满信心、胜利在握、踌躇满志、目中无人、骄傲自满等。头一直往后仰，还表示陶醉。如鲁迅《从百草园到三味书屋》中的那位老先生，一边念着"铁如意，指挥倜傥……"一边"将头仰起，摇着向后拗过去，拗过去"。

（3）侧头。侧头——将头从一侧倾斜到另一侧，就是俗话说的"歪头""歪着脖子"。侧头表示思考，表示兴趣，表示天真。如学生听老师讲课，歪着头听得津津有味，这就表明听者对讲者的话产生了某种兴趣，这是一种令人愉快的信号。英国生物学家达尔文首次发现，不仅人类，动物也是如此，当对某事产生莫大兴趣时，总是将头从一侧倾斜到另一侧。当你在讲话时，如果你的学生和听众坐在那里歪着脖子或歪着头，而且身朝前倾，这就表明你的讲话是成功的。

（4）低头。低头表示的义项有：顺从、听话、委屈、无可奈何、另有想法等。教师在讲课时，每当发现学生低着头，就应立即停止讲话，做出一些其他的动作，想尽一切办法使学生抬起头，然后再继续讲。为了吸引学生的注意力，并防止学生使用这种首语，有经验的教师在开讲之前通常都会来一段"小戏"，当学生将头抬起，甚至倾斜着脑袋时，他才言归正传。从某种程度上说，要想评价一个教师讲课是否成功，只需看一看学生的首语，就会一目了然。

首语的运用要做到三点：一是注意民族习惯，前面讲的有些国家如斯里兰卡、印度、保加利亚等国，点头就是否定、不赞成，这就要搞清楚，以免闹笑话；二是动作要明显，尤其是当它发挥替代功能时，如到底是点头还是摇头，动作要稍大些，让对方看清，从而正确领会，正确解读，不能似是而非，造成误解；三是注意配合其他交际语言使用，如点头时配合一个"嗯"，就不至于引起误会，也可以配合其他体态语使用。

2. 姿态语

姿态语，是通过人身体的各种姿态传神、传情、传递信息的一种体态语。能够成为体态语的姿态，主要有立姿、坐姿、步姿等。

（1）立姿。就是站立的姿势。不同的立姿，可以表现出不同的精神状态、不同的思想情绪。例如，挺身直立表现出一个人端庄稳健、精神饱满；昂首而立表现出一个人自信、傲慢；低头而立表现出一个人正在沉思；弯腰而立表现出一个人精神不振、情绪不佳，或表现出居人之下、求人之心；坐立不安则表现出一个人心中有事、情绪不稳等。站立的势态，是其他一切势态的基础。

古人云"立如松"，站立的姿态应该是自然、轻松、优美的。不论站立时摆出何种姿势，只有脚的姿势及角度在变，身体一定要保持绝对的挺直。标准的站立姿势要求挺胸收腹，两肩平齐，双臂自然下垂，双腿靠拢，脚尖张开约60°，或双脚与肩同宽。站累时，单脚可后撤半步，但上体仍须保持垂直，身体重心在两腿正中，精神饱满、表情自然。与外宾谈话时，要面向对方站立，保持一定距离，太远或过近都是不礼貌的。站立姿势要正，可以稍弯腰，切忌身体歪斜，两腿分开距离过大，或倚墙靠柱、手扶椅背等不雅与失礼姿态。当站着与人交谈时，双手或下垂或叠放下腹部，右手放在左手上。不可双臂交叉，更不能两手叉腰，或将手插在裤袋里或下意识地做小动作，或摆弄打火机、香烟盒，玩弄衣带、发辫，咬手指甲等，但可随谈话内容适当做些手势。穿礼服或旗袍时，不要双脚并列，而应以一只脚为重心，让两脚之间前后距离5厘米。向长辈、朋友、同事问候或做介绍时，不论握手或鞠躬，双足应当并立，相距10厘米左右，膝盖要挺直。等车或等人时，两脚的位置可一前一后，保持45°角。

人站立的基本势态通常有三种：立正、稍息与跨立。站立要做到头要端、肩要平、胸要挺、腹要收、身要正、腿要直、手要垂。

男性立姿：双脚平行，大致与肩同宽；全身正直，双肩稍向后展，头部抬起，双臂自然下垂伸直，双手贴于大腿两侧，上身挺直。

女性立姿：挺胸、收颌，目视前方；双手自然下垂，叠放或相握腹前；双腿并拢，不宜叉开。

 小训练

1. 立姿辅助练习

（1）提踵。脚跟提起，头向上顶，身体有被拉长的感觉，注意保持姿态稳定，练习平衡感。

（2）两人一组，背靠背站立。脚跟、脚肚、臀部、双肩和后脑勺贴紧。此练习可训练站立时的挺拔感，为加强效果可在五个触点夹上夹板。

（3）背靠墙练习。

2. 立姿注意事项

站立时，竖看要有直立感，即以鼻子为中线的人体应大体成直线；横看要有开阔感，即肢体及身段应给人舒展的感觉；侧看要有垂直感，即从耳至脚踝骨应大体成直线。男女的站姿也应形成不同的风格。男性的站姿应刚毅洒脱、挺拔向上；女性应站得庄重大方、秀雅优美。

站立时切忌东倒西歪、耸肩驼背、左摇右晃、两脚间距过大。站立交谈时，身体不要倚门、靠墙、靠柱，双手可随说话的内容做一些手势，但不能太多太大，以免显得粗鲁。在正式场合站立时，不要将手插入裤袋或交叉在胸前，更不能下意识地做小动作，如摆弄衣角、咬手指甲等，这样做不仅显得拘谨，而且给人一种缺乏自信、缺乏经验的感觉。良好的站姿应该有挺、直、高的感觉，真正像松树一样舒展、挺拔、俊秀。

（2）坐姿。就是一个人坐的姿势。不同的坐姿，也可以表现出不同的精神状态和思想情绪。如男性张开两腿而坐，表现出自信、洒脱、豁达，跷起"二郎腿"则表现出悠闲自得，或无所谓的神态；女性两膝并拢而坐，表现出庄重、矜持、有教养；"稳坐钓鱼台"表现出一个人胸有成竹或无忧无虑；坐而不安则表现出一个人心神不定、不想久留等。

坐姿总的要求是舒适自然、大方端庄。在日常国际交往中，对入座和落座都有一定要求。入座时，动作要轻盈和缓、自然从容。落座要轻，不能猛地坐下，或发出响声，要端庄稳重。

正确的坐姿：上身自然挺直，两臂屈曲放在双膝上，或两手半握放在双膝上，手心都要向下。谈话时，可以侧坐。侧坐时上体与腿同时向一侧。坐着时，要把双膝靠拢、脚跟靠紧，不要有摆弄手指、拉衣角、整理头发等懒散的姿态。两腿的摆法：既不能过于前伸，也不能过于后展，更不能腿脚摇晃。不雅坐姿：两膝分开，两脚呈八字形；两脚尖朝内，脚跟朝外；在椅子上前俯后仰，或把腿架在椅子或沙发扶手上、茶几上；两腿交叠而坐时，悬空的脚尖不能向上，更不能上下抖动或摆动。

与人谈话时，勿将上身往前倾或以手支撑住下巴。坐姿要依据不同场合与环境相适应。例如，一般沙发椅较宽大，不要坐得太靠里面，可以将左腿跷在右腿上，显得高贵大方，但不宜跷得过高。在公共场所不要趴在桌子上、躺在沙发上，或是半坐在桌子或椅背上。

男性坐着的时候，抬头、挺胸、收腹、两眼平视对方，两腿开合度与肩齐平。倘若两腿张开太大，既不礼貌，也不雅观。

女性的正确坐姿，可以参照1927年范德比尔特曾经告诫美国妇女的那段描述：坐下的时候，一只脚的拇指紧接着另一只脚的脚跟，然后两腿的膝盖靠拢，才是优雅的坐姿。只有将两腿并拢，才像个谦虚、达理、有教养、懂规矩的淑女。

坐姿中最需要注意的是架腿，其中包括我们平常说的"跷二郎腿"。这种动作，男性女性都得慎用，尤其是女性。标准的架腿动作，是将一条腿叠放在另一条腿上，这是一种保护自己势力范围，不让他人入侵的姿势。还有一种美国式的架腿动作，即将一只脚的足踝架在另一只腿的膝盖或大腿上，显示的是随意、平等和融洽的姿态。如果跷着"二郎腿"还轻轻抖动，就会传输出漫不经心、不以为然或对对方的话题不感兴趣等信息。

（3）步姿。就是一个人走动的姿势。人们的步姿有多种多样，如健步如飞、闲庭信步、稳步前进、大踏步前进、步履蹒跚、踱来踱去、正步、跑步、散步等。这些不同的步姿，也可以表现出人们不同的心理特点、不同的精神状态、不同的思想情绪。

行走的姿势极为重要，因为人行走总比站立的时候多，而且一般又都在公共场所进行，人与人相互间自然地构成了审美对象。行走时，步态应该自然轻盈、目视前方、身体挺直、双肩自然下垂、两臂摆动协调、膝关节与脚尖正对前进方向。行走的步子应大小适中、自然稳健，节奏与着地的重力一致。与女士同行，男士步子应与女士保持一致。总之，走相是千姿百态的，没有固定模式，或矫健或轻盈，或显得精神抖擞，或显得庄重优雅，只要与交际场合协调并表现出自己个性的步伐，就应该是正确的。

走路时应注意的事项：应自然地摆动双臂，幅度不可太大，只能小摆，前后摆动的幅度约为45°，切忌左右摆动。应保持身体的挺直，切忌左右摇摆或摇头晃肩。膝盖和脚踝都应轻松自如，以免浑身僵硬，同时切忌走"外八字"或"内八字"。多人一起行走时，不排成横队、不勾肩搭背。遇急事可加快步伐，但不可慌张奔跑。

3. 手势语

手势是最灵活自如、最富有表现力的动作。法国画家德拉克洛瓦说："手应当像脸那样富有表情。"手语，是运用人体上肢表达思想、传递信息的一种体态语言，这也是表现力很强的一种体态语言。手的动作较多，它包括手指、手掌、手臂及双手发出的能够承载交际信息的各种动作。手是人体敏锐、丰富的表情器官之一，它以近两百个不同态势的造型艺术描摹事物，传递心声，流露情感。手势能够表达出丰富的情感，如手势可以表示强调、欢乐、愤怒、激情。人们高兴时常常手舞足蹈，愤怒时会握紧双拳或拍案而起，表示敢做敢当则手拍胸膛，表示懊悔时常常手拍大腿。

手语的运用范围很广，使用频率也相当高。例如，碰到熟人招手表示呼唤、致意；当应答人家是否需要某件东西时，用摇手表示不需要或者谢绝；当会议表决时，举手表示赞同或支持；当不能满足对方要求时，用搓手表示为难；叉手表示自信心和优越感；摊手表示坦诚或无可奈何；拱手表示行礼或者道谢；背手表示自由自在或正在思考。

在国际交往中，手势作为一种交流符号，具有十分重要的意义。了解和熟悉某些常见的手势，有助于更准确地相互理解和交流，否则就容易产生误解。例如，有些中国人爱以食指指点着别人说话，这往往会引起欧美人士的极大反感，因为在欧美这是不礼貌的责骂人的动作。"到这边来"的手势用得很多,中国人习惯手臂前伸,手心向下,弯动手指,示意"过来";而在欧美,这一动作却是招呼动物的表示,他们招呼人时,是将手掌向上伸开,伸曲手指数次,而在中国,这一动作又被误解为招呼幼儿或动物。在大部分中东和远东国家,一个手指表示"性手势",所以用一个手指召唤人是对人的侮辱。在这些国家以及葡萄牙、西班牙和拉丁美洲国家,用手召唤人的正确姿势如下:手心向下,挥动所有手指或挥动手臂。竖起拇指表示"好"和"行了",通行于世界多数国家;而在澳大利亚,这个手势是粗野的动作。在希腊和尼日利亚人面前摆手是对他的极大侮辱,手离对方越近,侮辱性就越大。

手势类型大体有以下四种。

(1) 形象性手势,即用来模拟物的手势。毛泽东在展望新中国的美好前景时,有过一段很有趣的讲话。他说:"新中国像个什么东西呢?"只见他把两个手的大拇指和食指分别弯曲成半圆形,然后慢慢合拢,接着说:"像个太阳,像个初升的太阳!"这个手势动作,把未来的新中国比喻成一个看得见的太阳,十分形象,也十分深刻。

(2) 象征性手势,即用来表示抽象意义的手势。叶童在《列宁:伟大的红色学说演说家》一书中这样描绘列宁那些极富象征意义的手势:"列宁大声地、尽力使他的嗓音响彻巨大的广场,即使最远的地方也能听到他的话,发表了他那篇著名的演说——进一步展开革命运动的热情的号召。在芬兰车站看到列宁在装甲车上并听过他讲话的人,永远忘不了他那特有的列宁式手势——右臂有力地向前一伸,好像他的思想全部都蕴藏在这个手势里了……"什么是"特有的列宁式的手势"?就是"蕴藏"他"全部思想"的"有力地向前一伸",这就是象征性的手势。

(3) 指示性手势,即指出、指明、指示具体对象的手势。吴敬梓在《儒林外史》一书中对严监生有一节极为生动形象而且极富讽刺意义的描写:"(严监生)病得一连三天不能说话。晚间挤了一屋子人,桌上点着一盏灯。严监生喉咙里痰响得一进一出,一声不倒一声的,总不得断气。还把手从被单里拿出来,伸着两个指头。大侄子上前问道:'二叔,你莫不是还有两个亲人不曾见面?'他把头摇了两三摇。二侄子走上前来问道:'二叔,你莫不是还有两笔银子在哪里,不曾吩咐明白?'他把两眼睛睁得溜圆,把头又狠狠地摇了几摇,越发指得紧了。奶妈抱着哥子插口道:'老爷想是两位舅爷不在跟前,故此纪念。'他听了这话,把眼睛闭着摇头,那手只是指着不动,赵氏慌忙揩揩眼泪,走上前道:'爷,别人都说得不相干,只有我晓得你的意思……你是为那盏灯里点的是两茎灯草,不放心,恐费了油,我如今挑掉一茎就是了。'说罢,忙走上去挑掉一茎。众人看严监生时,点点头,把手垂下,顿时就没了气。"

(4) 情意性手势,即用来传递情感的手势。在《孔雀东南飞》中,刘兰芝、焦仲卿的"举手长劳劳,二情同依依"地挥手告别,就是这种情意性手势的典型例证。

此外,手势语还包括鼓掌语,它是通过双手合拍发出声响传递信息的一种体态语。其含义有两面性:一种是正面的,表示欢迎、感谢、支持、称赞、鼓励等;一种是反面的,表示不满、喝倒彩、鼓倒掌。对鼓掌语的含义,要结合当时引发鼓掌的原因、鼓掌人的表情、场面气氛、有声语言等情形来理解。

运用手势语,要注意以下几点:一要简单,不要动作太复杂,不要手舞足蹈,不停地晃动,以免使人生厌;二要与其他体态语及口语配合协调,说话之间"该出手时就出手",不该出手时不出手;三要时常变换手语动作,即使是十分出彩的手势,也不宜一再重复或常用不换。

> **小训练**
>
> 以《这就是我》为题，按下面的要求介绍自己。
> 1. 不慌不忙走上讲台，先站定，后抬头，面向大家说话。
> 2. 说话中，必须有2～3个富有个性的手势。
> 3. 说话时间不少于2分钟，不超过3分钟。

（三）空间距离

人们在交往过程中，经常利用相对位置作为信号来传达一定的思想，利用界域来表达一定的情感，这就是态势语言所讲的空间距离。人们在心理上的距离，往往会反映在空间距离上，这种距离主要有以下几种。

（1）亲密区域。亲密区域表示关系密切。这个区域介于0～0.45米。处于下限"0"时，身体完全相互接触，处于上限0.45米时，也只有半臂距离，屈臂即可触及对方。处于这个区域的人们，可以彼此听到对方的呼吸声，看到对方细微的表情，甚至可以嗅到对方身上的气味。只有关系密切的人才有可能获准进入这个区域，如父母与孩子、配偶之间。

（2）个人区域。这个区域在0.45～1.2米。处于下限0.45米时抬手可以触及对方，处于上限1.2米时则仍可保持一定程度的亲近。人们在这个范围内可以彼此观察到对方的表情变化，显示出一定程度的亲密程度和友好关系，可用于某种程度的私人交往，如同事、同学、朋友等。

（3）社交区域。这个区域在1.2～3.6米。它所表示出来的关系比前两种要疏远，是一种公事公办的次级关系。

（4）公共区域。这个区域大于3.6米，表示疏远关系。这个区域内交往双方一般已没有特殊心理联系。

首先，学会把握个人区域。言语交际时有时需要面对面地和人谈心或沟通思想，要想取得良好的交际效果，达到思想沟通的目的，则必须把握好"个人区域"这个空间距离。其次，学会把握社交区域，运用好社交区域有助于人们顺利地完成交际任务。

（四）服饰装束

"三分人才，七分打扮。""佛要金装，人要衣装。"在现代社会，服饰已不仅仅是满足防寒避暑的需求，更多的是关系到一个人的整体形象，体现一个人的社会地位、情趣、修养、人性、职业以及精神面貌。服饰作为一种特殊的交际语言，对自身、对他人都会产生影响。例如，2000年发生了两起因着装不当而引起社会各界强烈反响的事件，一位是体育明星在接受媒体采访时，穿的裤子上竟然写满了英语粗口；另一位是演艺明星在拍摄封面艺术照时，她裙子上竟然是日本军旗图案。事后他们都承认对衣着图案所代表的含义一无所知，只觉得"好看"。这种着装不仅在社会上造成了恶劣的影响，同时也暴露了这两位明星的无知。

美国著名政治家、科学家本杰明·富兰克林说："饮食也许可以随心所欲，穿衣却要考虑给他人的印象。"要获得好的印象，就要做到着装的协调与适中。服饰一是要与个人的年龄、职业、身份地位以及肤色、形体相协调，做到整洁合体、突出个性。二是要符合交际对象的场所，庄重大方、美观和谐。国际上普遍遵循"TPO"着装原则，即"T"（time）代表时间、时令、时代，"P"（place）代表地点、场所、地位、职位，"O"（object）代表目的、目标、主题、对象等。这就是说，服饰打扮要具有时代感，要与交际目的、交际场所、交际对象和交际内容一致。

服装不是一种没有生命的"遮羞布"。它不仅是布料、花色和缝线的组合，更是一种社会工具，它向社会其他成员传达出的信息，像是在向他人宣布说："我是什么个性的人，我是不是有能力，我是不是重视工作，我是否合群……"而服装无形中还会对协调人际关系、提高工作效率、增加职位升迁的机会起到良好的促进作用。下面举几个例子来说明着装与事业的关系。

例证 1-5

有位女职员是财税专家，她有很好的学历背景，常能为客户提供很好的建议，在公司里的表现一直很出色。但当她到客户的公司提供服务时，对方主管却不太注重她的建议，她所能发挥才能的机会也就十分受限。后来，一位时装大师发现这位财税专家在着装方面有明显的缺憾：她26岁，身高147厘米，体重43千克，看起来机敏可爱，喜爱着童装，像个小女孩，其外表与她所从事的工作性质相距甚远，所以客户对于她所提出的建议缺少安全感、信赖感。这位时装大师建议她用服装来强调出学者专家的气势，用深色的套装、对比色的上衣、丝巾、镶边帽子来搭配，并建议她戴上重黑边的眼镜。女财税专家照办了，结果，客户的态度果然有了较大的转变。很快，她成了公司的董事之一。

例证 1-6

一位业绩还算不错的女推销员在美国北部工作，一直都穿着深色套装，拎着一个男性化的公文包。后来她调到阳光普照的南加州，她仍然以同样的装束去推销商品，结果业绩很不理想。后来她改穿淡色的套装和洋装，换了一个女性化一点的皮包，使自己更有女性的亲切感，结果着装的这一变化使她的业绩提升了25%。

可见，随着社会经济、文化的发展，如何得体、适度地着装已成为一门大有可为的学问。就求职或在职的女性而言，尤其在工商界和金融界或学术界，打扮过于时髦的女性并不吃香，人们对服装过于花哨怪异者的工作能力、工作作风、敬业精神、生活态度，一般都会持有怀疑态度。

小知识

职业女性着装原则

服装界人士提出了若干职业女性着装的原则。

（1）套装确实是目前最适合职业女性的服装，但过分花哨、夸张的款式绝对要避免；极端保守的式样，则应掌握如何配饰、点缀使其免于呆板，若是将几组套装进行巧妙的穿搭，不仅是现代化的穿着趋势，也是符合经济原则的装扮。

（2）质料的讲究已经是不折不扣的事实，所谓质料是指服装采用的布料、裁制手工、外形轮廓等条件的精良与否。职业女性在选择套装时一定不要忽视它。

（3）过分性感或暴露的服装绝不能出现在办公室中，这会惹出不必要的麻烦，如引起男同事或上司的非分念头，更会使人对自己留下"花瓶"的印象。职场女性千万要注意这一点。

（4）现代职业女性生活形态非常活跃，需要经常花心思在服装的变化上。所以，懂得如何以巧妙的装饰来免除更衣的问题，是现代职业女性必须明了的。在出门前，最好先略做安排以做万全之计。

（5）现代穿着是讲求礼仪的，在适当的时间、地点及场所做出合宜的装扮是现代女性不可忽视的。职业女性还必须注意，除了穿着应该考究以外，从头至脚的整体装扮也应讲究，强调"整体美"是现代穿着中最流行的字眼。

（6）职业女性穿着套装固然非常适宜，但凡是能够表现职业女性应有风范的服装都值得一试，在一定的着装规则之下，职场女性可尽情享受服饰穿搭的乐趣，而且这也是现代职业女性的权利。

第四节　口才训练方法

一、名人练口才

口才并不是一种天赋的才能，它是靠刻苦训练得来的。古今中外历史上一切口若悬河、能言善辩的演讲家、雄辩家，他们无一不是靠刻苦训练而获得成功的。

美国第16届总统林肯为了训练口才，徒步30英里（约48千米）到一所法院去听律师们的辩护词，看他们如何论辩，如何做手势，他还一边倾听，一边模仿。他听到那些云游八方的福音传教士挥舞手臂、声震长空的布道，回来后也学他们的样子。他曾对着树、树桩、成行的玉米练习口才。日本前首相田中角荣，少年时曾患有口吃病，但他没被困难所吓倒。为了克服口吃，练就口才，他常常朗诵、慢读课文，为了准确发音，他对着镜子纠正嘴型和舌根的部位，态度严肃认真、一丝不苟。

我国早期无产阶级革命家、演讲家萧楚女，更是靠平时的艰苦训练，练就了非凡的口才。萧楚女在重庆国立第二女子师范学校教书时，除了认真备课外，他每天天刚亮就跑到学校后面的山上，找一处僻静的地方，把一面镜子挂在树枝上，然后对着镜子开始练习演讲，并从镜子中观察自己的表情和动作，经过这样的刻苦训练，他掌握了高超的演讲艺术，其教学水平也飞速进步，他的演讲至今仍受到世人的推崇。

我国著名的数学家华罗庚，不仅拥有超群的数学才华，而且也是一位不可多得的"辩才"。他从小就注重培养自己的口才,不仅学习普通话,还背了唐诗四五百首,以此来锻炼自己的"口舌"。

这些名人与伟人为我们训练口才树立了榜样,我们要想练就一副过硬的口才,就必须像他们那样,一丝不苟,刻苦训练。正如华罗庚先生在总结训练口才的体会时说的那样:"勤能补拙是良训,一分辛苦一分才。"

训练口才不仅要刻苦,还要掌握一定的方法。科学的方法可以使你事半功倍,加速你口才的形成。当然,根据每个人的学识、环境、年龄等的不同,训练口才的方法也会有所差异。但只要选择最适合自己的方法,加上持之以恒的刻苦训练,那么你就会在通向"口才家"的大道上迅速成长起来。

二、常见的几种口才训练方法

(一)速读法

这里的"读"指的是朗读,是用嘴去读,而不是用眼去看,顾名思义,"速读"也就是快速的朗读。这种训练方法的目的在于锻炼人口齿伶俐,发音准确,吐字清晰。

(1)方法。找来一篇演讲词或一篇文辞优美的散文。先拿来字典、词典把文章中不认识或弄不懂的字词查出来,搞清楚,弄明白,然后开始朗读。一般开始朗读的时候速度较慢,逐次加快,一次比一次读得快,最后达到你所能达到的最快速度。[①]

(2)要求。读的过程中不要有停顿,发音要准确,吐字要清晰,要尽量做到发声完整。因为如果你不把每个字音都完整地发出来,那么速度加快以后,就会让人听不清楚你在说些什么,也就失去了快的意义。快必须建立在吐字清晰、发音干净利落的基础上。我们都听过体育节目解说专家宋世雄的解说,他的解说就很有"快"的功夫。宋世雄解说的"快",是快而不乱,每个字、每个音都发得十分清楚、准确,没有含混不清的地方。我们希望达到的快也就是他的那种快,即吐字清晰,发音准确,而不是为了快而快。

速读法的优点是不受时间、地点的约束,无论何时、何地,只要手头有一篇文章就可以练习,而且还不受人员的限制,不需要别人的配合,一个人就可以独立完成。当然,也可以找一位同学听听你的速读练习,让他帮助你挑出速读中出现的毛病。例如,哪个字发音不够准确,哪个地方吐字还不清晰等,这样就更有利于你有目的地进行纠正、学习。此外,还可以用录音机把你的速读录下来,然后自己听一听,从中找出不足,以利改进。当然,如果有老师指导就更好了。

(二)背诵法

同学们都背诵过课文,有诗歌、有散文、有小说。背诵的目的各有不同,有的是因为老师要求必须背诵而不得不背,以完成老师交给的学习任务;也有的是为了记忆某名诗、名句,以此来丰富自己的文学素养。而我们提倡的背诵,主要的目的是在于锻炼我们的口才。

[①] 邵守义. 演讲学 [M]. 长春:东北师范大学出版社,1991:68.

我们要求的背诵，并不仅仅是要求你把某篇演讲词、散文等背下来就算完成了任务，我们要求的背诵，一是要"背"，二是要"诵"。这种训练的目的有两个：一是培养记忆能力，二是培养口头表达能力。

记忆是训练口才必不可少的一种素质。没有好的记忆力，要想培养出好的口才是不可能的。只有大脑中充分地积累了知识，你才可能张口即出、滔滔不绝。如果你的大脑中一片空白，那么你再伶牙俐齿也无济于事。记忆与口才一样，它并不是一种天赋的才能，后天的锻炼对它同样起着至关重要的作用，而"背"正是对这种能力的培养。

"诵"是对表达能力的一种训练。这里的"诵"也就是我们常说的"朗诵"，它要求在准确把握文章内容的基础上进行声情并茂的表达。

背诵法，不同于前面讲的速读法。速读法的着眼点在"快"上，而背诵法的着眼点在"准"上，也就是背诵的演讲词或文章一定要准确，不能有遗漏或错误的地方，而且在吐字、发音上也一定要准确无误，并且一定要准确地表达文章的思想感情。

（1）方法。第一步，先选一篇自己喜欢的演讲词、散文、诗歌。第二步，对选定的材料进行分析、理解，体会作者的思想感情，这是要花点工夫的，需要我们逐句逐段地进行分析，推敲每一个词句，从中感受作者的思想感情，并激发自己的情感。第三步，对所选的演讲词、散文、诗歌等进行一些朗诵技巧上的艺术处理，如找出重音、划分停顿等，这些都有利于准确表达内容。第四步，在以上几步工作的基础上开始背诵。

在背诵的过程中，也可分步进行。首先，进行"背"的训练，也就是先将文章背下来。在这个阶段不要求声情并茂，只要能达到熟练记忆就行，并在背的过程中，自己进一步领会作品的格调、节奏，为准确把握作品的内容打下更坚实的基础。其次，在背熟文章的基础上进行大声朗诵。再次，将背熟的演讲词、散文、诗歌等大声地背诵出来，并随时注意发声的正确与否，而且要带有一定的感情。最后，也是这个训练的最后一步，用饱满的情感，以及准确的语言、语调进行背诵。

（2）要求。这里的要求是准确无误地记忆文章，准确地表达作品的思想感情。例如，若要背诵高尔基的《海燕》，我们首先就应明白这是篇散文诗，它是在预示革命的风暴即将来临，讴歌的是海燕——无产阶级战士的形象。整篇散文诗都是热烈激昂的，表达了革命者不可遏止的爱憎分明，那么我们在朗诵《海燕》时就要抓住这个基调。当然，仅仅抓住作品的基调还是不够的，还要对作品进行一些朗诵技巧上的处理，如划分段落、确定重音、停顿等。平平淡淡、没有波澜、没有起伏、一调到底的朗诵是不会成功的。有些人在背诵《海燕》时把握了它激昂奋进的基调，却没有注意朗诵技巧，开口就定在最高的音上，结果到了表达感情的最高点时，就只能是声嘶力竭，这也是对作者思想感情的发展脉络把握欠准确的缘故。如果有了准确的把握，那么就不会犯类似的错误了。

（三）练声法

练声也就是练声音、练嗓子。在生活中，我们都喜欢听那些饱满圆润、悦耳动听的声音，而不愿听那些干瘪无力、沙哑干涩的声音。所以锻炼出一副好嗓子，练就一腔悦耳动听的声音，是我们必做的工作。

以下为练声的几种方法。

1. 练气

俗话说练声先练气,气息是人体发声的动力,就像汽车上的发动机一样,它是发声的基础。气息的大小对发声有着直接的关系,气不足,声音无力;用力过猛,又有损声带。所以,练声首先要学会用气。

例如:深吸一口气,用一口气读完下面这段话。

出东门,过大桥,大桥底下一树枣,拿着竿子去打枣,青的多红的少。一颗枣两颗枣三颗枣四颗枣五颗枣六颗枣七颗枣八颗枣九颗枣十颗枣,十颗枣九颗枣八颗枣七颗枣六颗枣五颗枣四颗枣三颗枣两颗枣一颗枣。

一口气读完,尽量把气息匀速分配到每一个字上。

(1)吸气。吸气要深,小腹收缩,整个胸腔要撑开,尽量把更多的气吸进去。可以体会一下闻到一股香味时的吸气法。注意吸气时不要提肩。

(2)呼气。呼气时要慢慢地进行,要让气慢慢地呼出。因为我们在演讲、朗诵、论辩时,有时需要较长的气息,只有呼气慢而长,才能达到这个目的。呼气时可以把两齿基本合上,留一条小缝让气息慢慢地通过。

学会吸气与呼气的基本方法后,你可以每天到室外、公园去做这种练习,做深呼吸,天长日久一定会见效。

2. 练声

我们知道人类语言的声源是在声带上,也就是说,我们的声音是通过气流振动声带而发出来的。在练发声以前先要做一些准备工作。先放松声带,用一些轻缓的气流振动它,让声带有点准备,发一些轻慢的声音,千万不要张口就大喊大叫,那只能对声带起破坏作用。这就像在做剧烈运动之前要做些准备动作一样,否则就容易使肌肉拉伤。声带活动开了,还要在口腔上做一些准备活动。我们知道口腔是人的一个重要的共鸣器,声音的洪亮、圆润与否与口腔有着直接的联系,所以不要小看了口腔的作用。

口腔活动可以按以下方法进行。

(1)进行张闭口的练习,活动咀嚼肌,也就是面皮,这样等到练声时咀嚼肌运动起来就轻松自如了。

(2)挺软腭。这个方法可以用学鸭子叫的"嘎嘎"声来体会。

(3)练习吐字。吐字似乎离发声远了些,其实二者是息息相关的,只有吐字"字正腔圆",发音才能准确无误,清晰圆润。

我们在小学时都学习过拼音,都知道每个字一般都是由音节组成的,而一个音节又可以分成字头、字腹、字尾三部分,这三部分从语音结构来分,大体上可以说,字头就是我们说的声母,字腹就是我们说的韵母,字尾就是韵尾。

吐字发声时一定要咬住字头。有一句话叫"咬字千斤重,听者自动容",说的就是这个意思。所以我们在发音时,一定要紧紧咬住字头,这时嘴唇一定要有力,把发音的力量放在字头上,利用字头带响字腹与字尾。

字腹的发音一定要饱满、充实，口形要正确，发出的声音应该是立着的，而不是横着的；应该是圆的，而不是扁的。如果处理得不好，就容易使发出的声音扁、塌、不圆润。字尾，主要是归音。归音一定要到位，要完整，也就是不要念"半截"字，要把音发完整。当然字尾也要能收住，不能把音拖得过长。

如果我们能按照以上的练习要求去做，那么你的吐字一定会圆润、响亮，你的声音也就会变得悦耳动听起来。

人体还有一个重要的共鸣器，就是鼻腔。有人在发音时，只会在喉咙上使劲，根本就没有用上鼻腔这两个共鸣器，所以声音单薄，音色较差。练习用鼻腔的共鸣方法是——学习牛叫。但我们一定要注意，在平日说话时，如果只用鼻腔共鸣，那么也可能造成鼻音太重的结果。

还要注意，练声时千万不要在早晨刚睡醒时就到室外去练习，那样会使声带受到损害。特别是冬季室外与室内温差较大时，更不要张口就喊，那样，冷空气进入口腔后会使声带受到刺激。

 课堂即兴练习

1. 深吸一口气，同时数数，看能数多少。
2. 跑20米左右，然后朗读一段课文，尽量避免喘气声。
3. 按字正腔圆的要求朗读下列成语。

英雄好汉　兵强马壮　争先恐后　光明磊落　深谋远虑　果实累累　五彩缤纷　心明眼亮　海市蜃楼　优柔寡断　源远流长　山清水秀

4. 读绕口令

（1）八百标兵奔北坡，炮兵并排北边跑，炮兵怕把标兵碰，标兵怕碰炮兵炮。

（2）哥哥挎筐过宽沟，快过宽沟看怪狗，光看怪狗瓜筐扣，瓜滚筐扣哥怪狗。

（3）洪小波和白小果，拿着箩筐收萝卜。洪小波收了一筐白萝卜，白小果收了一筐红萝卜。不知是洪小波收的白萝卜多，还是白小果收的红萝卜多。

（四）复述法

简单地说，复述法就是把别人的话重复地叙述一遍。这种方法在课堂上使用得较多。如老师让同学们看一段幻灯片，然后请同学们复述幻灯片的情节或人物的对话。这种训练方法的目的在于锻炼人的记忆力、反应力和语言的连贯性。

（1）方法。选一段长短合适、有一定情节的文章，最好是小说或演讲词中叙述性强的一段，然后请朗诵较好的同学进行朗读，最好能用录音机把它录下来，然后听一遍后就复述一遍，反复多次地进行，直到能完全把这个作品复述出来。复述的时候，可以把第一次复述的内容录下来，然后对比原文，看能复述下来多少，重复进行，看需要多少遍才能把全部的内容复述下来。这种练习绝不单单在于背诵，而在于锻炼语言的连贯性。如果能面对众人复述就更好了，它可以锻炼你的胆量，克服紧张心理。

（2）要求。我们在开始时，只要能把基本情节复述出来就可以，在记原话的时候，可以用自己的话把意思复述出来。第二次复述时就要求不仅仅是复述情节，而且要求能复述一定的人物语言或描写语言。第三次复述时，就应基本准确地复述出人物的语言和基本的描写语言，逐次提高要求。在进行这种练习之前，最好能根据自己的实际情况和所选文章的情况，制订一个具体的要求。例如，选了一段共有 10 句话的文章，那么第一次复述时就要把基本情节复述出来，并能把几个关键的句子复述出来。第二次就应该能复述出 5~7 个句子。第三次就应能复述 8~10 个句子。当然，过程进展得越快，也就说明你的语言连贯性和记忆力越强。

开始练习时，最好选择句子较短、内容活泼的材料进行，这样便于把握、记忆、复述。随着训练的深入，可以逐渐选一些句子较长、情节少的材料进行练习。这样由易到难，循序渐进，效果会更好。

这种练习一定要有耐心与毅力。有的同学一开始就选用那些长句子、情节少的文章作为训练材料，结果常常是欲速则不达。这就像我们学走路一样，没学会走就要学跑是一定要摔跤的。而且这个训练有时显得很烦琐，甚至是枯燥乏味，这就需要我们要有耐心与毅力，要知难而进、勇于吃苦、不怕麻烦。没有耐心与毅力，注定是一事无成的。

（五）模仿法

我们每个人从小就会模仿，模仿大人做事，模仿大人说话。其实模仿的过程也是一个学习的过程。我们小时候学说话是向父母及周围的人学习，向周围的人模仿。那么我们练口才也可以利用模仿法向这方面有专长的人模仿。这样天长日久，我们的口语表达能力就能得到提高。

1. 模仿专人

在生活中找一位口语表达能力强的人，请他讲几段最精彩的话录下来，供你进行模仿。你也可以把你喜欢的又适合于你模仿的播音员、演员讲话的声音录下来，然后进行模仿。

2. 专题模仿

几个好朋友在一起，请一个人先讲一段小故事、小幽默，然后大家轮流模仿，看谁模仿得最像。为了提升积极性，也可以采用打分的形式，大家一起来评分，表扬模仿最成功的一位。这个方法简单易行且有娱乐性。课上、课间、课后都可以进行，只要有三四个人就能进行。需要注意的是，每个人讲的小故事、小幽默，一定要新鲜有趣，大家爱听爱学才行。而且在讲以前一定要进行一些准备，一定要讲得准确、生动、形象，千万不要把一些错误的东西带去，否则模仿的人就会跟着错下去，害人害己。

3. 随时模仿

我们经常听广播，看电视、电影，那么你就可以随时跟着播音员、演播员、演员进行模仿，注意他的声音、语调，他的神态、动作，边听边模仿，边看边模仿，天长日久，你的口语能力就得到提高。而且还会增加你的词汇，增长你的文学知识。

这里要求要尽量模仿得像，要从模仿对象的语气、语速、表情、动作等多方面进行模仿，并在模仿中有创造，力争在模仿中超过对方。

在进行这种练习时，一要注意选择适合自己的对象进行模仿。要选择那些对自己身心有益处的语言、动作进行模仿。模仿法是一种简单易学、娱乐性强、见效快的方法，尤其适合我们这个年龄的同学们练习，希望大家能勤学苦练，早日见效。

（六）描述法

小的时候我们都学过看图说话，描述法就类似于这种看图说话，只是我们要看的不仅仅是书本上的图，还有生活中的一些景、事、物、人，而且要求也比看图说话要高一些。简单地说，描述法也就是把你看到的景、事、物、人用描述性的语言表达出来。

描述法可以说是比以上的几种训练法更进了一步。这里没有现成的演讲词、散文、诗歌当作你的练习材料，而要求你自己去组织语言进行描述，其描述法训练的主要目的就在于训练同学们的语言组织能力和语言的条理性。

无论是演讲、说话、论辩都需要有较强的组织语言的能力，没有这种能力也就不可能练就一张悬河之口，组织语言的能力是口语表达能力的一项基本功。

其方法是将一幅画或一个景物作为描述的对象。第一步，对要描述的对象进行观察。例如，我们所要描述的对象是"秋天的小湖边"，那么我们就要观察一下这个湖的周围都有些什么。有树，有假山，有凉亭，还是有游人，并且要观察树是什么样子，山是什么样子，凉亭在这湖光山色、树影的衬托下又是什么样子。这秋天里的游人此时又该是一种什么心情？这一切都需要你用自己的眼睛去观察，用你的心去体验。只有有了这种观察，你的描述才有基础。

第二步，描述。描述时一定要抓住景物的特点，要有顺序地进行描述。其要求是，抓住特点进行描述。首先，语言要清楚、明白，要有一定的文采，千万不要变成流水账，平平淡淡，一定要用描述性的语言，尽量生动些、活泼些。其次，要讲顺序，不要东一句、西一句、南一句、北一句，描述出的内容，让人听了以后能知道你描述的到底是个什么景物。描述的时候允许有联想与想象。例如，你观察到秋天的湖边有一位白发苍苍的老爷爷孤独地坐在斑驳陆离的树荫下，你就可能有一种联想，可能想到了自己的爷爷，也可能会想到这个老人的生活晚景，还可能想到"夕阳无限好，只是近黄昏"……那么在描述的时候，你就可以把这一切都加进去，使你的描述更充实、生动。

（七）角色扮演法

"角色"一词，是从戏剧、电影中借用来的，是指演员扮演的戏剧或电影中的人物。我们这里的角色，与戏剧、电影中讲的角色，有着相同的意义。

角色扮演法，就是要我们学演员那样演戏，扮演作品中出现的不同的人物，当然这个扮演主要是在语言上的扮演。[①]

（1）方法。选一篇有情节、有人物的小说、戏剧为材料。对选定的材料进行分析，特别要分析人物的语言特点。根据作品中人物的多少，找同学分别扮演不同的人物角色，比比看谁最能准确地扮演自己的角色，也可一个人扮演多个角色，以此培养自己的语言适应能力。这种训练的目的，在于培养人的语言的适应性、个性，以及适当的表情、动作。

（2）要求。这种训练法要求"演"的成分很重，它有别于对朗诵的要求。它不仅要求声

---

① 谢诚诺，张兆宏. 实用交际语言艺术 [M]. 南宁：广西民族出版社，1993：141.

音洪亮、充满感情、停顿得当，还要求能绘声绘色、惟妙惟肖地把人物的性格表现出来，而且要配有一定的动作和表情。从这个角度看，这个训练是有一定难度的，但只要朝着这个方向努力，我们就会成功。

（八）讲故事法

同学们都听过故事，但是不是都讲过故事？讲故事看起来很容易，要真讲起来就不那么容易了。常言说："看花容易，绣花难。"听别人讲故事绘声绘色很吸引人，有些人听起故事来甚至都可以忘了吃饭、睡觉，可是自己一讲起来，仿佛就不是那么回事了，干干巴巴，毫无吸引力。因此，讲故事也是一种才能，并不是人人都可以把故事讲好的。学习讲故事是练口才的一种好方法。

讲故事可以训练人的多种能力。故事里面既有独白，又有人物对话，还有描述性的语言、叙述性的语言，所以讲故事可以训练人的多种口语能力。

1. 分析故事中的人物

故事的情节性是十分强的，而且故事的主题大都是通过人物的语言、行动表现出来的，所以我们在讲故事之前就要先研究人物的性格特征，以及人物之间的关系。例如，我们要讲《皇帝的新衣》这个童话故事，那么就要分析其中的几个人物，以及他们的性格，然后把国王的愚蠢无知、骗子的狡诈阴险、大臣的阿谀奉承、不分是非，乃至小孩的天真无邪都用语言表现出来，这是一项十分艰巨的工作。

2. 掌握故事的语言特点

故事的语言不同于其他文学形式的语言，其最大的特点是口语性强、个性化强。所以当我们拿到一个材料的时候，不要马上就开始练习讲，而要先把材料改造一下，改成适合我们讲的故事。

3. 反复练讲

对材料做了以上的分析、加工以后，我们就可以开始练讲。通过反复练讲达到对内容的熟悉，最终使自己的感情能与故事中人物的感情相融合，做到惟妙惟肖地表现人物性格，语言生动形象。

另外，边练讲，还要边注意设计自己的表情、动作，看看你讲故事时的表情、动作是不是与你讲的内容相一致。

其要求如下。第一，发音要准确、清楚。平舌音、翘舌音、四声都要清楚，最好能用普通话讲。第二，不要照本宣读。讲故事是不允许手里拿着故事书照着念的，那样就成了念故事。讲故事要用自己的语言去讲，那样才能生动形象。

训练口才的方法有很多，并不仅限于以上八种。如有人总结出了"七日训练法""绕口令训练法"等，都是一些好的训练方法。而且同学们在练口才时，一定也会总结出一些适合自己的训练方法，只要此法对练口才有益、有效，就不失为一种好的方法。另外，也不要仅仅拘泥于一种方法，不要抱住一种方法不放，不妨找几种适合自己的方法综合运用，相信这种综合训练收效更大。

第五节 发声训练

引例

给母亲朗读故事

我买了一款复读机,不是为了学外语,而是看上了它的录音功能。

晚上,安排好儿子入睡后,我躲进书房,捧着最近一期《故事会》,对着录音话筒朗读起来。丈夫好奇地探进头来:"你这是干什么啊?"

"我在为妈妈读故事。"有这个念头已经很久了。母亲是喜欢看书的。从前,我们家订了很多年的《故事会》《小说选刊》等杂志,自从母亲年迈眼花后,这些杂志也就在家中销声匿迹了。

小时候,母亲经常买小人书给我,《岳飞传》《西游记》《三国演义》……成套成套地摆在我的书柜中,丰富了我的整个童年。我想,自己爱好阅读、爱好写作的习惯是母亲一手培养起来的。现在,每当听到母亲感叹自己老了连书都不能读时,我的心里就会特别难过。衰老不仅从器官上一点点地蚕食着母亲,更在精神上挤压和磨灭着她的毅力,那种痛苦曾经很长时间煎熬着我们母女二人。后来,儿子能说话会表达了,入睡时,我搂着他,在被窝里给他讲白雪公主、小白兔和大灰狼等故事,心里就又牵出丝丝隐痛——小时候我也是这样偎在妈妈的怀里听故事的啊!有一天,我突然灵光一闪,我也可以用复读机为妈妈读书,读好听的故事呀!

我在第一盘磁带里录了六个小故事,母亲竟然坐在摇椅上听了一下午。第二次,我从《小说选刊》上选了池莉的小说《生活秀》,那是一个通畅直白的中篇,在朗读时我加进了轻音乐做背景音乐。母亲听完后,我征求她的意见,她说好听好听,可就是太麻烦了,录这种东西太浪费时间啦。她是怕影响我休息。我问她想不想听一些外国作品,她嫌外国人的名字太长不好记。我想了想,决定第三次录音录《傲慢与偏见》,像评书似地给它来了一集又一集。为方便母亲记忆,我将伊丽莎白改成了莎莎,达西自然还叫达西,整整录了40盘磁带。听完一盘后,母亲就开始等下一盘,而且她不肯让我把磁带洗去再录,她说好听极了,留下还可以再听一遍的。

于是,我又跑到商场里,想选购一支录音笔,听一个朋友说过,数码录音笔能够自动地将声音压缩成MP3格式,储存量极大,而且可以回放。我试了试,效果的确不错,便花了800元买了一支。

从此,为妈妈读故事这件事便得心应手起来,《茶花女》《呼啸山庄》《尘埃落定》……母亲也渐渐成了我的聊伴。突然我发现,母女之间除了血缘亲情外,原来还是如此谈得来的朋友啊。生命里的那一份潜伏真是让人惊喜重重。

资料来源:https://www.cnki.com.cn/Article/CJFDTotal-LTZZ200608023.htm

一、气息控制训练

没有气息,声带便不能颤动发声,但只是声带发出声音是不够的。想要嗓音富于弹性、耐久,需要的是源源不断地供给声带气流。气息控制的方法能帮助人们控制气流,进而控制声音。要想使朗读、演讲等的声音运用自如、音色圆润、优美动听,就要学会控制气息,掌握呼吸和换气的技巧。

(一)吸气

吸气时双肩放松、胸稍内含、腰腿挺直,像在旷野中呼吸花香一样,慢慢吸足气。要领如下:气下沉、两肋开、横膈降、小腹收。随着吸气使得肌肉群收缩,横膈下降,胸腔和腹腔容积立体扩张,会有明显的腰部发涨的感觉。当气吸到七八成饱时,利用小腹收缩的力量控制气息,使之不外流。①

抬重物时,必须把气吸得较深,憋着一股劲儿,后腰膨胀,腰带渐紧,这是正确的呼吸方法。多抬几次重物,找出以上感觉。

(二)呼气

呼气时,要保持吸气时的状态,两肋不要马上塌下去。随着朗读、演讲的进行,大量的气流呼出时要有一种对抗的感觉,尽力控制气息不至于很快泄掉。如同放风筝,风筝飞得越高,下面握线的力量就要越大,声音如同高飞的风筝,而气息则如同握着的线,如果下面握线的力量没有了,风筝便会没根了。只有稳住气息才会托住声音,使声音不虚、不飘。最后,当气息支撑到不足以对抗上冲力量时,两肋再缓缓地塌下去。这样,气息便可在朗读者、演讲者有目的的操控下均匀、持续、平稳、柔和地呼出。

小训练

假设桌面上有许多灰尘,要求吹而又不能吹得尘土飞扬。练习时,按吸气要领做好准备,然后依照抬重物的感觉吸足一口气,停顿两秒钟左右,向外吹出气息。吹气时要平稳、均匀,随着气息的流出,胸腹尽量保持吸气时的状态。尽量吹得时间长些,直至将一口气吹完为止。

平时散步或爬楼梯都可以做以上练习,试试吐一口气可以走多少米,可以爬多少级楼梯,长期坚持就会卓有成效。

---
① 季世昌. 演讲学 [M]. 南京:江苏教育出版社,1986:110-112.

 小训练

读下面的绕口令，要求控制气息，连续快读，一口气读完才算好。

打南边来了个哑巴，腰里别了个喇叭；打北边来了个喇嘛，手里提了个鳎犸。[①]提着鳎犸的喇嘛要拿鳎犸换别着喇叭的哑巴的喇叭，别着喇叭的哑巴不愿拿喇叭换提着鳎犸的喇嘛的鳎犸。不知是别着喇叭的哑巴打了提着鳎犸的喇嘛一喇叭，还是提着鳎犸的喇嘛打了别着喇叭的哑巴一鳎犸。喇嘛回家炖鳎犸，哑巴嘀嘀嗒嗒吹喇叭。

（三）换气

换气有大气口和小气口两种方法。

大气口是在朗读、演讲中允许停顿的地方，先吐出一点气，马上深吸一口气，为下面的语言准备足够的气息，这种少呼多吸的大气口呼吸一般较从容也较容易掌握。

小气口是指朗读一段较长的句子时，气息用得差不多了，但句子未完而及时补进的气息。补气时，可以在气息能够停顿的地方急吸一点气，或在吐完前一个字时不露痕迹地带一点气，以弥补底气的不足。这种方法也叫作"抢气"或"偷气"，换气时动作一定要快。换气要领如下：小腹一吸，两肋一张，口鼻同吸，迅速补充，同时要做到轻松自如、巧妙无声，字断气连。这是一种难度较大的换气方法。

 小训练

高声朗读《高山下的花环》中雷军长的一段演说，安排好换气。

我的大炮就要万炮轰鸣，我的装甲车就要隆隆开进！我的千军万马就要去杀敌！就要去拼命！就要去流血！！可刚才，有那么个神通广大的贵妇人，她竟有本事从千里之外把电话打到我这前沿指挥所。她来电话干啥？她来电话是要我给她儿子开后门，让我关照关照她儿子！奶奶娘！走后门，她竟敢走到我这流血牺牲的战场！我在电话里臭骂了她一顿！我雷某不管她是天老爷的夫人，还是地老爷的太太，走后门，谁敢把后门走到我这流血牺牲的战场上，没二话，我雷某要让她儿子第一个扛上炸药包去炸碉堡！去炸碉堡！

参考练习诗词：

岳飞《满江红》、毛泽东《忆秦娥·娄山关》、陈然《我的"自白"书》、李白《静夜思》、孟浩然《春晓》等。

在气息控制训练时要把握"深、通、匀、活"四字方针，注意气息和内容的结合。单纯的语音、气息训练效果并不好，需要大家在实际朗读过程中不断体会、运用。

[①] 鳎犸，也叫鳎蟆鱼，即比目鱼。

二、共鸣控制训练

共鸣指人体器官因共振而发声的现象。我们都有这样的体会：越在嘈杂的地方，我们说话越大声，结果声嘶力竭，自己嗓子累得要命。如为了让别人都听到，尤其人多的时候，我们不自觉提高音调嗓门后，不久就会有"失声"的感觉。其实懂得共鸣技巧的用声者，使用在声带上的能量只占总能量的 1/5，而将 4/5 的力量用在控制发音器官的形状和运动上面。在产生共鸣的过程中，人们可以运用共鸣器官把发自声带的原声在音色上进行润饰，使声音洪亮圆润、优美。科学调节共鸣器官可以丰富或改变声音色彩，同时起到保护声带的作用，延长声带的寿命。

朗读的发声多采用中声区，而中声区主要形成于口腔上下，这就决定了用声的共鸣重心应在口腔上下，以口腔共鸣为主。一般提到的共鸣腔有头腔、鼻腔、口腔、胸腔，这四个共鸣腔最基本。声乐学习中还提到腹腔共鸣，不过有些人不赞同这个提法。

要想声音圆润集中，需要改变口腔共鸣条件。发音时双唇集中用力，下巴放松，打开牙关，喉部放松，提颧肌、颊肌、笑肌，在这些部位共同运动时，嘴角上提。可以通过张口吸气或用"半打哈欠"的感觉体会喉部、舌根、下巴放松，这时的口腔共鸣会加大。在打开口腔的时候，同时要注意唇的收拢。

（一）口腔共鸣训练

口腔指硬腭以下、胸腔以上的共鸣体。它可以使声音有丰满、圆润和庄重的色彩。运用口腔共鸣体时，双唇要自然打开，笑肌提起，下腭自然放下，上腭抬起呈微笑状，使整个口腔保持一定的张力，口腔壁、咽腔壁的肌肉处于积极状态。这样，声带发出的声音随气流的推动流畅向前，在口腔的前上部引起振动，形成共鸣效果。

口腔共鸣发声最主要的一点是发声的时候鼻咽要关闭，不产生鼻音泄露。通过下列练习大家可以体会一下，基本都是以开口元音为主的练习。

体会口腔共鸣： ba da ga pa ta ka peng pa pi pu pai

词组练习： 澎湃 冰雹 拍照 平静 抨击 批评 哗啦啦 噼啪啪 扑通通

绕口令： 山上五株树，架上五壶醋，林中五只鹿，柜中五条裤。伐了山上树，取下架上醋，捉住林中鹿，拿出柜中裤。

（二）鼻腔共鸣训练

鼻腔共鸣是由鼻窦实现的。鼻窦包括额窦、蝶窦、上颌窦、筛窦等，它们各有小小的孔口与鼻腔相连，发音时这些小孔窦起共鸣作用使声音响亮且传得远。运用鼻腔共鸣时，软腭放松，打开口腔与鼻腔的通道使声音沿硬腭向上走，使鼻腔的小窦穴处都充满气，头部要有振动感，这样发出的声音会震荡、有弹力。但要注意鼻腔色彩不能过量，过量就会形成"囊鼻音"，标准的鼻辅音 m、n 和 ng 就是这样发声的。有人觉得鼻音重显得声音好听、有厚度，但是过多的鼻音有如感冒，是不好听的。

 小训练

加鼻辅音：ma mi mu na ni nu

词组练习：妈妈 光芒 中央 接纳 头脑

体会鼻腔共鸣：蓝蓝的天上白云飘，白云下面马儿跑，挥动鞭儿响四方，百鸟齐飞翔。

（三）胸腔共鸣训练

声门以下的共鸣腔体属于"下部共鸣"，它可以使声音结实浑厚、音量增大。运用胸腔共鸣时，声带振动，声音反着气流的方向通过骨骼和肌肉组织壁传到肺腔，这时胸部明显感到振动，从而产生共鸣。有了这个底座共鸣的支持，声音才不至于发虚、发飘。胸腔的空间及共鸣能量大，发出的声音有深度和宽度，声音更浑厚、宽广。

 小训练

"a"元音直上、直下、滑动练习。

词组练习：百炼成钢 翻江倒海 追悔莫及

体会胸腔共鸣：小柳树，满地栽，金花谢，银花开。

小训练

哼鸣练习：双唇闭拢，口腔内像含着半口水，发"mu"音，声音反着气流下行，用手扶胸部有明显的振动感，双唇发麻，找到胸腔共鸣；仍发"mu"音，声音沿着硬腭上行，头部有振动感，双唇发麻，找到鼻腔共鸣。①

小训练

发声练习：口腔打开，使下面一组音从胸腔逐渐向口腔、鼻腔过渡。要求放慢、拖长，找准共鸣位置。

ma-mai-mao-mi-mu

---

① 《演讲学》编写组. 演讲学 [M]. 郑州：河南人民出版社，1988：173.

 小训练

朗读共鸣练习：读《十六字令三首》（毛泽东），要求放慢速度，有意识地夸张，尽量找出最佳共鸣效果，声音适当偏后些，使之浑厚有力，注意防止"囊鼻音"。

山，快马加鞭未下鞍。惊回首，离天三尺三。

山，倒海翻江卷巨澜。奔腾急，万马战犹酣。

山，刺破青天锷未残。天欲堕，赖以拄其间。

三、声音弹性

声音具有伸缩性和可变性，这就是声音的弹性。有了弹性的声音才能适应思想感情的变化。声音弹性的训练比较简单，可以用以下两种方法。

（一）扩展音域，加大音量，控制气息

练习时，注意声音的高低、强弱、虚实、刚柔、厚薄、明暗等变化。

（1）a、i、u 由低音向上滑动，再从高音向下滑动。

（2）/a/、/i/ 绕音，螺旋式上绕、下绕练习。

（3）远距离对话练习，练习时随时改变距离。

甲：喂——，喂——，小芳——

乙：嗳——

甲：快——来——啊——

乙：怎么了——呀——

甲：一起去看——电——影——吧——

乙：好——啊！

（二）夸张声音，加大运动幅度，用丹田气发声

快板是最明显的例子，想象说快板的演员发声的状态，自己找一段快板试试，体会声音的弹性。

四、吐字归音训练

吐字归音是汉语（汉字）的发声法则，即"出字"和"收音"的技巧。我们把一个字分为字头、字腹、字尾三部分，"吐字"是对字头的要求，"归音"是对字腹尤其是对字尾的发音要求，可以达到"大珠小珠落玉盘"的效果。

（一）吐字训练

吐字也叫"咬字"。吐字时首先要注意口型，口型该大开时不能半开，该圆唇时不能展唇，尽量使声音立起来。其次是注意字头，字头是字音的开始阶段，指声母和介母，要求叼

住弹出,"叼住"要叼得巧而不死,过紧则僵、过松则泄;"弹出"要弹得轻捷有力,不黏不滞。发音要有力量、摆准部位、蓄足气流、干净利落、富有弹性。要用这一阶段的力量去带动字腹和字尾的响度,使声音立得住,传得远。

吐字归音的练习,基本都是通过绕口令进行的。

朗读下面的绕口令,先慢读,注意分辨声母,发好字头音,读准声调,读几遍后再加速。

1. 白石白又滑,搬来白石搭白塔。白石塔,白石塔,白石搭石塔,白塔白石搭。搭好白石塔,白塔白又滑。

2. 四和十,十和四,十四和四十,四十和十四。说好四和十,得靠舌头和牙齿。谁说四十是"细席",他的舌头没用力;谁说十四是"适时",他的舌头没伸直。认真学,常练习,十四、四十、四十四。

(二)归音训练

字尾是字音的收尾部分,指韵母的韵尾。归音是指字腹到字尾这个收音过程。收音时,唇舌的动作一定要到位,字腹要拉开立起,即在字腹弹出后口腔随字腹的到来扯起适当开度,共鸣主要在这里体现,然后收住,要收得干净利落,不拖泥带水,但也不能草草收住。如"天安门"三个字收音时舌位要平放,舌尖抵住上齿龈,归到前鼻韵母"n"音上,只有这样归音才到位,才有韵味,普通话才标准,不可收音时听不到"n"的尾音。但要注意做好"到位弱收",不能用劲。收音恰当、到位,对"字正"起着重要作用。

读下面的绕口令,注意"n"和"ng"的收音。

梁家庄有个梁大娘,梁大娘家盖新房。大娘邻居大老梁,到梁大娘家看大娘,赶上梁大娘家上大梁,老梁帮着大娘扛大梁,大梁稳稳当当上了墙,大娘高高兴兴谢老梁。

五、特殊声音的模拟训练

生活中,人们在欢乐、悲哀、激动、惊讶时的说话会发出不同的声音,将这种特殊的声音作为一种技巧,经过提炼运用到朗读中,就会起到润饰作品的效果。

(一)笑语练习

表现欢乐或嘲讽而发笑的情感时,使声音带有笑的色彩叫笑语,发音时口形到微笑位置,可默念"茄子"使口形到位。朗诵时,注意通过笑语体现人物的笑的神情。

分析下列句子中人物说话时的不同神情,然后朗读,要传达出不同的笑意。

1. 推开窗户一看,呀!凉云散了,树叶上的残滴,映着月儿,好似萤光千点,闪闪烁烁地动着。——真没想到苦雨孤灯之后,会有这么一幅清美的图画。(冰心《笑》)
2. 他爬将起来,又拍着手大笑道:"噫,好!我中了!"(吴敬梓《范进中举》)
3. 有个姑娘听了笑起来:"浪花也没有牙,还会咬人?怎么溅到我身上,痛都不痛?咬我一口多有趣。"(杨朔《雪浪花》)
4. 渔夫一见,笑逐颜开,说道:"我把这瓶子带到市上去,可以卖它十块金币。"(民间故事《渔夫的故事》)
5. 伙计们都寻思起来,想什么办法呢?玉宝坐在旁边也想了一会,笑着说:"叔叔,我有个好办法,咱们大家出口气,把那老小子打一顿。"(高玉宝《半夜鸡叫》)
6. 康大叔显出看他不上的样子,冷笑着说:"你没有听清我的话;看他神气,是说阿义可怜哩!"(鲁迅《药》)

(二)泣诉练习

表示悲苦、哀伤的情感时,使声音带上一定的呜咽、哭泣的色彩为泣诉,即借鉴哭的特殊声音去说话。朗读时,注意通过泣诉体现人物哭的神态。

分析下列句子的语境,并以诵读的方式传达出人物泣诉的感情色彩。

1. 我那瑟瑟发颤的手拿起那550元的抚恤金,对梁大娘哭喊:"大娘,我的好大娘!您……这抚恤金。不……不能啊……"(李存葆《高山下的花环》)
2. 她只是过马路去帮我寄信。这简单的动作,却要叫我终生难忘了。我缓缓睁开眼,茫然站在骑楼下。眼里裹着滚滚的泪水。世上所有的车子都停了下来,潮一样涌向马路中央。没有人知道那躺在街面的,就是我的蝴蝶。这时她只离我五公尺,竟是那么遥远。更大的雨点溅在我的眼镜上,溅到我的生命里来。

   为什么呢?只带一把雨伞?(陈启佑《永远的蝴蝶》)
3. 敬爱的周总理,/……多少人喊着你,/扑向灵车;/多少人跑向你,/献上花束和敬礼;/多少人想牵动你的衣襟,/把你唤醒;/多少人想和你攀谈/知心的话题……(李瑛《一月的哀思》)

(三)气音练习

表示感叹、惊讶、不安的感情或模仿某种声音时,用到一种气大于声的声音叫气音。发音时声门收缩，类似耳语。

 小训练

1. 这是谁呢？晚上没有月亮，看不清脸面。玉宝心想："怕是来偷鸡的，我不吱声。有钱人的鸡，偷了活该。把鸡偷走了，就不能啼鸣了，我们还多睡会觉呢。"正想着，只见那人伸起脖子，用手捂住了鼻子。玉宝倒替他担起心来，心里说："小心点儿呀！叫周扒皮听见，把你抓起来就坏了。"（高玉宝《半夜鸡叫》）

2. 两个骗子请他走近一点，同时指着那两架空织布机……可怜的老大臣的眼睛越睁越大，可是他仍然看不见什么东西，因为的确没有什么东西可看。"我的老天爷！"他想，"难道我是愚蠢的吗？……"（安徒生《皇帝的新装》）

（四）颤音练习

表示某种激动或愤怒情绪时，让声门放开和阻塞急速交替，使声音稍带颤抖。

 小训练

1. "哦！您，您就是——"我结结巴巴的，欢喜地快要跳起来了。（阿累《一面》）

2. 老栓见这样子，不免皱一皱展开的眉心。她的女人，从灶下急急走出，睁着眼睛，嘴唇有些发抖。"得了么？""得了。"（鲁迅《药》）

3. 杀死了人，又不敢承认，还要诬蔑人，说什么"桃色事件"，说什么共产党杀共产党，无耻啊！无耻！（闻一多《最后一次讲演》）

（五）拖腔练习

表示迟疑、支吾、气力不足时声音微弱，或回忆、惊呼等情况时，有意将某些声音拖长叫拖音。

小训练

1. 你能说出他的价值有多大吗？你说不出，我也说不出，这就是无——穷——大！

2. 干吗呢？打小算盘！什么"海陆空"啊"全鸡全鸭"啊……

3. "这是斜对门的杨二嫂……开豆腐店的。"哦，我记得了。（鲁迅《故乡》）

4. 周——总——理，你——在——哪——里？（柯岩《周总理，你在哪里》）

（六）拟声练习

模仿某种声响称为拟声。拟声多用拟声词，要求近似声响效果，不必惟妙惟肖。

1. 列强在中国凶蛮侵略，无数颗子弹嗖嗖地从同胞们的胸膛穿过，又有多少失去父母的孩子在哇哇地哭喊着……（黄兴《还我河山，以雪国耻》）
2. 冬夜静得很呀，窗外枯叶坠地的渐渐沥沥声，时时传进我的耳朵里。……夜深了，我埋头在灯下演算着，嘀嗒嘀嗒的钟声显得是那样的清脆。（华罗庚《勤奋治学，勇攀高峰》）
3. 一个声音高叫着——爬出来吧，给你自由。（叶挺《囚歌》）

六、用声与嗓音保护

（一）朗读用声要求

朗读语言要求要准确、鲜明、生动，富于表现力和感染力，不能像平时说话那样，而是要在朗读的时候根据文章内容的不同，用不同的声音色彩来处理。

为了使受众都能听到、听清，朗读者往往会加大音量（除非借助话筒、音响等设备），用声时一定要注意气息运用，让声音更加饱满、浑厚，穿透力更强，并注意有效保护嗓子。

（二）嗓音与情、声、气

在播音课程里，有"情取其高，声取其中，气取其深"的说法。有些人在朗读前要么过度紧张，要么满不在乎，没有"情"怎么有"义"？怎么感染别人？所以有必要提前让自己做好准备，调整情绪，早一点进入状态，展现良好的精神面貌。

有的人发声时状态、姿势不正确，如下巴太用力、用嗓子喊，或者胸部拘谨，导致发出的声音挤、捏、窄、沉闷、喑哑。为此，我们要做到：高音不喊、低音不散。只有把气、声、情互相配合、巧妙运用，才能让我们的声音吸引别人，同时又能保护我们的嗓子。

（三）嗓子的保护方法

（1）坚持锻炼身体，游泳和长跑是最有效的方法，使用正确的方法坚持练声，循序渐进。

（2）练声时，声音应由小到大、从近到远、从弱到强、由高到低，避免一开始就大喊大叫而损伤声带。

（3）保证充足的睡眠是保护声带最好的措施。

（4）生病尤其感冒的时候，尽量少用嗓，此时声带黏膜增厚，容易产生病变。

（5）女性在生理周期或者因其他原因导致鼻、咽、声带充血的时候，禁止练声。

（6）尽量少吃辛辣刺激性食物，油腻、甜黏、冷热刺激的食品也是嗓子的杀手，烟酒也要避免。

（7）坚持用淡盐水漱口，可以消除炎症并保护嗓子。

（8）中药：胖大海＋冰糖，还有金嗓子喉宝、西瓜霜、草珊瑚含片、清音丸等，都是不错的保护嗓子的药物。

思考与训练

1. 你认为手势运用的好坏有什么标准吗？
2. 在你的演讲过程中，手势如果很多怎么办？
3. 手势与有声语言有什么关系？
4. 进行发声训练。
5. 如何训练口才？
6. 朗诵李清照的《声声慢·寻寻觅觅》。
7. 朗诵陆游的《钗头凤·红酥手》。
8. 朗诵苏轼的《念奴娇·赤壁怀古》。

第二章

普通话

🎤 学习目标

- 掌握普通话的声、韵、调。
- 掌握普通话的音变。
- 掌握普通话的朗读技巧。
- 了解普通话水平测试。

📖 引例

1. 梁实秋在《清华八年》里写道:"有一位从厦门来的同学(应该是说闽南语),因为语言不通没人可以交谈,孤独郁闷而精神反常,整天用英语叫喊:'我要回家!我要回家!'高等科有一位是他的同乡,但是不能时常来陪伴他。结果这位可怜的孩子被遣送回家了。"家乡方言影响了这位同学的前程。

上海一位检察官去东北出差,在宾馆入住登记时,总台服务员看他身穿制服,就问他:"有家伙什儿没有?"上海客人很奇怪,回答说:"我没有家务事。"服务员说:"谁问你有没有家务事,我是问你有家伙什儿没有。"客人生气了:"我家在上海,在这里有什么家务事?莫名其妙!""家伙什儿"在北方话里是"工具、武器"的意思,服务员是问这客人带没带枪支,如果有枪支是需要登记的。

北京的公共汽车上,一外地人向售票员伸出十元钱的票子,说:"见过吗?见过吗?"售票员不理。外地人再说:"见过吗?见过吗?"售票员按住火,仍然不理。如此反复,售票员终于勃然大怒,抻出一张五十元的票子戳到外地人的眼前,大喝一声:"你见过吗?"外地人见状大惊失色,嘴中直说:"北京的售票员怎么这样呀?"众人不解,一问才知,原来该外地人是要买票,他其实说的是:"建国门,建国门。"

语音的技巧与演说的成败息息相关,可以用下面的关系来说明。
- 演说←口语表达。
- 口语表达←口语发送能力。

- 口语发送能力←语音造型。

由此我们可以看出,乡音普通话在交流中具有两大障碍:首先,容易产生歧义;其次,交流不畅。因此,在语音方面要注意使用标准普通话讲话,说不好普通话,会影响人际交往、情感和信息的沟通。

第一节　普通话语音基础

普通话就是现代汉民族的共同语和标准语。普通话在明、清之际被称作"官话",辛亥革命以后叫作"国语",后来改称普通话。"普通"在这里具有普遍、共同的含义。1955年10月,中国的全国文字改革会议和现代汉语规范问题学术会议明确规定了普通话在语音、词汇和语法方面的规范,即"以北京语音为标准音,以北方话为基础方言,以典范的现代白话文著作为语法规范。"关于普通话的语音基础,需要了解声母、韵母、声调和音变四个部分。下面我们就围绕这四个部分分别讲述。

一、声母

(一)什么是声母

声母是音节开头的辅音。没有辅音开头的音节,习惯上把它的声母叫作零声母,零声母不是声母。普通话的声母有21个,它们是b、p、m、f、d、t、n、l、g、k、h、j、q、x、zh、ch、sh、r、z、c、s。

声母有本音和呼读音。声母的本音是指根据发音方法和发音部位发的音,也就是声母自身的读音。由于普通话声母大多数是清辅音,本音不响亮,不容易听清楚,因此,为了便于教学,在念读声母时,声母后面都加上了一个元音,声母加上元音之后的读音称为呼读音。声母的呼读音只用于单独念读声母的时候,在拼读音节时必须用声母的本音。普通话声母的呼读音如表2-1所示。

表2-1　普通话声母的呼读音

声　母	所加元音	呼　读　音
b p m f	o	bo po mo fo
d t n l	e	de te ne le
g k h	e	ge ke he
j q x	i	ji qi xi
z c s	i	zi ci si
zh ch sh r	i	zhi chi shi ri

(二)声母的分类

1. 普通话的声母按照发音部位可以分为七类

发音部位是指发音时气流受到阻碍的地方。根据发音部位的不同,可将声母分为七类。

（1）双唇音。上唇和下唇紧闭，阻塞气流而形成的音，如 b、p、m。
（2）唇齿音。下唇和上齿接近，阻塞气流而形成的音，如 f。
（3）舌尖前音。舌尖和上齿背接触或接近，阻塞气流而形成的音，如 z、c、s。
（4）舌尖中音。舌尖和上齿龈接触，阻塞气流而形成的音，如 d、t、n、l。
（5）舌尖后音。舌尖和硬腭前部接触或接近，阻塞气流而形成的音，如 zh、ch、sh、r。
（6）舌面音。舌面前部和硬腭前部接触或接近，阻塞气流而形成的音，如 j、q、x。
（7）舌根音。舌面后部和软腭接触或接近，阻塞气流而形成的音，如 g、k、h。

2. 普通话的声母按照发音方法可以分为五类

发音方法是指发音时构成阻碍和消除阻碍的方式。各种发音方法都可分为成阻→持阻→除阻三个阶段。

成阻就是发音时的两个部位先形成阻碍，为发音做好准备的阶段。持阻就是蓄积一定的力量和阻力，同时让气息积聚在发音部位的后面，为发音做好最后的准备。除阻是气流冲破阻碍，最后发出声音的过程。

根据发音方法的不同，可将声母分为五类。

（1）塞音。两个发音部位完全闭合，阻住气流，然后突然打开闭合部位使气流迸裂而出，爆发成音，如 b、p、d、t、g、k 六个声母。

（2）擦音。两个发音部位接近，形成一条窄缝，气流从窄缝中摩擦成音，如 f、h、x、sh、r、s 六个声母。

（3）塞擦音。先阻塞后摩擦，是综合前两种发音方法控制气流而发出的音。两个发音部位完全闭合，气流把阻碍部位冲出一条窄缝，摩擦成音，如 j、q、zh、ch、z、c 六个声母。

（4）鼻音。口腔的两个发音部位完全闭合，软腭下垂，打开鼻腔通道，使气流完全从鼻腔透出成音，如 m、n 两个声母。

（5）边音。舌尖抵住上齿龈，软腭上升，阻塞鼻腔通道，让气流从舌头两边透出成音，只有 l 一个声母。

此外，还有以下两类声母与发音方法相关。

3. 根据发音时气流强弱不同，可将声母分为两类

（1）送气音。发音时，口腔呼出的气流比较强，形成送气音，如 p、t、k、q、ch、c。

（2）不送气音。发音时，口腔呼出的气流比较弱，形成不送气音，如 b、d、g、j、zh、z。以上两种分类只涉及塞音和塞擦音。

4. 根据发音时声带是否颤动，可将声母分为两类

（1）清音。发音时，声带不颤动，透出的气流不带音，如 b、p、f、d、t、g、k、h、j、q、x、zh、ch、sh、z、c、s 共十七个声母。

（2）浊音。发音时，声带颤动，透出的气流带音，如 m、n、l、r 四个声母。

综合上述分类，可以列出普通话声母发音部位、发音方法一览表，如表 2-2 所示。

表2-2 普通话声母发音部位、发音方法一览表

发音部位	发音方法							
	塞音（清音）		塞擦音（清音）		擦音		鼻音	边音
	不送气	送气	不送气	送气	清音	浊音	浊音	浊音
双唇音	b	p					m	
唇齿音					f			
舌尖前音			z	c	s			
舌尖中音	d	t					n	l
舌尖后音			zh	ch	sh	r		
舌面音			j	q	x			
舌根音	g	k			h		(ng)	

注：ng是鼻辅音不做声母，只与元音组合共同充当韵母。

（三）普通话声母的发音

b[p]：双唇、不送气、清、塞音。

发音时双唇闭住，软腭和小舌翘起，堵住鼻腔通道，肺部呼出的气流通过喉头，但不振动声带，到达口腔，然后双唇突然打开，气流爆出而发音。例如"辨别""病变"。

p[p']：双唇、送气、清、塞音。

发音的情形与b[p]相同，只是爆破发音时气流较强。例如"评判""乒乓"。

m[m]：双唇、浊、鼻音。

发音时双唇闭住，软腭和小舌下垂，打开鼻腔通道，肺部呼出的气流通过喉头，振动声带，然后从鼻腔缓缓流出。例如"卖马""埋没"。

f[f]：唇齿、清、擦音。

发音时上齿靠近下唇，中间留一条缝隙，软腭和小舌翘起，堵住鼻腔通道，肺部呼出的气流通过喉头，但不振动声带，气流经过口腔，从唇齿的缝隙间摩擦而出。例如"风范""分发"。

z[ts]：舌尖前、不送气、清、塞擦音。

发音时舌尖顶住上齿背，软腭和小舌翘起，堵住鼻腔通道，肺部呼出的气流通过喉头，但不振动声带，然后舌尖与上齿背离开一条缝隙，气流摩擦而出，形成先塞后擦的发音。例如"祖宗""造作"。

c[ts']：舌尖前、送气、清、塞擦音。

发音的情形与z[ts]相同，只是发音时气流较强。例如"猜测""参差"。

s[s]：舌尖前、清、擦音。

发音时舌尖靠近上齿背，中间留一条缝隙，软腭和小舌翘起，堵住鼻腔通道，肺部呼出的气流通过喉头，但不振动声带，到达口腔，从缝隙间摩擦而出。例如"三思""诉讼"。

d[t]：舌尖中、不送气、清、塞音。

发音时舌尖顶住上齿龈，软腭和小舌翘起，堵住鼻腔通道，肺部呼出的气流通过喉头，但不振动声带，到达口腔，然后舌尖突然离开上齿龈，气流爆出而发音。例如"大胆""歹毒"。

t[t']：舌尖中、送气、清、塞音。

发音的情形与 d[t] 相同，只是爆破发音时气流较强。例如"贪图""推托"。

n[n]：舌尖中、浊、鼻音。

发音时舌尖顶住上齿龈，软腭和小舌下垂，打开鼻腔通道，肺部呼出的气流通过喉头，振动声带，然后从鼻腔缓缓流出。例如"哪能""难弄"。

l[l]：舌尖中、浊、边音。

发音时舌尖顶住上齿龈，软腭和小舌翘起，堵住鼻腔通道，肺部呼出的气流通过喉头，振动声带，到达口腔，从舌头的两边流出。例如"劳累""罗列"。

zh[tʂ]：舌尖后、不送气、清、塞擦音。

发音时舌尖翘起，顶住硬腭前部，软腭和小舌翘起，堵住鼻腔通道，肺部呼出的气流通过喉头，但不振动声带，到达口腔，然后舌尖与硬腭前部离开一条缝隙，气流摩擦而出，形成先塞后擦的发音。例如"真正""重镇"。

ch[tʂ']：舌尖后、送气、清、塞擦音。

发音的情形与 zh[tʂ] 相同，只是发音时气流较强。例如"出处""拆穿"。

sh[ʂ]：舌尖后、清、擦音。

发音时舌尖与硬腭前部中间留一条缝隙，软腭和小舌翘起，堵住鼻腔通道，肺部呼出的气流通过喉头，但不振动声带，到达口腔，从缝隙间摩擦而出。例如"深山""熟睡"。

r[ʐ]：舌尖后、浊、擦音。

发音时舌尖与硬腭前部中间留一条缝隙，软腭和小舌翘起，堵住鼻腔通道，肺部呼出的气流通过喉头，振动声带，到达口腔，从缝隙间摩擦而出。例如"如若""仍然"。

j[tɕ]：舌面、不送气、清、塞擦音。

发音时舌面前部抬起，顶住硬腭前部，软腭和小舌翘起，堵住鼻腔通道，肺部呼出的气流通过喉头，但不振动声带，到达口腔，然后舌面前部与硬腭前部打开，形成一条缝隙，气流摩擦而出，形成先塞后擦的发音。例如"基建""家具"。

q[tɕ']：舌面、送气、清、塞擦音。

发音的情形与 j[tɕ] 相同，只是发音时气流较强。例如"亲戚""确切"。

x[ɕ]：舌面、清、擦音。

发音时舌面前部抬起，靠近硬腭前部，中间留一条缝隙，软腭和小舌翘起，堵住鼻腔通道，肺部呼出的气流通过喉头，但不振动声带，到达口腔，从缝隙间摩擦而出。例如"详细""心胸"。

g[k]：舌根、不送气、清、塞音。

发音时舌根翘起，顶住软腭，形成阻塞；软腭和小舌翘起，堵住鼻腔通道，肺部呼出的气流通过喉头，但不振动声带，到达口腔，然后舌根与软腭突然离开，气流爆出而发音。例如"更改""光顾"。

k[k']：舌根、送气、清、塞音。

发音的情形与 g[k] 相同，只是爆破发音时气流较强。例如"苛刻""快看"。

h[x]：舌根、清、擦音。

发音时舌根翘起，与软腭之间留一条缝隙；软腭和小舌翘起，堵住鼻腔通道，肺部呼出的气流通过喉头，但不振动声带，到达口腔，从缝隙间摩擦而出。例如"胡混""黄昏"。

（四）声母辨正

1. z、c、s 与 zh、ch、sh

[发音要领]

（1）发舌尖前音 z、c、s 时，舌尖抵住或接近齿背（或下齿背），舌尖平伸。

（2）发舌尖后音 zh、ch、sh 时，舌头放松，舌尖轻巧地接触或接近硬腭前部，舌尖翘起。

[朗读下列词语]

zh—z：正宗　种族　摘枣　准则　指责　壮族　主宰　振作　追踪
z—zh：增值　做主　诅咒　杂志　组织　载重　自助　阻止　造纸
ch—c：穿刺　尺寸　炒菜　楚辞　长存　船舱　纯粹　储藏　初次
c—ch：擦车　辞呈　草厂　财产　错处　仓储
sh—s：生死　十四　胜诉　绳索　食宿　伸缩
s—sh：素食　私事　死水　苏轼　唆使　扫射

[绕口令训练]

训练要求：分清翘舌音，由慢到快反复练习。

（1）z—zh：红砖堆、青砖堆，旁边蝴蝶绕着砖堆飞，飞来飞去蝴蝶钻砖堆。

（2）c—ch：紫瓷盘，盛鱼翅。一盘熟鱼翅，一盘生鱼翅。迟小池拿了一把瓷汤匙，要吃清蒸美鱼翅。一口鱼翅刚到嘴，鱼刺刺进齿缝里，疼得小池拍腿挠牙齿。

（3）s—sh：石、斯、施、史四位老师，天天和我在一起。石老师教我大公无私，斯老师给我精神食粮，施老师叫我遇事三思，史老师送我知识钥匙。我感谢石、斯、施、史四位老师。

2. f 与 h

[发音要领]

（1）发唇齿音 f 时，上齿与下唇内缘接近，唇形向两边展开。

（2）发舌根音 h 时，舌头后缩，舌根抬起，和软腭接近，注意唇齿部位不能接触。

[朗读下列词语]

湖泊　珊瑚　呼吸　恍惚　蝴蝶　胡须　马虎　门户　沪剧　糊涂　囫囵　狐狸
非凡　反复　芬芳　丰富　奋飞　肥胖　废品　焚烧　奉献

[词的对比朗读]

f—h：理发—理化　发现—花钱　舅父—救护　防虫—蝗虫　斧背—虎背

[绕口令训练]

红凤凰，黄凤凰，粉红墙上飞凤凰；凤凰飞，飞凤凰，红黄凤凰飞北方。

3. j、q、x 与 z、c、s（zh、ch、sh、g、k、h）

[发音要领]

发舌面音 j、q、x 时，舌面前部与硬腭前部形成阻碍，舌尖不要抬起，否则气流在舌尖部位受到阻碍，发音就近似于 z、c、s，也就是通常人们说的"尖音"。

[朗读下列词语]

精神　笑星　秋季　宣传　借债　修车　书签　讯息　家长　超群　世界　雪花
借据　嫁接　交际　驯服　酒窖　聚集　尖叫　穴位　祈求　氢气　邀请　谦逊
群众　趋势　拳脚　劝说　缺点　确实　闲暇　纤细　琴弦　想念　混淆　歇息

[绕口令训练]

七加一，七减一，加完减完等于几？七加一，七减一，加完减完等于七。

4. n 与 l

[发音要领]

（1）鼻音 n 与边音 l 发音部位相同，都是用舌尖抵住上齿龈，即都是舌尖中音。

（2）两音发音方法不同：发 n 时，舌的两侧与口腔上部完全闭合，封闭口腔通道，气流从鼻腔出来；发 l 时，舌的两侧松开，气流从舌头两边透出。

[词的对比朗读]

n—l：奶酪　耐劳　脑力　内力　内陆　奴隶　努力　女郎　能量　年历　年轮　年龄
l—n：冷暖　留念　流年　老年　老衲　老娘　老牛　老农　来年　烂泥

[绕口令训练]

大柳河旁有六十六棵大青柳，大青柳下有六十六个柳条篓，有六十六个入伍六个月的新战士学编篓，教的是大柳河乡大柳河村的六十六岁的刘老六。

（五）声母训练

1. 克服平翘相混淆以及 r 的练习

z—zh：自治　尊重　增长　做主
zh—z：制造　准则　种族　转载
c—ch：促成　操场　财产　此处
ch—c：纯粹　储藏　差错　尺寸
s—sh：松树　宿舍　算术　损失
sh—s：收缩　山色　十四　申诉
r：燃料　让步　火热　人民　仍然　柔软　弱智

z—zh：隔着窗户撕字纸，一次撕下横字纸，一次撕下竖字纸，是字纸撕字纸，不是字纸，不要胡乱撕一地纸。（《撕字纸》）

s—sh：三山撑四水，四水绕三山，三山四水春常在，四水三山四时春。（《三山撑四水》）

z、c、s—j、x：司机买雌鸡，仔细看雌鸡，四只小雌鸡，叽叽好欢喜，司机笑嘻嘻。（《司机买雌鸡》）

zh、ch、sh：大车拉小车，小车拉小石头，石头掉下来，砸了小脚指头。（《大车拉小车》）

2. 克服尖音的练习

经济　坚决　消息　现象　亲切　恰巧　虚心　喜讯

j、q、x：七巷一个漆匠，西巷一个锡匠，七巷漆匠偷了西巷锡匠的锡，西巷锡匠偷了七巷漆匠的漆。（《漆匠和锡匠》）

3. 克服齿间音的练习

字词　自私　自尊　草丛　思索　罪责　参差　蚕丝

4. 克服 r—y 混用的练习

有用　柔软　勇敢　游泳　仍然　容忍　炖肉　人民

5. 克服 n—l 相混淆的练习

n：奶牛　男女　南宁　泥泞　恼怒　能耐　难能
l：流利　嘹亮　玲珑　劳力　流浪　理论　绿柳

[绕口令训练]

六十六岁刘老六，修了六十六座走马楼，楼上摆了六十六瓶苏合油，门前栽了六十六棵垂杨柳，柳上拴了六十六个大马猴。忽然一阵狂风起，吹倒了六十六座走马楼，打翻了六十六瓶苏合油，压倒了六十六棵垂杨柳，吓跑了六十六个大马猴，气死了六十六岁刘老六。（《六十六岁刘老六》）

n—l：努力　你来　留念　拦路

[绕口令训练]

小牛放学去打球，踢倒老刘一瓶油，小牛回家取来油，向老刘道歉又赔油。老刘不要小牛还油，小牛硬要把油还给老刘。老刘夸小牛，小牛直摇头。你猜老刘让小牛还油，还是不让小牛还油？

6. 克服 h—f 相混淆的练习

防洪　符合　合法　会费　幅度—弧度　公费—工会　富丽—互利　发展—花展

[绕口令训练]

化肥会挥发，黑化肥发灰，灰化肥发黑，黑化肥发灰会挥发，灰化肥挥发会发黑。黑化肥挥发发灰会花飞，灰化肥挥发发黑会飞花。

7. 双音节词语的声母练习

标兵	包办	报表	门面	摆布	盲目	埋没	渺茫	方法	非凡	防范	达到
等待	断定	淘汰	贪图	吞吐	恼怒	牛奶	流利	玲珑	理论	绿柳	劳力
观光	宽阔	空旷	缓和	憨厚	积极	经济	讲解	捷径	恰巧	亲切	消息
信息	喜讯	正直	追逐	卓著	转折	超产	冲出	抽查	长城	踌躇	山水
设施	双手	声势	税收	仍然	容忍	草丛	猜测	从此	催促	措辞	琐碎
松散	搜索	专职	广告	现象	情趣						

二、韵母

小故事

岳母想念外孙，于是上个星期我和爱人将岳母从乡下接来住些日子，顺便帮我们带带儿子。儿子快6岁了，明年就要上学了。俗话说："子不教，父之过。"为了不让孩子输在起跑线上，我开始提前教儿子学拼音。这天，我教儿子学了几个声母和韵母，小家伙倒挺聪明，不一会儿就学会了。我刚夸了他两句，岳母便从厨房跑出来附和说："我外孙就是聪明！"

儿子一听，更得意了，对外婆炫耀说："我今天学了声母和韵母，外婆你知道什么是声母和韵母吗？"外婆笑眯眯地回答："'生母'不就是亲生母亲吗？""那韵母呢？"儿子接着问。"哎呀，'孕母'不就是怀孕的母亲吗？"外婆一本正经地答道。

（一）什么是韵母

韵母是中国汉语音韵学术语，是指一个汉字音节中声母后面的成分。韵母至少要有一个元音，也可以有几个元音，或元音之后再加辅音。由几个音素组成的韵母又可以细分为韵腹（主要元音）、韵头（又称介音）、韵尾，如官〔guan〕这个音节中,〔g〕是声母,〔uan〕是韵母。韵母〔uan〕中,〔u〕是韵头,〔a〕是韵腹,〔n〕是韵尾。

普通话韵母共有39个，韵母表（24个）为 a、o、e、i、u、ü、ai、ei、ui、ao、ou、iu、ie、üe、er、an、en、in、un、ün、ang、eng、ing、ong。

（二）韵母的分类

1. 按结构可以分为单韵母、复韵母、鼻韵母

（1）由一个元音构成的韵母叫单韵母，又叫单元音韵母。单元音韵母发音的特点是自始至终口形不变，舌位不移动。普通话中单元音韵母共有十个：a、o、e、ê、i、u、ü、-i（前）、-i（后）、er。

（2）由两个或三个元音结合而成的韵母叫复韵母。普通话共有十三个复韵母：ai、ei、ao、ou、ia、ie、ua、uo、üe、iao、iou、uai、uei。根据主要元音所处的位置，复韵母可分为前响复韵母、中响复韵母和后响复韵母。

（3）由一个或两个元音后面带上鼻辅音构成的韵母叫鼻韵母。鼻韵母共有十六个：an、ian、uan、üan、en、in、uen、ün、ang、iang、uang、eng、ing、ueng、ong、iong。

2. 按开头元音发音口形可分为开口呼、齐齿呼、合口呼、撮口呼，简称"四呼"

（1）韵母为 a、o、e、ê、er、-i（前）、-i（后）或以 a、o、e 开头的韵母称开口呼。开口呼——没有韵头，韵腹是 a、o、e 的韵母。发音时，嘴张得比较大，所以叫作开口呼。

（2）韵母为 i 或 i 开头的韵母称齐齿呼，如 iou、iao、ie、ia。齐齿呼——韵头或韵腹是 i（舌面元音）的韵母。发音时，嘴向两边开，露出牙齿，所以叫作齐齿呼。

（3）韵母为 u 或以 u 开头的韵母称合口呼，如 ua、uo、uai、uei；合口呼——韵头或韵腹是 u 的韵母。发音时，嘴唇向中间收缩，所以叫作合口呼。

（4）韵母为 ü 或以 ü 开头的韵母称为撮口呼，如 üe、ün、üan。按照传统语音学，韵母 ong 归入合口呼，韵母 iong 归入撮口呼。撮口呼——韵头或韵腹是 ü 的韵母。发音时，嘴唇是圆的，发音部位与 i 相同，它是 i 的圆唇化，所以叫作撮口呼。

普通话韵母总表如表2-3所示。

表2-3 普通话韵母总表

韵　母	开 口 呼	齐 齿 呼	合 口 呼	撮 口 呼
单 韵 母	-i（前、后）	i	u	ü
	a	ia	ua	
	o		uo	
	e			
	ê	ie		üe
	er			
复 韵 母	ai		uai	
	ei		uei	
	ao	iao		
	ou	iou		
鼻 韵 母	an	ian	uan	üan
	en	in	uen	ün
	ang	iang	uang	
	eng	ing	ueng	
	ong	iong		

（三）韵母辨正

1. i 与 ü

[发音要领]

i：口腔开度很小，舌头前部上升，接近硬腭，嘴唇展开成扁形。

ü：口腔开度很小，舌头前部上升，接近硬腭，嘴唇拢圆成一小孔。

[词的对比朗读]

饥民—居民　意见—遇见　夜光—月光　大雁—大院　颜色—原色
印书—运输　斤两—军粮　白银—白云　分期—分区　经济—京剧
大写—大雪　通信—通讯

[绕口令训练] 王七上街去买席

清早起来雨渐渐，王七上街去买席，骑着毛驴跑得急，捎带卖蛋又贩梨，一跑跑到小桥西，毛驴一下失了蹄，打了蛋，洒了梨，跑了驴，急得王七眼泪滴，又哭鸡蛋又骂驴。

2. e 与 o

[发音要领]

e：口腔半闭，舌头后部上升到半高，嘴唇向两边展开。

o：口腔半闭，舌头后部上升到半高，嘴唇拢圆。

[朗读下列词语]

各个　可贺　各科　舍得　折合　隔热　割舍　薄膜　泼墨　磨破　伯伯　婆婆　佛教

[绕口令训练]

老伯和老婆，乐乐呵呵做吃喝儿。老伯端起淘箩去淘米，老婆忙去洗鲜蘑；一个刷锅，一个烧火，做出饭菜可口营养多。桌前坐，两人说："若是没有共和国，哪有这样好生活！"

3. uan、uen、uei 与 an、en、ei
[发音要领]
在普通话中，d、t、n、l、z、c、s 七个声母与韵母 uan、uen、uei 相拼时，有些人在读音时常常丢失介音，而念成与韵母 an、en、ei 相拼的字的音。
[朗读下列词语]
端正　锻炼　长短　团长　湍急　暖和　山峦　杂乱　钻研　钻塔　逃窜　酸枣
堆积　对付　对唱　推行　颓废　嘴唇　最初　催促　摧残　隋朝　隧道　随从
敦促　吨位　炖肉　吞并　囤积　沦陷　轮船　遵从　尊称　村庄　尺寸　损失
[绕口令训练]
红饭碗，黄饭碗，红饭碗盛满饭碗，黄饭碗盛半饭碗，黄饭碗添半饭碗，像红饭碗一样满饭碗。

4. 前鼻韵母与后鼻韵母
[发音要领]
鼻韵母的发音特点有以下两个。
（1）元音应该响亮地发出，气流不中断，向鼻辅音过渡，直至气流从鼻腔透出。它的发音和复韵母一样，念成一个结合得很紧密的音。
（2）舌头应该有相应的前伸或后缩的动作，使鼻辅音在正确的位置发出。
鼻韵母可以根据所带韵尾的不同分成两类：一类是元音加上鼻辅音 -n 的，叫前鼻韵母；一类是元音加上鼻辅音 -ng 的，叫后鼻韵母。
[词的对比朗读]
瓜分—刮风　清真—清蒸　信服—幸福　亲近—清静　金鱼—鲸鱼
红心—红星　人民—人名　陈旧—成就　烂漫—浪漫　弹词—搪瓷
[绕口令训练]
扁担长，板凳宽，扁担没有板凳宽，板凳没有扁担长。扁担绑在板凳上，板凳不让扁担绑在板凳上，扁担偏要绑在板凳上。

（四）韵母训练

1. 单元音韵母发音练习
（1）a—舌位低、不圆唇、央元音。
练习材料：阿　擦　搭　法　尬　哈　卡　辣　码　纳　爬　撒　他　瓦　崖　砸　眨　爸爸　妈妈　发达　打靶　打发　哈达　腊八　喇叭　喇嘛　拉萨　麻纱　马达　沙拉　牵拉　哪怕　打蜡　扒拉
[绕口令训练]
张大妈，夏大妈，你看咱社的好庄稼。高的是玉米，低的是芝麻，开黄花、紫花的是棉花，

圆溜溜的是西瓜，谷穗长得像镰把，勾着想把地压塌。张大妈，夏大妈，边看边乐笑哈哈。

（2）o—舌位半高、圆唇、后元音。

练习材料：播 魄 佛 拨 婆 膜 驳 脉 磨 喔 末 博 玻 颇 叵 默 摩 沫 沃 伯伯 婆婆 泼墨 漠漠 魔术 抹杀 脉脉 摸底 薄膜 磨炼 磨破 蘑菇

[绕口令训练]

老伯伯卖墨，老婆婆卖馍。老婆婆卖馍买墨，老伯伯卖墨买馍。墨换馍老伯伯有馍，馍换墨老婆婆有墨。

（3）e—舌位半高、不圆唇、后元音。

练习材料：得 特 勒 蛇 歌 革 葛 者 浙 车 特色 特赦 哥哥 这个 舍得 咋舌 啧啧 色泽 个 科 仄 渴 课 喝 惹 贺 遮 折 割舍 隔阂 各个 各色 折射 瑟瑟

[绕口令训练]

坡上立着一只鹅，坡下就是一条河。宽宽的河，肥肥的鹅。鹅要过河，河要渡鹅。不知是鹅过河还是河渡鹅。

（4）ê—舌位半低、不圆唇、前元音。这个音素在普通话中只与i、n一起构成复韵母。

练习材料：学业 雀跃 血液 贴切 雪夜

（5）i—舌位高、不圆唇、前元音。

练习材料：习 姨 低 急 底 弟 梯 题 体 替 妻 器 腻 梨 理 力 基 敌 挤 济 鼻翼 比拟 笔迹 笔记 臂力 栖息 极力 遗弃 疑义 以及 义旗 议题 屹立 异己

[绕口令训练]

李子树上嫁接梨，梨树上面嫁接李，说李有梨味，说梨有李味，弟弟吃了笑眯眯，分不清是李还是梨。

（6）u—舌位高、圆唇、后元音。

练习材料：俗 都 独 素 赌 度 秃 徒 土 兔 奴 怒 卢 普 路 姑 骨 故 枯 库 服务 护符 俘虏 浮土 幅度 俯伏 辅助 辜负 骨碌 古朴 谷物 服输 股骨 鼓舞

（7）ü—舌位高、圆唇、前元音。

练习材料：淤 于 雨 玉 女 妞 驴 吕 绿 居 局 举 巨 区 渠 曲 去 虚 徐 许 女婿 吕剧 旅居 屡屡 曲剧 居于 语句 屈居 渔具 语序 栩栩 郁郁

[绕口令训练]

大渠养大鱼不养小鱼，小渠养小鱼不养大鱼。一天天下雨，大渠水流进小渠，小渠水流进大渠，大渠里有了小鱼不见大鱼，小渠里有了大鱼不见小鱼。

（8）er—卷舌、央元音。这是特殊元音。发音时，舌前部上抬，舌尖向硬腭卷起。这里需要注意的是，r不代表音素，只表示卷舌的动作，所以e和r的距离要紧凑，弱化r，不要发得很笨拙。

练习材料：儿 而 尔 耳 迩 洱 饵 二 贰 儿女 儿孙 儿戏 而今 而且 而立 而已 尔后 耳朵 耳福 儿童 耳环 耳机 耳鸣

（9）-i（前）—舌尖前不圆唇元音。这是特殊元音。发音时，舌尖轻抵下齿背。舌面前部朝向上齿龈，但不要接触，也不要发生摩擦。在普通话里只能和 z、s、c 相拼，不能自成音节。

练习材料：词 瓷 此 次 兹 滋 紫 子 字 自 司 死 四 孜 辞 思 籽 赐 肆 字词 刺丝 自私 自此 孜孜 此次 刺字 赐死 嗣子 次子 子嗣 四次

（10）-i（后）—舌尖后不圆唇元音。这是特殊元音。发音时，舌尖朝硬腭前部翘起，舌头后缩，使气流受到一定的节制，但不要发生摩擦。在普通话里只能和 zh、ch、sh、r 相拼，不能自成音节。

练习材料：织 值 止 诗 吃 迟 耻 斥 湿 石 史 世 日 之 齿 式 视 质 池 弛 支持 支使 知事 值日 只是 指使 史诗 志士 日食 时事 实施 指示 咫尺

2. 复韵母发音练习

（1）前响复韵母。前响复韵母指主要元音在前的复韵母，有四个：ai、ei、ao、ou。

① ai 练习材料：奶 耐 来 赖 该 盖 开 筛 晒 再 猜 财 菜 腮 白菜 摆开 买卖 开采 晒台 海带 彩带 灾害 采摘 拆台 彩排 开赛

[绕口令训练]

掰白菜，搬白菜，掰完白菜搬白菜，搬完白菜掰白菜。

② ei 练习材料：非 得 飞 黑 煤 北 美 内 杯 背 胚 赔 配 肥美 配备 贝类 非得 蓓蕾 妹妹 黑妹 背煤 黑煤 北美 北非

[绕口令训练]

贝贝背水杯，水杯贝贝背，贝贝背水杯背背水杯，水杯贝贝背，贝贝背水杯。

③ ao 练习材料：泡 毛 卯 冒 刀 岛 道 挠 脑 闹 捞 牢 老 涝 高 稿 告 考 包抄 报道 报告 报考 抛锚 跑道 叨唠 祷告 逃跑 讨好 高傲 劳保 老少

[绕口令训练]

高高山上有座庙，庙里住着两老道。一个年纪老，一个年纪少。庙前长着许多草，有时候老老道煮药，小老道采药，有时候小老道煮药，老老道采药。

④ ou 练习材料：兜 抖 豆 偷 头 透 楼 都 篓 臭 收 手 口授 叩头 口臭 瘦肉 收受 猴头 扣肉 兜售 斗殴 欧洲 丑陋 走漏 抖擞 手头

[绕口令训练]

清早上街走，走到周家大门口，门里跳出大黄狗，朝着我哇啦哇啦吼。我拾起石头打黄狗，黄狗跳上来就咬我的手。也不知我手里的石头打没打着周家的大黄狗，也不知周家的大黄狗咬没咬着我的手。

(2) 后响复韵母。后响复韵母指主要元音在后的复韵母，有五个：ia、ie、ua、uo、üe。

① ia 练习材料：鸦 芽 雅 讶 家 贾 嫁 掐 假 假牙 加价 加压 恰恰 下嫁 压价

[绕口令训练]

麻家爷爷挑着一对麻叉口，走到麻家婆婆的家门口，麻家婆婆的一对麻花狗，咬破了麻家爷爷的麻叉口。麻家婆婆拿来麻针、麻线，来补麻家爷爷的麻叉口。

② ie 练习材料：蝶 铁 灭 涅 聂 别 撇 列 且 榭 接 届 鞋 切 戒 爹 帖 孽 叠 界 爹爹 歇业 贴切 姐姐 接界 铁屑 铁鞋

[绕口令训练]

打南来了个瘸子，手里托着个碟子，碟子里装着茄子。地下钉着个橛子，绊倒了瘸子，撒了碟子里的茄子。气得瘸子撇了碟子，拔了橛子，踩了茄子。

③ ua 练习材料：蛙 娃 瓦 袜 瓜 寡 挂 夸 垮 跨 花 华 化 抓 刷 耍 卦 跨 挂花 花袜

[绕口令训练]

一个胖娃娃，提了三个大花活蛤蟆；三个胖娃娃，只提了一个大花活蛤蟆。提了一个大花活蛤蟆的三个胖娃娃，真不如提了三个大花活蛤蟆的一个胖娃娃。

④ uo 练习材料：活 火 货 桌 浊 戳 卓 说 多 硕 弱 托 昨 左 作 座 错 锁 咄咄 哆嗦 国货 过错 过活 活捉 火锅 硕果 脱落 窝火 着落 坐落

[绕口令训练]

坡上长菠萝，坡下玩陀螺。坡上掉菠萝，菠萝砸陀螺，砸破陀螺补陀螺，顶破菠萝剥菠萝。

⑤ üe 练习材料：约 月 虐 略 决 倔 缺 确 靴 雀 跃 学习 掠夺 略微 绝活 疟疾

[绕口令训练]

一群灰喜鹊，一群黑喜鹊。灰喜鹊飞进黑喜鹊群，黑喜鹊群里有灰喜鹊。黑喜鹊飞进灰喜鹊群，灰喜鹊群里有黑喜鹊。

(3) 中响复韵母。中响复韵母指主要元音位居中间的韵母，有四个：iao、iou(iu)、uai、uei(ui)。

① iao 练习材料：票 苗 秒 庙 钓 挑 条 腰 晓 敲 跳 鸟 尿 撩 聊 了 料 焦 嚼 狡 缥缈 飘摇 悄悄 巧妙 小苗 迢迢 调教 调料 逍遥 萧条 小桥 小调 小巧 窈窕

[绕口令训练]

东边庙里有个猫，西边树梢有只鸟，猫鸟天天闹。不知猫闹树上鸟，还是鸟闹庙里猫。

② iou(iu) 练习材料：优 尤 友 幼 谬 丢 牛 扭 溜 刘 柳 揪 久 旧 秋 球 修 朽 优秀 悠久 悠悠 有救 啾啾 久久 久留 舅舅 秋游 求救 咎由 妞妞

绣球

[绕口令训练]

一个老头儿一盅酒，就着一块藕，吃一口，喝一口。一棵柳树搂一搂，一个小妞扭一扭。十个老头儿十盅酒，就着十块藕，吃十口，喝十口。十棵柳树搂十搂，十个小妞扭十扭。

③uai 练习材料：歪 外 乖 怀 坏 揣 摔 甩 帅 衰 侩 踹坏 怀揣 快甩 摔坏 外快

[绕口令训练]

管会计打算盘噼里啪啦，季会计打算盘啪啦噼里，管会计、季会计齐打算盘，噼里啪啦，啪啦噼里。

④uei(ui) 练习材料：规 鬼 跪 亏 葵 傀 愧 灰 回 毁 汇 追 吹 垂 水 蕊 锐 嘴 灰 堆 推诿 退回 巍巍 尾随 追尾 追回 罪魁 醉鬼 垂危 悔罪 摧毁 翠微 水位

[绕口令训练]

嘴说腿，腿说嘴。嘴说腿爱跑腿，腿说嘴爱卖嘴。光动嘴，不动腿，不如不长腿。光动腿，不动嘴，不如不长嘴。又动腿，又动嘴，腿不再说嘴，嘴不再说腿。

3. 鼻元音韵母发音练习

（1）前鼻音韵母。一种是带舌尖鼻音 n 的叫前鼻韵母，有八个：an、ian、uan、üan、en、in、uen（un）、ün。

①an 练习材料：安然 案板 暗淡 暗含 斑斓 犯案 烂漫 单产 单干 胆敢 翻案

[绕口令训练]

大姐梳辫，两个人编。二姐编那半边，三姐编这半边；三姐编这半边，二姐编那半边。

②ian 练习材料：沿 变 便 迁 宴 垫 肩 电 见 面 联 翩 连篇 脸面 绵延 参赞 参战 惨淡 泛滥 翻版 反感 反叛 电线 艰险 检点 检验 面前 年间 年鉴 前线

[绕口令训练]

男演员女演员，同台演戏说方言，男演员说吴语言，女演员说闽南言。男演员演远东旅行飞行员，女演员演鲁迅文学研究员。研究员、飞行员、吴语言、闽南言，你说男女演员演得全不全。

③uan 练习材料：湾 丸 碗 腕 短 断 湍 团 欢 暖 鸳 卵 乱 关 管 宽 款 传唤 专断 官宦 管段 贯穿 乱窜 宦官 换算 软缎 酸软 团团 转换

[绕口令训练]

山前有个阎圆眼，山后有个阎眼圆，二人山前来比眼。不知是阎圆眼比阎眼圆的眼圆，还是阎眼圆比阎圆眼的眼圆。

④üan 练习材料：全 员 冤 圆 远 愿 捐 卷 圈 泉 犬 劝 涓涓 全权

渊源 源远 源泉 圆圈 轩辕

[绕口令训练]

城隍庙内两判官,左边的是潘判官,右边是庞判官。不知是潘判官管庞判官,还是庞判官管潘判官。

⑤en练习材料:纷 焚 粉 奋 嫩 根 稳 绅 亘 深 痕 狠 恨 真 枕 慎 镇 陈 森 纷纷 粉尘 忿忿 愤恨 根本 深沉 根深 门神 门诊 人们 人身 认真 审慎

[绕口令训练]

老彭拿着一个盆,路过老陈住的棚。盆碰棚,棚碰盆,棚倒盆碎棚压盆。老陈要赔老彭的盆,老彭不要老陈来赔盆,老陈陪着老彭去补盆,老彭帮着老陈来修棚。

⑥in练习材料:因 银 引 印 彬 殡 拼 频 品 聘 民 敏 您 临 凛 赁 金 锦 尽 亲 濒临 仅仅 紧邻 尽心 近邻 民心 临近 拼音 频频 聘金 亲信

[绕口令训练]

同姓不能念成通信,通信也不能念成同姓,同姓可以互相通信,通信可不一定同姓。

⑦uen(un)练习材料:敦 钝 魂 春 纯 吞 混 村 存 轮 论 滚 棍 捆 困 昏 混沌 困顿 温存 温润 温顺 春笋 论文 伦敦 昆仑 稳准 枪棍 昏昏 馄饨 谆谆

[绕口令训练]

冬瓜冻,冻冬瓜,炖冻冬瓜是炖冻冬瓜,不炖冻冬瓜不是炖冻冬瓜。炖冻冬瓜吃炖冻冬瓜,不炖冻冬瓜不吃炖冻冬瓜。

⑧ün练习材料:晕 匀 允 运 均 俊 群 熏 寻 训 询 循 汛 陨 酝 熨 军训 均匀 芸芸 茵群

[绕口令训练]

蓝天上是片片白云,草原上是银色的羊群。近处看,这是羊群,那是白云;远处看,分不清哪是白云,哪是羊群。

(2)后鼻音韵母。另一种是带舌根鼻音ng的叫后鼻韵母,有八个:ang、iang、uang、eng、ing、ueng、ong、iong。

①ang练习材料:盎 榜 棒 乓 旁 胖 莽 芳 盲 防 仿 放 档 汤 糖 倘 烫 帮忙 厂房 厂商 苍茫 沧桑 当场 党纲 党章 方丈 放荡 放浪 商场 商行

[绕口令训练]

辛厂长,申厂长,同乡不同行。辛厂长声声讲生产,申厂长常常闹思想。辛厂长一心只想革新厂,申厂长满口只讲加薪饷。

②iang练习材料:娘 酿 良 两 羌 锵 亮 江 奖 匠 腔 墙 抢 呛

梁　详　江洋　将相　强项　相向　踉跄　像样　湘江　两样　亮相　香江　奖项　洋枪

[绕口令训练]

杨家养了一只羊，蒋家修了一垛墙。杨家的羊撞倒了蒋家的墙，蒋家的墙压死了杨家的羊。杨家要蒋家赔杨家的羊，蒋家要杨家赔蒋家的墙。

③ uang 练习材料：光　广　逛　筐　狂　旷　况　框　荒　慌　床　状　狂妄　状况　矿床　框框　惶惶　装潢　双簧　往往　网状　闯王　忘光　窗框　黄光　装筐

[绕口令训练]

黄花花黄黄花黄，花黄黄花朵朵黄。朵朵黄花黄又香，黄花花香向太阳。

④ eng 练习材料：蒙　猛　梦　丰　逢　讽　凤　枫　登　等　凳　腾　能　棱　冷　楞　庚　梗　更　登峰　丰盛　丰登　乘风　乘胜　逞能　风声　风筝　奉承　更生　更正　耿耿　承蒙

[绕口令训练]

碰碰车，车碰碰，坐着朋朋和平平。平平开车碰朋朋，朋朋开车碰平平。

⑤ ing 练习材料：应　营　影　硬　兵　病　膺　苹　明　宁　赢　京　景　静　清　晴　瓶　姓　颖　定型　经营　惊醒　晶莹　精兵　精灵　精明　精英　警醒　菱形　零星　领情　灵性

[绕口令训练]

东庄儿住着个殷英敏，西庄儿住着个应尹铭。应尹铭挖蚯蚓，殷英敏捕苍蝇。不管天阴或天晴，两人工作不停。为了比辛勤两人通了信，要看谁行谁不行。不知殷英敏的苍蝇多过应尹铭的蚯蚓，还是应尹铭的蚯蚓多过殷英敏的苍蝇。

⑥ ueng 练习材料：翁　瓮嗡　嗡嗡　瓮城　瓮声　蓊郁　瓮中　老翁　渔翁

⑦ ong 练习材料：动容　工种　从众　轰隆　共通　共同　红肿　葱茏　公共　公众　空洞　空中　恐龙　隆冬　隆重　共同　轰动　瞳孔

[绕口令训练]

会炖我的炖冻豆腐，才炖我的炖冻豆腐；不会炖我的炖冻豆腐，就别胡炖乱炖炖坏了我的炖冻豆腐。要是混充会炖我的炖冻豆腐，弄坏了我的炖冻豆腐，那就吃不成我的炖冻豆腐。

⑧ iong 练习材料：拥　泳　用　窘　琼　凶　雄　庸　雍　熊　雍容　臃肿　用功　踊跃　勇猛　英勇　汹涌　凶险　庸医　胸膛　兄长

三、声调

（一）什么是声调

声调是指一个音节发音时的高低升降。声调主要是音高变化现象，同时也表现在音长变化上。音高决定于发音体在一定时间内颤动次数的多少，次数越多声音越高，反之声音越低。发音时,声带越紧,在一定时间内振动的次数越多,声音越高;声带越松,在一定时间内振动的次数越少,声音就越低。在发音过程中,声带是可以随时调整的,这样就造成了种种不同的音高变化,形成了不同的声调。在汉语里,一个音节一般就是一个汉字,所以声调也叫字调。声调是音节结构中不可缺少的组成部分,担负着重要的辨义作用。例如,"题材"和"体裁"、"练习"和"联系"等,这些词语意义的不同主要靠声调来区别。

(二) 怎样分析声调

通过调类、调值、调型、调号来分析。

(1) 调类——声调的分类。调类,即把调值相同的音节归在一起所建立起来的类别。调类是由调值决定的,一般来说,一种语言或方言里有多少种声调调值,就有多少个调类。普通话有四个调类(四声):阴平调(一声)、阳平调(二声)、上声调(三声)、去声调(四声)。

(2) 调值——声调的实际读法,也就是音节的高低、升降、曲直、长短的变化形式。调值的确定通常采用"五度标调法",如图2-1所示。五度标调法又叫"五度制调值标记法",是用五度竖标来表示声调相对音高的方法,由赵元任先生提出。把声调的相对音高分为低、半低、中、半高、高五个等次,依次用1、2、3、4、5表示。画一条竖线作为标尺,分为四格五点,自下而上表示声调由低而高。在这条竖线的右边用横线、斜线、折线表示音高的变化,用箭头表示行音方向,如图2-1所示。阴平调:55;阳平调:35;上声调:214或2114;去声调:51。

(3) 调型——声调的类型,指声调高低、升降的变化模式。调型大致可分为平、升、降、曲折四大类。阴平调:高平调(高而平);阳平调:中升调(中升高);上声调:降升调(半低音先降到低音再升到半高音);去声调:高降调(高降低)。

(4) 调号——声调的符号,指标写声调所用的简单明了的符号,即把五度标调法的图形简化为一种不标刻度的声调符号,如表2-4所示。

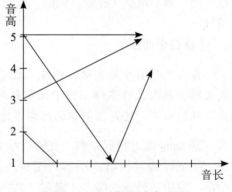

图 2-1 五度标调法表示图

表2-4 声调符号

调 类	调 值	调 型	调 号
阴平调	55	高平调	-
阳平调	35	中升调	/
上声调	214 或 2114	降升调	∨
去声调	51	高降调	\

(三) 声调发音

1. 阴平调

阴平调又叫作高平调,俗称一声,调值是55,也称55调。发音时,调值从5度到5度,声音比较高,基本上是没有升降的变化。

单音节阴平调的练习：他 开 猫 歌 真 商 息 修 出 军 风
双音节阴平调的练习：分工 机关 村庄 飞机 车间 纱窗 冲锋
多音节阴平调的练习：拖拉机 金沙江 星期天 珍惜光阴 春天开花

2. 阳平调

阳平调又叫作高升调，俗称二声，调值是35，也称35调。发音时，调值从3度升到5度，有较大的升幅变化。

单音节阳平调的练习：肥 头 南 横 成 直 图 云 足 唇 鱼
双音节阳平调的练习：平时 轮流 言行 黄河 岩石 原则 红旗 黎明
多音节阳平调的练习：遗传学 颐和园 联合国 洪泽湖 儿童节 陈皮梅

3. 上声调

上升调又叫作降升调，俗称三声，调值是214，也称214调。发音时，调值从2度降到1度，再从1度升到4度，有明显的降升特点。

单音节上声调的练习：比 洒 美 厂 我 引 与 往 取 鼓 补
双音节上声调的练习：商品 烧毁 祈祷 勤恳 典雅 短跑 伴侣 报纸
多音节上声调的练习：心里美 西湖水 抓土匪 好后悔 大长腿

4. 去声调

去声调又叫作全降调，俗称四声，调值是51，也称51调。发音时，调值从5度降到1度，有比较大的降幅变化。

单音节去声调的练习：热 代 赠 谬 效 算 嫁 既 训 寸 炮
双音节去声调的练习：照相 办事 降落 路费 大概 注意 见面 外貌
多音节去声调的练习：促进派 备忘录 烈士墓 运动会 对立面 售票处 日夜奋战 创造世界 胜利闭幕 变化莫测

[绕口令训练]

例如"妈、麻、马、骂、吗"这几个词，发音都是 ma，但调值不同，所代表的字也就大不相同，需要通过多次反复地练习发声来进行区别。在训练的过程中，可以借助类似这样的绕口令来练习：

妈妈骑马，马慢妈妈骂马；妞妞骑牛，牛扭妞妞拧牛。

四、音变

说话或朗读时，由于连续发音，邻近音素或声调互相影响，就会产生语音上的一些变化，这种现象叫作音变。普通话常见的音变现象有轻声、上声的变调、"一""不"的变调、语气词"啊"的变化和儿化。

（一）轻声

普通话的音节原来都有声调，可是在词或句子里，有些音节失去了原来的声调，念成一种又轻又短的调子，这就是轻声。如"子"，原来念上声，在"桌子""椅子"等词中，"子"

原来的上声消失了，成为一个轻声音节。轻声是在朗读或说话时产生的一种音变现象，所以它不是一种独立的调类。注音时，轻声音节不算声调，一般的拼音读物中，不标声调符号的音节就读轻声。

[朗读下列词语]

苦的　飞快地　来得好　推着　去过　走了　咱们　筷子　身上　分开　木头　女儿　尾巴　谢谢　出去　耳朵　喇叭　苍蝇　玻璃　回来

（二）上声的变调

（1）两个或三个上声相连时，最后一个上声不变，前面的一个或两个上声变直上（调值24，近似阳平）。

① 双音节：214+214 变为 24+214。

指导　勇敢　蚂蚁　选举　老虎　手表　洗澡　长满　懒散　演讲　雨雪　保险

② 三音节：214+214+214 变为 24+24+214。

厂党委　小老虎　小手掌　好领导　短粉笔　守海岛

（2）上声在非上声（阴平、阳平、去声）的前面，上声变半上（调值21，只降不扬起来）。

① 上声在阴平前：214+55 变为 21+55。

小刀　主攻　打针　火花　鲁班　广播　小说　产生　指挥　普通　委托　北京

② 上声在阳平前：214+35 变为 21+35。

导游　主人　打球　火柴　改革　朗读　祖国　举行　早晨　晚霞　可能　满足

③ 上声在去声前：214+51 变为 21+51。

讨论　柳树　纽扣　水库　闪电　努力　讲话　海浪　脸蛋　挑战　起路　伟大

（三）"一"和"不"的变调

"一"和"不"的变调可记住四句话：单说句来念本调（"一""不"都不变），去声前面念阳平（"一""不"都变），非去声前念去声（"一"变"不"不变），夹在词中念轻声（"一""不"都变）。

[朗读下列词语]

（1）单说句来念本调。

一、二、三　一加一　万一　五一　决不　偏不

（2）去声前面念阳平。

一切　一定　一段　一对　不对　不配　不乱　不像

（3）非去声前念去声。

一心　一颗　一般　一间　一连　一同　一时　一直　一起　一盏　一股　一把　不听　不安　不公　不屈　不行　不如　不学　不回　不想　不可　不跑　不仅

（4）夹在词中念轻声。

听一听　读一读　写一写　念一念　拎一拎　查一查　想一想　试一试　香不香　甜不甜　苦不苦　辣不辣　光不光　平不平　老不老　热不热

[朗读儿歌]

一个大，一个小，一件衣服一顶帽。一边多，一边少，一打铅笔一把刀。
一个大，一个小，一只西瓜一颗枣。一边多，一边少，一盒饼干一块糕。
一个大，一个小，一头肥猪一只猫。一边多，一边少，一群大雁一只鸟。
一边唱，一边跳，大小多少记得牢。

（四）语气词"啊"的变化

句末出现的语气词"啊（a）"，受到前面音节最后一个音素的影响，语音会发生变化。
(1) 前面的音素是 a、o、e、ê、i、ü 时，"啊"读作 ya，汉字写作"呀"。

赶快回家呀　是个老婆婆呀　来的人真多呀　有只大白鹅呀　我们快点写呀　全是新桌子呀　大家走得快呀　没有一点灰呀　钓着一条鱼呀　快来举一举呀

(2) 前面音素是 u（包括 ao，iao），"啊"读作"哇"，汉字写作"哇"。

今天有大雾哇　你要当心走哇　楼房造得高哇　不要开玩笑哇

(3) 前面音素是 n，"啊"读作"na"，汉字写作"哪"。

心里真不安哪　党的恩情深哪　烟囱不冒烟哪　全是前鼻音哪
这条路很宽哪　时间已黄昏哪　一点也不远哪　走了一大群哪

(4) 前面音素是 ng，"啊"读作"nga"，汉字仍写作"啊"。

放开喉咙唱啊　开始新长征啊　会议很隆重啊　这是松花江啊
仔细听一听啊　一点不管用啊　快点往上装啊　咱是主人翁啊

（五）儿化

er 与其他韵母相结合，改变了原来韵母的读音，成为卷舌韵母，这种变化叫作儿化。儿化以后的韵母叫儿化韵，儿化韵的注音，只要在原来的韵母后面紧附上一个"r"儿化符号即可。如"花儿"写作 huar。

儿化韵的读音要注意。所谓儿化韵，就是在念原来韵母的同时加上一个卷舌动作，不是在原来韵母后面加上一个 er 的读音。如"小孩儿"，其中"孩"是一个儿化韵。这个词应该是两个音节，如果念成三个音节，那就错了。汉字不表音，儿化现象只能用"儿"表示，如"花儿""画儿"均是，因此在念读的时候，不应把"儿"当作音节来发音。

有些儿化具有区别词义词性的作用。如"画"，不儿化是动词，儿化后是名词；"头"，不儿化指脑袋，儿化则指领头的人。

一般在表示细小、轻微的意思时或表示说话人喜爱、亲切、愉悦的感情时，可以用儿化来加强表达效果。

[朗读下列词语]

打盆儿　浪花儿　山坡儿　大伙儿　小猫儿　小鸟儿　带头儿　加油儿　秧歌儿　台阶儿
露珠儿　小孩儿　香味儿　心坎儿　一点儿　拐弯儿　树枝儿　干劲儿　路滩儿　小熊儿

蛋黄儿　油灯儿　胡同儿　小鸡儿　眼皮儿　小曲儿　逗趣儿　有事儿　没词儿　写字儿

[朗读儿歌]

小孩儿，小孩儿坐小车儿，坐着小车儿玩小盒儿，小孩儿玩小盒儿真有趣儿，乐得小孩儿坐着小车儿玩着小盒儿唱着歌儿。

[绕口令训练]

有个小孩儿叫小兰儿，挑着水桶上庙台儿，摔了一个跟头拣了个钱儿。又打醋，又买盐儿，还买了一个小饭碗儿。小饭碗儿，真好玩儿，没有边儿没有沿儿，中间儿有个小红点儿。

第二节　普通话朗读技巧

普通话的朗读是把书面形式的语言材料进行有声语言艺术化创作的过程。我们在朗读时，除了要准确发音外，还应分别从停顿、重音、语速和句调等几个方面加以合理运用，形成完整、流畅、自然、生动的朗读表现形式，恰如其分地、有创造性地表达文章的思想感情。

一、停顿

（一）什么是停顿

停顿是指朗读过程中声音的断和连。我们在朗读时，既不能一字一停，断断续续地进行，也不能字字相连，一口气念到底。无论是朗读者还是听众，朗读中的停顿都是必不可少的，它既是显示语法结构的需要，更是明晰表达语言、传达思想感情的需要。

（二）停顿与标点符号的关系

一般来说，句号、问号、感叹号的停顿比分号长些；分号的停顿要比逗号长些；逗号的停顿比顿号长些；而冒号的停顿则有较大的伸缩性，它的停顿有时相当于句号，有时相当于分号，有时只相当于逗号。

下面两种情况较为特殊，朗读时需格外注意。

（1）没有标点却要停顿。例如：

被你从你的公馆门口 / 一脚踢开的 / 那个讨钱的老太婆 // 现在怎么样了？（马克·吐温《竞选州长》）

朗读这句话时，必须在"老太婆"后作一停顿，才能将语意比较明晰地传达给听众。如果一口气念下去，中间不作停顿，则必然混沌一片，模糊不清。再如：

始终微笑的和蔼的刘和珍君 // 确是 // 死掉了。（鲁迅《纪念刘和珍君》）

（2）句中有标点，却不停顿。例如：《第一场雪》中片断：

山川、河流、树木、房屋……落光了叶子的柳树上挂满了毛茸茸、亮晶晶的银条儿……则挂满了蓬松、沉甸甸的雪球儿。

(三) 几种常见的停顿

1. 顺应语法的停顿

这类停顿可以依据标点来处理，有时也可以突破标点的限制。例如：

正像达尔文发现有机界的发展规律一样，/马克思发现了人类历史的发展规律，/即历来为纷繁芜杂的意识形态所掩盖的一个简单事实：///人们首先必须吃、喝、住、穿，/然后才能从事政治、科学、艺术、宗教等；//所以，直接的物质生活资料的生产，从而一个民族或一个时代的一定的经济阶段，便构成了基础，人们的国家制度、法的观点、艺术以至宗教观念，/就是从这个基础发展起来的，因而也必须由这个基础来解释。而不是像过去那样做得相反。（恩格斯《在马克思墓前的讲话》）

这段中凡是有标点的地方，朗读时都必须停顿，而且要根据不同的点号，进行长短不同的停顿。

2. 显示层次的停顿

文章的层次可以借助于朗读者的停顿得到显示。一般来说，文章中的节（段）这样的大层次比较容易划分，而一节（或一段）文字，甚至一句话中，也往往有更小更细的层次，划分这些层次并用朗读中的停顿表现出来，就不是一件容易的事。例如：

（1）头上扎着白头绳，/乌裙，蓝夹袄，月白背心，//年纪大约二十六七，//脸色青黄，但两颊却还是红的。（鲁迅《祝福》）

（2）她一手提着竹篮，/内中一个破碗，/空的；//一手拄着一支比她更长的竹竿，/下端开了裂；///她分明已经纯乎是一个乞丐了。（鲁迅《祝福》）

3. 体现呼应的停顿

文章中的呼应关系在朗读时主要通过停顿来体现。全篇整体性的呼应较易把握，而文章中局部的呼应关系，往往由于朗读者的忽略而造成呼应中断，或呼应模糊，因此影响了语意的表达。例如：

（1）在建设工作中，犯一些错误，有一些缺点，是难免的。问题在于/对待缺点错误的态度。（吴晗《论谦虚》）

（2）这小燕子，便是我们故乡的那/一对，两对么？（郑振铎《海燕》）

4. 指向强调的停顿

为了突出句中某些重要词语，引起听众的注意，加深听众的印象，可以在这些词语的前面或后面稍加停顿，这便是强调性的停顿。例如：

惨象，已使我目不忍视了；流言，尤使我耳不忍闻。我还有什么话可说呢？我懂得衰亡民族之所以默无声息的缘由了。沉默呵，沉默呵！不在沉默中/爆发，就在沉默中/灭亡。（鲁迅《纪念刘和珍君》）

朗读最后一句时，如果在"爆发"和"灭亡"的前面作一停顿，就可以使听众充分感受到这里发出了"不爆发即灭亡"的呼告及对读者投入斗争的召唤。

再如：

有的人活着‖他已经死了；‖有的人死了‖他还活着。

5. 表达音节的停顿

朗读诗词时，必须用停顿来表达音节，以加强节奏感。例如：

（1）白发|三千丈，缘愁|似个长。不知|明镜里，何处|得秋霜？（二三式）（李白《秋浦歌》）

（2）竹外|桃花|三两枝，春江|水暖|鸭先知。蒌蒿|满地|芦芽短，正是|河豚|欲上时。（二二三式）（苏轼《惠崇春江晚景二首》）

（3）北国|风光，千里|冰封，万里|雪飘。望|长城内外，惟余|莽莽；大河|上下，顿失|滔滔。山舞|银蛇，原驰|蜡象，欲与|天公|试比高。须|晴日，看|红装素裹，分外|妖娆。（毛泽东《沁园春·雪》）

（4）我为|少男少女们|歌唱，我|歌唱|早晨，我|歌唱|希望，我|歌唱那些|属于未来的|事物，我|歌唱|正在生长的|力量。（何其芳《我为少男少女们歌唱》）

6. 区别语意的停顿

书面语中的某些歧义短语和句子，可以用朗读的停顿来揭示其不同的语法结构，从而表达不同的意义。

例如：

（1）改正|错误的意见（动宾短语）；改正错误的|意见（偏正短语）。

（2）通知到了（补充结构）；通知|到了（主谓结构）。

7. 善用停顿

（1）在列举事例之前，略作停顿，能引起听众独立思考。

（2）在做出妙语惊人的回答之后，稍作停顿，可使人咀嚼回味。

（3）在讲出奇闻轶事和精彩见解之后，在听众赞叹之余，特意停顿，可加深听众印象，引起联想。

（4）在话题转移之际或会场气氛热烈之时，稍稍停顿，可加深听众记忆，给听众以领会抒情之机。

（5）恰当的特殊停顿，也可以使演讲者本身赢得调整情绪的时机。

二、重音

（一）什么是重音

在朗读中，为了准确地表达语意和思想感情，有时需要强调那些起重要作用的词或短语,被强调的这个词或短语通常叫重音,或重读。同样一句话,如果把不同的词或短语确定为重音,由于重音不同,整个句子的意思也就发生了很大的变化,例如:

(1)我请你跳舞。(请你跳舞的不是别人)
(2)我请你跳舞。(怎么样,给面子吧?)
(3)我请你跳舞。(不请别人)
(4)我请你跳舞。(不是请你唱歌)

(二)各种类型的重音

1. 并列性的重音

例如:

当然,能够只是送出去,也不算坏事情,一者见得丰富,二者见得大度。(鲁迅《拿来主义》)

2. 对比性的重音

例如:

我们的战士,对敌人这样狠,而对朝鲜人民却是那样的爱,充满了国际主义的深厚感情。(魏巍《谁是最可爱的人》)

3. 排比性的重音

例如:

不需要谁来施肥,也不需要谁来灌溉。狂风吹不倒它,洪水淹不没它,严寒冻不死它,干旱旱不坏它。它只是一味地无忧无虑地生长。(陶铸《松树的风格》)

三、语速

(一)什么是语速

语速是指朗读时在一定的时间里容纳一定数量的词语。世间一切事物的运动状态和一切人在不同情境下的思想感情总是有千差万别的。朗读各种文章时,要想正确地表现各种不同的生活现象和人们各种不同的思想感情,就必须采取与之相适应的不同的朗读速度。如:

其间有一个十一二岁的少年,项带银圈,手捏一柄钢叉,向一匹猹尽力地刺去,那猹却将身一扭,反从他的胯下逃走了。

月亮底下,你听,啦啦的响了,猹在咬瓜了。你便提了胡叉,轻轻地走去。(鲁迅《故乡》)

朗读时必须体现出前者"将身一扭,反从他的胯下逃走了"之快和后者"你便提了胡叉,轻轻地走去"之慢。

（二）决定语速不同的各种因素

1. 不同的场面

急剧变化发展的场面宜用快读，平静、严肃的场面宜用慢读。如：

海在我们的脚下沉吟着，诗人一般。那声音仿佛是朦胧的月光和玫瑰的晨雾那样温柔；又像是情人的蜜语那样芳醇；低低地、轻轻地，像微风拂过琴弦；像落花飘零在水上。

海睡熟了。

大小的岛拥抱着，偎依着，也静静地恍惚入了梦乡。（鲁彦《听潮》）

2. 不同的心情

紧张、焦急、慌乱、热烈、欢畅的心情宜用快读，沉重、悲痛、缅怀、悼念、失望的心情宜用慢读。如：

她猛然喊了一声。脖子上的钻石项链没有了。她丈夫已经脱了一半衣服，就问："什么事情？"

她吓昏了，转身向着他说："我……我……我丢了佛来思节夫人的项链了。"

他惊慌失措地直起身子，说："什么！……怎么啦？……哪儿会有这样的事！"

他们在长衣裙褶里，大衣褶里寻找，在所有口袋里寻找，竟没有找到。他问："你确信离开舞会的时候它还在吗？"

"是的，在教育部走廊上我还摸过它呢。"

"但是，如果是在街上丢的，我们总得听见声响。一定是丢在车里了。"

"是的，很可能。你记得车的号码吗？"

"不记得。你呢，你没注意吗？"

"没有。"

他们惊惶地面面相觑……（莫泊桑《项链》）

3. 不同的谈话方式

辩论、争吵、急呼宜用快读，闲谈、絮语宜用慢读。如：

周朴园：鲁大海，你现在没有资格跟我说话，矿上已经把你开除了。

鲁大海：开除了？

周　冲：爸爸，这是不公平的。

周朴园：（向周冲）你少多嘴，出去！（周冲愤然由中门下）

鲁大海：好，好。（切齿）你的手段我早就明白，只要你能弄钱，你什么都做得出来。你叫警察杀了矿上许多工人，你还……

周朴园：你胡说！

鲁侍萍：（至大海前）走吧，别说了。

鲁大海：哼，你的来历我都知道，你从前在哈尔滨包修江桥，故意叫江堤出险……

周朴园：（厉声）下去！

仆人们：（拉大海）走！走！

鲁大海：你故意淹死了两千二百个小工，每一个小工的性命你扣三百块钱！姓周的，你发的是绝子绝孙的昧心财！你现在还……

周　萍：（冲向大海，打了他两个嘴巴。）你这种混账东西！（大海还手，被仆人们拉住。）

周　萍：打他！

鲁大海：（向周萍）你！（仆人们一齐打大海。大海流了血。）

周朴园：（厉声）不要打人！（仆人们住手，仍拉住大海。）

鲁大海：（挣扎）放开我，你们这一群强盗！

周　萍：（向仆人们）把他拉下！

鲁侍萍：（大哭）这真是一群强盗！（曹禺《雷雨》）

4. 不同的内容

一般情况下，说明性文字用正常语速，叙述性、描写性文字用较慢语速，议论性、抒情性文字要或快或慢。一般来说，像作者的抨击、斥责、控诉、雄辩宜用快读，一般的记叙、说明、追忆宜用慢读。如：

在延安人的记忆里，毛主席永远穿着干净的旧灰布制服，布鞋，戴着灰布八角帽。他的魁梧的身形，温和的脸，明净的额，慈祥的目光，时时出现在会场上，课堂上，杨家岭山下的大道边。主席生活在群众中间，生活在同志们中间。主席的音容笑貌，举手投足，人们都是熟悉的、理解的。人们怀着无限的信任和爱戴的感情团聚在他周围，一步不能离开，也一步不曾离开。如今，主席穿上做客的衣服，要离我们远去了。（方纪《挥手之间》）

5. 不同的人物性格

年青、机警、泼辣的人物的言语、动作宜用快读，年老、稳重、迟钝的人物的言语、动作宜用慢读。如：

"冬天没有什么东西了。这一点干青豆倒是自家晒在那里的，请老爷……"

我问问他的景况。他只是摇头。

"非常难。第六个孩子也会帮忙了，却总是吃不够……又不太平……什么地方都要钱，没有定规……收成又坏。种出东西来，挑去卖，总要捐几回钱，折了本；不去卖，又只能烂掉……"

他只是摇头，脸上虽然刻着许多皱纹，却全然不动，仿佛石像一般。他大约只是觉得苦，却又形容不出，沉默了片时，便拿起烟管来默默地吸烟了。（鲁迅《故乡》）

（三）朗读速度的转换

朗读任何一篇文章，都不能自始至终采用一成不变的速度。朗读者要根据作者感情的起伏和事物的发展变化随时调整自己的朗读速度。这种在朗读过程中实现朗读速度的转换是取得朗读成功的重要一环。

（四）注意问题

（1）读得快时，要特别注意吐字的清晰，不能为了读得快而含混不清，甚至"吃字"；

读得慢时，要特别注意声音的明朗实在，不能因为读得慢而显得疲疲沓沓、松松垮垮。总之，在掌握朗读的速度时要做到"快而不乱""慢而不拖"。

（2）语速的快慢要考虑到语言自身的形式特点。

冰心老人在三个孩子的啼哭声中辛勤笔耕，成为一代文学大师；琼瑶女士与狂赌丈夫分手后，怀抱着小女儿写下篇篇言情小说，终于名扬天下；第23届奥运会长跑冠军是两个孩子的妈妈；撒切尔夫人在丈夫的支持下，成为英国历史上第一位连任三届首相的"铁娘子"。

这段文字就要快一些，因为它是一组排比句，读得快，可以增加文章的气势。

几千年了，"女子无才便是德""贤妻良母"这些传统观念的幽灵仍然在社会的各个角落里徘徊，它们顽固地阻碍着当代社会女性的彻底解放！是母亲们天生愚笨，不堪造就吗？请看当今世界巾帼英雄吧！

这段文字要慢一些，因为它句子长，比较拗口。

四、语调

（一）什么是语调

说话或朗读时，为适应思想感情表达的需要，句子总是要有高低升降的变化，这种变化就形成了语调。

语调是有声语言所特有的，它是句子的语音标志，任何句子都带有一定的语调。借助语调，有声语言才有极强的表现力。如：

1. 同样一个"我"字，采用不同的语调可以回答各种不同的问题

（1）谁是班长？——我。（语调平稳，句尾稍抑）

（2）你的电话！——我？（语调渐升，句尾稍扬）

（3）谁负得了这个责任？——我！（语调降得既快又低）

（4）你来当班长！——我？！（语调曲折）

2. 同样一句话"他怎么来了？"采用不同的语调可以表现出不同的语气

（1）他怎么来了？——柔而扬，表示询问。

（2）他怎么来了？——柔而抑，表示疑问。

（3）他怎么来了？——刚而抑，表示责问。

（4）他怎么来了？——刚而扬，表示反问。

可见，朗读中的语调是细致而复杂的，它可以表达各种丰富的感情。

（二）四种基本的语调

语调虽是千变万化的，它的基本类型却只有以下四种。

1. 平调

语调平稳,没有什么重读或强调的显著变化,一般用于叙述、说明,以及表示迟疑、深思、冷淡、悼念、追忆等思想感情的句子,如:

(1) 在我的家里,珍藏着一件白色的的确良衬衫。(《一件珍贵的衬衫》)

(2) 在一个晴朗的下午,总部和党校的同志刚做完宿营准备工作,朱总司令来到了。(刘坚《草地晚餐》)

2. 升调

语调由低逐渐升高,常用于表示疑问、反诘、惊异、命令、呼唤、号召的句子。如:

(1) "这儿到底出了什么事?"奥楚蔑洛夫挤进人群里去,问道,"你在这儿干什么?你究竟为什么举着那个手指头……谁在嚷?"(契诃夫《变色龙》)

(2) "共产主义是不可战胜的!"(杨沫《坚强的战士》)

(3) ……这是胜利的预言家在叫喊:——让暴风雨来得更猛烈些吧!(高尔基《海燕》)

3. 降调

语调由高逐渐降低,末尾的字低而短。这种语调常用来表示肯定、祈使、允许和感叹的语气。如:

(1) 十二年过去了,那小姑娘的爸爸一定早回来了。(冰心《小桔灯》)

(2) 然后他待在那儿,头靠着墙壁,话也不说,只向我们做了一个手势:"散学了,你们走吧。"(都德《最后一课》)

4. 曲调

语调曲折变化,对句中某些音节,特别地加重、加高或延长,形成一种升降曲折的调子。这种语调常用来表示夸张、强调、反语等较为特殊的语气。如:

"哈!这模样了!胡子这么长了!"一种尖利的怪声突然大叫起来。(鲁迅《故乡》)

(三)关于语调的几点说明

(1) 朗读中的语调是一个涉及面很广的较为复杂的问题,上面分的这四种基本类型只是一个大体分类,或者说是对语调的基本情况的一个大体描述,只是一个框架,给语调分类也绝不是硬要把丰富多彩的语调变化强行纳入一些简单的公式。

(2) 不要把这里说的语调类型同书面语中的陈述句、祈使句、疑问句、感叹句等句子类型完全等同起来,书面语中句子的语气类型远不能概括口语中千变万化的语调。

(3) 朗读中的语调在其表现中始终是同断和连、快和慢、轻和重等联系在一起的。

(4) 朗读是一种艺术,其艺术性主要是通过语调加以体现的。朗读语言同生活语言的主要区别就在于语调。生活语言当然也有语调,但那种语调一般是没有多少起伏变化的,显得自然、从容。而朗读语言的语调则有明显的起伏变化,能使语意表达得更加顺畅、明晰、突出。朗读中一旦失去这种富于变化的较为明显的语调，它就无异于一般的生活语言了，如此一来，朗读也就不存在了。

（5）朗读中语调的表现又不同于艺术表演（如朗诵、话剧表演）中的语调的表现。表演语言的语调带有明显的夸张性、表演性。如果把这种夸张性和表演性搬到朗读中来，使朗读时的语调奔突跳跃、大起大伏，这就会使朗读显得既不自然，也不真实。朗读中的语调介于生活语言和表演语言之间，没有语调的起伏变化固然不行，起伏变化过大同样也会失去朗读的特点。

资料来源：https://wenku.baidu.com/view/3df96bf18662caaedd3383c4bb4cf7ec4afeb6b8.html

朗诵叶挺同志的《囚歌》，注意语调的处理。

为人进出的门紧锁着，（→平调）（冷眼相看）
为狗爬出的洞敞开着，（→平调）
一个声音高叫着：（↗曲调）（嘲讽）
　　——爬出来吧，给你自由！（↘）曲调（诱惑）
我渴望自由，（→平调）（庄严）
但我深深地知道——（→平调）
人的身躯怎能从狗洞子里爬出！（↑升调）（蔑视、愤慨、反击）
我希望有一天，（→平调）
地下的烈火，（稍向上扬）（语意未完）
将我连这活棺材一齐烧掉，（↓降调）（毫不犹豫）
我应该在烈火与热血中得到永生！（↓降调）（沉着、坚毅、充满自信）

小训练

（一）

我常常遗憾我家门前那块丑石：它黑黝黝地卧在那里，牛似的模样；谁也不知道是什么时候留在这里的，谁也不去理会它。只是麦收时节，门前摊了麦子，奶奶总是说：这块丑石，多占地面呀，抽空把它搬走吧。

它不像汉白玉那样的细腻，可以刻字雕花，也不像大青石那样的光滑，可以供来浣纱捶布。它静静地卧在那里，院边的槐荫没有庇覆它，花儿也不在它身边生长。荒草便繁衍出来，枝蔓上下，慢慢地，它竟锈上了绿苔、黑斑。我们这些做孩子的，也讨厌起它来，曾合伙要搬走它，但力气又不足；虽时时咒骂它，嫌弃它，也无可奈何，只好任它留在那里了。

终有一日，村子里来了一个天文学家。他在我家门前路过，突然发现了这块石头，眼光立即就拉直了。他再没有离开，就住了下来；以后又来了好些人，都说这是一块陨石，从天上落下来已经有二三百年了，是一件了不起的东西。不久便来了车，小心翼翼地将

它运走了。

　　这使我们都很惊奇，这又怪又丑的石头，原来是天上的啊！它补过天，在天上发过热、闪过光，我们的先祖或许仰望过它，它给了他们光明、向往、憧憬；而它落下来了，在污土里，荒草里，一躺就是几百年了！

　　我感到自己的无知，也感到了丑石的伟大，我甚至怨恨它这么多年竟会默默地忍受着这一切！而我又立即深深地感到它那种不屈于误解、寂寞的生存的伟大。

——节选自贾平凹《丑石》

（二）

　　我常想读书人是世间幸福人，因为他除了拥有现实的世界之外，还拥有另一个更为浩瀚也更为丰富的世界。现实的世界是人人都有的，而后一个世界却为读书人所独有。由此我想，那些失去或不能阅读的人是多么的不幸，他们的丧失是不可补偿的。世间有诸多的不平等，财富的不平等、权力的不平等，而阅读能力的拥有或丧失却体现为精神的不平等。

　　一个人的一生，只能经历自己拥有的那一份欣悦，那一份苦难，也许再加上他亲自闻知的那一些关于自身以外的经历和经验。然而，人们通过阅读，却能进入不同时空的诸多他人的世界。这样，具有阅读能力的人，无形间获得了超越有限生命的无限可能性。阅读不仅使他多识了草木虫鱼之名，而且可以上溯远古下及未来，饱览存在的与非存在的奇风异俗。

　　更为重要的是，读书加惠于人们的不仅是知识的增广，而且还在于精神的感化与陶冶。人们从读书学做人，从那些往哲先贤以及当代才俊的著述中学得他们的人格。人们从《论语》中学得智慧的思考，从《史记》中学得严肃的历史精神，从《正气歌》中学得人格的刚烈，从马克思学得人世的激情，从鲁迅学得批判精神，从托尔斯泰学得道德的执着。歌德的诗句刻写着睿智的人生，拜伦的诗句呼唤着奋斗的热情。一个读书人，一个有机会拥有超乎个人生命体验的幸运人。

——节选自谢冕《读书人是幸福人》

第三节　普通话水平测试

　　普通话水平测试是我国现阶段普及普通话工作的一项重大举措。在一定范围内对某些岗位的人员进行普通话水平测试，并逐步实行普通话等级证书上岗制度，标志着我国普及普通话工作进入了制度化、规范化、科学化的新阶段。开展普通话水平测试工作，将大大加强推广普通话工作的力度，加快速度使"大力推行、积极普及、逐步提高"的方针落到实处，以极大地提高全社会的普通话水平和汉语规范化水平。

一、普通话水平测试概述

（一）普通话水平测试简介

普通话水平测试不是普通话系统知识的考试，不是文化水平的考核，也不是口才的评估，而是对应试者运用普通话所达到的标准程度的检测和评定，是应试人的汉语标准语测试。应试者在运用普通话口语进行表达过程中所表现的语音、词汇、语法的规范程度，是评定其所达到的水平等级的重要依据。普通话水平测试一律采用口试方式进行。

普通话水平测试（Putonghua Shuiping Ceshi，PSC）是我国为加快共同语普及进程、提高全社会普通话水平而设置的一种语言口语测试，全部测试内容均以口头方式进行。普通话水平测试不是口才的评定，而是对应试者掌握和运用普通话所达到的规范程度的测查和评定。

（二）普通话水平测试程序

经报名核准后，应试者应在规定的日期，凭本人的准考证和身份证进入指定的考场，并按指定试卷上的内容进行测试。每个试场有 2～3 位测试员负责对应试者的普通话水平进行判定，总时间在 15 分钟左右。

首先抽签朗读作品和说话题目，约 10 分钟的准备时间，进入考场后首先报自己的单位、姓名，然后按照四项（五项）内容先后进行测试：100 个单音节字词、50 个双音节词语、判断测试、作品朗读、说话。测试全程录音，测试完成后方可离开测试现场，一周左右可进行成绩查询，并得到相应的普通话水平等级证书。

（三）普通话水平测试等级标准

普通话水平测试是一个等级考试，我们一般又叫"三级六等"。

【一级】

甲等：朗读和自由交谈时，语音标准、语汇、语法正确无误，语调自然，表达流畅。测试总失分率在 3% 以内。

乙等：朗读和自由交谈时，语音标准、语汇、语法正确无误，语调自然，表达流畅。偶有字音、字调失误。测试总失分率在 8% 以内。

【二级】

甲等：朗读和自由交谈时，声韵调发音基本标准，语调自然，表达流畅。少数难点音（平翘舌音、前后鼻尾音、边鼻音等）有时出现失误。语汇、语法极少有误。测试总失分率在 13% 以内。

乙等：朗读和自由交谈时，个别调值不准，声韵母发音有不到位现象。难点音较多（平翘舌音、前后鼻尾音、边鼻音、fu-hu、z-zh-j、送气不送气、i-ü 不分、保留浊塞音、浊塞擦音、丢介音、复韵母单音化等），失误较多。方言语调不明显，有使用方言词、方言语法的情况。测试总失分率在 20% 以内。

【三级】

甲等：朗读和自由交谈时，声韵母发音失误较多，难点音超出常见范围，声调调值多不准。方言语调明显。语汇、语法有失误。测试总失分率在 30% 以内。

乙等：朗读和自由交谈时，声韵调发音失误多，方音特征突出。方言语调明显。语汇、语法失误较多。外地人听其谈话有听不懂的情况。测试总失分率在 40% 以内。

（四）普通话水平测试内容及范围

普通话水平测试的内容包括普通话语音、词汇和语法。普通话水平测试的范围是国家测试机构编制的《普通话水平测试用普通话词语表》《普通话水平测试用普通话与方言词语对照表》《普通话水平测试用普通话与方言常见语法差异对照表》《普通话水平测试用朗读作品》《普通话水平测试用话题》。

《普通话水平测试大纲》内容包括以下几个方面。

（1）普通话语音分析，对普通话声韵调简要、准确地描写和介绍，以指导读者学习普通话。这部分内容不属于测试范围。

（2）提供了常用词语（词表），分表一、表二排列。表一根据国家对外汉语教学办公室和汉语水平考试部刊布的《汉语水平词汇与汉字等级大纲》中部分词语编制，共 8455 条。表二选取了中国社会科学院语言研究所词典编辑室编的《现代汉语词典》中部分常用词语，共 15 496 条。这些词语能基本满足一般口语交际和正确朗读一般书面材料的需要，是测试的范围之一。测试时，分读单音节字词和读双音节词语两个测试项。其中，从表一选用的词语占 60%，从表二选用的词语占 40%。

（3）提供了部分方言区和普通话不一致的常用词语和短句对照，测试时，选取部分用来测评应试者普通话词汇及语法的掌握情况。

（4）提供 50 篇朗读材料按顺序编为 1～50 号，供朗读测试用。测试时，应试者随机抽两个号，确定其中一篇进行测试。

（5）列举 1～50 号题目，作为说话测试的话题。测试时，应试者随机抽两个号，确定其中一个话题进行说话测试。

（6）《普通话水平测试大纲》在总论中还阐述了普通话水平测试的要求和特点，规定了普通话水平测试的制卷要求、普通话水平测试的评分办法。因此，参加普通话水平测试的人员必须首先学习和掌握《普通话水平测试大纲》的内容，并进行必要的训练，才能够有基础并有条件接受测试。

二、普通话水平测试试卷介绍

试卷包括五个组成部分，满分为 100 分。

（一）读单音节字词（100 个音节，不含轻声、儿化音节），限时 3.5 分钟，共 10 分

【目的】测查应试者声母、韵母、声调读音的标准程度。

【要求】

（1）在 100 个音节中，70% 选自《普通话水平测试用普通话词语表》"表一"，30% 选自"表二"。

(2) 在 100 个音节中，每个声母出现次数一般不少于三次，每个韵母出现次数一般不少于两次，四个声调出现次数大致均衡。

(3) 音节的排列要避免同一测试要素连续出现。

【评分】

(1) 语音错误，每个音节扣 0.1 分。

(2) 语音缺陷，每个音节扣 0.05 分。

(3) 超时 1 分钟以内，扣 0.5 分；超时 1 分钟以上（含 1 分钟），扣 1 分。

（二）读多音节词语（100 个音节），限时 2.5 分钟，共 20 分

【目的】测查应试者声母、韵母、声调和变调、轻声、儿化读音的标准程度。

【要求】

(1) 词语的 70% 选自《普通话水平测试用普通话词语表》"表一"，30% 选自"表二"。

(2) 声母、韵母、声调出现的次数与读单音节字词的要求相同。

(3) 上声与上声相连的词语不少于三个，上声与非上声相连的词语不少于四个，轻声不少于三个，儿化不少于四个（应为不同的儿化韵母）。

(4) 词语的排列要避免同一测试要素连续出现。

【评分】

(1) 语音错误，每个音节扣 0.2 分。

(2) 语音缺陷，每个音节扣 0.1 分。

(3) 超时 1 分钟以内，扣 0.5 分；超时 1 分钟以上（含 1 分钟），扣 1 分。

（三）选择判断，限时 3 分钟，共 10 分

1. 词语判断（10 组）

【目的】测查应试者掌握普通话词语的规范程度。

【要求】根据《普通话水平测试用普通话与方言词语对照表》，列举 10 组普通话与方言意义相对应但说法不同的词语，由应试者判断并读出普通话的词语。

【评分】判断错误，每组扣 0.25 分。

2. 量词、名词搭配（10 组）

【目的】测查应试者掌握普通话量词和名词搭配的规范程度。

【要求】根据《普通话水平测试用普通话与方言常见语法差异对照表》，列举十个名词和若干量词，由应试者搭配并读出符合普通话规范的十组名量短语。

【评分】搭配错误，每组扣 0.5 分。

3. 语序或表达形式判断（5 组）

【目的】测查应试者掌握普通话语法的规范程度。

【要求】根据《普通话水平测试用普通话与方言常见语法差异对照表》，列举五组普通话和方言意义相对应，但语序或表达习惯不同的短语或短句，由应试者判断并读出符合普通话语法规范的表达形式。

【评分】判断错误，每组扣 0.5 分。选择判断合计超时 1 分钟以内，扣 0.5 分；超时 1 分钟以上（含 1 分钟），扣 1 分。答题时语音错误，每个音节扣 0.1 分，如判断错误已经扣分，不重复扣分。

（四）朗读短文（1 篇，400 个音节），限时 4 分钟，共 30 分

【目的】测查应试者使用普通话朗读书面作品的水平。在测查声母、韵母、声调读音标准程度的同时，重点测查连读音变、停连、语调以及流畅程度。

【要求】

（1）短文从《普通话水平测试用朗读作品》中选取。

（2）评分以朗读作品的前 400 个音节（不含标点符号和括注的音节）为限。

【评分】

（1）每错一个音节，扣 0.1 分；漏读或增读一个音节，扣 0.1 分。

（2）声母或韵母的系统性语音缺陷，视程度扣 0.5 分、1 分。

（3）语调偏误，视程度扣 0.5 分、1 分、2 分。

（4）停连不当，视程度扣 0.5 分、1 分、2 分。

（5）朗读不流畅（包括回读），视程度扣 0.5 分、1 分、2 分。

（6）超时扣 1 分。

（五）命题说话，限时 3 分钟，共 30 分

【目的】测查应试者在无文字凭借的情况下说普通话的水平，重点测查语音标准程度、词汇语法规范程度和自然流畅程度。

【要求】

（1）说话话题从《普通话水平测试用话题》中选取，由应试者从给定的两个话题中选定一个话题，连续说一段话。

（2）应试者单向说话。如发现应试者有明显背稿、离题、说话难以继续等表现时，主试人应及时提示或引导。

【评分】

（1）语音标准程度，共 20 分，分六档。

一档：语音标准，或极少有失误。扣 0 分、0.5 分、1 分。

二档：语音错误在 10 次以下，有方音但不明显。扣 1.5 分、2 分。

三档：语音错误在 10 次以下，但方音比较明显；语音错误在 10～15 次之间，有方音但不明显。扣 3 分、4 分。

四档：语音错误在 10～15 次之间，方音比较明显。扣 5 分、6 分。

五档：语音错误超过 15 次，方音明显。扣 7 分、8 分、9 分。

六档：语音错误多，方音重。扣 10 分、11 分、12 分。

（2）词汇语法规范程度，共 5 分，分三档。

一档：词汇、语法规范。扣 0 分。

二档：词汇、语法偶有不规范的情况。扣 0.5 分、1 分。

三档：词汇、语法屡有不规范的情况。扣 2 分、3 分。

（3）自然流畅程度，共 5 分，分三档。

一档：语言自然流畅。扣 0 分。

二档：语言基本流畅，口语化较差，有背稿子的表现。扣 0.5 分、1 分。

三档：语言不连贯，语调生硬。扣 2 分、3 分。

说话不足 3 分钟，酌情扣分：缺时 1 分钟以内（含 1 分钟），扣 1 分、2 分、3 分；缺时 1 分钟以上，扣 4 分、5 分、6 分；说话不满 30 秒（含 30 秒），本测试项成绩计为 0 分。

三、普通话水平测试题型

（一）题型一

1. 读单音节字词 100 个

抬	暖	军	嗑	纸	券	卡	浮	胸	改	名	翻	词	广	跌	渠	忍	再
吵	根	浅	临	黑	穷	而	舵	流	巷	酒	终	字	蔓	抓	唐	梗	怀
饶	抹	腌	颊	忙	瞟	拟	旬	拗	爷	邹	涮	秧	宣	整	茶	槛	虐
揣	蹭	蛙	润	守	御	真	俩	若	播	闯	粟	拈	横	否	脆	舌	经
室	拐	烘	题	药	浊	丛	盼	表	翁	北	庙	农	让	涩	掂	两	拼
砌	毁	蚌	如	薛	旺	孙	捧	贴	童								

2. 读双音节词语 50 个

群岛	爽快	平庸	冰棍	捐款	原来	确凿	本领	迥然
松树	虚心	纳闷儿	强烈	懂得	话剧	尊贵	热爱	情况
美满	外边	追踪	调皮	摆脱	混战	大伙儿	挂号	江南
下巴	显著	有关	佛教	采摘	说头儿	灭迹	仿古	存疑
侵略	工程	吆喝	恰似	所谓	内部	后天	日常	风力
迫切	免费	错误	羞耻	韵律				

3. 朗读

窗外荷荷地下着雨，天空黑得像一盘墨汁，风从窗缝里吹进来，写字桌上的台灯像闪眼睛一样忽明忽暗地闪了几下。我刚翻到《野草》的最后一页。我抬起头，就好像看见先生站在面前。

仍旧是矮小的身材，黑色的长袍，浓浓的眉毛，厚厚的上唇须，深透的眼光和慈祥的微笑，右手两根手指夹着一支香烟。他深深地吸一口烟，向空中喷着烟雾。

他在房里踱着，在椅子上坐下来，他抽烟，他看书，他讲话，他俯在他那个简单的书桌上写字，他躺在他那把藤躺椅上休息，他突然发出来爽朗的笑声……

这一切都是那么自然，那么平易近人，而且每一个动作里仿佛都有先生的特殊的东西。你一眼就可以认出他来。

不管窗外天空漆黑，只要他抬起眼睛，整个房间就马上亮起来，他的眼光仿佛会看透你的心灵，你在他面前想撒谎也不可能。不管院子里暴雨如注，只要他一开口，你就觉得他的每个字都很清楚地进到了你的心底。他从不教训人，他鼓励你，安慰你，慢慢地使你的眼睛睁大，牵着你的手徐徐朝前走去，倘使有绊脚石，他会替你踢开。

他一点也没有改变。他还是那么安静，那么恳切，那么热心，那么慈祥。他坐在椅子上，好像从他身上散出来一股一股的热气。我觉得屋子里越来越温暖了。

——节选自巴金《秋夜》

4. 说话（任选一个题目说3~4分钟）

（1）谈素质教育。

（2）我的家乡。

（二）题型二

1. 读单音节字词100个

插	雨	颇	而	槛	略	鸣	拔	兄	司	短	挠	日	骨	滑	冰	恩	辞
欧	敬	溜	火	止	用	娶	仇	掐	闷	刻	秦	萧	笙	拜	垒	裁	瓜
子	肺	旺	别	翻	荀	两	税	挤	屯	兼	慌	裹	聂	哑	伪	润	筛
饶	逮	族	癣	邹	窜	砣	蚕	尼	瞟	俊	宋	行	钻	层	判	撒	约
您	马	聋	鹤	药	农	跟	碎	闯	靠	钟	蚌	免	隔	淌	缝	捕	地
揣	等	赔	块	丢	浊	抢	全	催	负								

2. 读双音节词语50个

钻研	准确	爽直	乐意	撒娇	而且	鬼子	笼统	仁爱
挫折	古老	吹牛	大伙儿	代替	瓦解	窗户	窘迫	随后
军阀	金鱼儿	运输	夸张	淮海	元气	不适	森林	饼干
取暖	学问	反抗	贫困	钢笔	虚名	邮票	饱满	一圈儿
非常	慈悲	两手	岔道儿	灭亡	聊天儿	阳光	否则	妥当
工夫	曾经	响声	喷射	早年				

3. 朗读

我不由得停住了脚步。

从未见过开得这样盛的藤萝，只见一片辉煌的淡紫色，像一条瀑布，从空中垂下，不见其发端，也不见其终极，只是深深浅浅的紫，仿佛在流动，在欢笑，在不停地生长。紫色的大条幅上，泛着点点银光，就像迸溅的水花。仔细看时，才知那是每一朵紫花中的最浅淡的部分，在和阳光互相挑逗。

这里春红已谢，没有赏花的人群，也没有蜂围蝶阵。有的就是这一树闪光的、盛开的藤萝。花朵儿一串挨着一串，一朵接着一朵，彼此推着挤着，好不活泼热闹！

"我在开花！"它们在笑。

"我在开花！"它们嚷嚷。

每一穗花都是上面的盛开、下面的待放。颜色便上浅下深，好像那紫色沉淀下来了，沉淀在最嫩最小的花苞里。每一朵盛开的花像是一个张满了的小小的帆，帆下带着尖底的舱，舱鼓鼓的，又像一个忍俊不禁的笑容，就要绽开似的。那里装的是什么仙露琼浆？我凑上去，想摘一条。

但是我没有摘。我没有摘花的习惯。我只是伫立凝望，觉得这一条紫藤萝瀑布不只在我眼前，也在我心上缓缓流过。流着流着，它带走了这些时一直压在我心上的关于生死的疑惑，关于疾病的痛楚。我沉浸在这繁密的花朵的光辉中，别的一切暂时都不存在，有的只是精神的宁静和生的喜悦。

——节选自宗璞《紫藤萝瀑布》

4. 说话（任选一个题目说 3～4 分钟）

（1）我最喜欢的一种花木。

（2）漫谈人生价值。

（三）题型三

1. 读单音节字词 100 个

偶	铡	红	我	姨	秋	次	剁	逮	平	翁	挠	氧	食	判	镖	佣	涩
糖	野	敏	痣	丢	遍	捐	而	仍	接	水	日	音	劣	奖	花	邹	源
兄	咱	润	发	旬	线	扯	拐	虐	品	爱	尚	约	劝	梦	留	共	撕
否	案	框	旅	搓	瘫	踹	蛙	踩	纫	怀	襄	瓜	俩	主	撒	鸣	准
击	穿	嘣	迟	肥	均	窜	混	销	偏	苔	醉	你	撂	阔	缺	克	胞
裆	女	苏	子	氢	申	门	光	掐	度								

2. 读双音节词语 50 个

选举	鹌鹑	用力	军事	豆芽儿	赌博	运输	原则	恳请
全面	草包	约会	女子	旅馆	死扣儿	光明	海洋	痛快
遵守	暖气	推动	挂号	抓紧	恐怖	牛奶	支持	描写
灯笼	穷人	群岛	略微	削弱	荒唐	装配	旦角儿	损坏
着想	柠檬	硫酸	藕节儿	夹杂	篡改	怪癖	耍滑	飘洒
帮厨	搀扶	非分	惨然	恶心				

3. 朗读

那时候刚好下着雨，柏油路面湿冷冷的，还闪烁着青、黄、红颜色的灯光。我们就在骑楼下躲雨，看绿色的邮筒孤独地站在街的对面。我白色风衣的大口袋里有一封要寄给在南部的母亲的信。

樱子说，她可以撑伞过去帮我寄信。我默默点头，把信交给她。"谁叫我们只带一把小伞哪。"她微笑着说，一面撑起伞，准备过马路去帮我寄信。从她伞骨渗下来的小雨点溅在我眼镜玻璃上。

随着一声尖厉的刹车声，樱子的一生轻轻地飞了起来，缓缓地，飘落在冷湿的街面，好像一只夜晚的蝴蝶。

虽然是春天，好像已是深秋了。

她只是过马路去帮我寄信。这样简单的动作，却要叫我终生难忘了。我缓缓睁开眼，茫然站在骑楼下，眼里裹着滚烫的泪水。世上所有的车子都停了下来，人潮涌向马路中央。没有人知道那躺在街面的，就是我的蝴蝶。这时，她只离我五公尺，竟是那么遥远。更大的雨点溅在我的眼镜上，溅到我的生命里。

为什么呢？只带一把伞？

然而我又看到樱子穿着白色的风衣，撑着伞，静静地过马路了。她是要帮我寄信的。那，那是一封写给在南部的母亲的信，我茫然站在骑楼下，我又看到永远的樱子走到街心。其实雨下得并不很大，却是一生一世中最大的一场雨。而那封信是这样写的，年轻的樱子知不知道呢？

妈妈：我打算在下个月和樱子结婚。

——节选自陈启佑《永远的蝴蝶》

4. 说话（任选一个题目说3～4分钟）

（1）环境与生存。

（2）我最尊敬的一个人。

附录

应 试 技 巧

（一）了解测试的基本要求和评分办法

第一题：占10分。要求每个音节的声韵调必须饱满，读题时音节中只要有一个成分错误，该字就被扣0.1分，如有缺陷（发音介于正误之间），被扣0.05分。声调缺陷按四声分别量化，每个调型不到10次则按实际量化，超过10次则按一个调型一次性扣0.5分。应试者如有口误，可以重读一次，测试员按第二次发音评判。此题要求在3分钟内读完题，超时1分钟内扣0.5分，1分钟以上扣1分。在测试实践中，我们发现此题失分严重的是上声声调的字，失误原因往往是把上声字的调值读成21或2142。

第二题：占20分。要求读出音变。应试者如有声韵调、轻声、儿化、变调等错误，每个音节扣0.2分，缺陷扣0.1分。声调的缺陷10次以内量化扣分，每个调型超过10次按系统一次性扣0.1分。应试者读题时如有口误，可以重读一次，测试员按第二次发音评判。此题限时3分钟，超时1分钟内扣1分，1分钟以上扣1.5分。此题应注意末尾是上声的音节，如"调整"，应试人往往把后一音节的声调读成半上（调值21）。另外，要注意不要把儿化词的"儿"单独念成一个音节，如"好玩儿"不应读作hao wan er，而应读作hao wanr。

第三题：占30分。语音错误每个音节扣0.1分，漏字、添字、回读每个音节扣0.1分。不同程度地存在方言语调酌情0.5～3分，语速过快或过慢扣1分，停顿不当每次扣0.5～1分。限时4分钟，超时30秒以上扣1分。此题要注意准确熟练。因为按规定，停顿、断句、语速不当均被扣分，而不熟练造成的漏字、添字、回读同样被扣分，每漏一字或添一字或回读一字都相当于读错一个字,这些失误对成绩的影响很大,此题所占分比重较大,扣分点也较多,况且它毕竟是有文字凭借的作品,应做重点练习。而且朗读水平提高了,同样可以促进口语水平的提高。

第四题:占40分。话题从《普通话水平测试指南》的50个谈话题目中抽签决定。测试时当场抽签,每张题签上有两道话题,应试者从中任选一题单向说话3分钟。

此题分别从语音面貌、词汇语法、自然流畅三方面评分,其中语音面貌占分比重最大——30分。

根据语音失误的多少和方言语调程度的不同,语音面貌评分时按六档评判。一档:28～30分。要求:语音标准,无系统性的语音错误和语音缺陷,语音错误在3次以下,限于异读词和多音字的错误,不能有方音性质的错误。二档:25～27分。要求:语音错误在10次以下,偶有方音显露。存在非系统性的个别的方言性质的语音错误,或一至两类系统性的语音缺陷。三档:22～24分。语音错误在11～15之间,略有方音。存在一类或两类系统性的语音错误,曾或存在三类系统性的语音缺陷。四档:16～21分。语音错误在16～25之间,方音明显。存在一类或两类以上系统性的语音错误,可评该档上段,存在三类语音错误,且次数在25次左右,则评该档下段。五档:13～15分。语音错误超过26次,方音较重,存在三类以上系统性语音错误,或明显缺少一类以上普通话特有而方言里没有的音,声韵调发音有较重的方言色彩。六档:10～12分,语音错误在30次以上,方音浓重,声韵调发音方言成分较多,但基本是普通话。在实际测试中,大多数人的语音面貌一般被评为三档或四档。

说话是四项测试内容中难度最大的一项。对于母语是方言的应试人来说,说话时既要表达流畅,又要语音标准,的确不易。建议注意下列几点。

(1)避免方言,力求规范。要在平时多下功夫,尽可能用普通话交谈,在不断实践中提高发音水平,减轻方言影响,同时纠正方言中的用词和语法习惯。

(2)统观话题,把握类型。50道说话题目多和日常生活有关,不外乎叙事、记人、议论、说明等体式。在练习中将话题分为几大类,内容相当的可以互相通用,这样有目的地准备十多篇话稿,将会起到事半功倍的效果。

(3)精选题材,善用短句。选材时,应选取自己非常熟悉且不会引起情感起伏太大的题材。因为此题重点是测查普通话语音面貌,如果说话时忽悲忽喜,情感大起大落,往往会因情绪激动而影响表达的流畅和语音的标准度。另外,说话时要尽量避免使用长句,因为在口语中,无论说话人还是听话人都不容易非常准确地发出或接收长句信息,句子太长,容易听头不知尾或听尾忘了头。

(4)注意篇幅,算准时间。说话题要求讲足3分钟,我们可以据此来确定话稿的篇幅;一般讲话速度为每分钟170～230字,因此话稿为五六百字比较合适。对于口语水平较高的人来说,我们建议只写提纲,练习时围绕提纲叙说;而对于口语水平较差者,我们提倡将话稿按规范的普通话口语表达习惯写好成文,然后反复练说。

(二)学习基本的语音知识,了解方言特点及其与普通话的对应规律

普通话语音的基础知识包括声母、韵母、声调、音变等。有些人认为,掌握语音知识是语音教师的专业需要,一般人不需要掌握,这是外行话。语音知识的欠缺,只能让学习者在后来的学习中花费更多的精力。例如,广西人普遍发不准翘舌音,不知道舌头翘到什么位

置，假如懂得了人的发音器官的构成情况和翘舌音声母的发音部位（即发音时气流受到阻碍的地方）是在舌尖和硬腭前端，然后按发音方法将舌尖翘起，接触或接近硬腭前端，就能较顺利地发出不同的翘舌音。再如壮语大都发不出塞擦音而用相应的擦音来代替，如果懂得擦音、塞擦音成阻、持阻和除阻三阶段的特点，就能比较顺利地分辨出这两组音。

广西人长期生活在方言区，说起普通话来往往会带上或淡或浓的方言色彩。要克服方言语调，改善语音面貌，就必须了解自身方言特点及其与普通话的对应关系，有针对性地强化正音。例如，官话区的人要着重分清平翘舌音、前后鼻音，并念准四声调值，其中桂林人还要注意分清声母 n 和 l，柳州人要注意读准韵母 ao、an，河池人要分清 f 和 h；粤语区的人要防止丢失韵头，杜绝舌叶音、边擦音和齿间音；壮语区的人首先要分清送气音和不送气音、擦音和塞擦音，发好平翘舌音；侗语区则应注意分清声母 f 和 h，发好韵母 ong、iong，并去掉浊音成分；客家话的重点则应放在撮口呼韵母上。

（三）了解测试的一般程序，掌握基本的应试技巧

进入试场后，出示准考证，然后领取试卷、考试用书，并抽一张说话朗读题签，备测十分钟。备测时，应采用倒序法，按四三二一的顺序准备。首先根据题签确定说话题，然后围绕话题默说一遍，接着轻声朗读相应的作品（切勿交叉选题）。按规定，测试不能查字典，但第二题和第一题的准备仍可以巧妙地把测试用书当作字典使用。遇到生字，可以查阅《普通话常用词语·单音节字词》表，遇到平翘舌音的字和前后鼻音的字，可以分别查阅平翘舌音对照辨音字表和前后鼻音对照辨音字表，遇到轻声词可以查阅轻声词词语汇编等。

（四）坚持练习，掌握正确方法

普通话水平测试的四个项目是有机的整体，从理论上讲，其难度和分数比重是依顺序递增的，后项是前项的深化和发展，前项是后项的基础和前提。因此，练习时，应循序渐进，不能急躁冒进，更不能因为前面的内容占分少而轻视或放弃。实际上，前三题因为有文字凭借，故速成训练效果较好，只要强化训练 20 天左右，一般可提高六七分，甚至更多，但如果单纯训练说话题，要想在一两个月内提高两三分却很难。当然，应试者最好是参加系统的学习，掌握正确的方法和步骤，反复强化训练，才能达到理想的效果，取得良好的成绩。

资料来源：http://www.ht88.com/downinfo/21033.html

思考与训练

1. 练习并正确掌握普通话的声、韵、调。
2. 练习并掌握普通话的音变。
3. 普通话的朗读技巧有哪些？
4. 普通话水平测试的试题有哪些？
5. 有条件的话，参加普通话水平测试。

第三章

朗　诵

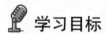学习目标

- 了解朗诵的特点。
- 了解朗诵的要求。
- 掌握朗诵的情感。
- 掌握朗诵的技巧。
- 掌握不同文体的朗诵方法。

引例

看书累了，喜欢用背古诗、背《三字经》、背《增广贤文》、背古今散文名篇、背成语词典、背谚语、背歇后语等方式让头脑放松，同时让这些美文佳句熨烫自己疲惫而杂乱的神经，使之在宁静的时空中、优美的意境中遨游、致远。

朗诵使我大脑潜意识中积累了大量的比如春夏秋冬、人生感遇等各类情景语段及佳句。在我写作时，一遇到相同的语境它们便会自动涌现，润泽我的文笔。在修改文章时，我只要将自己的稿件多读几遍，那些不够贴切的语句便会如拄着拐的瘸子暴露在我的面前。于是，我便开始在朗诵过的库存中搜索类似的文笔精华，直至寻到最佳的句子替换掉那些文中的败笔，使全文更加精练、更加耐读。

语言的掌握分两个级别——理解和运用。写作需要的是尽可能多地"运用"级别的语言。对于写作练习者来说，与其泛泛地读十篇文章，远不如对一篇佳作进行揣摩分析直至朗诵。毛泽东谈面对强敌时的经验是"伤其十指，不如断其一指"。人生的精力是有限的，面对浩渺无边的名篇佳作宝库时，这一策略对我们的最后成功有同样重要的指导作用。我们只有通过精读背诵，才能吃透一篇篇佳作，才能不断壮大自己的"根据地"。泛泛读文章只能扩大提高我们的知识面和理解能力，而不能"磨出一把快刀"和"一支金刚钻"。只有经过背诵的语言才是能够供我们运用的，才能在需要时自动涌出。由背诵而积累的库存越丰富，我们的语言表达能力便越强。训练文笔，培养语感最好的方法便是"背诵和默写"。背诵时可按"情

景""文笔"等分门别类进行，如此方可达最佳学习效果。

巴金曾说《古文观止》中的两百多篇散文是他背得比较熟的几部书之一。他解释说："读多了，读熟了，常常可以顺口背出来，也就能慢慢地体会到它们的好处，也就慢慢地摸到文章的调子。"此外，诸如"熟读唐诗三百首，不会作诗也会吟"也证明了朗诵对于写作的无与伦比的作用。

精读、背诵看似进步慢，却一步一步走得很扎实；泛读、速读看似速度快数量大，若只有泛读，越到后来它与精读的效果差距便会越明显。当然，泛读也是必不可少的，它能开阔作者的视野，使作者及时发现新趋势、新题材，发现新的高度……泛读是朗诵的触须、雷达、探测仪——经过它的筛选，可以为精读不断更新目标，找到更好的名篇以作研究对象，推动精读不断深入进行。精读、泛读似车之二轮，互相配合，才能共同推动写作水平的不断提高。

成功的作家无不是把二者进行完美的结合运用，以充分发挥它们的作用。

曹雪芹在巨著《红楼梦》中借黛玉之口道出了为诗之道："《王摩诘全集》，把他的五言律诗读一百首，细心揣摩透了，然后再读一两百首老杜的七律诗，再次李青莲的七言绝句读一两百首……然后再把陶、谢、阮、庾、鲍等人的一看……不用一年工夫，不愁不是诗翁了。"

既有精心的揣摩背诵，注重语感的体味和把握，又有广泛的阅读量的积累，那么，水平就是想不高也不行了。

因此，对于想写出好文章的人，每个星期都应该背诵一二篇名篇，只有背诵了（最好能默写），才能将其文笔融入自己的文笔，当然还有量的积累。

资料来源：https://wenku.baidu.com/view/1c4230b5b80d6c85ec3a87c24028915f804d8489.html

朗诵是一门古老的艺术，源远流长，同时又是一门年轻的艺术，永葆青春。成功的朗诵可以通过有声语言的轻重缓急、抑扬顿挫，弥补书面语言文字情感表达的局限性，使文学作品富有更强的感染力。

本章将介绍朗诵的特点和功能、朗诵情感的把握、朗诵的技巧，以及多种不同的朗诵方法。

第一节　朗诵概述

@ 小链接

朗诵是口语交际的一种重要形式。朗诵不仅可以提高阅读能力和艺术鉴赏水平，更为重要的是，通过朗诵，大者可以陶冶性情、开阔胸怀、文明言行、增强理解；小者可以有效地培养对语言词汇细致入微的体味能力，以及确立口语表述最佳形式的自我鉴别能力。因此，要想成为口语表述与交际的高手，就不能漠视朗诵。

朗诵是一门艺术，也是一项创造性的活动，是人类文明现象中的重要一环。朗诵是用清晰、响亮的声音，结合各种语言手段来完善地表达作品思想感情的一种语言艺术，亦即把文字作品转化为有声语言的创作活动。它和朗读有着诸多区别。朗诵是一个复杂的系统性工程，它不仅仅是口耳艺术，还综合了其他门类艺术的特点，绝大多数的朗诵都是面对广大受众进行的。

朗诵有规范语言、提高语言表达能力、交流思想、传播文化、净化心灵、陶冶情操、提高修养等功能。朗诵要求吐字明快、有力、清晰流畅，声音洪亮、圆润、朴实明朗，节奏分明、适度、变化有序，表达恰切、充分、生动、自如，表情适度、得体、自然、大方。

一、朗诵的特点

朗诵是艺术百花园中的一朵芬芳夺目的奇葩，有着悠久的历史、辉煌的过去和现在，也将有着灿烂的前景。朗诵能激励人们奋进，能温暖人们的心窝，能滋润人们的肺腑，还能为人们驱逐愁云。朗诵能给人以教育、给人以鼓舞、给人以美的享受。

那么，朗诵是什么呢？朗，即声音的清晰、响亮；诵，即诵读。朗诵就是用清晰、响亮的声音，结合各种语言手段来完善地表达作品思想感情的一种语言艺术，亦即把文学作品转化为有声语言的创作活动。[①]

说到朗诵，人们往往会很自然地想起朗读。事实上，这二者还是有一定的区别的。

首先，朗诵的手段比朗读要多。朗诵，是朗诵者主要通过有声语言，向观众表达文学作品思想感情和诵读者主体感受的一种听觉艺术，它带有一定的表演成分。因此，朗诵者除了运用自己的声音、手势、身姿，甚至可以增加一些辅助效果，如音乐、化妆、灯光等来强化感情的表达和气氛的渲染；而朗读则不然，它只是一般的有声语言活动，无须有声语言之外的其他手段。

其次，朗诵的语调比朗读丰富。朗诵很注重语势、重音、停顿和节奏的处理，富有很强的音乐性；而朗读虽然也讲究抑扬顿挫，但只要注意语意清楚、舒缓不迫、字字分明就行，语调变化不用太大。

最后，朗诵的文体范围比朗读小。朗诵的对象主要是文学性的作品，如诗歌、小说、散文、寓言以及话剧和影视剧中的大段台词等；而朗读则涵盖各种文体。

朗诵需要通过多种手段来表达思想感情，这就决定了朗诵是一个复杂的系统性工程，它综合了许多门类艺术的特点。绝大多数的朗诵都是要面对广大听众进行的，这就决定了朗诵既不是自言自语地说话，也不是自我欣赏式的宣泄，朗诵者要懂得与广大听众进行语言的、眼神的、肢体的、心灵的交流。朗诵者往往要站在舞台上进行朗诵，这就与朗诵者的站位、灯光、舞美等的设计运用紧密联系，任何一个环节出现漏洞，都会影响整个作品的艺术水准和朗诵效果。

二、朗诵的要求

（1）吐字准确规范、有力、清晰流畅。

（2）声音洪亮、圆润、朴实明朗。

[①] 谢诚诺，张兆宏. 实用交际语言艺术 [M]. 南宁：广西民族出版社，1993：162.

（3）节奏分明、适度、变化有序。
（4）表达恰切、充分、生动、自如。
（5）表情适度、得体、自然、大方。

【朗诵评分示例】
一、基本分（9分）
1. 作品形式自由活泼、符合要求，主题鲜明突出，内容积极向上。（1分）
2. 参赛者衣着得体与诗歌内容相协调。（0.5分）
3. 参赛者精神饱满，姿态得体大方。（1分）
4. 参赛者感情饱满真挚、表达自然，能通过表情的变化反映诗歌的内涵。（1.5分）
5. 参赛者吐字清晰、声音洪亮，能正确把握诗歌节奏。（2分）
6. 参赛者能正确把握诗歌内容，声情并茂，朗诵富有韵味和表现力，能与观众产生共鸣。（3分）

二、提高分（1分）
朗诵形式富有创意，配以适当伴舞或配乐，或以其他富有创意的形式朗诵。（1分）

三、评分要求
1. 评委打分保留小数点后一位数字，最后得分保留小数点后一位。
2. 比赛打分满分10分，评委打分以8.00分为基础分。
3. 评委根据评分表打出总分，将总分写入评分单。

三、朗诵情感的把握

@ 小链接

朗诵者在朗诵之前要通过正确、深入地理解作品，来深刻、细致地感受作品，并结合丰富、逼真的想象，深入体验等手段来充分把握作品的情感。在表达情感时要注意情感的真实性、丰富性、鲜明性、整体性和含蓄性等特征。

朗诵创造过程包含两个阶段——内化阶段和外化阶段。内化是指把握作品，即深刻领会和体验作者通过作品所表达出来的思想感情，并把它转化为自己的思想感情，也就是把作者说的话变成自己要说的话。外化是指表达作品，即运用有声语言（并伴随体态语言）把作品的思想感情传达给听众。

朗诵的声音形式是由朗诵内容决定的，是为表达内容服务的。离开了内容，声音就失去了依托，就失去了存在的价值。衡量一位朗诵者的才能，就是要看他是否善于用自己的思想感情去感染听众，使听众信服。朗诵不能不要技巧，但先决条件是把握作品的内容和情感，然后把它转化为自己的思想感情去感染听众，使听众信服。

在朗诵过程中有许多心理活动，既有理性的，又有感性的；既是有思维的，也有感情的。整个心理过程是一个理解与感受、认识与情感统一的过程。因此，对于朗诵者来说，必须做到以下几点。

（一）理解诵材，读准字音

1. 理解朗诵材料

（1）掌握文章的基本内容。朗诵的基本要求是能够清楚地表达朗诵材料的内容，所以必须对所朗诵的作品进行深入细致的分析和研究，理解及掌握作者的思想、感情，才能正确地表达作者的意思，才能把听众带到作者所描绘的境界中去。朗诵者对作者的时代背景、生平事略、思想以及写作动机、意图等，都应该进行深入的了解、领会，对文章的内容越了解，便越能运用声音、表情、语调和动作去感染听众。朗诵者要弄清文章到底是以写人为主，以写事为主，还是以写意见、感受为主。写人是写什么人，写事是写什么事，写意见、感受是写什么意见、感受。也可以结合文体特征分析，如果是故事、小说，要掌握人物性格，要分清哪是主要人物，哪是次要人物，人物之间的关系如何，作者的态度如何，弄清所叙述事件的来龙去脉，注意怎样开头，怎样结尾，使文章中所叙述的形象、细节在自己脑海中产生清晰而完整的概念；如果是说明文，便留意分析它的层次、结构，怎样把知识、概念传达出来；如果是议论文，便看它的主要论点是什么，怎样通过引论、论证、论据、结论把主张展示出来。

（2）概括文章的中心思想。中心思想是作者通过文章表现出来的主要看法、主张、感情或倾向。总结文章的中心思想，通常可以帮助我们对文章的理解。朗诵者首先必须深入阅读文章，从层次、段落的分析入手，先找出段意，然后通篇考虑，分清主次，加以综合，提炼出中心思想。议论文的中心论点就是中心思想，往往表达直截了当，易于把握。有些复杂的记叙文，特别是散文、小说、诗歌等文学作品，观点比较隐蔽，感情比较含蓄，如不细加揣摩，实在不容易领会。有些文章，标题与内容并不一致，需要细心分析才能掌握它的中心。有些作品，文字浅显而含义隐晦，有些则字词艰涩而主题明确，阅读时不可一概而论。假若朗诵材料备有前人的注释或近人评论的话，应该博采参考以帮助理解。节录的朗诵材料，除非独立成篇，否则必须披阅原文，以了解它的上文下理，避免断章取义之弊。

（3）分析段落、篇章结构。不同的文体，朗诵的要求便有所不同。如抒情文注重表现情感的流畅抒发，议论文注重表现辞气的承接转折，突出其议论精密的一面。所以首先要了解文章的体裁，然后再细致地分析段落。文章每个自然段总有一个相对独立的意思，只要抓住中心句，便能找出段落大意。段落可以由一正一反两层意思组成，可以由总结和分说的关系组成，可以由因果关系组成，也可以由层递关系、并列关系组成，必须理清脉络，区分主次。研究了段与段之间的内在关系后，便能掌握篇章的结构，厘清全篇的脉络，这样朗诵时便能步步追近，使听众也容易投入其中。

（4）分析字、词、句和修辞技巧。一般朗诵材料都有一定的文学价值，要仔细分析它的一字一句和文学技巧表现，朗诵时才能巨细无遗地表达出来。如"两个黄鹂鸣翠柳，一行白鹭上青天"这两个句子有四种事物，即"鹂、柳、鹭、天"；有四种颜色，即"黄、翠、白、青"。这两句是工整的对偶，"两个、一行"是数量词对，"黄鹂、翠柳"与"白鹭、青天"是形容词修饰名词对，"鸣、上"是动词对。如果兼论平仄，第一句是"仄仄平平平仄仄"，第二句是"仄平仄仄仄平平"。

再举一个例子。在朗诵复句时，如果能够把分句间关联词的作用加以分析，也是有助于准确的语气表达的，如"一边……一边……"是并列关系，"不但……而且……"是递进关系，

"与其……不如……"是联合关系,"虽然……可是……"是转折关系,"如果……那么……"是条件关系,"因为……所以……"是因果关系等。

2. 读准字音

读准字音,清除读音障碍,搞清楚文中生字、生词、成语典故、语句等的含义,不要囫囵吞枣、望文生义。汉语中有大量的多音多义字,一些姓名、古代国名、地名等专有名词常常有特别的读音,一不小心就会闹出笑话。因此,一定要注意文字的读音,这是正确理解作品的首要条件;同时,读准字音还有助于提高朗诵者在朗读时的准确性、庄重性和流畅感。

(二)领会具体感受

感受是指朗诵者由视觉对于文字的刺激所产生的反应,它是一种对外界事物的感知、体会的过程,它包括眼、耳、鼻、舌、身方面的视觉与触觉和时间、空间、运动方面的知觉。当然,感受的作用在于把朗诵者的思维引向情感,它是情感的诱发因素。

我们看到"天冷极了,下着雪,又快黑了"这样一些文字,仿佛看到了雪花片片、夜幕低垂,而且有寒意侵入的感觉,这便是视觉和触觉方面的感受。我们朗诵一篇作品之前,必须重视文字刺激给人的感受。

(1)视觉。今天清早,雪停了,天也晴了。一轮红日升起来,把雪后的大地照得分外耀眼。茫茫田野一片雪白,巍巍群山遍身银装。

(2)听觉。世界上恐怕再没有任何声音比它再大了!大炮弹大炸弹的爆炸,火车的吼鸣,晴天的霹雳,海洋里的惊涛骇浪,这一切如果和这里的响声比起来,只不过和折了一根树枝,咬了一粒黄豆粒,一声牛叫差不多。都会被这暴风的号啸淹没得一点没有。

(3)嗅觉。我沿着林间小路往前走,一股泥土的清香迎面扑来。不久到了苹果园,树上的苹果,青里透红,发出诱人的香味。

(4)味觉。林之洋见了酒,心花都开,望着二人说声"请了",举起杯来,一饮而尽。那酒方才下咽,不觉紧皱双眉,口水直流,捧着下巴喊道:"酒保错了,把醋拿来了!"

(5)触觉。微风细雨,吹拂在你的脸上、颈上,凉凉的、痒痒的,起初你还会觉得不习惯;耐心等一会儿吧,你会觉得这是最好的享受。当小雨变成水滴,流到你的眼睛里、脖子上,你会情不自禁地笑起来——呀!调皮的小雨点!

(6)动态感觉。山很陡,鲁班抓住树根和杂草,一步一步往上爬。他的手指忽然被一根小草划破了,流出血来。一根小草怎么会这样厉害?鲁班仔细一看,发现小草的叶子边有许多小齿。

(三)揣摩态度、感情色彩

语言文字是思想交流的工具,但它的生命力却在于蕴涵着态度感情。朗诵时,态度感情是它的根基。朗诵者经过对作品的分析、感受,必须做出评价和反应,他要揣摩原作者的态度和感情色彩,然后才能恰如其分地表达出来,以达到感染听众的目的。

理解—感受—动情,这是朗诵者思想感情所能产生的必由之路。朗诵者的情感表现,不是自我宣泄,而是一种有着明确目的的交流性的表现。朗诵情感是由作品引发,受作品制约的情感,也包括听众的情感(热爱、关心、同情等)。朗诵者情感表现的目的是为了与听众交流,使之受到感染,产生共鸣。

朗诵情感的表达应符合以下几个基本要求。

(1)真实性。情感要真实、质朴,不虚假、不做作。朗诵者要真正为内容所打动,缘情造声,而不是以声造情。一声叹息、一个微笑,都必须是发自内心的,不能有半点虚假。

(2)鲜明性。是非爱憎分明,不能模棱两可、含糊不清,更不能黑白颠倒,是非爱憎混淆。

(3)丰富性。人的情感是丰富多彩的,也是多层次、多方面的。即使在一篇作品中,作者表达的情感也并不单一。朗诵的时候一定要把情感的丰富性体现出来,要有变化,有层次感。例如,刘禹锡的《酬乐天扬州初逢席上见赠》:

巴山楚水凄凉地,二十三年弃置身。
怀旧空吟闻笛赋,到乡翻似烂柯人。
沉舟侧畔千帆过,病树前头万木春。
今日听君歌一曲,暂凭杯酒长精神。

这首诗的前两联中,诗人感叹自己的不幸命运,惆怅凄凉、沉郁低回。第三联陡然一转,情感变得昂扬、振奋,表现出诗人豁达的襟怀。尾联顺势而下,表示要振作起来,重新投入生活中去,表现出诗人坚忍不拔的意志。诗情起伏跌宕,沉郁中见豪放。朗诵时一定要体现出这种意志。

(4)整体性。包含两层意思:一是丰富性中注意主导性,要牢牢把握住一篇作品中的感情色彩,要既有丰富性,又不失主导性,二者统一;二是抒情不是孤立的,而是与叙事、写景、状物、论理等紧密结合,融抒情于叙述、描写、议论之中,形成完整和谐的统一体。

(5)含蓄性。"直""露"是生活的表现,含蓄、有节制是艺术的表现。朗诵的情感表现要讲点含蓄、节制,不能太直白、太裸露,要留有余地,不可太满。例如,"泣不成声"怎么表现?你心里十分悲痛,但朗诵时不能真的像生活中那样发不出声,否则你就无法实现朗诵的目的。

(四)把握基调

基调是指诵材的基本情调,即作品所包含的各种态度分寸、感情色彩混合后的总的趋向。任何作品都有它本身的基调,上至政府颁布的文告,下至广告文稿,都不例外,前者的基调是严肃的、肯定的、不容置疑的,后者的基调则是娓娓动听的、击中痛点的。至于文学作品的基调就更加多变,那就要视每篇作品的独特风格而定了,这与音乐、美术、舞蹈等艺术形式都是相通的。

每一篇作品的基调是一种整体感,是部分、层次、段落、语句中具体思想感情的综合表达,即具体感的总和。没有整体感,具体感容易支离破碎;没有具体感,整体感也会空洞无物。因此,朗诵者必须事先深入、细致、认真地去理解、研究和体会作品中蕴涵的情调及其整体的精神倾向,把握基调即是把握作品的整体精神倾向。一篇作品中体现出来的态度感情可以是纷繁的,作为一名朗诵者,就必须分清作品内容各项情节的主次、轻重,不可被一些次要的枝节或局部的情节混淆，致使整个作品精神轻重不分、主次不明，这样就会歪曲了原作想要表达的基调。例如，李白《春夜宴桃李园序》一文中，其基调是豪放的、轻快的、活泼的，虽然有局部内容表示出作者对人生苦短的慨叹，出现了缓慢的、低沉的情调，但在映视之下，反而更显出全文那种豪迈、奔放的感情有一泻千里的气概。又如，鲁迅《一件小事》中对所谓国家大事、"子曰诗云"的憎恶、愤激，都是对总体感情色彩的反衬，它的基调是深沉的。又如徐志摩《再别康桥》一诗，描述作者离开英国剑桥大学时的内心复杂感受，基调是淡淡的哀愁。

作为一名朗诵者，要把文字作品变成有声语言，亦即是把文字中流露出来的态度感情转化为有声的态度感情，这个转化过程可以说是朗诵者的一种再创造。如果没有深入体会、把握作品基调，朗诵者就不会有出色的表现。

第二节 朗诵的技巧

进行朗诵时，声音技巧方面一般从停顿和相连、重音和轻音、速度和节奏、语气和语调四方面入手，然后再加上眼神的运用、面部的表情、动作的设计、台风、仪态等的配合，便能声情并茂、透彻淋漓地把原作品呈现出来。

一、停顿和相连

（一）停顿

停顿，是指在有声语言表达过程中声音上暂时的间歇、休止和中断，有句子内部词语之间的，有句与句之间的，还有段落层次之间的。停顿是朗诵艺术中不可缺少的重要手段之一。停顿运用得恰到好处，常常是最精彩、最能抓住听众的地方，听众的注意力会异常集中，能够收到"此时无声胜有声"的效果。

停顿是由以下几个方面的因素决定的。

（1）生理方面的需要，利用停顿补充气息，以便继续读下去。

（2）句子结构上的需要。

（3）充分表达思想感情的需要。

（4）给听者一个领略和思考、理解和接受的余地，帮助听者理解文章含义，加深印象。

停顿是有声语言表达技巧的一个基本要素，在表达中起着十分重要的作用，其用途主要表现在以下几方面。

（1）利用停顿进行划分、组合，使表达层次分明、结构完整、脉络清晰、连贯流畅。

（2）利用停顿表示强调，抒发感情，使表达语意鲜明、情感强烈，富有表现力和感染力。

（3）利用停顿显示节奏，使表达疏密有致、整散结合，富有节奏感。

（4）利用停顿造成悬念，调动听众的思维，增强朗诵效果。

总之，停顿是积极的。声音的暂时休止、中断，不等于思想感情的空白，恰恰相反，停顿的地方，正是思想感情运动状态延续和变化的体现。停顿也是语言的组成部分，沉默是并不省力的表达。停顿的一瞬间，可以使听者期待、猜测、联想、回味，使他们更加投入并与朗诵者交流，引起朗诵者和听众的共鸣，由此可以产生"此时无声胜有声"的艺术效果。

（二）停顿的分类

停顿包括生理停顿、结构停顿、强调停顿、心理停顿、逻辑停顿、感情停顿六大类。

1. 生理停顿

生理停顿包括两方面的内容：一是朗诵者根据气息需要，在不影响语义完整的地方做一个短暂的停歇；二是为了表达出某种因生理变化的影响而产生的停顿，包括特定的语噎、哽咽，生命垂危时的叮咛、气喘吁吁的口吃等。后者这些生理变化引起的停顿，在朗诵中只给予必要的象征性的表现，而不强调夸张的呼气和吸气声音。要注意，生理停顿不能妨碍语意表达，不能割裂语法结构。

2. 结构停顿

按照作品的层次结构、语法结构进行准确、适当的停顿，清晰地显示作品的思想脉络、层次结构，这种停顿就叫结构停顿。

作品是按层次写的，篇有大层次，段有小层次，句子本身也是个结构体，也有层次。这些大小不同的层次，在表达中主要是靠长短不等的停顿来区分的。把语言的结构层次表达清楚，是停顿的一个主要作用。根据层次间的疏密关系恰当地掌握停顿时间，使表达结构完整、层次分明、条理清晰、意义明白。结构停顿中的时间长短一般来说应该是段落长于层次，层次长于句子。结构停顿时标点符号是重要的标志，停顿的时间一般是句号、问号、叹号后的停顿比分号、冒号长，分号、冒号后的停顿比逗号长，逗号后的停顿比顿号长。停顿的时间长短还受思想内容丰富与否的制约，思想内容越丰富，停顿的时间越长，反之越短。

3. 强调停顿

在朗诵过程中，为了表达某种感情，强调某一观点或概念，突出某一事物或现象，而在书面上没有标点、在生理上也可不做停顿的地方做了停顿，或者在书面上有标点的地方做了较长的停顿，这样的停顿称为强调停顿。强调停顿主要是靠仔细揣摩作品，深刻体会其内在含义来安排的。它的停顿时间比结构停顿要长，并且多与重音配合使用。

停顿要自然、合理、适当，不能违背平常的语言习惯。随意乱停，不仅使句读难明，更会"读破句"。朗诵时，短句子一般按标点符号停顿就行了，结构比较复杂的长句子，则要根据文意，划分语组停顿。以下举例说明。

例证 3-1

1. 这次第，怎一个 | 愁 | 字了得！
2. 世间一切事物中 | 人 | 是第一个可宝贵的。
3. 责令李白改诗句，"黄河之水 | 手中来！"

4. 俱往矣，数风流人物，还看 | 今朝。

例 3-1 第一句出自李清照的《声声慢》，体现的是孤独、凄凉、愁苦的心境，"愁"是该词的词眼，充满伤感，要加以强调突出，音量加重。第二句出自毛泽东的著作，突出"人"。第三句出自贺敬之的诗歌《三门峡·梳妆台》，强调的是我们能掌握大自然的伟大气魄，因此，"手中来"前面要运用强调停顿。第四句出自毛泽东的词《沁园春·雪》，是为了说明对比前面所说的那些显赫一时的、却随着历史的流逝而消逝的人物，能代表当今风流人物的只有无产阶级及其代表，因此要强调"今朝"。

4. 心理停顿

心理停顿不同于前三种停顿，它主要不是服从语言或逻辑结构，而是服从心理情景的需要。

5. 逻辑停顿

逻辑停顿即根据语言逻辑而停顿。停顿要自然、合理、适当，不能违背平常的语言习惯。随意乱停，不仅使句读难明，更会"读破句"。朗诵时，短句子一般按标点符号停顿就可以了，结构比较复杂的长句子，则要根据文意划分语组停顿。试看例证 3-2。

例证 3-2

到 | 近处看，有的 | 修直挺拔，好似 | 当年山头的岗哨；有的 | 密密麻麻，好似 | 埋伏在深坳里的奇兵；有的 | 看来出世还不久，却也 | 亭亭玉立，别有一番神采。

6. 感情停顿

停顿除了根据语言逻辑而停顿外，还可以不受语言逻辑的制约，而只是根据心理的需要而做出停顿，它受感情支配，根据感情的需要来决定停顿的长短，常用于激动、回忆、疑虑、思考、沉吟不决等地方。试看例证 3-3。

例证 3-3

1. 父亲，这个仇 | 我一定要报。
2. 他使尽了全身的力气 | 光荣地牺牲了。
3. 听到了这个不幸的消息，大家都难过得 | 掉下泪来。

以上三个句子中，第一句表示悲愤，第二句表示沉痛，第三句表示惋惜，情感都非常真挚深厚，停顿的时间愈久，表示情感愈浓烈。

（三）停顿时间的长短

标点符号与停顿时间的长短，一般呈现出以下关系：标点符号其实只是表示书面语言的句子结构关系和句子的语气、语调情况，朗诵时不能完全根据上面所指示的停顿时间而停顿。此外，在句子中，没有标点符号的地方也得按需要而停顿，以使语言表达更清晰明确，使感情抒发更细致动人，上述感情停顿便是明显的例子。

1. 落停

落停在一句话、一个层次、一篇文章内容结束时使用。当内容在此结束，声音也要呈弱式滑下来，然后缓缓收住，气息正好在收音时用完，停顿时间相对较长。

2. 扬停

这种方式一般用在句中无标点之处，或一个意思还没有说完而中间又需要停顿的地方。特点是停顿时间较短，停时声停气未尽。

如：

鲁侍萍：你是萍……｜凭什么打我的儿子？（《雷雨》）
杨白劳：我｜没受委屈。（《白毛女》）

例证 3-4

我常想：杨柳｜婀娜多姿，｜｜可谓妩媚极了，｜桃李｜绚烂多彩，｜可谓鲜艳极了，｜但它们｜只给人一种｜外表好看的印象，｜不能给人以力量。

二、重音和轻音

停顿和相连，主要针对的是朗诵材料句段的分合；重音和轻音则是要解决朗诵材料内容词语关系的主次。重音和轻音一般以句子为范围，句子中关键性的字词，以及表达情感的所在，都是重音和轻音的地方。重音不是"加重声音"，轻音更不是像普通话的"轻声"，重音和轻音其实都是出于表情达意上的需要，把句子中重要的字词或含有特殊意义的词组或短句用轻重音技巧加以处理，其用意在于通过声音的强调来突出意义，使听众对色彩鲜明、形象生动的词语加深印象。

重音的表达方法，有时是加强音量，有时是拖长音节，有时是一字一顿，主要是读大调值、增强音势。但也有一种重音轻读法，它是有力的转读，从音量上说它是轻弱的，但却要求语气凝重、深沉感人。

（一）语法重音

语法重音的位置比较固定，常见的规律如下：一般短句子里的谓语部分常重读，动词或形容词前的状语常重读，动词后面由形容词、动词及部分词组充当的补语常重读，名词前的定语常重读，有些代词也常重读。

如果一句话里成分较多，重读也就不止一处，往往优先重读定语、状语、补语等连带成分。

例证 3-5

1. 我们是怎样度过这惊涛骇浪的瞬息！
2. 快把那炉火烧得通红。

值得注意的是，语法重音的强度并不十分强，只是同语句的其他部分相比较，读得比较重一些罢了。

例证 3-6

1. 饭熟了。
2. 谁在唱歌？
3. 我把信烧了。
4. 他说得很清楚。
5. 我们学了六年。
6. 40个学生报了名。
7. 桌子上放着两三本杂志。
8. 陈教授爽朗地笑了。

（二）逻辑重音

逻辑重音是指不受语法限制，而由句子的潜在含义所确定的必须强调的音节，也叫逻辑强调音。例如"我是河南人"这句话，如按语法重音的规律来读，把"河南人"稍稍加重一点儿就可以。如果把重音放在"是"上，那么潜在的意思就很明确，即有人说他不是河南人，而把重音放在"是"上就是在纠正对方的说法。

例证 3-7

1. 他实在太累了。
2. 相隔这么近，我几乎找不到他。
3. 火突然间熄灭了。
4. 我相信你一定能够夺标的。
5. 准是给贼偷了。
6. 决不会没有钱的，一定是藏在什么地方了。

（三）感情重音

感情重音是为了表达特别强烈的感情和意志而重读某些词语或句子，如"广州白云山太美了。"感情重音可以落在一两个音节上，也可以落在一句话，甚至几句话上。

例证 3-8

1. 你这个人真糊涂。
2. 我不同意！
3. 活该！
4. 秋天，白桦树的叶子变黄了，枫树的叶子火一样红，松柏显得更苍翠了。

（四）强调重音

强调重音指的是为了表示某种特殊的感情和强调某种特殊意义而故意说得重一些的音，目的在引起听者注意自己所要强调的某个部分。语句在什么地方该用强调重音并没有固定的规律，而是受说话的环境、内容和感情所支配的。同一句话，强调重音不同，表达的意思也往往不同。以下分别举例说明。

1. 加强音量

例证 3-9

女孩穿过马路的时候，看见两辆马车冲过来，她赶紧避开，鞋跑掉了一只，怎么也找不着，另一只又叫一个男孩拾起来拿着跑了。

2. 拖长音节

例证 3-10

狂风吹不倒它，洪水淹不没它，严寒冻不死它，干旱旱不坏它。它只是一味地无忧无虑地生长。松树的生命力可谓强矣，松树要求于人的可谓少矣！

3. 一字一顿

例证 3-11

第二天寒冷的早晨，这女孩坐在墙角里，两腮通红，嘴上带着微笑——她死了，在旧年的大年夜冻死了……

4. 重音轻读

有重就有轻，由于表情达意和创造特殊表达效果的需要，把话讲得轻一些，音量小一些，就是轻音。

比如，徐志摩的诗《再别康桥》第一句：

轻轻的我走了，正如我轻轻的来。

再比如，峻青的《海滨仲夏夜》的这几句：

在这幽美的夜色中，我踏着软绵绵的沙滩，沿着海边，慢慢地向前走去。海水轻轻地抚摸着细软的沙滩，发出温柔的刷刷声。

例证 3-12

真的，一直到现在，我实在再没有吃到那夜似的好豆，——也不再看到那夜似的好戏了。

三、速度和节奏

语速是指说话或朗诵时每个音节的长短及音节之间连接的紧松。说话的速度是由说话人的感情决定的,朗诵的速度则与文章的思想内容相联系。一般说来,热烈、欢快、兴奋、紧张的内容速度要快一些,平静、庄重、悲伤、沉重、追忆的内容速度要慢一些,而一般的叙述、说明、议论则用中速。

朗诵时,声音的抑扬顿挫、轻重缓急叫作节奏,它在声音表达过程中呈现规律性的回环往复的特点,并且由原作品的思想感情所带动,与原作品的基调相一致。思想感情的运动状态,是语言速度的根本,就像兴奋的感情要使语流加快,悲痛的感情常使语流变慢,快慢的感觉既表现在句中词或词组的停顿与相连上面,也表现在层次、段落的变换转折上面。试看下面一例。

例证 3-13

大渡河是长江的一条支流,两岸都是蜿蜒连绵的高山,河宽三百多米,水深十几米,我们去时刚好遇上暴洪,只见湍急的河水闪着青光,喷着白浪,从很远的地方就能听到哗哗的水声。这里历来是兵家必争之地,据说曾经威震一时的太平天国翼王石达开,就战死在这里。

这一段文字的速度和节奏变化很大,开始用普通速度叙述,从"刚好遇上暴洪"这句逐渐由慢过渡到快,"只见湍急的河水闪着青光,喷着白浪"气势急激猛烈,速度最快。"哗哗"是象声词,读时要尽量惟妙惟肖。最后一部分追溯历史遗迹,发思古之幽情,速度缓慢,令人低回不已。通篇速度在变化,节奏也不固定,朗诵时必须仔细揣摩原作品内容的思想感情,然后在语速和节奏上加以恰当变化。

语速要服从演讲内容,一般而言,说明性文字用正常语速,叙述性、描写性文字用较慢语速,议论、抒情性文字要或快或慢。

月亮渐渐地升高了,墙外马路上孩子们的欢笑,已经听不见了;妻在屋里拍着闰儿,迷迷糊糊地哼着眠歌。我悄悄地披了大衫,带上门出去。(慢)

语速的快慢要考虑到语言自身的形式特点。

冰心老人在三个孩子的啼哭声中辛勤笔耕,成为一代文学大师;琼瑶女士与狂赌丈夫分手后,怀抱着小女儿写下篇篇言情小说,终于名扬天下;第23届奥运会长跑冠军是两个孩子的妈妈;撒切尔夫人在丈夫的支持下,成为英国历史上第一位连任三届首相的"铁娘子"。(快)

排比句突出气势,因此上面这段文字的语速要快。

四、语气和语调

我们朗诵时,既有内在的思想感情的色彩和分量,也有外在的高低、强弱、快慢、虚实等声音形式,这便是语气。不同的句子有不同的用意,即使同一句子,用意不同语气也会各异,表现出来便是各种高低抑扬、缓急顿歇的语调。

在汉语中,字有字调、句有句调。我们通常称字调为声调,是指音节的高低升降。而句调则称为语调,是指语句的高低升降。句调是贯穿整个句干的,只是在句末音节上表现得特别明显。句调根据表示的语气和感情态度的不同,可分为升调、降调、平调、曲调四种。

(一)升调(扬上调)

句调先低后高,一般用于表示疑问、反诘、惊讶、命令、呼唤等语气,亦出现于情绪亢奋、感情激动的时候,还可表示语气未完结等。

例证 3-14

1. 这比山还高,比海还深的恩情,我们怎能忘记?
2. 从我做起,从现在做起!
3. "共产主义是不可战胜的!"
4. 啊?你说谁?

(二)降调(降抑调)

句调先高后低,句尾比平常短促,一般用于表示肯定、决心、自信、请求、允许、感叹等语气,亦出现于情绪平稳的时候,还可表示语气完结等。

例证 3-15

1. 醉过才知酒浓,爱过才知情重;你不能做我的诗,正如我不能做你的梦。
2. 海底真是一个景色奇异、物产丰富的世界!

(三)平调(平直调)

句调平稳,起伏不大,句尾保持平直,多用于表达内容分量较重的文句,如庄重、严肃、真实、诚恳、思索、迟钝、冷淡、追忆等语气。

例证 3-16

1. 空山不见人,但闻人语响。返影入深林,复照青苔上。
2. 其实地上本没有路,走的人多了也便成了路。
3. 在我的家里,珍藏着一件白色的的确良衬衫。

(四)曲调(弯曲调)

句调由高转低,再升高;或由低转高,再降低。句调变化令音节加重、加高、拖长、曲折变化,作用在于强调或突出音节。一般用于表示夸张、讽刺、特别惊讶等语气,亦用于表示语意双关及言外之意。

1. 是我的错↘,你没有错。
2. 啊↗?会有这种事?
3. 这事儿实在太↘难办了!

除了以上这些基本表达手段外,要使朗诵有声有色,还得借助一些特殊的表达手段,如笑语、颤音、泣诉、重音轻读等。

(五)朗诵的腔调

1. 吟诵式

吟诵式又叫韵律式,它依照一定的韵律节奏吟咏,接近古人的读书腔调。由于它着重音色声律之美,因此有人用西方的"华尔兹舞"来形容它。

虞 美 人

李 煜

春花秋月何时了,往事知多少。小楼昨夜又东风,故国不堪回首月明中。
雕栏玉砌应犹在,只是朱颜改。问君能有几多愁,恰似一江春水向东流。

2. 台词式

台词式强调节奏、停顿、重音、语调等变化,类似舞台剧的对白,有人拿"龙行虎步"一词来形容它。

例证 3-19

爱 莲 说

周敦颐

水陆草木之花,可爱者甚蕃。晋陶渊明独爱菊。自李唐来,世人盛爱牡丹。予独爱莲之出淤泥而不染,濯清涟而不妖,中通外直,不蔓不枝,香远益清,亭亭净植,可远观而不可亵玩焉。予谓菊,花之隐逸者也;牡丹,花之富贵者也;莲,花之君子者也。噫!菊之爱,陶后鲜有闻。莲之爱,同予者何人?牡丹之爱,宜乎众矣。

五、朗诵的态势语

（一）眼神的运用

戏剧表演时，眼神多与对手接触；演讲时，眼神多与听众接触；朗诵时，眼神可以一方面与听众沟通交流，加强表达效果，也可以集中凝想、进入诗境之中。朗诵者与听众之间的思想感情交流，除了借助声音的表达外，最主要的是眼神的运用。朗诵时想象力的发挥是其中主要的条件，而朗诵不同于相声、戏剧，我们的身体各部分器官多少是要受到限制的，所以要准确表达想象，只有尽量利用我们最灵活而最不受限制的眼睛，等到眼睛无法表达时，才借助于表情、动作、手势等的帮助。

朗诵的其中一个条件是不看诵材，这除了要求朗诵者熟悉诵材外，主要是朗诵时必须运用眼神传达思想感情，如果双眼看着诵材，又怎能与听众"眉目传情"呢？如，我们朗诵李白的《静夜思》这首诗时，"床前明月光"视力平射，"疑是地上霜"目光向下转移，"举头望明月"视力远射向上，"低头思故乡"眼神则下垂作沉思状。凭上述四种眼神的变化，想象力便能活灵活现了，这就是集中凝想、进入诗境的表现。朗诵者如果未能达到这个较高的层次，眼睛也不可东张西望，而必须照应全场，控制气氛，作为声音的辅助，发挥与听众交感共鸣的作用。

（二）面部的表情

朗诵是声情的艺术，诵材感情突出的地方，须用面部表情加以表达出来。诵材中所表现的原作者的态度和感情，朗诵者必须仔细揣摩，贴切表达。朗诵时，面无表情、干燥枯涩，固然是朗诵的大忌；但表情过火、矫揉造作，也属过犹不及。

（三）手势和动作

朗诵要不要带有动作，是一个有争论的话题。强调朗诵文学性的人，认为加入动作只表示声音技巧不足，唯有乞灵于手势和动作；强调朗诵综合性的人，认为朗诵是文学、歌唱、戏剧的三结合，在朗诵的过程中，必须设计手势和动作的配合，以求曲尽其妙、声色艺全。上述两种意见都稍显偏激。《诗大序》中说："情动于中而形于言，言之不足，故嗟叹之，嗟叹之不足，故咏歌之，咏歌之不足，故手之舞之，足之蹈之也。"这说明只要是忠于朗诵材料，出于自然，那么手势和动作都应该是被接受的。小学生站在台上，肢体很容易随意摆动，双手也不知道应该放到什么地方才好，如果能够设计一些手势和动作可以配合诵材表达，应该是值得鼓励的，何况很多诵材本身已富有动作性，我们更应该进一步要求设计手势与动作以求配合。

下面几点是在设计手势和动作时必须加以注意的。

（1）设计的手势和动作，必须与诵材紧密配合，不能生硬堆砌，以免产生反面效果。

（2）手势和动作要少而清楚、适当自然，并且优美合度。

（3）动作范围要小，一般限于胸前，手臂挥得太远便会缺乏力量，垂得太低就不能引起听众的注意。

（4）腰部以下一般不应有所动作，顿足尤其不可，一来破坏美感，二来影响呼吸。

（5）身体不能经常移动，以免分散听众的注意力，只有在段落的大停顿或文意转折的地方才可移动，以表示进入另一阶段或层面。

（6）动作要精心设计，在声音发出之前表现出来，以起暗示和引导的作用。

（四）台风和仪态

朗诵者在朗诵时，态度必须优雅自然、彬彬有礼；行动不疾不徐、安详镇定，表现诚恳，使听众感到亲切、舒适、接纳而没有不快。日常注意举止行为，修饰仪表、端正态度，朗诵时自然能够被人接受，信心也会大增。

六、朗诵注意事项

（一）选好作品深理解

（1）作品一定是自己喜欢的，别人推荐的作品即使再好，但是朗诵者本人没感觉，调动不起朗诵的朗诵欲望，那也不适合来朗诵。

（2）作品内容便于理解，不能深奥难懂，看着都费解的，朗诵出来效果也不会好。

（3）语言要朗朗上口，诗作本身韵律感强，有较鲜明的节奏起伏变化，语言形象生动，容易产生一定的冲击力。

（4）感情炽烈，具有一定的变化幅度和对比度。

（5）篇幅适中，不宜太短或太长，要有完整性，一般不要选择节选片段的作品。

选好了作品，还要在深入理解上下功夫。深入理解包括既要吃透作品的原意，还要了解作品产生的年代和写作背景，了解作者的生平、创作和他其他相关的作品，而不能简单地理解了大概的意思就上场朗诵。诗的语言是非常凝练的，表面浅显易懂的句子其背后往往蕴含着深刻的意义，这是表面化的理解所体会不到的。深入理解就是为了准确把握诗所反映的特定时代的情绪并加以准确表达，如果不对以上作品背景加深了解认识，表达出来就可能是一种当下时代的情绪，这就不准确了。

（二）感受意境有真情

（1）诗歌往往充满了比喻和象征，如果不从意境感受着眼，往往会使人眼花缭乱，如堕入云里雾中，不得要领。

（2）诗的语言较为凝练，在诗作中显现出万千气象，不感受意境，只是局限于文字，诗味就无从表现。

（3）诗的语言又具有跳跃性，由此更增加了诗歌的容量。朗诵者如果表达不出诗的跳跃性中的内在情绪，把一个个句子平摆浮搁地读出，意境也就无从表达了。

（4）因境抒情，从全诗的整体出发，在意境需要的前提下引发，避免片段感。

（三）抓住重点见高潮

（1）重点如画龙点睛，它解释诗歌精神的实质、感情的高点、意义的趋向、艺术的分寸。

（2）重点要少而精，不宜散乱、不宜杂多。只有少而精干，才能突出重点，也才会印象深刻。

（3）重点不是单纯的理智产物，必须同时是感情产物，不仅是"语意的解读"，还应是语趣（理趣、情趣）的表露。

（4）重点不是单纯地加重声音，但其声音一定与众不同，其效果一定不同凡响，重点是轴心、是路牌。

七、朗诵、朗读、演戏三者的区别

朗诵不同于朗读，也不同于演戏。朗诵不同于朗读，朗读是用清晰、响亮的声音把文章读出来，以传达文章的思想内容。朗诵则是用清晰、响亮的声音把文章背出来，以传达文章的思想内容。可见，朗诵的要求比朗读要高，它要求朗诵者不看作品，面对观众，除运用声音外，还要借助眼神、手势等体态语帮助表达作品感情，引起听众共鸣。

朗诵常常伴随有手势、姿态等体态语，但朗诵时的姿态或手势不能过多、过火。毕竟，朗诵不同于演戏，演戏时，演员不直接和观众交流，他扮演剧中人物，模仿剧中人物的语言动作，他只和同台的演员进行交流；而朗诵者直接交流的对象是听众，他主要是通过声音把感情传达给听众，引起听众共鸣，手势、姿态等只不过是帮助表达感情的辅助性工具，不宜过多、过火。[①]

第三节　不同文体的朗诵

一、诗歌的朗诵

诗歌是最适合朗诵的体裁。因为诗歌具有鲜明的节奏与和谐的韵律，具有音乐性；加上诗歌本身就是运用凝练、简洁的语言反映丰富的思想内容，并借助想象展开丰富的联想进行的创作，其语言具有言外之意和弦外之音的特点。

（一）格律诗的朗诵

朗诵诗，主要有五言绝句、七言绝句、五言律诗、七言律诗四种表现形式，因此就形成了不同的音步。五言诗为三个音步，如"明月/松间/照，清泉/石上/流"，即"2+2+1"或"2+3"的节拍；七言诗为四个音步，如"两个/黄鹂/鸣/翠柳，一行/白鹭/上/青天"，即

[①] 王敏学. 师范生实用口语训练[M]. 北京：华夏出版社，1990：9，80-83.

"2+2+1+2"或"2+2+3"的节拍。不论是五言还是七言，每一小节中都有相对固定的并与之相对应的平仄关系。此外，格律诗中还有"一三五不论，二四六分明"的押韵规则。

登鹳雀楼

王之涣

白日依山尽，黄河入海流。欲穷千里目，更上一层楼。

【朗诵提示】

> 这首诗为三个音步、"2+3"节拍。朗诵时要注意每一个音步中的平仄关系，格律诗中每个音步中的第二个字，一般都有明确的平仄规定，因此，一般将重音放在每个音步的第二个字上。诗最后的三字尾平仄变化同韵脚有关，在朗诵时要注意体会。

（二）自由诗的朗诵

自由诗是现代中国新诗的主要形式之一。诗歌运用现代白话写作，诗体不受任何框式的束缚，是一种完全自由体，每行字数不等、句数不拘，分节与否自便，每节长短也可以不整齐，押韵与否也比较自由。

再别康桥

徐志摩

轻轻的我走了，
正如我轻轻的来；
我轻轻的招手，
作别西天的云彩。

那河畔的金柳，
是夕阳中的新娘；
波光里的艳影，
在我的心头荡漾。

软泥上的青荇，
油油的在水底招摇；

在康河的柔波里,
我甘心做一条水草!

那榆荫下的一潭,
不是清泉,是天上虹;
揉碎在浮藻间,
沉淀着彩虹似的梦。

寻梦?撑一支长篙,
向青草更青处漫溯;
满载一船星辉,
在星辉斑斓里放歌。

但我不能放歌,
悄悄是别离的笙箫;
夏虫也为我沉默,
沉默是今晚的康桥!

悄悄的我走了,
正如我悄悄的来;
我挥一挥衣袖,
不带走一片云彩。

【朗诵提示】

全诗共七节,每节四行,每行两顿或三顿,不拘一格而又法度严谨,韵式上严守二、四押韵,抑扬顿挫,朗朗上口。这优美的节奏像涟漪般荡漾开来,有一种独特的审美快感。七节诗错落有致地排列,韵律在其中徐行缓步地铺开,可以说,正体现了徐志摩的诗美主张。

此诗是一首写"离别"的名篇。深沉的爱使作者不忍惊扰康桥的夜,决定"悄悄"地走。

在朗诵时,不论是金柳、青荇,还是清泉、彩虹,都充分表现了诗人对康桥的爱。在朗诵第二、三、四节时,要放慢语速,特别是每节的最后一行,要突出一个词并适当延长,以表达"一赞三叹,流连忘返,不忍离去"的思想感情。

例证 3-22

祖国啊,我亲爱的祖国

舒 婷

我是你河边上破旧的老水车,

数百年来纺着疲惫的歌;
我是你额上熏黑的矿灯,
照你在历史的隧洞里蜗行摸索;
我是干瘪的稻穗,是失修的路基;
是淤滩上的驳船
把纤绳深深
勒进你的肩膊,
　　——祖国啊!

我是贫困,
我是悲哀。
我是你祖祖辈辈
痛苦的希望啊,
是"飞天"袖间
千百年来未落到地面的花朵,
　　——祖国啊!

我是你簇新的理想,
刚从神话的蛛网里挣脱;
我是你雪被下古莲的胚芽;
我是你挂着眼泪的笑窝;
我是新刷出的雪白的起跑线;
是绯红的黎明
正在喷薄;
　　——祖国啊!

我是你十亿分之一,
是你九百六十万平方的总和;
你以伤痕累累的乳房
喂养了
迷惘的我,深思的我,沸腾的我;
那就从我的血肉之躯上
去取得
你的富饶,你的荣光,你的自由;
　　——祖国啊,
　　　　我亲爱的祖国!

【朗诵提示】

> 本诗是舒婷的代表作之一，旨在表达诗人对祖国的一种深情。全诗立意新颖、感情真挚，从一个别致的角度吟唱祖国母亲。为表达这种赤子深情，诗人采用了由低沉缓慢走向高亢迅疾的节奏，低沉缓慢方能如泣如诉、似哀似怨，高亢迅疾才可热烈奔放、一往无前。为表达诗人对祖国的交融感与献身感，全诗运用了主体与客体交错换用、相互交融的手法。主体是诗人的"我"，客体是"祖国"，而在全诗的进展中，让其合二为一——我即是祖国，祖国也就是我，祖国是我的痛苦，我是祖国的悲哀；祖国是我的迷惘，我是祖国的希望；我是祖国的眼泪和笑涡，而祖国正在我的血肉之躯与心灵上起飞和奔跑。

二、散文的朗诵

散文题材广泛，朗诵时切忌呆板和千篇一律。对于抒情性散文，应与诗歌朗诵的方法接近，感情要真挚，爱憎要分明，语言的轻重缓急、抑扬顿挫要随文中感情而变。对于侧重说理的议论性散文，风格要庄重一些，力求语言准确、速度均匀，以表现文章的逻辑性和说服力。散文是一种反映作者所见、所思、所悟过程的体裁，朗诵时，一般基调是平缓的，没有太大的起伏，即使是在作品的高潮部分，也不会像演讲那样异峰突起、慷慨激昂，一般采用中等的速度，柔和的音色，并且常用拉长而不加重的方法来处理强调重音。散文讲究用词造句，词句或艳丽多彩，或清新自然，或气势磅礴，或淳朴平淡，朗诵时，一定要在深刻理解其思想内容的基础上，把不同的语言气势和艺术风格体现出来。

例证 3-23

荷塘月色（节选）

朱自清

这几天心里颇不宁静。今晚在院子里坐着乘凉，忽然想起日日走过的荷塘，在这满月的光里，总该另有一番样子吧。月亮渐渐地升高了，墙外马路上孩子们的欢笑，已经听不见了；妻在屋里拍着闰儿，迷迷糊糊地哼着眠歌。我悄悄地披了大衫，带上门出去。

沿着荷塘，是一条曲折的小煤屑路。这是一条幽僻的路；白天也少人走，夜晚更加寂寞。荷塘四面，长着许多树，蓊蓊郁郁的。路的一旁，是些杨柳，和一些不知道名字的树。没有月光的晚上，这路上阴森森的，有些怕人。今晚却很好，虽然月光也还是淡淡的。

路上只我一个人，背着手踱着。这一片天地好像是我的；我也像超出了平常的自己，到了另一世界里。我爱热闹，也爱冷静；爱群居，也爱独处。像今晚上，一个人在这苍茫的月下，什么都可以想，什么都可以不想，便觉是个自由的人。白天里一定要做的事，一定要说的话，现在都可不理。这是独处的妙处，我且受用这无边的荷香月色好了。

曲曲折折的荷塘上面，弥望的是田田的叶子。叶子出水很高，像亭亭的舞女的裙。层层的叶子中间，零星地点缀着些白花，有袅娜地开着的，有羞涩地打着朵儿的；正如一粒粒的明珠，又如碧天里的星星，又如刚出浴的美人。微风过处，送来缕缕清香，仿佛远处高楼上渺茫的歌声似的。这时候叶子与花也有一丝的颤动，像闪电般，霎时传过荷塘的那边去了。

叶子本是肩并肩密密地挨着，这便宛然有了一道凝碧的波痕。叶子底下是脉脉的流水，遮住了，不能见一些颜色；而叶子却更见风致了。

月光如流水一般，静静地泻在这一片叶子和花上。薄薄的青雾浮起在荷塘里。叶子和花仿佛在牛乳中洗过一样；又像笼着轻纱的梦。虽然是满月，天上却有一层淡淡的云，所以不能朗照；但我以为这恰是到了好处——酣眠固不可少，小睡也别有风味的。月光是隔了树照过来的，高处丛生的灌木，落下参差的斑驳的黑影，峭楞楞如鬼一般；弯弯的杨柳的稀疏的倩影，却又像是画在荷叶上。塘中的月色并不均匀；但光与影有着和谐的旋律，如梵婀玲上奏着的名曲。

荷塘的四面，远远近近，高高低低都是树，而杨柳最多。这些树将一片荷塘重重围住；只在小路一旁，漏着几段空隙，像是特为月光留下的。树色一例是阴阴的，乍看像一团烟雾；但杨柳的丰姿，便在烟雾里也辨得出。树梢上隐隐约约的是一带远山，只有些大意罢了。树缝里也漏着一两点路灯光，没精打采的，是渴睡人的眼。这时候最热闹的，要数树上的蝉声与水里的蛙声；但热闹是它们的，我什么也没有。

【朗诵提示】

> 此文是朱自清的名作。它抒发了作者在月夜荷塘边独处时对荷塘月色的赞美与欣赏，也表达了作者想做"自由的人"的一种渴望。全文较长，此处所选六段中，一、二、三段以叙述为主，可用平实的语调，中等语速朗诵。而第三段写作者自身独处的感受，要运用重音。例如，"好像是我的""另一世界""什么都可以想，什么都可以不想""一定要做的事一定要说的话"，这样可以从对比中突出作者的观点。第四、五段是全文的精华所在。第四段是正面描写荷塘，要用柔和的嗓音朗诵，并且随着内容的变化，语速和音量也要有所变化。例如，实写的话，可以音量较大，而虚写的歌声就宜轻。第五段是正面描写月色，要用轻柔的嗓音来朗诵，不可用明亮的嗓音，这样才能表现月色的"笼着轻纱"。

理解万岁

佚 名

记得《论语·学而篇》中有这么一句话："患不知人也。"意思是说，可担忧的是不理解他人啊！

的确，理解、相知是人类多么宝贵的一种境界。理解自然、理解社会、理解人生……人类不也就是在这种境界中行远自迩吗？

——乘着跨世纪的诺亚方舟，理解是那只窥探到大自然衔回了橄榄枝的鸽子；

——沿着千回百折的汨罗江，理解是屈原感叹社会而传唱于今天的骚体长辞；

——拨着高山流水般的琴声，理解是蔡锷、小凤仙难得相识的婉转知音一曲……

自然界在理解中求得平衡，社会在理解中求得和谐，而更重要的是人类在理解中求得进化。

人是需要理解的。每个人都渴望理解自己，也渴望理解他人，更渴望被他人理解。

不理解自己的人，难以把握自己的人生航向；不理解他人的人，难以团结生活和事业的同伴；不被他人理解的人，则难以挣脱孤独和苦闷的阴影。而只有理解自己，也理解他人，同时让他人理解的人，才能在求索的漫漫路途中不昏不聩，不傲不矜。

有时候，理解是一股热源，它能给人以无穷无尽的力量；

有时候，理解是一架罗盘，它能改变人一生的生活走向；

有时候，理解是一道霓虹，它能给原本庄重的生活增添绚丽。

当然，要达到这个境界，并不是一件轻而易举的事。恢弘的宇宙、繁复的社会、神秘的自然，大千世界、芸芸众生，要达到相互间那种完全彻底、默契无间的理解，从现阶段人类的认识能力、幻想能力、道德能力、智商能力及科学水平来看，还十分遥远。那么，就从一点一滴开始吧！用我们自己的心、自己的情感、自己的智慧，去理解自己的同志和朋友、父母和妻儿，理解自己周围的每棵小草、每片树叶、每粒尘土和每缕风、每束光吧！

【朗诵提示】

> 理解不仅是他人对自己的理解，也是自己主动付出的对他人、对环境的理解。当人们都能敞开心扉，付出理解时，社会便会更和谐，人类便会更进步。文章辞藻丰富、语言华丽，运用了大量排比和比喻，增强了可读性。文章整体上在朗诵时，前半部分应舒缓平稳，后半部分有较多节奏上的变化。
>
> 全文从五个不同的层面加以阐述。在朗诵时，第一层要用平实的语调，体现庄重；第二层要用较为缓慢低沉的语调，体现沧桑感；第三层开始，要逐步加快节奏和语速，从反面说时可以稍稍放慢放低，以便和正面说有所对比；而最后一层，应该是引起听众深入思考的一节，朗诵时要放慢语速并加重语气，给人以"语重心长"的感觉。

三、童话、寓言的朗诵

朗诵童话、寓言，首先，要深刻理解作品的寓意。寓言和童话常常将深刻的思想寓于朴素的故事之中，如果对作品缺乏细致的理解，就很难表达出它的深刻寓意。其次，要用声音夸饰技巧来刻画人物形象。寓言、童话往往用拟人化的手法把所述事物人格化，诸如善良的山羊、聪明的兔子、骄傲的孔雀、狡猾的狐狸、凶恶的老狼以及愚蠢虚荣的乌鸦等，其性格特征、心理活动、行为动作，常从动物间的彼此对话中得以表现。因此，要充分发挥自己的想象力，要朗诵得亲切新奇、有声有色、娓娓动听。

例证 3-25

卖火柴的小女孩（内容略）

【朗诵提示】

> 文章首先交代了故事发生的时间、地点和小女孩的悲惨境况，然后写了小女孩美丽的幻

想，最后写了在热闹喜庆的圣诞夜，小女孩孤独地死去。文章凄丽，淡淡的忧伤流淌在字里行间，令人潸然泪下。悲惨的结局极富启示性，它引起人们对导致小女孩悲惨命运的社会原因的思考。朗诵时要注意运用语气、语调技巧加以表现，同时要注意掌握摹声和夸饰。

例证 3-26

乌鸦和狐狸

《伊索寓言》

世人不知受过多少次劝告，说阿谀是卑鄙而有害的，但一切都是徒劳，阿谀的人总是能够钻到空子的。

上帝赐给乌鸦一块奶酪，乌鸦高高地站在大树上，奶酪衔在嘴里，它已准备好开始用早餐了。

这时旁边跑过一只狐狸，狐狸闻到了奶酪的香味，突然停了下来，狐狸看见了奶酪，一下子被奶酪迷住了。

狡猾的狐狸蹑手蹑脚地走近大树，摇着尾巴，一眼不眨地盯着乌鸦，沉住气，然后甜言蜜语地说："亲爱的，你好美啊！颈项多美！眼睛多俏！多么丰满的羽毛！多么灵巧的小嘴！讲起话来真像童话一般！想必拥有天使般婉转的歌喉！唱吧，亲爱的，别怕羞！小妹妹，你有了这样的美丽，如果再是唱歌能手，那你真够得上'鸟中之王'哩！"

听了狐狸恭维的话，乌鸦被赞美得飘飘然，高兴得连气都喘不过来，只见它张开喉咙大声一叫："呱！"这时奶酪掉了下来——狡猾的狐狸就带着它的猎物跑掉了。

【朗诵提示】

这是一篇寓言。通过乌鸦听信狐狸的阿谀奉承之言，将上帝赐给它的奶酪拱手让给了狐狸。这则寓言故事告诉人们：虚荣心使阿谀奉承的人总是有机可乘。文章虽短，但情节完整，将狐狸的狡诈和乌鸦的虚荣写得活灵活现，能引起人们的思索。朗诵时注意摹声和夸饰的运用。

思考与训练

1. 复习本节有关朗诵的基本知识。
2. 模拟训练。

（1）说话的时候，脑子里要有画面感。

① 如"动物世界"中很多台词都能让人产生画面感。

夕阳西下的非洲大草原，富饶辽阔美丽多姿，碧绿的青草散发着迷人的幽香，各种动物在尽情地奔跑着，跳跃着，一切都显得那么生机勃勃。

② 如电视剧《亮剑》的经典台词，其语言具有煽动性，让战士克服了对鬼子的畏惧心理，鼓舞斗志。

（对战士）我们团要像野狼团，我们每个人都要是嗷嗷叫的野狼！吃鬼子的肉，还嚼碎鬼子的骨头。狼走千里吃肉，狗走千里吃屎，咱独立团啥时候吃肉，啥时候改善伙食啊？那就是碰到小鬼子的时候！（战士哈哈大笑）

（2）重音练习。

读出下列句子中词语的语法重音。

① 东风来了，春天的脚步近了。
② 一切都像刚睡醒的样子，欣欣然张开了眼。
③ 手势之类，距离大了看不清，声音的有效距离大得多。

读出下面语句中的强调重音。

于是有人慨叹曰："中国人失掉自信力了。"

如果单据这一点现象而论，自信其实是早就失掉了的。先前信"地"，信"物"，后来信"国联"，都没有相信过"自己"。假使这也算一种"信"，那也只能说中国人曾经有过"他信力"，自从对国联失望之后，便把这种他信力都失掉了。

（3）朗读郭小川《团泊洼的秋天》这首诗的最后三段，注意语法停顿和强调停顿。

请听听吧，这是战士｜一句句从心中｜掏出的话。
团泊洼，团泊洼，你真是那样｜静静的吗？
是的，团泊洼是静静的，但那里｜时刻都会｜轰轰爆炸！
不，团泊洼是喧腾的，这首诗篇里｜就充满着｜嘈杂。
不管怎样，且把这矛盾重重的诗篇｜埋在坎下，
它也许不合你秋天的季节，但到明春｜准会｜生根发芽。

（4）下面是鲁侍萍回忆往事，揭露周朴园罪恶的两段话，一段是相认前，一段是相认后。相认前后，鲁侍萍的怨愤之情由克制到逐渐显露，说话的语气和态度也发生了变化，试用不同的语速加以表达。

——相认以前

她是个下等人，不很守本分的。听说她跟那时周公馆的少爷有点不清白，生了两个儿子。生了第二个，才过三天，忽然周少爷不要她了。大孩子就放在周公馆，刚生的孩子她抱在怀里，在年三十夜里投河死的。

——相认以后

哼，我的眼泪早哭干了，我没有委屈，我有的是恨，是悔，是三十年一天一天我自己受的苦。你大概已经忘了你做的事了！三十年前，大年三十的晚上我生下你的第二个儿子才三天，你为了要赶紧娶那位有钱有门第的小姐，你们逼着我冒着大雪出去，要我离开你们周家

的门。

（5）《春晓》这是一首格律诗，朗诵这首诗时，应该注意每个字都要吐音清晰，诵出诗的节奏，每行诗句都可处理为三处停顿。

春眠／不觉／晓，处处／闻／啼鸟。夜来／风雨／声，花落／知／多少。

念到"晓、鸟、少"时，字音要适当延长，略带吟诵的味道，使听众能感觉出诗的音韵美和节奏感。

前两句是写诗人早上醒来后看到的景物，朗诵时要用柔和、舒缓的语调，音量不要过大。"鸟"字的尾音可稍向上扬，表现出诗人见到的是春光明媚、鸟语花香的明朗景象。后两句写诗人想起昨天夜里又刮风又下雨，不知园子里的花被打落了多少。在读"花落知多少"时，要想象出落花满园的景象。可重读"落"字，再逐渐减轻"知多少"三个字的音量，表现出诗人对落花的惋惜心情。

3. 朗诵下列诗词作品。

送杜少府之任蜀州

王 勃

城阙辅三秦，风烟望五津。与君离别意，同是宦游人。
海内存知己，天涯若比邻。无为在歧路，儿女共沾巾。

咏 柳

贺知章

碧玉妆成一树高，万条垂下绿丝绦。不知细叶谁裁出，二月春风似剪刀。

鹊 桥 仙

秦 观

纤云弄巧，飞星传恨，银汉迢迢暗渡。金风玉露一相逢，便胜却人间无数。
柔情似水，佳期如梦，忍顾鹊桥归路！两情若是久长时，又岂在朝朝暮暮。

念奴娇·赤壁怀古

苏 轼

大江东去，浪淘尽，千古风流人物。故垒西边，人道是，三国周郎赤壁。乱石穿空，惊涛拍岸，卷起千堆雪。江山如画，一时多少豪杰。
遥想公瑾当年，小乔初嫁了，雄姿英发。羽扇纶巾，谈笑间，樯橹灰飞烟灭。故国神游，多情应笑我，早生华发。人生如梦，一樽还酹江月。

4. 朗诵《雨巷》《会唱歌的鸢尾花》《三门峡·梳妆台》《南方的夜》。

雨 巷

戴望舒

撑着油纸伞，独自彷徨在悠长、悠长
又寂寥的雨巷，
我希望逢着
一个丁香一样的结着愁怨的姑娘。
她是有
丁香一样的颜色，
丁香一样的芬芳，
丁香一样的忧愁，
在雨中哀怨，哀怨又彷徨。

她彷徨在这寂寥的雨巷，
撑着油纸伞，像我一样，
像我一样地默默彳亍着，
冷漠、凄清，又惆怅。
她默默地走近，走近，又投出
太息一般的眼光，
她飘过，像梦一般地，
像梦一般地凄婉迷茫。

像梦中飘过一枝丁香地，
我身旁飘过这个女郎；
她默默地远了，远了，
到了颓圮的篱墙，走尽这雨巷。

在雨的哀曲里，
消了她的颜色，散了她的芬芳，
消散了，甚至她的太息般的眼光，
丁香般的惆怅。

撑着油纸伞，独自彷徨在悠长、悠长
又寂寥的雨巷，
我希望飘过一个丁香一样的
结着愁怨的姑娘。

会唱歌的鸢尾花

舒 婷

我的忧伤因为你的照耀
升起一圈淡淡的光轮
————题记

一

在你的胸前
我已变成会唱歌的鸢尾花
你呼吸的轻风吹动我
在一片丁当响的月光下

用你宽宽的手掌
暂时
覆盖我吧

二

现在我可以做梦了吗
雪地、大森林
古老的风铃和斜塔
我可以要一株真正的圣诞树吗
上面挂满
溜冰鞋、神笛和童话
焰火、喷泉般炫耀欢乐
我可以大笑着在街道上奔跑吗

三

……
不要问我
为什么在梦中微微转侧
往事，像躲在墙角的蛐蛐
小声而固执地呜咽着

四

让我做个宁静的梦吧
不要离开我

那条很短很短的街
我们已走了很长很长的岁月

让我做个安详的梦吧
不要惊动我
别理睬那盘旋不去的鸦群
只要你眼中没有一丝阴云

让我做个荒唐的梦吧
不要笑话我
我要葱绿地每天走进你的诗行
又绯红地每晚回到你的身旁

让我做个狂悖的梦吧
原谅并且容忍我的专制
当我说：你是我的！你是我的
亲爱的，不要责备我……
我甚至渴望
涌起热情的千万层浪头
千万次把你淹没

五

当我们头挨着头
像乘着向月球去的高速列车
世界发出尖锐的啸声向后倒去
时间疯狂地旋转
雪崩似地纷纷摔落

当我们悄悄对视
灵魂像一片画展中的田野
一涡儿一涡儿阳光
吸引我们向更深处走去
寂静、充实、和谐

六

就这样

握着手坐在黑暗里
听任那古老而又年轻的声音
在我们心中穿来穿去
即使有个帝王前来敲门
你也不必搭理

三门峡·梳妆台

贺敬之

望三门，三门开：
"黄河之水天上来！"
神门险，鬼门窄，
人门以上百丈崖。
黄水劈门千声雷，
狂风万里走东海。

望三门，三门开：
黄河东去不回来。
昆仑山高邙山矮，
禹王马蹄长青苔。
马去"门"开不见家，
门旁空留"梳妆台"。

梳妆台啊，千万载，
梳妆台上何人在？
乌云遮明镜，
黄水吞金钗。
但见那：辈辈艄工洒泪去，
却不见：黄河女儿梳妆来。

梳妆来啊，梳妆来！
——黄河女儿头发白。
挽断"白发三千丈"，
愁杀黄河万年灾！
登三门，向东海：
问我青春何时来？！

何时来啊,何时来?……
　　——盘古生我新一代!
举红旗,天地开,
史书万卷脚下踩。
大笔大字写新篇:
社会主义——我们来!

我们来呵,我们来,
昆仑山惊邙山呆:
展我治黄河万里图,
先扎黄河腰中带——
神门平,鬼门削,
人门三声化尘埃!

望三门,门不在,
明日要看水闸开。
责令李白改诗句:
"黄河之水'手中'来!"
银河星光落天下,
清水清风走东海。
走东海,去又来,
讨回黄河万年债!
黄河女儿容颜改,
为你重整梳妆台。
青天悬明镜,
湖水映光彩——
黄河女儿梳妆来!

梳妆来呵,梳妆来!
百花任你戴,
春光任你采,
万里锦绣任你裁!
三门闸工正年少,
幸福闸门为你开。

并肩挽手唱高歌呵,
无限青春向未来!

南方的夜

冯至（现代）

我们静静地坐在湖滨，听燕子给我们讲讲南方的静夜。

南方的静夜已经被它们带来，夜的芦苇蒸发着浓郁的热情——我已经感到了南方的夜间的陶醉，请你也嗅一嗅吧这芦苇丛中的浓味。

你说大熊星总像是寒带的白熊，望去使你的全身都觉得凄冷。

这时的燕子轻轻地掠过水面，零乱了满湖的星影——请你看一看吧这湖中的星象，南方的星夜便是这样的景象。

你说，你疑心那边的白果松，总仿佛树上的积雪还没有消融。

这时燕子飞上了一棵棕榈，唱出来一种热烈的歌声——请你听一听吧燕子的歌唱，南方的林中便是这样的景象。

总觉得我们不像是热带的人，我们的胸中总是秋冬般的平寂。

燕子说，南方有一种珍奇的花朵，经过二十年的寂寞才开一次——这时我胸中忽觉得有一朵花儿隐藏，它要在这静夜里火一样地开放！

5. 朗诵下列散文作品。

喜悦（节选）

王 蒙

高兴，这是一种具体的被看得到摸得着的事物所唤起的情绪。它是心理的，更是生理的。它容易来也容易去，谁也不应该对它视而不见失之交臂，谁也不应该总是做那些使自己不高兴也使旁人不高兴的事。让我们说一件最容易做也最令人高兴的事吧，尊重你自己，也尊重别人，这是每一个人的权利，我还要说这是每一个人的义务。

快乐，它是一种富有概括性的生存状态、工作状态。它几乎是先验的，它来自生命本身的活力，来自宇宙、地球和人间的吸引，它是世界的丰富、绚丽、阔大、悠久的体现。快乐还是一种力量，是埋在地下的根脉。消灭一个人的快乐比挖掘掉一棵大树的根要难得多。

欢欣，这是一种青春的、诗意的情感。它来自面向着未来伸开双臂奔跑的冲力，它来自一种轻松而又神秘、朦胧而又隐秘的激动，它是激情即将到来的预兆，它又是大雨过后的比下雨还要美妙得多也久远得多的回味……

喜悦，它是一种带有形而上色彩的修养和境界。与其说它是一种情绪，不如说它是一种智慧、一种超拔、一种悲天悯人的宽容和理解，一种饱经沧桑的充实和自信，一种光明的理性，一种坚定的成熟，一种战胜了烦恼和庸俗的清明澄澈。它是一潭清水，它是一抹朝霞，它是无边的平原，它是沉默的地平线。多一点儿、再多一点儿喜悦吧，它是翅膀，也是归巢。它是一杯美酒，也是一朵永远开不败的莲花。

父 亲 的 爱

[美] 艾尔玛·邦贝克

我父亲不懂得怎样表达爱,让我们一家人融洽相处的是我母亲。父亲只是每天上下班,而母亲则把我们做过的错事开列清单,然后由父亲来责骂我们。

有一次我偷了一块糖果,父亲要我把它送回去,告诉卖糖的说是我偷来的,说我愿意替他拆箱卸货作为赔偿,但母亲却明白我只是个孩子。

我在运动场荡秋千跌断了腿,在前往医院途中一直抱着我的是母亲。父亲把汽车停在急诊室门口,他们叫他驶开,说那空位是留给紧急车辆停放的。父亲听了便叫嚷道:"你以为这是什么车?旅游车?"

在我生日会上,父亲总是显得有些不大相称。他只是忙于吹气球,布置餐桌,做杂务。把插着蜡烛的蛋糕推过来让我吹的,是我的母亲。

我翻阅照相册时,人们总是问:"你父亲是什么样子的?"天晓得!他老是忙着替别人拍照。他为母亲和我拍的笑容可掬的照片,多得不可胜数。

我记得父亲有一次教我骑自行车。我叫他别放手,但他却说是应该放手的时候了。我摔倒之后,母亲跑过来扶我,父亲却挥手要她走开。我当时生气极了,决心要给他点颜色看。于是我马上爬上自行车,而且自己骑给他看。他只是微笑。

我念大学时,所有的家信都是母亲写的。他除了寄支票外,还寄过一封短柬给我,说因为我不在草坪上踢足球了,所以他的草坪长得很美。

每次我打电话回家,父亲似乎都想跟我说话,但结果总是说:"我叫你母亲来接。"

我结婚时,掉眼泪的是我母亲。父亲只是大声擤了一下鼻子,便走出房间。

我从小到大都听父亲说:"你到哪里去?""什么时候回家?""汽车有没有汽油?""不,不准去。"父亲完全不知道怎样表达爱,除非……

会不会是他已经表达了,而我却未能察觉?

6. 朗诵下列童话寓言故事。
(1)《皇帝的新装》。
(2)《白雪公主》。
7. 选读下列作品。
茅盾《白杨礼赞》;贾平凹《丑石》;峻青《第一场雪》;巴金《繁星》;童裳亮《海洋与生命》;(台湾)刘墉《课不能停》;朱自清《绿》;许地山《落花生》;[俄]屠格涅夫《麻雀》,巴金译;[奥]茨威格《世间最美的坟墓》,张厚仁译;叶圣陶《苏州园林》;毕淑敏《提醒幸福》;[法]罗曼·加里《我的母亲独一无二》;[波兰]玛丽·居里《我的信念》,剑捷译;巴金《小鸟的天堂》;夏衍《野草》;老舍《住的梦》;峻青《海滨仲夏夜》。

第四章

演讲口才

学习目标

- 了解演讲的含义、特征及其分类。
- 熟悉并理解演讲的准备技巧。
- 掌握演讲稿的写作要求。
- 掌握演讲语言的表达技巧。

引例

一人之辩，重于九鼎之宝；三寸之舌，强于百万之师。

古今中外，无数的演讲家、雄辩家凭借敏锐的思维、犀利的目光，在洞察历史的真谛后，驾驭响遏行云的口语艺术，以其一言九鼎之力，推动历史前进的车轮，像战国时的苏秦依仗三寸不烂之舌，游说东方六国，促成合纵抗秦联盟；三国时诸葛亮出使东吴，舌战群儒，终于说服吴主孙权联刘抗曹，大破曹操于赤壁；戊戌变法中的梁启超面对国难，大声疾呼，唤起民众投身于革命；美国黑人领袖马丁·路德金以演讲为武器，反对种族主义，获得1964年诺贝尔和平奖……

无数事实证明，演讲在历史的时空中发挥着惊天动地的巨大作用。

第一节　演讲概述

演讲活动是一种源远流长的社会现象，始终伴随着人类文明的发展而发展。古今中外，凡是历史发展的重要关头，凡是社会激烈变革之时，演讲的特殊功能就表现得尤为突出。现代社会中，演讲能力被认为是现代人才必备的基本能力之一，演讲活动也受到越来越多人的重视。在西方国家，"舌头、金钱和电脑"已成为新的三大战略武器。在我国，随着改革开放的不断深入，随着物质文明建设和精神文明建设的飞速发展，演讲之风也蓬勃兴起，各种类型的演讲活动广泛开展起来。

一、演讲的定义

演讲,又称演说或讲演。对于演讲的含义,从目前出版的有关著作看,仁者见仁,智者见智。《现代汉语词典》解释为:"演说,就某个问题对听众说明事理,发表见解。"《辞海》解释为:"演说,在听众面前就某一问题发表自己的意见,或阐说某一事理。"这两种解释有两个共同点:一是演讲要面对听众,二是演讲要就某个问题表明自己的见解。这两点无疑道出了演讲一词的基本内涵:演讲是一门综合性的艺术,是语言的一种高级表现形式。演讲是既要"讲",又要"演",即"讲其所想,演其所说",是"讲"与"演"密切结合的口语表达的高级形式。

所谓演讲,就是演讲者在特定时空环境中,借助有声语言和态势语言的艺术手段,公开向听众传递信息,表述见解,阐明事理,抒发感情,从而达到感召听众并促使其行动的一种现实信息交流活动。它是一种直接的带有艺术性的社会实践活动。

二、演讲的特征

演讲活动作为一种社会实践活动,主要有五大特征。

(一)现实性

演讲的话题大都是社会现实问题,选用的材料大都是真实的,站在台上的演讲者不同于舞台艺术的演员,而是以真实姓名出现的现实生活中的人。演讲不是表演艺术,虽然演讲既"讲"又"演",但演讲中的"演",不是为了塑造艺术典型,而只是以此为一种辅助手段,以取得更好的演讲效果。

(二)艺术性

演讲是一门艺术。演讲的艺术性表现在它的语言、形象、声音都会给人以艺术的美感,这也正是演讲作为一种更高级的语言艺术的魅力所在。同时,演讲的许多环节都需要进行艺术性处理,如有声语言和态势语言处理得当,就能更吸引听众注意,引导演讲走向成功。

(三)综合性

演讲是"说"与"写"的综合,是"讲"与"演"的综合,也是演讲技巧与各种表达方法的综合,同时还是演讲者素质与各种知识的综合,更是演讲者与听众思想的融合。

(四)鼓舞性

演讲的目的就是感召听众并促使其行动,所以为达到这一目的,就要求演讲必须具有鼓舞性,以引起听众与演讲者的心灵共鸣。

(五)临场性

演讲是在特定的时间、空间范围内面对听众进行的口头语言表达活动。一般来说,它不应该采取照本宣科背演讲稿的办法,而应该讲究临场发挥,即根据演讲现场的情况和听众对演讲的反应,在原有准备的基础上,审时度势地对演讲的内容、结构、语言等做出适当的变更,以求达到更好的演讲效果。

三、演讲的分类

演讲的类型多种多样,不同的演讲类型会有不同的艺术效果,如街头演讲要重形象、重感情,课堂演讲要深入浅出、循循善诱,法庭演讲要证据确凿、逻辑严密,誓师大会上的演讲要严肃庄重等。

依据演讲分类的角度不同,分类结果也就不同,下面介绍两种常见的分类方法。

(一)按内容划分

(1)政治演讲。政治演讲是指就某个政治问题以及与政治有关的问题而发表的演讲,它具有目的性和鼓动性,它是为了处理国家内外重大事务和关系而向公众发表的、代表一定阶级或一定社会团体利益的讲话。政治类演讲的基本特征如下:政治倾向鲜明,富于雄辩性和鼓动性。

(2)经济演讲。经济演讲是指为了一定的经济目的,向社会公众发表的旨在宣传企业、产品、服务等内容的讲话,它包括公共关系演讲。经济类演讲的基本特征如下:坦诚相待,实事求是;重视信息,讲究策略;语言明确,以解说为主。

(3)学术演讲。学术演讲是指就科学领域中的问题向公众表述研究成果或过程、传授科学知识和学术见解的讲话。这是一种高层次的演讲,通常在学术研讨会、学术报告会或学术讲座上进行。学术类演讲的基本特征如下:内容科学严谨并具有一定的独创性,语言通俗平易,具有一定的说服力。

(4)法律演讲。法律演讲是指以法律为内容的各种形式的演讲,如法庭演讲、普法讲座等。法律类演讲的基本特征如下:确凿的事实、固定的程序、严密的逻辑、雄辩的力量。

(5)宗教演讲。宗教演讲指的是一切与宗教仪式、宗教宣传有关的演讲,包括对教徒或群众发表宣传教义教规、讲授宗教故事、激发宗教热情的讲话。宗教类演讲的基本特征如下:语言通俗、事例丰富、精神感染力强、神圣性和肃穆性。

(6)礼仪演讲。礼仪演讲是指在各种社交仪式上发表的演讲,如贺喜、宴请、凭吊等各类礼仪性场合发表的讲话。礼仪类演讲的基本特征如下:讲究礼仪规范、言词谦恭得体、感情真挚充沛。

(二)按表达形式划分

(1)命题演讲。命题演讲即按他人拟定的题目并经过准备后所做的演讲,或按他人划定的范围自己拟定题目并经准备而发表的演讲。命题演讲包括两种形式:全命题演讲和半命题演讲。

(2)即兴演讲。即兴演讲即演讲者在事先无准备的情况下就眼前场面、情境、事物、人物临时起兴发表的演讲,如婚礼祝词、丧事悼念等。

(3)论辩演讲。论辩演讲即由两方或两方以上的人因对某个问题产生不同意见而展开的面对面的语言交锋。其特点如下：针锋相对、短兵相接。如我们熟悉的国际大专辩论赛就属于这一类演讲。

四、即兴演讲

即兴演讲又称即席演讲或即时演讲，它相对于命题演讲而言，指演讲者在某种特定的景物或某种特定的人物、气氛的激发下，兴致所至，在事先没有准备或没有充分准备的情况下有感而发的临时性演讲。

（一）即兴演讲的特点

（1）话题集中，针对性强。一般是对近期或眼前事件有感而发的，因此话题内容选取角度较小，说明议论求准、求精、求新。

（2）临场发挥，直陈己见。不像命题演讲事先拟好讲稿，也不像辩论演讲事先进行模拟训练，演讲者往往是当场打腹稿，即席讲话，说情况、讲道理、表看法，提意见很少绕弯子，切忌观点模棱两可、晦涩艰深，令人不知所云。

（3）生动活泼，短小精悍。即兴演讲贴近生活实际、短小精悍、简明扼要（时间上一般控制在1～5分钟，有的甚至只有一两句简短的话）、亲切感人，具有思想性、趣味性、知识性，忌讳冗长杂散、啰唆重复、不着边际的官话或空话。

（4）以小见大，借题发挥。以点带面，从现象探究本质，阐述具有普遍意义的人生道理、生活哲理、社会真理。

（二）即兴演讲的技巧

1. 审题扣题

由于即兴演讲审题时间短，很容易犯偏离主题、不得要领、见解平庸的错误，这样就会使演讲牵强附会、言之无物，陷入困窘，因此即兴演讲扣题非常重要。演讲者应根据现场形势、主要议题等，从自己感受最深的方面出发，充分调动起头脑中储存的信息，确定一个新颖独特的议论角度，据此提出一个紧扣实质、揭示要害的主题。

2. 即席取材

即兴演讲除了要调动大脑的储存选取典型材料外，还应体现演讲的即席性，即注意现场情况，把眼前的人和事纳入演讲中，越能讲出听众的切身感受，越易于被听众接受，演讲就越有说服力。

即席取材主要有以下两种情况。

（1）借题发挥导入话题。即兴演讲的开场白可以利用此时此地的一些特殊事物，如人名、地名、季节、天气、景物、气氛等引发联想从而导入主题，使听众觉得风趣、别致，显得生动、活泼。

（2）以现场的人和事为论据。像是现场听众的职业特点、现场名人的事迹等都是很典型的素材。如在一次婚礼致辞里，由于女方是教师，而男方是房地产开发公司的老总，致辞人在即兴演讲中便用"为人师表"点明新娘身份，用"金屋纳喜"来影射新郎的职业。

3. 结构简单

即兴演讲不宜篇幅过长，一般人在很短的时间内也不可能构思出内容复杂的鸿篇巨制。因此即兴演讲宜简短精练，结构简单，一般为单线条式的结构，或横向以事物的几个方面为纲，或纵向以事物的发展过程为目，以逻辑思维的顺序、情感触发的线索为依据来组合材料，这样比较利于快速打好腹稿。演讲时只要列出几条突出的纲目甚至几个重点词语用以提示思维、引导思路，就可以完成一次条理清晰、主题突出的演讲了。

4. 言简意赅

由于现场客观条件的限制，听众要求即兴演讲时间短、内容精、思想深，这就要求演讲语言要准确精练，不能说废话，不要过分铺张，在通俗流畅的基础上讲究语言的艺术表现力，做到言简意赅、讲解透彻。

第二节 演讲前的准备

演讲不是随心所欲的讲话，而是一种比较正式的社会沟通活动。它要求演讲者面对听众能侃侃而谈，能表情达意，以打动听众、鼓舞听众，起到宣传教育的作用。因此，任何一位成功的演讲者都十分重视演讲前的准备工作，可以说，演讲前准备得越充分，那么演讲获得成功的希望就越大。一般而言，演讲前的准备包括以下几方面的内容。

一、演讲的选题

著名演讲家艾德姆斯曾说："演讲本是艺术，但这种艺术的作用，是满意地发表使命。只重艺术而忽略使命，那么艺术亦必失其作用了。"可见成功的演讲首先要有合适的选题。

选题，就是选择和确定演讲的论题。一篇演讲稿的成功与否，关键在于选题。虽然在社会生活中演讲可选择的内容极其广泛，但是内容的广泛性并不代表选题的随意性。由于演讲受到主客体多方面的制约，具体到某一特定的演讲，选题必须遵循以下几大原则。

（一）体现时代精神

演讲的目的在于宣传、教育、组织和激励听众。因此，选题一定要有时代意义，必须紧紧抓住人们普遍关心的问题，抓住社会现实中的热点、焦点问题。例如，思想政治方面的重大问题，与现实社会息息相关的社会风气和道德修养问题，以及反映科学文化发展动态、推动科学文化事业发展的问题等。要讲出时代感，讲出新意，要对所讲问题给予科学的分析和全面的解释，从而解决人们普遍关心、急于得到回答的问题。

（二）适合听众需求

演讲是讲给人听的，听众听得懂、喜欢听才能有助于演讲目的的实现。听众渴望了解的是他们关心的问题，是对其工作和生活有指导价值的知识和信息，因此演讲者的选题应从听众的心理需求出发，来缩短演讲者与听众之间的心理距离。由于民族不同、性格和职业有别、年龄差距，以及生活环境和文化修养不同，听众存在着很大的心理差异、风格差异、感情差异等。选题时应考虑不同类型听众的需要，根据不同民族、不同职业、不同层次的听众的知识水平、兴趣爱好、风俗习惯等来确定论题。

（三）切合自身实际

首先，演讲者必须选择自己熟悉的、感兴趣的论题来讲。因为熟悉、感兴趣才有话可说，才能展开深入的分析。其次，演讲者必须选择切合自己的年龄、身份、气质的论题来讲。如果演讲者是个中学生，要谈"恋爱礼仪"，必然感到力不从心，即使勉强讲了，也必然是生吞活剥、生硬呆板，无法感人。

（四）考虑时空场合

演讲是演讲者在特定的时空环境中面对听众发表的讲话，因此演讲的论题要与演讲场合气氛相协调，即适合演讲现场的布置，演讲的时间、背景、组织和听众等因素。例如，一位优秀学生代表在毕业典礼和开学典礼上的演讲内容肯定是不一样的，因为场合变了，听众变了，演讲的内容也要相应地变化。

二、演讲的选材

善于收集和选择材料对演讲是非常重要的。演讲前，只有大量地、广泛地收集材料和选取材料才能成功。我们认为，获取演讲材料的途径主要有两方面：一是获取直接材料，二是获取间接材料。所谓直接材料，是指演讲者自己的经验和思想以及亲身调查得到的材料；所谓间接材料，是指从图书、报刊、文献、宣传媒体等外界所得到的材料，这是最广泛的材料来源。无论是直接材料还是间接材料，都要留心观察、认真思考、反复揣摩、发掘新意，才能赢得听众的认同。

具体地说，演讲选择材料时要注意以下几个方面。

（一）选材要"真实"

虽然演讲材料的来源十分广泛，但无论以何种渠道获得、何种方式获得，都必须谨慎论证，去伪存真，以求确凿。因为只有真实的材料才最有说服力、最有感染力，只有那些反映真实生活的材料，才能使演讲的主题立于无可辩驳的牢固基础之上。任意臆造和虚构的材料势必会与事实发生冲突，势必会被人揭穿。所以，演讲者在选取材料的时候一定要严格把关，切忌以讹传讹，更不可任意捏造。

（二）选材要"严格"

选材严格，是指选材既要切合主题需要，也要满足听众的需求。演讲中材料的引用是为了更好地表达思想、说明观点、阐述道理和深化主题，所以，所用的材料都要紧紧围绕演讲的主题来进行，使道理自然地寓于事例之中，让人听后感觉顺理成章，而不是牵强附会。另外，演讲者还要针对不同听众选择不同材料，只有选择易于听众理解的材料，听众才能接受；只有选择与听众密切相关的材料，听众才会感兴趣。

（三）选材要"典型"

典型材料就是指具有代表性的材料，这类材料最能反映事物特征，最能揭示事物本质。演讲材料的选择在于精而不在于多，事物的本质和规律总是通过个别的、特殊的事实表现出来的，但并不是任何事实都能反映事物的本质，只有那些能够集中体现事物的本质，在同类事物中最有代表性的典型材料才能更好地论证演讲的主题，更好地增强演讲的表现力和说服力。所以，写演讲稿时应从众多的材料中选择那些最有表现力和感染力的典型材料。

（四）选材要"新颖"

选取材料不但要真实，而且还要追求新颖。演讲所选材料新颖与否，对表达主题关系极大。主题深刻而选材陈旧，会令人听起来枯燥乏味，主题的表达也会受到影响。只有新颖的材料才能表现出新鲜的思想，才能打动听众。因此，演讲者应善于捕捉和总结社会生活中层出不穷的新事物、新问题，以此将之作为材料。另外，也可以选择那些自己最熟悉而恰好又是别人所忽视的问题作为材料，或者人们熟知的、自己却有新认识或新体验的材料，这些都可以给听众以新鲜感。

三、演讲前的思想准备

要做好演讲，除了要做好充分的材料准备之外，还要有充分的思想准备，即在精神上、心理上、态度上要有足够的准备。

（一）充满自信心

演讲者要对自己的演讲充满自信，要在精神上鼓励自己去争取成功。有研究表明，由自我启发、自我暗示而产生的学习行为动机，即使这种动机是伪装的，也会成为让学习、工作取得良好效果的有力手段。因此，演讲者可以反复自我暗示来刺激自己，如"我的演讲题材对听众非常有价值，听众一定会喜欢""我已经准备好了"等，相反，演讲者不应在上台演讲前做出演讲失败的自我暗示，如"我会不会忘了演讲词？""听众中途退场怎么办？"等。这种负面的自我暗示往往会导致失败的结局。

（二）调整好情绪

演讲者一定要想方设法在登台演讲前把自己的情绪调整到最佳状态，以饱满的情绪登台演讲。古希腊著名的哲学家亚里士多德曾经说过："一个充满了感情的演讲者，常常使听众和他一起感动，哪怕他所说的什么内容都没有。"而且，饱满的情绪也能吸引听众、感染听众、打动听众，因此在登台之前，一定要调整好自己的状态，给听众留下美好的第一印象，让听众对演讲充满期待。

（三）反复诵记演讲材料

演讲者只有对演讲内容做好充分的准备才能产生自信。为此，演讲者应经常背诵演讲稿，并以此作为内容准备充分的标志。背诵记忆，对于初学演讲者可能是一种必要的准备方式。但机械地背诵演讲稿,不仅耗费大量的时间,而且容易形成演讲者心理的依赖,这种依赖反而会约束演讲技巧的发挥。因此,在大多数的演讲中,我们可以采用提纲要点记忆法,将演讲的主题、论点、事例和数据等整理成一份演讲提纲,演讲时将提纲作为提示记忆的依据。

第三节 演讲稿的写作技巧

演讲稿也叫演说词,是在较隆重的集会和会议上发表的讲话文稿,可以用来交流思想、感情,表达主张、见解,具有宣传、鼓动和教育的作用。

演讲稿是一种实用性比较强的文体,是为演讲准备的书面材料,是演讲用的文稿,也是演讲的依据,它为演讲服务。演讲稿是演讲的基础,它能够梳理演讲者的思路、提示演讲的内容,消除演讲者的怯场心理,通过对语言的推究提高语言的表现力,增强语言的感染力,使听众能更好地理解演讲的内容。

一、演讲稿的特点

演讲稿是演讲者在演讲前事先写出来的文稿,是供演讲时使用的主要依据,简而言之,就是供口头发表演讲的文稿。演讲稿具有一般文章的共性,要符合写作一般文章的共同要求。但是,演讲稿又是为适应演讲特殊需要而写作的一种应用文体,它既有一般议论性质的应用文的特性,又有文艺作品的采用多种艺术手法、感情色彩浓厚等特点。总的来说,演讲稿具有以下几个基本特点。

(一)可讲性

演讲稿要将无声的文字转变为有声的语言。演讲稿写完之后,其目的是要讲给别人听,因此演讲稿要将可听性与可说性结合起来,即写得"上口"又"入耳"。所谓"上口",就是讲起来与平常说话没有什么差别;所谓"入耳",就是让人听起来没有什么障碍。演讲稿的语言,特别要求通俗、简洁、易懂,具有可讲性。

(二)临场性

演讲稿一般都是事先准备好供演讲时使用的,但它并不是一成不变的。演讲者在演讲时要面对听众,听众往往会做出一些使演讲者事先没有预料到的反应,如对演讲的内容表示反对或冷淡等,演讲者必须根据听众的反应和现场的效果随时调整自己的演讲。因此,写演讲稿时,要充分考虑它的临场性,在保持内容完整的前提下,注意内容的伸缩性,既要有简单的提纲,又要有详细的内容。在说明主要问题或疑难问题时,要储备几个能说明问题的例子,以便必要时使用。运用幽默和笑话时,不要过于随意,要事先计划好安排在什么地方比较适合。

(三)真实性

演讲的目的是为了说服听众、打动听众,为此,演讲者首先要有严谨、科学的态度。在演讲中，使用的材料不能随意拼凑、凭空想象，而应确凿无误，绝对可靠。也就是说，演讲者必须树立正确的世界观，要用辩证唯物主义和历史唯物主义的立场、观点和方法去观察问题、分析问题、解决问题。演讲者肯定什么、否定什么、赞扬什么、贬斥什么，都要清清楚楚、明明白白，绝不可似是而非、模棱两可。

（四）鼓动性

演讲具有一种激发听众情绪、赢得听众好感的鼓动性。要做到这一点，首先要依靠演讲稿思想内容的丰富、深刻，见解精辟，有独到之处，能够发人深思，且语言表达要形象、生动，并富有感染力。如果演讲稿写得平淡无味、毫无新意，即使在现场"演"得再卖力，效果也不会好。

二、演讲稿的结构技巧

演讲稿的结构通常包括开头、主体和结尾三部分。

（一）演讲稿的开头

演讲稿的开头又叫"开场白"，它虽然不是主体，却起着非常重要的作用。卡耐基指出，任何形式的演讲，开头总是关键。在演讲开始后的几分钟甚至于几秒钟内，听众往往根据对演讲者留下的第一印象来决定是否接受其演讲，是否会听下去。也就是说，好的开场白能够紧紧地抓住听众的注意力，为整场演讲的成功打下基础。正所谓"良好的开端是成功的一半"。然而万事开头难，怎样才能使演讲在一开头就"抓住"听众的耳朵呢？下面介绍几种常见的方式。

1. 提问式

以提问方式开头，可以吸引听众的注意力，引导听众积极地思考问题，使其参与到演讲的议题中去，而不是消极被动地听演讲。例如：

这几天，大家晓得，在昆明出现了历史上最卑劣、最无耻的事情！李先生究竟犯了什么罪，竟遭此毒手？他只不过用笔写写文章，用嘴说说话，而他所写的，所说的，都无非是一个没有失掉良心的中国人的话！大家都有一支笔，有一张嘴，有什么理由拿出来讲啊！有事实拿出来说啊！为什么要打要杀，而且又不敢光明正大地来打来杀，而偷偷摸摸地来暗杀！这成什么话？

闻一多《最后一次讲演》

演讲稿刚一开头，闻一多先生便直截了当地连连发问:李先生遭此毒手究竟犯了什么罪？那些刽子手为什么不敢光明正大而只敢偷偷摸摸地搞暗杀？问题一提出，听众就不由自主地进行思考，并急于想知道答案，于是把注意力都集中到演讲者的身上，而且问句中又夹带着感叹句，如山崩水泻，势不可挡，一开始就把演讲推向了高潮。

2. 悬念式

演讲一开始，在听众还毫无心理准备的情况下就抛出一个悬念，调动听众的好奇心，激发听众的兴趣，使听众带着问题急切地想听下面的内容。例如：

  北宋词人李之仪在《卜算子·我住长江头》一词中，用"我住长江头，君住长江尾。日日思君不见君，共饮长江水"的词句来表达思念之情。如果是现在，李之仪绝不会再写出"共饮长江水"的词句了，为什么呢？

摘录网络《我们的后代喝什么？》（教学随笔）

  此演讲稿从一首很美的诗词入手，但如此情意绵绵的词句在现在却再也不会写出，为什么呢？这种巧设悬念的开头，让听众内心马上产生疑问，注意力很快就被吸引了过来。

  3. 故事式

  故事本身具有形象性、生动性和趣味性，因此，演讲如以故事开头，就能即刻把听众的注意力和兴趣点吸引过来。例如：

  让我们先听一个故事：秦代的大政治家李斯出身下层，地位卑贱。有一次上厕所，他看见厕所的老鼠吃的是肮脏的粪便，还时时遭到人和狗的惊扰，由此他想到躲在谷仓的老鼠吃的是金黄的稻谷，住的是敞亮的仓房，一天到晚自由自在，于是他发誓要改变自己的生活环境和卑贱的地位。经过一番艰苦奋斗，他的确成功了，赢得了"秦之文章，李斯一人而已"的美名，达到了"富贵极矣"的地步。但他从此贪恋富贵，患得患失，而对奸臣的胡作非为一再妥协退让，最终落得个全家丧命的可悲下场。

廖济忠《做个敢于奋斗乐于奉献的人》

  爱听故事是人的天性，听众尤其喜欢听演讲者述说自己亲身经历的故事，但讲故事，只是实现演讲目的的手段，而不是目的本身，通过故事跌宕起伏的情节，将听众引入一种忘我的境界中，并将自己的思想观点不动声色地融入故事中，以此展开演讲的内容，起到"随风潜入夜，润物细无声"的作用，才能真正达到讲故事的目的。

  4. 揭题式

  揭题式开头是指开门见山，直截了当地揭示演讲主题。这种开头方式的优点是干脆利索、中心突出，使听众一听就明白演讲的主旨是什么。例如：

  有人曾预言，中国是一头睡狮，就这样我们被人家当了一百年睡狮，我们也把自己当睡狮自我陶醉了一百年。狮子是百兽之王，但一头酣睡的狮子能称得上是百兽之王吗？一只睡而不醒的狮子，一个名义上的百兽之王，并不值得我们为之骄傲。如果我们为这样一个预言而陶醉，就好比陶醉于"人家说我们祖上也曾阔过"一样，真是脆弱而又可怜。我们不要伟大的预言，我们只要强大的实力，我们不要做睡狮，只要我们觉醒着、前进着，就比做睡着的什么都强！

摘自网络文章《我们不愿做睡狮》

  此演讲稿采用揭题式方法开头，一语破题，既催人清醒，又激人奋发，一开始就将演讲推向高潮，达到讲者与听者的心灵共鸣。

  5. 名言警句式

  名言警句式开头是指开头用内涵深刻、发人深省的名言警句引出演讲的内容来。例如：

孔子屡次自白，说自己没有别的过人之处，不过是"学而不厌，诲人不倦"。他的门生公西华听了这两句话便赞叹道："正唯弟子不能及也。"我们从小就读这章书，都以为两句无奇的话，何以见得便是一般人所不能及呢？我历年来积些经验，把这本书越读越有味，觉得：学不难，不厌却难；诲人不难，不倦却难。孔子特别过人之处和他一生受用之处，的确就在这两句话。

梁启超《教育家的自家田地》

这篇演讲稿的开头，利用名人名言开头，立足点高、启迪性强，直接把听众引入沉思，具有精辟凝练的特点。

6. 即景生题式

一上台就开始正正经经地演讲，有时会给人生硬突兀的感觉，让听众难以接受。不妨以眼前人、事、景为话题，引申开来，把听众不知不觉地引入演讲之中，可以谈会场布置，谈当时天气，谈此时心情。例如，在教师节庆祝大会上，如果天气阴沉沉的，就可以这样开头："今天天气不太好，阴沉昏暗，但我们却在这里看到了一片光明。"接着转入正题，讴歌教师的伟大灵魂和奉献精神，他们燃烧了自己，照亮了别人和人类的未来。

以上列举的是演讲开头常见的方式，实际上人们运用的远远不止这些。但无论采用哪种开场白，都应注意以下几个要点：形式新颖别致、内容富有新意、格调高雅不俗。

（二）演讲稿的主体

主体部分是演讲稿的重点。它既要紧承开场白，又要内容充实、主旨鲜明，并合乎逻辑地逐层展开论述，而且还要设置好演讲高潮，以使听众产生心灵共鸣。

1. 主题鲜明突出

一般来说，写演讲稿前首先要确定主题。但有了主题还不够，还需将主题表现得鲜明突出才行。为使主题鲜明突出，可以采用以下几种方法。

（1）只讲一个中心。一般说来，在一篇演讲稿中只能安排一个中心，不能搞多中心，因为多中心就是无中心。演讲中只有"目标始终如一，方寸一丝不乱"，以一个中心贯穿始终，才能使主题鲜明突出，给听众留下深刻印象。演讲中，观点不在于多，而在于把一个观点阐述得充分明白，让听众彻底了解，深感兴趣，并欣然接受，这才是最重要的。

（2）反复解释要点。演讲要有一个中心，这比较容易办到，但要使听众也同样清楚要点，就并非易事。所以，为了让听众全面了解演讲的主旨，演讲者就必须反复加以申述解释。但是反复不是重复，在反复申述解释要点时切不可使用完全相同的语句，以免听众感到啰唆而厌烦。演讲者可以用几种不同的措辞，换几种不同的说法，听众就不会觉得重复了。古今中外许多著名的演说家，都曾用这种方法来突出演讲主旨，实践证明这的确是一个行之有效的方法。

（3）加强综合性的阐述。要想透彻地说明一个问题，单从一个角度去论证显然是不够的，演讲者还应从一个问题的正、反面，以及纵向、横向等多方面去论述。

2. 内容充实有说服力

在演讲中，演讲者只能引导听众接受观点，而不能强迫听众接受观点，所以必须依靠演讲内容的丰富、精彩来吸引打动听众，以获得演讲成功。李燕杰说过："不论是现实生活，还是艺术实践，只有充实的才是美的；空洞的、干瘪的、枯燥的生活及艺术品，任何时候都不会是美的，都不会具有审美价值。"在演讲中，空谈大道理是无说服力的，"事实胜于雄辩"，永远是一条颠扑不破的真理。

3. 层次清晰

演讲稿层次的安排要注意通篇格局，统筹安排，给人以整体感；要主次分明，详略得当，给人以层次感；要互相照应，过渡自然，给人以匀称感。同时，演讲稿是讲给人听的，是转瞬即逝的，因而结构层次不能太复杂，要给人以明朗感。演讲稿的层次排列形式，主要有纵进式、横列式、纵横交错式三种形式。

4. 精心设置高潮

演讲中的高潮，是演讲者就某一论题经过一番举例、分析、说明、论证后，对于肯定什么、否定什么所做出的最鲜明的回答。它体现出三个特点：一是思想深刻、态度鲜明；二是感情强烈，演讲者的爱憎喜怒在此得到了尽情的宣泄；三是语句精炼。这三个特点的组合，为演讲赋予了强大的感染力。

一篇成功的演讲，不可能没有高潮，有的甚至有好几处高潮。若一篇演讲只构筑一个高潮，那大多设置在结尾，但也有少数设置在演讲主体中间或稍后处，而结尾渐渐趋弱，以深沉见长。而一些思想内容层次较多的演讲，则可以多构筑个高潮，随着演讲内容的层层推进，演讲者的思想表达越来越鲜明而深刻，感情也越来越强烈，这一个个高潮的展示会给听众留下难以忘怀的印象。

（三）演讲稿的结尾

俗话说："编筐编篓，重在收口；描龙画凤，难在点睛。"演讲的结尾，就是演讲的"收口""点睛"。我们认为，演讲的成败在相当程度上取决于演讲的结尾。这是因为，如果演讲者设计和安排的演讲开头和高潮都很精彩，那么再加上一个出人意料、耐人寻味的好结尾，就如同锦上添花，会给听众带来一种精神上的愉悦和满足。相反，如果演讲者设计和安排的结尾没有新意且平淡，没有激起波澜反而陈旧庸俗、索然无味，那就会使听众深感遗憾，失望而去。因此可以说，演讲的结尾是演讲走向成功的最后一步，它在整个演讲中起着不可忽视的重要作用。

演讲结尾的类型和方法多种多样、不拘一格，下面介绍几种常见的演讲结尾方式。

（1）总结全篇，强化主旨。这种以总结归纳的方式结尾用极其精练的语言，对演讲内容和思想观点做出一个高度概括性的总结，以起到突出中心、强化主题、首尾呼应、画龙点睛的作用。

（2）提出希望，发出号召。这种结尾是演讲者以慷慨激昂、扣人心弦的语言，对听众的理智和情感进行呼唤，或提出希望，或发出号召，或展示未来，以激起听众情感的波涛，使听众产生一种蓬勃向上的力量。

（3）抒发情怀，意境深远。演讲本身是一种思想和激情的燃烧，用抒情怀、发感慨的诗情画意般的语言结尾，最易激起听众心中情感的浪花。

（4）哲理名言，深化主题。这种结尾方式是通过引用名言、警句、谚语、格言、诗句等作为结尾，这样不仅可以使语言表达得精炼、生动、富有节奏和韵律，而且还可以使演讲的内容丰富充实，具有启发性和感染力，同时还可以给人一种别开生面之感。

（5）幽默风趣，发人深省。除了某些较为庄重的演讲场合外，利用幽默结束演讲可为演讲添加欢声笑语，使演讲更富有趣味，令人在笑声中深思，并给听众留下一个愉快的印象。演讲者利用幽默结束演讲时，要做到自然、真实，使幽默的动作或语言符合演讲的内容和自己的个性，绝不要矫揉造作、装腔作势，否则只会引起听众的反感。

演讲结尾的方式灵活多样，但都应干脆有力、短小精悍。演讲者可根据演讲的对象、场合等多方面的因素选择恰当的结尾方式。

三、演讲稿的语言技巧

演讲语言是人们交流思想、表达情感、传递信息的工具。演讲语言运用得好与坏，将直接影响演讲的社会效果，所以要想提高演讲的质量，就必须掌握演讲稿的语言技巧。那么，撰写演讲稿要注意哪些语言方面的技巧呢？

（一）口语化

演讲是"说"的艺术，因此演讲者要用自己口语化的语言去表达思想感情，这样听起来演讲的内容才更有真实性和平易性。演讲不同于写文章，不是"看"的语言，而是"听"的语言，因此要多用通俗易懂的口语词，少用文绉绉的书面语词；多用明白晓畅的短句，少用复杂冗长的长句；可适当运用承上启下的关联词语或句子来引导听者的思路。

（二）准确精练

演讲使用的语言一定要能够确切、清晰地表现出所要讲述的事实和思想，揭示出它们的本质和联系。只有准确的语言才具有科学性，才能逼真地反映出现实面貌和思想实际，才能为听众所接受，从而达到宣传、教育、影响听众的目的。

要使演讲的语言做到准确精练，应当具备以下条件。

（1）思想要明确。演讲者如果对客观事物没有看清、看透，自己的思想尚处于模糊状态，用语自然就不能准确。所以只有思想明确了，语言才能准确。

（2）具有丰富的词汇量。词汇的贫乏，往往会导致演讲语言的枯燥无味，甚至词不达意。因此，要想使演讲语言准确、恰当，演讲者就必须掌握丰富的词汇。

（3）注意词语的感情色彩。词的感情色彩是非常丰富的，只有仔细推敲、体味、比较才能区别出词语的褒贬色彩。例如，"一个人死了"，由于感情不同，用词也不同，如可用"牺牲了""走了""死了""完蛋了""停止呼吸了"等。这些词表现的虽然都是同一个意思，但其感情色彩却是截然不同的。

（三）生动形象

应根据内容和语境选用多种修辞方式来增强演讲的感染力，如用比喻的手法，把抽象的道理说得明白如画；用拟人的方式，把无生命的事物说成有生命的；用适度夸张的语言渲染主题；用排比的方法增强语言的气势；用回环反复提示事物间的内在联系，加强感情的力度；用设问掀起语言的波澜，使演讲的气势起伏不平、丰富多彩。

四、优秀演讲稿范例

让青春飞扬

　　时常听别人哼唱，自己也时常哼唱着姜育恒的那首《再回首》，唯独对"曾经在幽幽暗暗反反复复中追寻，才知道平平淡淡从从容容是最真"这一句不愿认同。"孤独王子"唱得未免太超然了——一生反复追寻，就只得出了平淡是真的结论。

　　平平淡淡是最真，说到底不就是自甘平庸、自甘无为吗？曾几何时，我们这些带着中学彩色梦走进大学校门的莘莘学子也在高喊着：平平淡淡是最真。且有人认为只要"与世无争，恬淡一生"便可无忧无虑地生存，颇有要把老庄的"无为"思想发扬光大之势。是什么使我们丰富的校园生活渐退了缤纷的色彩呢？又是什么使我们真实的熔浆凝固，不再有来自内心深处的热血沸腾？是因为我们没有走进梦想中的象牙塔？是因为我们未走出自我困惑的地带？还是因为我们的心真的不再年轻，确实把一切都看得平淡了呢？不！都不是！主宰世界的是你，放弃世界的仍然是你。

　　生活得最好的人，不是寿命最长的人，而是最能感受生活的人。除了你没有走进理想的大学，除了你没有把握住一次几乎成功的爱情，除了你心中那份虚荣与倨傲，你对生活究竟有多少正确的感受？生活究竟给过你多少真正的重荷与不平呢？没有！只因为在当代的中国，在我们这个文盲、半文盲数以亿计的国度里，大学生既被社会过高地期待，也过高地期待着社会，只因为我们不能正确地估计自己，也不能正确地认识社会。那求平淡的心态，乃是不思进取的借口。于是，你曾经也想要有所作为，却不知道从何做起，跟着感觉走，在各种诱惑面前远离本真状态，被泥沙俱下的时代大潮裹挟着四处漂流。当你疲倦地走过无数个三百六十五里路，你才发现留在身后的除了那份平淡，什么也没有。

　　不再回头的，不只是那古老的辰光，也不只是那些个夜晚的星群和月亮，还有我们的青春在流逝着。四年，我们有幸拥有着这四年，但多少人的四年已一去不返；更有多少人在为能拥有这四年而埋头于题海和各种各样的模拟考试中呢？当初我们从他们这种状况中走出来，走进许多人梦寐以求的大学，难道就是为了追求"平平淡淡是最真"吗？

　　在我们四年的每个日子里，倾注了亲人的多少关怀和温暖，他们流淌着辛勤的血汗，默默地支持着子女的选择，他们唯一的希望就是我们能自己走自己的人生之路。还有，在许许多多的眸子里时时刻刻地流露着对我们的期待，期待我们能用知识建构大脑、用我们的手去为人们描写更美的生活。在亲人面前，在那些关注我们的人的面前，我们又有什么理由去认为"平平淡淡是最真"呢？难道我们付出我们的金色年华，挥洒着父母的血汗仅仅是为了换取这份平平淡淡吗？仅仅是为了换取一张各科都过了60分的毕业证吗？小到为了每个家庭的付出，大到为了那如水流逝的时光，我们怎么就可以轻易认同"平平淡淡"才是真呢？

　　最欣赏把撒哈拉沙漠变成人们心中绿洲的三毛，也最欣赏她一句话：即使不成功，也不至于成为空白。成功女神并不垂青所有的人，但所有参与、尝试过的人，即使没有成功，他们的世界却不是一份平淡，不是一片空白。记得有一天和班上几个新近参加美术班学习的女生谈起了她们学习美术以后的感觉和收获。她们告诉我：并没有什么大飞跃，但确实已学会了怎样用心去观察一个事物。也许她们永远成为不了画家，但是我赞叹她们的这份参与意识和尝试勇气。我想告诉她们：即使你们不成功，你们也没有成为空白。

说到这里有人会说：我的确平凡得很，无一技之长，不会唱、不会跳，更不会吟诗作画，注定这四年就这么平淡了。世上不过只有一个天才贝多芬，也不过是只有一个神童莫扎特，更多的人是通过尝试、通过毅力化平淡为辉煌的，毅力在效果上有时能同天才相比。有一句俗语说，能登上金字塔顶的生物只有两种：鹰和蜗牛。虽然我们不能人人都像雄鹰一样一飞冲天，但我们至少可以像蜗牛那样凭着自己的毅力默默前行。

不要再为落叶伤感，为春雨掉泪；也不要满不在乎地挥退夏日的艳阳，让残冬的雪来装饰自己的面纱。岁月可使皮肤起皱，而失去热情，则使灵魂起皱。

拿出我们尝试的勇气，拿出我们青春的热情，大学四年毕业时，再回首，我们没有平淡、遗憾的青春。让我们的青春飞扬吧！

点评：

一篇优秀的演讲稿就像一件杰出的艺术品，无论你从哪一个角度去欣赏，它都会给你留下品味不尽的美感。《让青春飞扬》可以说就是这样一篇优秀的演讲稿。在这篇演讲稿中，演讲者高远而富有现实意义的立意，以及对现实热点问题独到而精辟的见解，层层递进、逻辑严密的论证，都给人留下了极为深刻的印象，但这篇演讲稿最引人注目的，则是它扑面而来的青春气息和极富哲理的语言风格。

首先，演讲者选择了一个极具时代气息的青年人关心的热门话题，不谈古而论今，论的是当代许多青年人中流行的一种人生观。入题是从一首青年人喜爱的流行歌曲的歌词开始，巧妙入题，单刀直入，直切主题，三言两语切中要害，通过饱含情感的分析，批驳了一种无为的消极人生观，鼓励青年朋友要树立起积极向上的人生观和生活态度。相信许多青年朋友听了这样的演讲以后一定会有所感悟，受到启发。全篇演讲稿洋溢着一种浓郁的青春气息，给人一种昂扬向上的蓬勃感。

其次，这篇演讲稿时时处处闪现着精彩而富有哲理的语言，这些语言使整个演讲具有了一种思辨的色彩，给整个演讲稿赋予了活的灵魂。例如，"生活得最好的人，不是寿命最长的人，而是最能感受生活的人。""不再回头的，不只是那古老的辰光，也不只是那些个夜晚的星群和月亮，还有我们的青春在流逝着。"这些闪烁着哲理光芒的语言，蕴含着演讲者对生活的真知灼见，也透视出演讲者的睿智，听了这些极有见地的话语，不免让人产生"听君一席话，胜读十年书"的感觉，这是臆断叙述性语言所无法比拟的。演讲中这些美好的言语就像是一串串美丽的音符，使整个演讲乐章变得更加华美，更加富有韵味。这种语言风格是值得我们每一位演讲者借鉴学习的。

再次，演讲者在其作品中大量运用了诗一般的语言。例如，"不要再为落叶伤感，为春雨掉泪；也不要满不在乎地挥退夏日的艳阳，让残冬的雪来装饰自己的面纱。岁月可使皮肤起皱，而失去热情，则使灵魂起皱。"这些句子带给听众一种美好的意境，这些语言是那么的让人熟悉和感到亲切，让我们当代大学生觉得不应该具有伤感的情怀和观念，而

> 是让我们的热情之火重新点燃,重新积极向上地面对生活。此外,演讲稿中还不乏大量使用排比的句式和正反式的对问,加快了文章的节奏感,增强了文章的气势和说服力。
>
> 最后,文章中渗透着形象的比喻,如"能登上金字塔的生物只有两种:鹰和蜗牛。虽然我们不能人人都像雄鹰一样一飞冲天,但我们至少可以像蜗牛那样凭着自己的毅力默默前行。""成功女神并不垂青所有的人……"等,说明了"更多的人是通过尝试、通过毅力化平淡为辉煌的"。

演讲是一门语言的艺术。一个严肃的问题能够在轻轻松松的聊天问话中去表达是一种很高的境界,这种境界不是人人都可企及的,它需要巧妙的构思和精湛的写作技巧,我们这些学习演讲的学生都应该加强这方面的学习和模仿,最终将这些构思和技巧应用到自己的演讲稿中去,达到运用自如的程度,为自己的演讲稿添色。

第四节 演讲语言的表达技巧

演讲,是一门艺术,所以非常讲究技巧。同一个内容,不同的人来演讲,便有不同的效果。一个人的演讲能否说服听众,是否受听众欢迎,除了要看演讲内容是否优秀之外,还要看演讲者能否运用有效的艺术技巧。这种技巧,既包括有声语言表达技巧,也包括无声语言表达技巧。一个演讲者只有将这两种语言表达技巧完美结合起来,才能使他的演讲内容"起飞","飞"入听众的耳朵,"飞"进听众的心田。

一、有声语言表达技巧

演讲是通过声音传递信息的。好的演讲不仅会准确、恰当地表情达意,而且能声声入耳、娓娓动听,使听众完全陶醉于演讲之中。相反,如果口语表达不佳,不但不能准确无误地表达出思想情感,反而会使听众厌烦,影响演讲的效果。

(一)有声语言表达的基本要求

有声语言,是演讲者与听众交流信息的最主要的工具和最重要的渠道。演讲的语言从有声语言表述角度看,必须做到发音标准,吐字清晰;词句流畅,准确易懂;语调贴切,抑扬顿挫。

(1)发音标准,吐字清晰。为了有效地传递信息,精准表达演讲者的思想、情感,首先要求演讲者吐字正确清楚。如果发音不对、不清,听众就不知道演讲者所云。如:有的前鼻音、后鼻音不分,有的平、翘舌不分;有的"王""黄"发音不分;有的把"热"读作"叶"的音,有的把"肉"读作"右"的音等;还有的人在演讲时念错别字,也十分影响演讲的效果。

(2)词句流畅,准确易懂。听众通过演讲活动接受信息主要诉诸听觉作用。演讲者借助有声语言发出的信息,听众要立即能理解才行。有声语言与书面语之间有较明显的差别。与书面语言相比,有声语言具有如下特点:首先,句式短小,演讲不宜使用过长的冗繁句子;其次,使用通俗易懂的常用词语和一些较流行的口头词语,使用语言富有生气和活力;最后,较多地使用那些表明个人倾向的词语，如"显而易见"等，并且适当运用"但是""除了"等连接词，使讲话显得活泼、生动、有气势。有些演讲者喜欢追求华丽的辞藻，希望以此制胜，结果却往往适得其反。因为过分雕琢语言，会冲淡甚至歪曲演讲的内容，使听众感到演讲者是在故意卖弄，演讲华而不实。

（3）语调贴切，抑扬顿挫。语调和语速是有声语言表达的重要手段，它能很好地辅助语言表情达意。有声语言若没有轻重缓急，就难以传情。同样一句话，由于语调轻重、高低长短、语速急缓等的不同变化，可以表达出种种不同的思想感情。

演讲语速的快慢，绝不是由演讲者随意而定的，也不受篇幅与时间的限制。它必须根据演讲的思想内容、演讲者的感情和演讲现场的气氛等需要，恰当而巧妙地安排。语速大致分为快速、中速、慢速三种，一般来说，讲到愤怒、紧张等内容时用快速，进行一般的叙述和说明时用中速，讲到悲伤和沉静的内容时用慢速。不过，语速的变化是一个渐变的过程，无论是由快到慢还是由慢到快，都应转换自然，使听众不觉得突兀。

（二）有声语言表达的训练

1. 语音训练

（1）声母纠偏。

zh、ch、sh—z、c、s：自主　姿势　申诉　思索　措施　称赞　餐车　宿舍　琐事　沼泽

n—l：老练　哪里　女郎　农历　耐劳　流浪　能量　嫩绿　泥淖　内陆

h—f：胡作非为　返老还童　逢凶化吉　飞黄腾达　风华正茂

读准"r"：容易　饶恕　潜入　日光　光荣

注意下列字的读音：酵　械　秩　甫　浸　隶　遍　躁　泊　粕

（2）韵母纠偏。

en—eng 和 in—ing：人生　真诚　本能　神圣　拼命　进行　清贫　新型　迎亲

注意下列读音：血　跃　鲜　癣　弦　屑　亩　剖　疫

注意习惯性错读：一打　尽管　亚洲　潜能　比较　友谊　符合　办公室

（3）音变现象。在一个词语中，我们首先要注意的是字在词中的音变现象，如"一"、"七""八""不"的变调。"一"单个字音读"yī"（平声），而当在"一模一样"这个词中的时候，前后两个"一"的发音是不一样的，分别为去声和阳声；其次是语气词"啊"的音变以及形容词重叠后发生的音变现象，如"高高兴兴"一词，第一个"高"读平声，第二个"高"则读轻声；另外是对儿化词的处理。有的词语，在汉字书面书写上，未必有儿化标志，但是在语言表达上，则需要体现。这就需要演讲者在演讲之前对演讲稿内容进行充分的诵读，如"小孩""小虫"等；另一方面，有的词儿化与不儿化的意思是不一样的，如"眼"，不儿化的读音表达的意思是"眼睛"，而儿化后表示的意思为"小小的洞"。

（4）关于轻声。轻音在词语表达中有区别词意和词性的作用，如"大意"一词，"意"读轻声，表达的意思为"不注意，粗心"；"意"读去声，表达的意思则为"主要内容"。再如"花费"一词，"费"读轻声，为名词；"费"读去声，为动词。当然在演讲中，对于词性的区别，听众基本上会依赖语句的语法规范而自动识别，但是作为演讲者，对自己语音有严格

的要求,则是一个优秀的演讲者必须具备的基本功。至于读轻声的主要规律,主要有以下几条:作名词后缀,如"凳子"的"子";助词,如"的""得""地""着""了""过""们"等;趋向动词,像"进来"的"来"和"出去"的"去"等;表示方位的词语,如"天上"的"上"和"城里"的"里"等;动词、名词重叠后的后一个音节,如"看看""妈妈"的后一个音节;量词"个"一般也读轻声。

  2. 语调、语速训练

  语调、语速训练包括停顿、重音、升降、快慢等方面的训练。语调训练是有声语言表达训练的重点和难点,演讲者应在这方面加强训练。

  (1) 停顿技巧。在有声语言表达中,停顿既是一种语言标志,也是一种修辞手段。同样一组音节,因停顿不同,意思完全不一样。例如,"世上的男人没了女人就活不了"这句话,可以说成"世上的男人没了女人,就活不了"或"世上的男人没了,女人就活不了",两种停顿表达两种完全不同的观点。可见,停顿不只是演讲者在生理上正常换气的需要,也是表情达意的需要。适当的停顿,不仅可以帮助演讲者传情达意,还可以调节演讲的韵律节奏,给听众留下回味的余地。除了生理需要的自然停顿之外,还有以下几种停顿。

  ① 语法停顿,即根据语法结构安排的停顿,这种停顿既能满足演讲者自然换气的需要,也能使演讲的语句、段落层次分明。它的处理方法如下:句与句之间按标点停顿,使听众清楚上下文的逻辑关系;若是长句,先分清主谓宾等结构,然后在较长的主语和谓语或较长的宾语之间、较长的修饰语和中心词之间,稍作停顿。这种停顿往往是为了强调或突出某一观点和事物。

  ② 感情停顿,是演讲者为了表达异常复杂的心理感情,或是渲染某一思想情绪而采取的一种艺术化的手段。感情停顿常常以拖长音节发音似停非停,或突然沉默来表现,并且常常辅之以体态语言,使感情表达得更加自然贴切。例如,"把痛苦的回忆——化作前进的动力。"这句话在"回忆"后拖音,似停非停,为后面的"化作"扬起而蓄势,便自然地表达出坚韧不拔之情。不过这种停顿不宜过多使用,否则会弄巧成拙。

  ③ 特殊停顿。有时,为了加强某些特殊效果,激发听众的好奇心,集中听众的注意力,演讲者常常采用一种特殊停顿。有一次演讲比赛,一位女士走上讲台,在黑板上写出一道醒目的标题——"论坚守岗位",写完便走下讲台,扬长而去。这时,全场听众哗然、焦急、气恼、猜测、议论……大约过了三分钟光景,演讲者再次登台,诚挚而郑重地说:"同志们,如果我在演讲时离开是不能容忍的话,那么工作时间纪律松弛、玩忽职守、擅离工作岗位,难道不应该受到谴责吗?……"这时,听众恍然大悟。这种根据表意需要而设计的特殊停顿,可谓独具匠心,高人一筹,收到了出奇制胜的效果。不过,这种特殊停顿不能落入俗套,滥用可能会产生捉弄听众之嫌,而且停顿时间不能太长,否则会让听众不满。

  (2) 重音技巧。说话的声音有强有弱,用力大、气流强,声音就大、就重;用力小、气流弱,声音就小、就轻。重音有强调语义和重点,突出感情的作用。利用重音增强语言的表现力,是语音表达的重要技巧之一。每个句子中每个词语的表意作用不同,在演讲时,把某个词读得重些,便能起到突出强调的作用。例如,"小王会修电脑"这句话,重音位置不同,表达的意思也不一样。

小王会修电脑。（强调不是别人，而是小王。）
小王会修电脑。（强调小王具备这个能力。）
小王会修电脑。（强调"维修"而不是"使用"。）
小王会修电脑。（强调"电脑"，而不是其他电器。）

按句子语法结构、内容重点或表现思想感情来划分，重音可分为语法重音、逻辑重音和感情重音。语法重音有一定的规律，位置比较固定；而逻辑重音和感情重音则要根据语义的重点和强调某种特殊感情来安排。

（3）抑扬。语调有高低抑扬的变化。同一句话，往往因为语调不同，表达的意思也大不一样。同样一句"小王今天来了"，用平直调念，表示铺陈其事；若用高升调来念，则表示疑问或惊讶。演讲者要熟悉各种语调的特点，掌握语调变化的规律。

汉语语调大体可分为四种语调，即平直调（语势平稳舒缓，无明显高低变化）、高升调（语势由低到高）、降抑调（语势由高到低）和曲折调（语势曲折升降起伏多变）。当表达庄重、严肃、冷淡等心理感情时，一般用平直调，多用于陈述说明性语句；当表达疑问、惊讶、感叹、愤怒、呼唤与号召等语气时，一般用高升调，多用于疑问句和某些感叹句；当表达祈求命令、肯定自信、沉重悲痛的情绪时，一般用降抑调，多用于祈使句、感叹句和某些陈述性语句；当表达幽默、讽刺、夸张的感情时，一般用曲折调，多用于双关语句中。

二、无声语言表达技巧

演讲，不仅需要言词声音，同时还要辅之以动作表情。这种通过面部表情、体态、手势进行思想感情和信息传播的手段，称为态势语言，也叫体态语或无声语言。

态势语言是通过人体器官的动作，或者某一个部分形态的变化来进行思想和情感交流的一种方式。凡是通过仪表、风度、表情、手势这样一些非口头语言因素来进行信息传递、思想沟通、感情交流的活动方式，都称为体态表达或态势语言。毋庸讳言，和谐、自然的态势语言是演讲成功不可缺少的组成部分。古今中外，很多著名的演讲家都十分重视态势语言的作用。陶行知先生说："演讲如能使聋子看得懂，则演讲之技精矣！"

体态语言是对口头表达必要的补充和辅助，它所传递的所有信息受表达环境的制约。态势语能够反映人的性格和心理，反映人的真实感受和内心需求，可以弥补有声语言的不足。从演讲来说，首先，能更形象地传递信息，表达思想；其次，更有利于传达情感、反映情绪，如拍案叫绝、扪心自问等。态势语的类型主要包括眼神、手势动作、面部表情和体态等。

恰当地运用体态语言，可以让你更加端庄、大方，增加你人际交往中的个人魅力，迅速给对方留下一个好印象。留心观察别人的体态语言，就能便于了解对方的心理，有利于交际的成功。

例如，无精打采，对方就会猜想你也许不欢迎他；左顾右盼，不正视对方，对方可能怀疑你是否有交往的诚意；趾高气扬，对方可能会认为你目中无人；点头哈腰、谦虚过分，对方可能怀疑你别有用心。

（一）眼睛

意大利伟大的艺术家达·芬奇说："眼睛是心灵的窗户。"因为眼睛能反映人的心理，表达人的感情。眼睛的神色变化倾诉着一个人微妙的心曲，展露着一个人的修养和品德。人们普遍认为，演讲者与听众交流的过程中，眼神起着决定性的作用。那么，在演讲中究竟应如何运用眼神呢？

1. 用眼神的变化准确表达内心的丰富情感

演讲者的眼神要随着自己的情绪和演讲内容的发展变化而变化。如果演讲者始终是一种无动于衷的眼神，就会给听众一种麻木、呆滞的感觉，不仅引不起听众的注意，而且有损思想情感的表达。例如，讲到兴奋时，应睁大眼睛，让它散发出兴奋的光芒；讲到愤怒时，可以瞪大眼睛，让它射出逼人的光芒。也就是说，演讲者的眼神变化要与自己思想情绪的变化、演讲内容的发展相协调，使听众从灵活多变、惟妙惟肖的眼神中，深切领悟到演讲者所要表达的真情实意，从而达到交流情感、传播信息的目的。

2. 将目光注视方向的同一性和观察方位的多样性结合起来

所谓方向的同一性，是指在演讲中演讲者应该始终保持视线的目标在正前方正视着听众。这样不仅可以引起听众的注意力和共鸣，而且也可以不断地观察到听众的反应和情绪。相反，如果演讲者紧闭双眼，或左顾右盼、东张西望，或躲避听众的目光，那么不仅无法与听众交流情感，而且也显得不庄重、不礼貌。

保持目光注视方向的同一性，并不是说眼睛要直直地正视听众一动不动。在演讲中，演讲者要注意全方位地观察听众，以增强自己与所有听众的感情联系，具体来讲有三种方法。

（1）环顾法。即让目光有节奏或周期性地环顾演讲现场。其目的是观察和发现整个会场听众的动态，以收到听众对于演讲的反应。同时，环顾法可以增强听众的参与感。

（2）专注法。即重点观察某一局部听众，在演讲中对专心致志听讲的听众，投以赞许和感谢的目光，可以使他们与你的情感更近；对那些想发问，但心情紧张、欲言又止的听众，演讲者如投以鼓励的目光，可以使询问者壮起胆子，大胆提问；对那些交头接耳、频频躁动的听众，演讲者给予善意制止的目光，听讲者就会知趣地停止"小动作"。演讲者使用专注法要注意避免和听众目光长时间直接接触，那样不仅会使听众感到局促不安，而且也会使其他听众感觉受到冷落。

（3）虚视法。即演讲者的眼睛好像盯住某些听众，但实际上什么也没看，而就听众来说，还会感觉到演讲者是在注视他们。演讲使用虚视法，会使演讲者显示出端庄大方的神态，便于控制会场，又可减少刚一上台由于紧张而产生的心理压力。虚视法应用的场合应该注意限制，时间也不可过多，否则容易使听众对演讲者产生傲慢的感觉。[①]

（二）面部表情

面部表情也是体态语言的一种，它主要是通过面部肌肉姿态的变化，来表达演讲者丰富的思想感情。在演讲过程中，演讲者要把各种复杂变化的内心世界，如高兴、悲哀、痛苦、畏惧、愤怒、失望、忧虑、烦恼、疑惑等通过面部表情最迅速、最敏捷、最充分地反映出来。"面部表情是人的情绪变化的寒暑表。"当人们在对某一事物表示不以为然和轻蔑时，往往脑袋稍偏，嘴角斜翘，鼻子上挑；当人们感到诧异和惊讶时，往往口张大、眼瞪开、眉挑

[①] 邵守义. 实用演讲学[M]. 北京：中国青年出版社，1985：183.

高；当人们心情愉快时，往往表现出活泼好动、喜形于色，甚至手舞足蹈……总之，人的面部语言是人心理活动的反映，人们往往有什么样的心理活动，就会产生什么样的面部表情。

然而，有的人在演讲时，目光呆滞、表情呆板，无论讲到高兴、愉快处，还是讲到伤心、悲痛处，面部始终没有任何喜怒哀乐的感情流露，表情平淡，近乎麻木。有的演讲者虽然注意到了面部表情的变化，但这种变化与自己思想情感的变化不协调，如不该发笑时，自己却情不自禁地笑了起来；该发笑时，却又无所表现；有的人讲到伤心悲哀处，却表现出微笑的神情；讲到高兴之际，却又显露出莫名其妙的烦恼。这种与思想感情不协调、相矛盾的面部表情，不仅不能做到以情动人，相反只会使听众感到难以理解。

因此，演讲者必须注意自己的面部表情，以轻松友好的面孔与听众进行感情交流，时而微笑，时而深沉，喜怒哀乐要同演讲内容一致起来，同听众的情绪融和起来，从而为成功的演讲奠定良好的感情基础。

（三）手势动作

手势，也是无声语言的重要形式。由于双手活动幅度大，活动最方便、最灵活，形态变化也最多，因而表现力、感染力也最强。手势在演讲中的作用是不可低估的。演讲者的手势种类有很多，有上举、下压和平移等几类，在各类手势中又分为双手、单手两种。

1. 手势活动范围

上区：肩部以上，表示理想的、想象的、宏大的、张扬的内容和情感，如殷切的希望、胜利的喜悦、幸福的祝愿、美好的前景。中区：肩部至腹部，表示叙述事物、说明事理和较为平静的情绪，一般不带有浓厚的感情色彩。下区：腰部以下，表示憎恶、不悦、不屑、不齿的内容。①

2. 手掌的运用

（1）手心向上，胳膊微曲，手掌稍向前伸，表示贡献、请求、承认、赞美、欢迎、诚实等。

（2）手心向下，胳膊微曲，手掌稍向前伸，表示神秘、压抑、否认、反对、不喜欢等。

（3）两手由合而分，表示空虚、失望、分散、消极等。

（4）两手由分而合，表示团结、亲密、联合、会面、接洽、积极等。

（5）手掌上竖，指尖向上，表示制止或情绪激烈。

3. 拳的运用

在一般情况下，拳很少用到，因为拳表示很强烈的情绪，如人在情绪激动时会挥拳示意，握拳在腹部表示非常悲愤。由于我们在演说时不会经常表达太强烈的情绪，所以很少用到拳。

 小训练

"只有这样，才会有充实的生活，才会有灿烂的人生！"（双手，手心向上，上区）

"一个人如果没有远大的理想，那他将一事无成。"（两手由合而分，下区）

---

① 邵守义. 实用演讲学[M]. 北京：中国青年出版社，1985：183.

"他们欢呼:胜利了,胜利了!"(双掌上竖,摇动,上区)

"夜幕笼罩了群山。"(单手,手心向下,上区)

"月光洒落在树枝上。"(单手,手心向下,中区)

"伟大的人物也躺在他们倒下的地方。"(单手,手心向上,下区)

"不要过分利用我的爱。"(单手,手掌竖立,中区)

4. 使用手势遵循的规则

演讲时的手势多种多样,可以根据自己想要获得的演讲效果,结合使用不同的演讲手势。演讲者在确立一个正确的手势形象时,要遵循一定的规则。

(1)不可滥用手势。手势虽重要,但毕竟是辅助手段,不可过多使用,过于烦琐,以免分散听众的注意力,而且同一手势不可一再重复使用,否则便会失去吸引力。

(2)手势要用得自然得体,能恰当地传情达意。演讲者演讲的手势不是随便做出来的,它是演讲者内心状态的外部表现,是演讲者进入演讲角色后,在对所讲问题有浓厚的兴趣,对所讲内容有深切感悟的基础上,自然生发出来的。当我们演讲到情绪激动时,自己的态势动作就显得自然得体,并常常由于自己的理智和感情倾注于演讲而忘记自己这时所做的手势动作。这种手势虽然未曾受过专门训练,却做得恰到好处,使人感到真实准确、无可挑剔。

(四)体态

我们常说"站如松,坐如钟",指的就是对肢体动作的要求。演讲中肢体语言能表达出丰富的含义,因此在演讲中要注意肢体语言的运用。一般正式的演讲多为站姿,非正式的演讲则以坐姿居多,如会议发言、商务谈判、学术报告等。

1. 关于站姿

演讲者首先要以轻松愉快的心情走上讲台。在讲台的中央站定,说话之前悄然提气收腹,挺胸抬头,并调整好呼吸的节奏。双肩放松,双臂自然垂在两侧,双脚自然开立,身体的重心平均落在双脚上,整个身姿挺拔而不僵硬,放松而不随意。不过,演讲的过程中不会始终保持这种姿势,随着演讲内容、情绪的变化,演讲者的站姿也会有所变化。不过,演讲者任何一种站姿都要做到稳健潇洒、自信从容。

2. 关于坐姿

如果演讲者是坐着演讲,坐姿就要端正、挺拔,要精神饱满地面对听众,切不可上身趴在桌子上,眼睛只对着演讲稿而忽视了听众。入座时,尽量面向听众,先用腿的后部触摸座椅,然后从容镇定地坐下去。不要随随便便地用大动作搬运桌椅或挪动话筒,这样既容易分散听众的注意力,也显得太冒失、不稳重。

演讲者无论表现出哪一种姿势,都要求做到自然、得体。具体地说,演讲者在演讲时,要始终面对观众,不能把脸侧向一方。姿势也要经常变换,如果总是一种姿势,就显得呆板,达不到与听众融洽地交流感情的作用。演讲者在演讲时,不要在讲台上来回走动,这样会分散听众的注意力,也不能一动不动,那样也会使听众感到疲劳。

应特别注意的是,要尽量避免已形成的陋习。例如,常常摸鼻子、抓头皮、捋头发等,这些都是下意识的、不自觉的行为，但是会给听众留下不稳重、轻浮、缺乏自信的印象，这显然不是我们希望的。

正确运用态势语言，要做到姿态、表情、手势、动作等要准确、适当、协调、自然。做大气的动作，大大方方地表达，要挥手就挥出去，要举手就举起来，洋洋洒洒，这才能增强演讲的表达效果，使之更富于感染力、表现力，以便更好地表情达意。

最后，想要提高演说震撼力，你可以这样来做：
- 声音大一点；
- 语速快一些；
- 语气长一段；
- 感觉要兴奋；
- 手势要大气。

精彩演讲稿欣赏

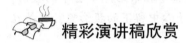

人格是最高的学位

白岩松

很多很多年前，有一位学大提琴的年轻人去向20世纪最伟大的大提琴家卡萨尔斯讨教：我怎样才能成为一名优秀的大提琴家？

卡萨尔斯面对雄心勃勃的年轻人，意味深长地回答：先成为优秀而大写的人，然后成为一名优秀和大写的音乐人，最后就会成为一名优秀的大提琴家。

听到这个故事的时候我还年少，老人回答时所透露出的含义我还理解不多，然而随着采访中接触的人越来越多，这个回答就在我脑海中越印越深。

在采访北大教授季羡林的时候，我听到一个关于他的真实故事。有一个秋天，北大新学期开始了，一个外地来的学子背着大包小包走进了校园，实在太累了，就把包放在路边。这时正好一位老人走来，年轻学子就拜托老人替自己看一下包，而自己则轻装去办入学手续。老人爽快地答应。近一个小时过去，学子归来，老人还在尽职尽责地看守。谢过老人，两人分别！

几日后是北大的开学典礼，这位年轻的学子惊讶地发现，主席台上就座的北大副校长季羡林正是那一天替自己看行李的老人。

我不知道这位学子当时是一种怎样的心情，但在我听过这个故事之后却强烈地感觉到：人格才是最高的学位。

这之后我又在医院采访了世纪老人冰心。我问先生，您现在最关心的是什么？老人的回答简单而感人：是年老病人的状况。

当时的冰心已接近人生的终点，而这位在"五四"爆发那一天开始走上文学创作之路的老人心中对芸芸众生的关爱之情历经近八十年的岁月而依然未老。这又该是怎样的一种传统！

冰心的身躯并不强壮，即使年轻时也少有飒爽英姿的模样，然而她这一生却用自己当笔，拿岁月当稿纸，写下了一篇关于"爱是一种力量"的文章，然后在离去之后给我留下了一个伟大的背影。

今天我们纪念"五四",80年前那场运动中的呐喊、呼号、血泪都已变成一种文字留在典籍中,每当我们这些后人翻阅的时候,历史都是平静地看着我们,这个时候,我们觉得80年前的事已经距今太久了。

然而,当你有机会和经过"五四"或受过"五四"影响的老人接触后,你就知道,历史和传统其实一直离我们很近。

世纪老人在陆续地离去,他们留下的爱国心和高深的学问却一直在我们心中不老。但在今天,我还想加上一条,这些世纪老人所独具的人格魅力是不是也该作为一种传统被我们向后代延续?

前几天我在北大听到一个新故事,清新而感人。一批刚刚走进校园的年轻人,相约去看季羡林先生,走到门口,却开始犹豫,他们怕冒失地打扰了先生。最后决定,每人用竹子在季老家门口的土地上留下问候的话语,然后才满意地离去。

这该是怎样美丽的一幅画面!在季老家不远,是北大的博雅塔在未名湖中留下的投影,而在季老家门口的问候语中,是不是也有先生的人格魅力在学子心中留下的投影呢?只是在生活中,这样的人格投影在我们的心中还是太少。

听多了这样的故事,便常常觉得自己是只气球,仿佛飞得很高,仔细一看却是被浮云拖着;外表看上去也还饱满,肚子里却是空空。这样想着就有些担心了,怎么能走更长的路呢?

于是,"渴望年老"四个字对于我就不再是幻想中的白发苍苍或身份证上改成60岁,而是如何在自己还年轻的时候,便能吸取优秀老人身上所具有的种种优秀品质。

于是,我也更加知道了卡萨尔斯回答中所具有的深意。怎样才能成为一个优秀的主持人呢?心中有个声音在回答:先成为一个优秀的人,然后成为一个优秀的新闻人,再然后是自然地成为一名优秀的节目主持人。

我知道,这条路很长,但我将执著地前行。

我们都是被上帝咬过的苹果

柳宛辰

朋友们:

三年前我离开了家乡和亲人,只身来到了宁波,开始了孤独的人生之旅。熟悉我的同事都知道我很脆弱,又多愁善感,写出来的文章更像是在泪水里泡出来的一样。那是因为,当时的我只能看到失望与孤独,看不到生活的希望和快乐。

我26岁生日的那个晚上,一位大连的好友在电话里向我讲了一个《被上帝咬过的苹果》的故事,那是我收到最好的生日礼物。它教我重新开始了自己的人生,教我怎样看淡从前的痛苦经历,更教会了我如何在逆境中挑战自己的命运。

在这里,我愿意跟在座的各位共同分享这个动人的故事。有一个小男孩,从小双目失明,他深为自己的缺陷而感到烦恼、沮丧,认定这是老天爷在处罚他,觉得自己是这个世界上最不幸的人了。后来,一位老人告诉他:"世上每个人都是被上帝咬过一口的苹果,我们的人生都是有缺陷的。有的人可能缺陷比较大,那是因为上帝特别喜爱它的芬芳,所以那一口咬得比较大而已。"男孩听了很受鼓舞,从此把失明看作是上帝的特殊偏爱,因为自己这只苹果比别的苹果更为芬芳,所以上帝特地咬了一大口!于是,他开始向命运挑战,开始了勤奋和拼搏的历程。若干年后,他成为一个著名的盲人推拿师,为许多人解除了病痛,他的事迹也被写进了小学课本。

有人说，每个人都是上帝精心设计的一个作品，早已被上帝安排好了一切。也有人说，上帝是个吝啬鬼，决不肯把所有的好处都给一个人：给了你美貌，就不肯给你智慧；给了你金钱，就不肯给你健康；如果你是个天才，就一定要搭配些苦难……世界文化史上著名的三大怪杰：约翰·弥尔顿是个盲人，但却写出了精美绝伦的诗歌，世代流传；天才小提琴演奏家帕格尼尼是个哑巴，却谱出了美妙浪漫的音乐，被誉为19世纪"小提琴之王"和浪漫主义音乐的创始人；贝多芬，双耳失聪，却创作出世上最美妙的钢琴曲，成了让无数人敬仰的音乐大师。如果用"被上帝咬过的苹果"这个理念来解释，他们全都是由于上帝的特别偏爱，而被狠狠地咬了一大口啊！

把人生缺陷和苦难看成是"被上帝咬过一口的苹果"，这个理念太奇特了，尽管它有点自我安慰的"阿Q精神"。可是，人生不如意事十之八九，这个世界上谁不需要找点理由自我安慰呢？而且这个理由又是那么的幽默可爱。《被上帝咬过的苹果》的故事完全可以从某种意义上理解为，是情商决定了小男孩的命运。小男孩把那个"被上帝咬过的苹果"的故事作为自己生活的动力，扫去了隐藏在心中的阴霾，给了自己顽强生活下去的勇气与信心。那份难能可贵的乐观精神，使他实现了自我超越，让自己成为命运的主人。而正是那种看似自我安慰的"阿Q精神"，激励了这位生活的弱者，使他昂扬地向强者的领地迈进，一步一步走向了成功，最终改变了自己的命运。

我之所以喜欢这个"苹果"的故事，因为它一直在我失望、灰心的时候给我信心与勇气。每当受伤、难过的时候，我会擦干眼泪，告诉自己——"没有什么可以阻止我，一定要坚强地走过去，一切都会好起来的。要知道，雨后的天空最为美丽，泪后的人生最为灿烂。"失意的时候，我仍会笑着对每个经过身边的人道一声"您好"，仍会微笑着去迎接生命中的每一天。

认真品读过《情商决定命运》这本书后，今天站在这高高的演讲台上，我不得不承认自己以前是个"低情商者"，是情商决定了我以前的悲观命运，而现在我要大声地说，我要让情商来改变我以后的命运。透过"苹果"的故事，让我更加深刻地理解了情商对于人生命运的重要意义，让我学会了重新看待自己的人生，把握自己的命运，使我对生活充满了渴望与信心。现在，作为万达集团宁波商业管理公司宣传通信员的我，深知自己的责任与义务，那就是要紧握手中这支笔，去及时报道项目的工程进度，展现公司的新貌，积极做好万达集团三大战役之一的"宁波战役"的战地记者工作，给辛苦奋战在最前线的同事打气、助威。

朋友们，如果让我重新选择的话，我希望上帝咬我的那一口更大一些，因为那是上帝特别喜爱我这个苹果的芬芳，那么我的人生也将更加美好、更加精彩！

谢谢大家！

愿长征精神与中华民族同在

许源丰

尊敬的各位评委、老师、亲爱的同学们：

大家好！《华西都市报》上发表了一篇《南开大二学生骑车回四川》的文章，骑车人叫蒋乐，是我的同班同学。他孤身一人穿越华北平原、关中平原，翻越秦岭，走剑门蜀道，在经历了19天2272公里的长途跋涉后，终于回到了自己的家乡四川遂宁。当潮水般的夸奖声向他涌来的时候，他却说了这样一番话："千里走单骑，当我在面临酷暑、疲劳、饥饿、危险的时候，无数次想要放弃。但越是自己在真正面临这些困难的时候，就越是深刻地体会到当年红军二万五千里长征是何等的艰难和伟大，于是我告诉自己，一定要坚持下去。"听了这番话，我沉默了。回首70年前那场用热血和生命夺得的伟大胜利。我们有理由追问：到今天，我们还能真正记住些什么？理解些什么？

70年风云变幻，弹指一挥间。红军长征胜利70周年，在这个特殊的年份，在这个党和国家面临重大机遇的关键时期，传承伟大的长征精神，对整个中华民族的意义都是至关重要的。要知道，一个民族的兴衰并不在于她曾经经历过什么，也不在于她正在经历着什么，而在于当面临这一切的时候，她的人民拥有怎样的民族精神。正像鲁迅先生所说的那样："我们自古以来，就有埋头苦干的人，有拼命硬干的人，有为民请命的人，有舍身求法的人……这就是中国的脊梁！"

72年前的那个血色黄昏，当最后一声马蹄声消失在去往陕北的征途上，这个曾经创造过世界奇迹——万里长城的民族又开始用他们的双脚走出一座移动的万里长城，那就是长征。还记得我在南开大学上过的一堂"毛泽东思想概论"课上，老师曾问过我这样一个问题：你能说出多少红军长征所面临的困难？那一刻，我仿佛看到了泸定桥的炮火中不断落进滚滚大江里年轻战士的身躯、陷进沼泽的小战士拼命挣扎却不断下沉的手臂、老班长远望着战友们走出草地而自己却慢慢倒下时闭上的眼睛。红军长征所面临的困难是说不完的，而他们面临的最大困难其实就是死亡，但是，他们的理想和信念却走向永生！

在这个世界上，没有哪一位作家能写出如此磅礴的巨作，没有哪一位诗人能写出如此壮烈的诗篇，也没有哪一位导演能拍出如此感天动地的电影。这是智慧与命运的搏斗，是正义与邪恶的比拼，是光明与黑暗的较量。最后，英勇无畏的工农红军胜利了！历经700多个日夜，翻越1000多座大山，死伤数十万人的二万五千里长征胜利了！它不仅激励了中国人民，而且震撼了整个世界。在20世纪的80年代，一位名叫索尔兹伯里的美国记者曾这样评价："任何比喻都是不恰当的。长征是举世无双的。它所表现出来的英雄主义精神，激励着一个有11亿人口的民族，使中国朝着一个无人能够预言的方向前进。"

70年后的今天，这个曾经用双脚走出世界奇迹的民族又用自己的双手创造着中华民族伟大复兴的新的世界奇迹：

公元2001年7月13日，国际奥委会主席萨马兰奇宣布北京获得2008年奥运会的主办权！

公元2005年10月17日，神舟六号载人飞行圆满成功！

公元2006年5月20日，举世瞩目的三峡大坝顺利竣工！

公元2006年7月，青藏铁路全线贯通，开创了人类历史上客运列车穿越"世界屋脊"的新纪元！

真的，我时常庆幸自己能生长在这个伟大的国度、这个和平的年代，属于这个光荣的民族。但是，我们不能不看到，台湾问题尚未解决，反华势力还在挑衅，三农问题、道德问题、腐败问题等还在向我们敲着警钟！因此，我认为当代中国青年没有玩世不恭的本钱，也没有麻木不仁的资格，更没有冷漠逃避的权利！没有，绝对没有！青年学子应胸怀天下。为民族献青春，为万世开太平！

我们应该清楚地知道，实现中华民族伟大复兴的新长征之路既是光明的，也是曲折的，可能要走30年、50年，甚至更长。但是我们会走下去，坚定不移地走下去！或许我们这一代人不能完成,但让我们开始吧。要知道我们的祖国叫中国,我们的名字叫中国人,我们的精神叫中国精神,而当代的中国精神就是长征精神!

愿长征精神与中华民族同在!谢谢!

知恩图报

刘建归

亲爱的同学们:

早上好!今天,在这庄严的国旗下,我讲一讲"知恩图报"这个话题。

先给大家讲两个故事。

第一个故事:1938年,德国法西斯为了攫取战备军需款,妄图把聚集在上海的一千多犹太难民全部杀害,以侵吞他们在世界各地银行的存款。为此,希特勒特意从柏林派了一名上校赶到了上海,同它的盟国——日本法西斯头子密谋。但这个机密很快被柏林的犹太人侦察出来,并迅速告知了上海的犹太人和他们的中国朋友。于是一场国际主义大救援开始了:我们的上海市民,冒着风险挺身而出,秘密地把这一千多犹太人送上了开往美国的耶稣号客轮。为了教育一代又一代的犹太人不忘中国人民的大恩大德,以色列政府把这个历史事实写进了他们的中小学公民读本,世世代代传颂中国人的恩情,告诫他们的子子孙孙要知恩图报,同中国人民永远友好。

第二个故事:在韩国小学生的胸前都挂着一个牌子,但不是"校牌"而是"孝行牌","孝敬"的"孝","行动"的"行"。这个"孝行牌"的正面有父母的像,背面有孝敬父母的格言与规定,学校要求学生每天对照"孝行牌"反省自己,一言一行是否对得起生我养我的父亲母亲。

这两个故事其实说的都是"知恩图报",即心存感恩之念,践行感恩之事。

同学们,抚今追昔、展望未来,我们就不难明白:和谐社会,亟需感恩教育;和谐校园,亟需我们具有感恩意识。因为不懂感恩,就不会有对父母的孝顺,就不会有对师长的尊敬,就不会有对同学、朋友的友爱,何来校园的和谐,何来社会的和谐?

再看看我们少数同学的言行吧!

一个寒冷的早晨,一位当清洁工的妈妈,下班了来不及脱掉工作服就赶到学校给女儿送毛衣。这个爱面子的女生,先是怕丢人不去认自己的妈妈,后来迫不得已接过毛衣,却恶言恶语赶快把妈妈推出校门。

前天下午值班的许老师到学校附近的网吧检查,发现三个男生逃学去玩电子游戏。老师批评教育他们,他们竟然同老师顶撞起来,骂老师是"狗拿耗子多管闲事"……

同学们,试想一下,父母含辛茹苦、起早摸黑,挣来血汗钱供你们上学,你们难道就不应该知恩图报吗?老师几十年如一日,为了你们的健康成长,青丝变白发,你们难道就不应该知恩图报吗?韩国学生懂得知恩图报,犹太子孙不忘知恩图报,难道我们有礼义仁爱传统的炎黄子孙,就不晓得知恩图报吗?

同学们,让我们一起捧着感恩之心,升华自我的人格魅力,弘扬我们的民族精神吧!从"我"做起,从现在做起,携手同心,共创和谐校园,让我们学校成为大家理想的求学之所,圆你们的成才之梦!

谢谢大家!

思考与训练

1. 演讲为什么要设置高潮？在什么基础上才能构筑高潮？
2. 怎样才能使演讲语言做到准确贴切？
3. 演讲选题必须遵循哪些原则？为什么？
4. 演讲常用的开头方式、结尾方式有哪些？
5. 演讲语言表达的技巧包括哪些内容？
6. 从结构的安排、语言的锤炼等角度分析以下演讲稿的巧妙之处。

伤痛·忧思·坚强

"5·12"汶川8.0级大地震，震毁了无数平和而宁静的城镇，震动了大半个中国的土地，震撼了13亿中国人的心，也震惊了整个世界……在那一瞬间，巴山蜀水在呻吟，祖国母亲在哭泣，大地母亲在恸哭……

对于灾难，我们无法逃避，也无法做出其他的选择，只是面对。灾难的发生是任何人都不希望看到的。我们哀痛，我们哀伤，无数人用止不住的泪水洗刷着心中的疼痛。但是，巨大的悲痛也会产生无穷的力量，人在最痛苦的时候心里仍会升起新的希望。人类文明的进步总要付出巨大的代价，甚至让无数人献出自己的生命。尽管发生，我们还是要继续生活，重建家园，为离开的人哀悼，为活下来的人好好活着！

东方的伟人不会在地震中胆怯，我们只会更加坚强。大地无情，人有情，地震强大，人更大。地震震醒了中国人的团结力量，那是一份真情、友爱、亲情的强大力量，心连心的支援、爱心奉献，爱心相随在灾区群众的身旁。爱的力量仿佛也到了最前线，来到了灾区，一起来承受这不能承受之重，承受来自心灵，来自身体的创伤。面对灾难，我们的国家从容以对；面对灾难，我们的人民互相护持；面对灾难，我们的民族再次展示了一方有难、八方支援的民族精神；抢险救灾队员临危不惧、舍我其谁的大无畏精神感动着我们；我们的总理在第一时间赶到了尚有余震危险的救灾前线，总理的眼泪落在了每一名华夏儿女的心头！

三天的举国哀悼日，不仅让我们凝住关于生命的记忆，更让我们慨然生命的责任和民族的大义，没有从磨难中走过的生命就没有对生命意义清晰的理解，没有在灾难中挺起的民族就没有笔直的脊梁，因此，我们有理由不哭。民族的韧性和国家的理性总会使我们以恒定的从容去勇敢面对一切，于坚忍中奋进努力，于悲歌中壮哉前行。这时候，文字是苍白的；这时候，血泪是无力的。只有不歇行进的双脚，不停掀动瓦砾的双手，接连擎起担架的双肩，持续"一二一"加油的号子，行动才是创造奇迹的交响，努力才是对生命最好的哀悼。人民，挺住；中国，加油。奇迹在手中，记忆在心中。

在灾难发生的那一瞬间，大地龟裂，山峰塌陷，房屋倒塌，无数的财富毁于一旦……

在那一刻，无数的生命消亡；在那一刻，无数的生命凋零……

也许就在那一刻，你们受了伤，留下了永远的痛。但是你们并不是孤独地面对伤痛，祖国人民永远和你们同在，我们永远与你们同在。当胡锦涛总书记满含深情地亲吻受灾儿童的时候，当全国民众捐献爱心的时候，当天安门前人们齐齐高呼"中国加油"的时候，你们都能真切地读出：祖国人民和你们在一起！相信我们大家都会为你们撑起一片爱的天空，你们永远都不会是独自面对灾难!

如果可以抱着你,我们会在你们的额上印下我们的吻,告诉你:我们爱你。

如果可以抱着你,我们会轻轻拭去你的泪,搂紧你,给你温暖。

如果可以抱着你,我们会紧紧拉着你的手,呵护你,你并不孤单。

泪水,只为融化冰冷的残垣;感动,只为坚守共同的誓言;汗水,只为追赶匆匆的时间;行动,只为捍卫生命的尊严。祖国人民的行动是最直接最明确的宣言:他们是你们最坚强的后盾!

沉沉的瓦砾,压垮了你们的家园,但压不垮你们努力生活的坚定信念;撼天的地震,震散了你们的亲人,震不散感天动地的骨肉亲情;动地的灾难,带走了你们一生的健康,却带不走华夏儿女血浓于水的深挚感情。

如果生命是一只蝴蝶,扇动翅膀,就会传递风的歌唱;如果生命是一枝花朵,如期开放,就会闪动露珠的光芒。

如果你是一只蝴蝶,祖国就是风,托起你飞翔;如果你是一枝花朵,祖国就是露珠,滋润你开放。祖国永远伴随着你们,永远是你们成长的摇篮,永远是你们宁静的港湾。

记住所有的人,所有的爱;忘记所有的痛,所有的苦难。风雨之后,会有彩虹;大难之后是涅槃重生。有你在,有我们在,有爱在,这个世界就还在!美好的家园还会再来!活着,多好!活着,为你,为亲人,为所有爱你的血肉同胞。

请你们一定坚强。请你们一定记住:我们有做好任何事情的勇气和信心,我们也能做好任何一件事情,因为虽然我们身残,但我们志更坚。

人是有尊严的,生命是有尊严的。

这时候,我们不去提什么诸如"人定胜天""战胜自然"等似乎听起来有点遥远的话。毕竟,生命是大自然赐予的。对于自然而言,夺走生命,似乎比创造生命更加容易。在大自然不经意的震怒面前,生命显得那样的脆弱。但是,这并不意味着我们就必须这样束手就擒。人的伟大、生命的伟大之处,就在于在任何恶劣、荒芜甚至灾难的环境中,都要坚强地活着。坚强地活下去,就是面对自然最有力、最坚定的抗争。

天地变幻之间,谁还记得最初的心愿;蓝天消逝之间,幸福分隔在梦的两端;在找到你之前,谁能给我放弃的理由;黎明到来之前,生命跳动在期待的边缘;在你回应之前,我不会停止我的歌喉;在你微笑之前,我不会松开我的双手;我会不停呼喊,直到阳光洒进你的窗口;我会在你身边,直到希望流入你的心田。

人的生命是无比坚韧的,人的创造力是无比巨大的,中华儿女更是如此。再大的灾难,也驯服不了我们顽强的心;再大的祸患,也不能让我们低下我们高昂的头!我们将永远前行在复兴和再创辉煌的路上!

只要活着就会有奇迹。风雨总会过去,彩虹依然美丽。抬起你低垂的头,挺起你弯曲的脊梁,放开懦弱,背负坚强,让我们擦去泪水,振奋起来,前进的路就在眼前,希望就在明天!

第五章

辩论口才

学习目标

- 了解辩论的种类和语言类型。
- 能做好辩论的准备工作。
- 掌握辩论的技巧。
- 能进行赛场辩论。

引例

在一次记者会上,朱镕基总理答记者问。

记者:"请问总理先生,无论下一届总理是谁,你认为他哪些方面应该向你学习?"

朱总理:"关于我本人,除了埋头苦干外,我没有什么优点。我不希望别人学习我。前不久香港某家报纸说我的本事就是拍桌子、捶板凳、瞪眼睛,那就更不要学习我了。但是,这家报纸说的不对,桌子是拍过,眼睛也瞪过,不瞪眼睛不就成植物人了吗?板凳是绝对没捶过,那捶起来是很疼的。至于说我这样做是为了吓唬老百姓,我想,很少有人会相信这种说法。拍桌子只吓唬那些贪官污吏。"

记者的提问十分刁钻,企图让朱总理对自己的政绩及缺点做一番评价。朱总理回答十分巧妙,他举香港一家报纸对自己的评论,用幽默的语言,否定了捶板凳,赢得了众多记者的掌声。朱总理的这段答记者问,真是口舌生风,妙趣横生,被誉为辩论口才的"红色经典"。

第一节 辩论概述

有人说没有辩论的世界是个冷清的世界,没有辩论的理论是僵化的理论,没有辩论口才的人是个平庸的人。论辩是独具艺术魅力的演讲活动,它以深邃的思想给人启迪,以妙语连珠、激烈对抗的场景,给听众高层次的美的享受。

"一人之辩，重于九鼎之宝；三寸之舌，强于百万之师。"驾驭奇妙的舌头，改变自己的命运，从"辩"开始吧。

一、辩论的含义与作用

辩论，是观点对立的双方或多方，就同一论题阐述己见，批驳或说服对方时所进行的言语交锋。辩论的最终目的是辩明事理、彰扬真理、否定谬论。①

在口语表达中，辩论具有重要的作用——辩论是发扬真理、揭穿谬误的重要武器，是保护公民正当权益、捍卫法律尊严的重要手段，是推进学术发展的重要途径，是保证决策科学化的重要条件。在口才训练中，辩论同样具有重要的作用，这主要表现在以下两个方面。

（一）激发求知欲，深化对事物本质的认识

通过辩论，人们会发现有许多问题看似明白，追根究底却又迷惑不清，这就促使人们扩大视野，学会灵活运用所掌握的知识去分析解决问题。在一般情况下，由于受主客观条件的制约，个人思想认识存在着局限性，容易被表面现象所蒙蔽，因而对某些事物的真相认识不清，而与某些思辨能力强或对某些事物有研究的人进行争辩，就会受到启发，提高认识，掌握规律。

（二）培养综合能力，全面提高口语表达水平

在辩论过程中，要求能迅速提取个人知识储备的有关信息进行思辨，具有确定自己立论的能力、边听边归纳对方话语要点的能力，以判断对方见解正误的能力和快捷组织语言做出有针对性反应的能力。这种思辨能力强的具体表现如下：论述自己观点时逻辑严密，条理清晰；反驳对方观点时判断准确，分析透辟，制其要害。

通过辩论训练，人们注意力的集中性、指向性，思维的敏捷性、灵活性，表达的准确性、条理性，都会得到很好的培养；逻辑推理能力、现场应变能力和即兴讲说能力，都会得到有益的锻炼，从而能全面提高口语表达水平。②

二、辩论的原则

（一）观点鲜明、理据充分

在辩论时，持不同见解的双方要鲜明地表达自己的观点，不模棱两可、不含含糊糊；在辩论中，无论是阐述自己的观点，还是辩驳对方的错误，都必须做到理据充分，即在引证公理、典籍法规、列述事实、援引数据时，要做到典型、准确、充分，从而产生强大的逻辑力量。

（二）剖析辩题、理解原意

辩题即辩论双方认识相悖，需要通过辩论分清是非曲直进而取得共识的问题。辨清了辩

---

① 冯必扬. 通往雄辩家之路——辩论学导论 [M]. 上海：上海人民出版社，1989：2.
② 陈准，周建设. 实用论辩艺术 [M]. 长沙：湖南科学技术出版社，1990：9.

题，才能把握住关键，从而有针对性地进行言语交锋。剖析辩题时要注意以下几个要领。

1. 分清辩题的共认点

共认点又可称为共识，即在辩题范围内，辩论双方观点一致的认定，它是辩题范围内不辩的部分。分清了共认点，有助于划定辩题的外延，明确辩论的展开方向。

2. 分清辩题的异认点

异认点就是分歧点，即双方观点的对立点所在。准确地把握住辩题的异认点，抓住核心，抓住关键，就能牢牢把握辩论的方向和中心。在辩论实践中，这种异认点在中心论点、各级分论点甚至在论据上逐步逐层显露出来，因此需要厘清这些异认点的层级，逐层依次辩驳，取得辩论的胜利。

3. 分清异认点的主次

有些辩题较为单一，分歧点鲜明且集中，有些辩题异认点多且不甚分明，这就需要把握分歧点的主次，抓住分歧点的核心，形成集中而明确的辩论焦点，东一榔头西一棒子，就不可能是辩论了。

理解原意是指真正弄清对方的观点，不能误解甚至曲解。误解对方原意，甚至把观点强加给对方，不仅不能产生辩驳效力，而且也不可能演绎出针锋相对、旗鼓相当的辩论"话剧"来。

（三）态度诚恳、有理有节

辩论的目的在于明是非、权利弊、求真理，在于促进学术的完善深化、法律的正确实施、决策的科学得当，因此，必须讲究高尚的辩论道德，树立正确的辩论作风。这就要求辩者做到有理有节，有理，即要以客观事实、科学道理和严密推理去论证和反驳，以理服人，以据服人，不以势压人、以声吓人；有节，即议论要有分寸，对不同意见的辩驳要适度，适度就是坚持实事求是，不将认识问题硬扯成立场问题，不将学术问题或是非问题硬扯成政治问题。

三、辩论的种类

辩论可分为六大类，即学术辩论、决策辩论、法庭辩论、专题辩论、赛场辩论、日常辩论。

（一）学术辩论

学术辩论是辩论中常见的一种形式。开展学术上不同观点、不同思想辩论的"百家争鸣"，是促进科学发展、文化繁荣的重要方法。由于立场、客观两方面的限制，我们的认识是不平衡的。因此，在各种科学领域中，必然也会存在各种不同的观点、不同的理论体系。人们展开争鸣辩论就能更好地明辨是非、优劣。正确的、优秀的被发扬光大，错误的、低劣的受到抵制淘汰。这就可以使人们在各个学科中的正确认识不断地发扬光大，逐渐地去认识和掌握各种学科领域中客观事物的本质和规律，从而建立、巩固、发展各种正确的优秀观点和理论体系。学术辩论的辩者一方面态度要严肃认真，既敢于坚持真理，也敢于在真理面前低头；另一方面也要待人和善，争辩时平心静气、不逞强、不闹意见，必须以理服人。这样才是健康正常的学术辩论，才会取得良好的辩论效果。

（二）决策辩论

决策是人类的基本活动之一，也是一种重要的领导行为。它是人们对行动目标与手段的探索、判断和抉择。我国浩如烟海的文化典籍给我们留下了许多脍炙人口、寓意深刻的决策典故。如曹刿与鲁庄公议论作战条件而在长勺之战中打败齐桓公；诸葛亮作"隆中对"而三分天下，辅佐刘备称雄蜀中；朱元璋采纳"广积粮，高筑墙，缓称王"的建议而创立明王朝；等等。这些生动的记载都说明正确的决策对于实现战略目标和夺取胜利的重要性。在社会主义新中国的历史上，围绕对农业、手工业、资本主义工商业的社会主义改造，党和国家工作重点的转移、重大方针政策（如建立社会主义市场经济体制）的制定、重大工程（如三峡工程）的动工等，也都曾在内部展开过不同程度的决策辩论。

（三）法庭辩论

法庭辩论是法律活动中一个重要的组成部分。诉讼活动包括两个方面：诉，是告诉、控诉；讼，是辩论是非。现代法庭审判中辩论是法定的重要程序之一。我国刑事和民事诉讼的有关法律均规定有辩护制度，以确保诉讼双方的法律权利。刑事和民事这两种不同诉讼的法庭辩论，从法律角度来看是有区别的，但从辩论的角度来看却是基本相同的，都是为了辩明事实真相，以确保法庭审判的正确，防止冤、假、错案的发生。

（四）专题辩论

专题辩论，是指在专门场合进行的有特定议题的辩论，如毕业答辩、外交谈判、联合国大会辩论、美国总统竞选中的电视辩论、各种谈判中所发生的辩论等。专题辩论的形成标志着当今的人类文明已进入了一个激烈的智力竞争时代，竞争的武器由金属制成的枪和剑转变为唇枪舌剑的辩论。在很多国家的总统竞选中，都有"电视辩论"节目，这类专题辩论为人民把辩论能力作为衡量总统才能的综合性指标创造了条件。

（五）赛场辩论

赛场辩论，是将辩论作为一种比赛项目来进行的演练活动。参加"国际辩论比赛"的多为各国大学的学生。赛场辩论是目前世界上正在兴起的一种比赛项目。这是一项侧重于人们言辞表达能力的比赛，被称为"唇枪舌剑的竞赛"。比赛前，先确立一个辩题，辩题可以涉及社会、道德、法律、伦理、政治等人们所关心的问题。比赛双方分为正题方和反题方，正题方支持这一辩题，反题方则反驳这一辩题。评分以参赛人员的立场、辞令和演讲风度三项为标准，总分最高者为优胜。

（六）日常辩论

日常辩论是指人们在日常生活中随时随地发生的争辩。它一般是在双方都没有准备的情况下，由眼前突然触发的事件而即兴式地引起的。日常辩论多采用当场辩论、摆事实、讲道理的方式进行。

例证 5-1

有一次,当代作家刘绍棠在南开大学做文艺理论讲演。有位女同学提问说:"刘老师,我不同意您关于作家在创作时即使对于真实的东西,也是有所写有所不写的观点。既然是真实的,就是存在着的,存在着的就应该表现,应该写,这才叫'实事求是'嘛!实事求是不是毛泽东思想的根本点吗?"刘绍棠发现提问的这个女同学是个漂亮的姑娘,于是就开玩笑说:"那好,我可以回答你的问题,不过我想先看看你学生证上的照片。"这个女同学迷惑不解。刘绍棠说:"我想看看你学生证上是不是贴着脸上长疮时照的照片。""刘老师,您真逗,谁会在脸上长疮时去拍照呢?谁能把长疮的照片往学生证上贴啊!""这就对了!你不在长疮时拍照,更不会把长疮时的照片贴在学生证上。这说明你对自己是看本质的。因为你是漂亮的,长疮时的不漂亮是暂时的,它不是你真实的面目,你不愿意把它照下来贴在学生证上的想法是公正的。共产党的某些缺点和错误是需要批评的,但有许多事情是有其特殊原因的,它涉及许多方面的问题,应由党内采取措施去改正。可你非要把它们揭露出来,这岂不是要共产党把长疮的照片贴在共产党的工作证上吗?为什么你对自己是那样公正,对共产党却是这样不公平呢?"刘绍棠同志这一番随机的精彩辩论终于使那位女同学折服了。

四、辩论的语言类型

按照阐述内容的侧重点不同,辩论语言可分为三种基本类型。

(一)申辩

申辩就是表明自己的立场,提出自己的立论,说明自己立论的理由和根据。例如,下面是反方的申辩。

例证 5-2

我方立场是:人性本恶。

第一,人性是由社会属性和自然属性组成的,自然属性指的就是无节制的本能和欲望,这是人的天性,是与生俱来的;而社会属性则是通过社会生活、社会教化所获得的,它是后天属性。我们说人性本恶当然指的是人性本来的、先天的就是恶的。

第二,提到善恶,正如一千个观众会有一千个"哈姆雷特"一样,一千个人心目当中也许会有一千个善恶标准。但是,归根结底恶指的就是本能和欲望的无节制地扩张,而善则是对本能的合理节制。我们说人性本恶正是基于人的自然倾向的无限扩张的趋势。那个曹操不是说过"宁可我负天下人,不可天下人负我"吗?那个路易十五不是也说过:"在我死后哪怕洪水滔天。"还有一个英国男孩,他为了得到一辆自行车竟然卖掉自己三岁的妹妹。对于这些,对方还能说人性本善吗?

第三,虽然人性本恶,但是我们这个世界并没有在人欲横流中毁灭掉,这是因为人有理性(时间警示)。人性可以通过后天教化加以改造,当人的自然倾向无限向外扩张的时候,如果社会属性按照同一方面推波助澜,那么人性就会更加堕落;相反,如果我们整个社会倡导扬善避恶,那么人性就有可能向善的方向发展,这一点也正说明了儒家思想所倡导的修齐、治平、内圣、外王是何等的重要！对方辩友，如果真的是人性本善的话，那么孔老夫子何必还诲人不倦呢？

这是首届国际华语大专辩论会决赛关于"人性本善"论辩反方复旦大学队一辩论证"人性本恶"的辩词。这段辩词开头鲜明地表明立场观点，然后采用定义正名、举出实例、引用名言和辩证分析等方式进行论证，不仅明确了"人性""善""恶"等概念的确切含义，而且立论气势磅礴，分析透辟深刻，产生了极大的逻辑征服力。

（二）驳辩

驳辩是揭露对方认识上的谬误，反驳其错误观点，以击败对方的立论；或者是指出对方论据的虚假之处，使其立论因失去依据而站不住脚；或者是指出对方论证方法的错误，揭示其论点与论据缺乏联系或论点未得到证明。

例证 5-3

"嘴上无毛"就一定"办事不牢"吗？古今中外许许多多军事活动家，恰恰都是风华正茂的时候建立起了不起的功业的。民族英雄岳飞二十多岁即带兵抗金，当节度使时只有31岁；其子岳云12岁从军，14岁打随州率先登城，成了军中骁将，20岁时就当了将军。曾经统帅大军席卷欧洲大陆的拿破仑，在土伦战役中击溃保皇复辟势力，被晋升为少将时才24岁；统兵攻意大利，战胜奥地利的时候才27岁。俄国苏维埃国内战争时期的军事统帅伏龙芝，不到30岁时即当了东线和南线的指挥官，独挡千面，任国防部部长时才40岁。在我国军队中，许多老帅老将们，多数不也是在二三十岁的时候就当了师长、军长、团长甚至方面军总指挥了吗？可见，"嘴上没毛"与"办事不牢"之间并没有必然联系，关键是有才与无才。套用一句古话来说："有才不在年高，无知空长百岁。"

军队现代化、革命化建设需要许多有才干的年轻人，可是有人对启用年轻人却不那么放心，理由是年轻人"嘴上无毛，办事不牢"。针对这一错误观点，辩驳者列举古今中外许多军事家年少有为的事实进行反驳，并且在"破"的基础上立论："关键是有才与无才。"反驳尖锐有力，立论稳妥可靠，给人以深刻的启示。

（三）答辩

答辩就是指在对方不了解己方立论提出责难时，对己方观点或立论做出解释，或进行辩护，以解除疑惑、阐明真理的言语交锋。答辩根据目的的不同，可分为说服性答辩、解释性答辩和反驳性答辩三种。论辩中的答辩，主要针对对方对己方观点、立论的反驳而进行的论辩，因而具有两大功能：第一，为己方的观点辩护，是继续"立论"；第二，驳斥对方的责难，是继续"反驳"。因此，答辩要求做到思维敏捷，逻辑严密、针锋相对、语言犀利。

例证 5-4

1985年12月，成都军区武术总教练海灯法师和高徒成都军区武术教练范应莲访问美国。在一次记者招待会上，一位美国记者问："法师，您和您的高徒担任成都军区武术总教练和教练,而成都军区担负着打越南的任务,这岂不是犯了你们佛教的杀戒,坏了佛门的规矩?"

海灯法师莞尔笑道:"朋友之言须作些修正,不能称打越南,而谓之自卫反击,此其一;我佛慈悲,善恶须分,惩恶扬善,佛门之本,此其二。越南当局忘恩负义,与邻反目,骚扰边境,杀害无辜,吾为中国一佛徒,岂能坐视?"一席话,博得众人的连声称赞。

海灯法师回答美国记者责难之前,首先纠正了对方概念上的错误:不是"打'越南'",而是"自卫反击",然后据佛门之本,揭露越南当局之暴行,说明了"中国一佛徒"义不容辞的责任,从而有力地反驳了对方的观点。

五、赛场辩论

(一)赛场辩论的含义

赛场辩论是指在主持者的组织下,围绕一个事先拟定的辩题,由正反双方进行辩论以决胜负的一种辩论比赛。赛场辩论不仅要探求真理,更重要的是通过辩论来训练和提高队员们的思维能力,双方不会被对方当场说服。辩论比赛双方的言论并不一定是自己平时所持有的观点,要能自圆其说。辩论赛应注重说服评判员和观众。[①]

(二)辩题的审立

辩题及其相应的立场是辩论的出发点和归宿,对辩题的理解和把握直接关系到据此制订的辩论方案质量,这就要求必须进行辩题的审立工作。辩题的审立包括三项内容:一是确定辩论的立场,二是把握辩题的性质判断,三是建构立论的框架。

1. 确定辩论的立场

辩论的立场是辩论中所要阐明的观点和坚守的阵地,是辩驳的依据、立足点和出发点。辩论比赛一般采用限定比赛双方立场的比赛规则,因而无论正方还是反方都必须按照规定的立场制订辩论方案。如果规则只限定正方立场,反方自由立论时,那么,反方在审题的基础上,就必须确定自己的辩论立场。

例如,1988年第二届亚洲大专辩论赛决赛场的辩题是"儒家思想可以抵御西方歪风",反方观点是"儒家思想不能抵御西方歪风"。制订辩论方案的首要任务是确定立场,"抵御西方歪风要靠综合治理"是辩者权衡利弊之后确定的立场。又如第三届上海大学生辩论赛上有一个命题为"当前我国环保的主要问题是缺乏资金",规定反方的观点是"当前我国环保的主要问题不是缺乏资金"。这个辩题实际上没有对反方做立场的限定。在辩论中,正方会对反方提出质询:"环保的主要问题是什么?"所以,反方应该亮出自己的立场。反方既可立论为"当前我国环保的主要问题是缺乏环保意识",也可立论为"当前我国环保的主要问题是环保法制不健全"等。对这类辩题进行立场限定,反方立论就有较大的余地并奠定辩驳的基石。

2. 把握辩题的性质判断

辩题的属性通常不是单一的,至少都有价值判断的要求。审题时必须做价值判断,以使

---

① 冯必扬. 通往雄辩家之路——辩论学导论[M]. 上海:上海人民出版社,1989:44-46.

辩论达到一定的高度，产生号召力和感染力。同理，对辩题也应做事实判断和理论判断，只有立足于充分的事实和权威的理论的支持，才能获得辩论的胜利。例如，持"人性本恶"的立场时，提出"人性本恶，但（社会）人心向善"的价值判断，并将其贯穿于辩论始终，不仅使辩论达到一定的价值高度，而且顺民心、合民意，论述证明也容易被评委和观众接受。对辩题做性质判断时，必须"多管齐下"，进行综合性质判断，分析辩题的逻辑内涵、价值内涵，寻求辩题理论的支持和社会现实的支持，为建构立论的框架和设计辩论的方案打下必要的基础。

3. 建构立论的框架

确定了辩题和己方的立场后，必须对辩题进行立论分析，这是因为辩论比赛的辩题和立场是由抽签决定的，要理解、把握辩题的正确内涵必须进行"立论"的相关工作，必须经历一个由他人立论内化为自己立论的过程。

特别值得注意的是，对于辩论对立方的辩论方案必须做充分的预测，要站在对方立场上做设计，并据此不断调整本方的"立论"，进而对本方的方案反复调整、分析和优化。下面以对"人性本善（恶）"的分析来看下正反方如何立论。

例证 5-5

1. 对"人性本恶"的立场分析

总体分析：人性由自然属性和社会属性构成；人性本恶；人有理性；通过后天的教化，人性可以改变，甚至可以产生伟大的人。

关键词定义：人——人类。人性——由自然属性和社会属性构成，自然属性是指有无节制的本能和欲望。本——先天的、本来的。恶——本能与欲望的无节制扩张。

关键词联系：在这个辩题及相应立场上关键词的联系直接由立场给出，即人性"本"恶。

2. 对"人性本善"的立场分析

总体分析：人与其他动物有区别也有联系；人是最高等的动物；人是理性的动物。

关键词定义：人——人类。人性——人区别于其他动物的根本属性。本——先天的、本来的。善——吉祥、善良。

关键词联系：即人性"本"善。

以上是复旦大学代表队分别对"人性本恶"和"人性本善"的立论。由于是同一方建构的两种立场，所以针锋相对，逻辑处于同一个层次。而实践中，持正方立场的台湾大学代表队的立论则与此有很大差别。透过其辩论陈词分析出其立论如下。

立场：人性本善。

总体分析：人有理性；人有恻隐之心。

关键词分析：人——有理性的个人。人性——人的道德性。本——人之初。善——恻隐之心。

关键词联系：恻隐之心人皆有之。

就实际比赛时正反两方立论而言，关于"人"的外延反方大，正方小。反方的定义把区别于动物的"人类"作为前提，正方把抽象化的"单个人"作为前提，前者的"人类"定义外延包含后者的"单个人"的外延，其逻辑层次、立论基础高于正方。

（三）辩手的分工

辩论比赛是有组织的合作行为，不仅要求辩手素质好，表现优秀，而且要求辩手之间合理分工，相互配合。如"4∶4"辩论阵式，即4位辩手的辩词，分别为起、承、转、合，形成有机的整体，表现出良好的团队精神。一般来说，4位辩手的分工如下。

一辩为"起"，即对辩题的内涵加以界定，从理论上阐明本方的立场，为全队下一步辩论做出开启和铺垫。要做到提纲挈领、观点鲜明、条理清晰，既要让听众和评委了解本方主要观点，又不能把话讲得太直太透，以免过早暴露本方的战略意图，给对方提供辩驳的可乘之机。

二辩为"承"，即从宏观和微观或理论和实践上进一步展开论证，要做到论据充实，论证有力，折服评委和听众。

三辩为"转"，即既要针对对方前两位辩手出现的谬误和矛盾发起攻击，又要强化本方的论述，尽可能做到从新的思维角度论证，巧妙地使出"杀手锏"，打对方个措手不及。

四辩为"合"，承担总结陈词的任务。结辩要根据辩论的情况，选择有利的条件，既要透彻、尖锐地指出对方观点中的谬误、矛盾与不合理之处，又要巧妙地强化、补充、修正和完善本方的观点。结辩形成辩论的高潮，成功与否往往关系到论辩的胜负。[1]

整体配合除了辩手们合理分工、明确职责，还应注意辩手之间的相互补充、相互配合，增强语言的战斗力、论辩力和幽默感，依靠集思广益和团队精神，把整个辩论推向高潮。

起、承、转、合只是一种程式，运用这个程式时更需要在内容上进行精心设计，以便于辩手们充分发挥其应有的作用。

例证 5-6

作为反方的复旦大学队就"温饱是谈道德的必要条件"进行辩论时，对辩手做了具体的分工。

一辩（逻辑判断）：

说明底线：温饱的概念；道德和谈道德的概念；理解；设计对方立场；交代本方辩论格局。

二辩（理论判断）：

必要条件：道德的起源；道德的本质；道德的目的；道德的功能；道德的层面。

三辩（事实判断）：

自古美德出自饥寒；饱暖思淫欲之类。

四辩（价值判断）：

经济发展需要谈道德；重申本方基本立场；道德是人类社会发展的基本保证；今天全人类更需要谈道德；最后康德名言的引证。

---

[1] 顾一中，刘珂. 实用论辩学 [M]. 北京：中国展望出版社，1990：207.

从实际辩论过程来看，这四位辩手不仅完成了所承担的任务，而且充分发挥了所处地位的优势和作用，相互配合，协同作战，最终取得了辩论赛的巨大成功。

六、辩词赏析

（一）辩题：治贫比治愚更重要

反方：对方辩友以迫切性来衡量重要性，那我倒要告诉您，我现在肚子饿得很，十万火急地需要食物来充饥，但我还是要辩下去，因为我意识到辩论比充饥更重要。

正方：对方辩友，我认为"有饭不吃"和"无饭可吃"是两码事……

（二）辩题：愚公应该移山还是应该搬家

反方：我们要请教对方辩友，愚公搬家解决了困难，保护了资源，节省了人力、财力，这究竟有什么不应该？

正方：愚公搬家不失为一种解决问题的好办法，可愚公所住的地方连门都难出去，家又怎么搬？可见，搬家姑且可以考虑，但也得在移完山之后再搬呀！

（三）辩题：思想道德应该适应（超越）市场经济

反方：请问雷锋精神到底是无私奉献精神还是等价交换精神？

正方：对方辩友您错误理解了等价交换，等价交换是说所有的交换都要等价，但并不是说所有的事情都是在交换，雷锋还没有想到交换，当然雷锋精神也就谈不上等价了。

（四）辩题：知难行易

反方：许多贪官不是不知法，而是知法犯法。

正方：对呀！那些人正是因为上了刑场死到临头才知道法律的威力、法律的尊严，可谓"知难"呀，对方辩友！

当反方以"知法容易守法难"的实例论证于"知易行难"时，正方马上转而化之从"知法不易"的角度强化己方观点，给对方以有力的回击，扭转了被动局势。

（五）辩题：跳槽是否有利于人才发挥作用

正方：张勇，全国乒乓球锦标赛的冠军，就是从江苏跳槽到陕西，对方辩友还说他没有为陕西人民做贡献，真叫人心寒呀！

反方：请问到体工队一定是跳槽去的吗？这恰恰是我们这里提倡的合理流动呀！对方辩友带着跳槽眼睛看问题，当然天下乌鸦一般黑，所有的流动都是跳槽了。

正方举张勇为例，他从江苏到陕西后，获得了更好的发展空间，这是事实。反方马上指出对方具体例证引用失误：张勇到体工队，不可能是通过跳槽这种不规范的人才流动方式去的，而恰恰是在"公平、平等、竞争、择优"的原则下合理流动去的，可信度高、说服力强、震撼力强，收到了较为明显的正本清源的效果。

> **小训练**
>
> 以四人为一小组，进行小组辩论。
> 1. 正方：笑比哭好；反方：哭比笑好。
> 2. 正方：大学期间，修德重于修业；反方：大学期间，修业重于修德。
> 3. 正方：人性本善；反方：人性本恶。

有人说：辩论是一种高智商的游戏。辩论能否成功，辩论者的智慧非常重要。高明的辩论者必须具有多方面的素养，掌握多种有效的辩论技巧，这样就能无辩不胜，巧言一席，强似雄兵百万。辩论是艺术，不管谁胜谁败，都会因思想的碰撞而迸发出智慧的火花，它帮助人们认识是非、得失、美丑，它给我们的生活增辉添彩。同学们，当你面对不良现象时，当对方的观点与你相悖时，不妨运用今天所学的知识尝试来场精彩的辩论吧！

第二节　辩论的准备

辩论准备是任何一种类型的辩论所必经的环节。其基本任务有四项：一是确立本方论点，二是为立论和驳论收集材料，三是制定辩论的谋略和战术，四是拟写辩词。

一、辩论审题与立论

审题是正确立论的基础，竞赛辩论的辩题通常十分具体、集中；法庭辩论往往没有具体辩论题目，只是就某一案件的犯罪事实的真伪、程度及其依法量刑等内容进行辩论；交际辩论中的辩题则有一定随机性，通常是就某一原则、利益内容进行论争。因此，不同性质辩论的审题工作不可能完全一样，但其基本要领是通用的。比较而言，竞赛辩论的审题过程更复杂，要求更高些，值得深入研究和探讨。

（一）审题的技巧

审题的目的是弄清辩题的含义，认识辩题对双方的利弊，把握双方争辩的焦点，以便确立对自己有利的论点和策略。为此，双方应对辩题进行全面、深入、透彻的审视、分析和研究。具体来说，审题时可运用以下方法和技巧。

1. 分析题型，把握基调

任何一个辩题都包含着特定的论争范围。审题首先要从宏观上分析了解辩题涵盖的领域及与之相关的诸多因素，认识辩题类型、色彩，明晰辩题的利弊难易之点，把握双方可能交火的战场等问题，做到知己知彼。

需要剖析的内容包括以下几点。

（1）辩题类型。就是从不同侧面和角度分析辩题性质，弄清其特点。通常要从两个角度分析。从性质上看，辩题分为三类：一是价值性命题，即辩论某件事情是否较好；二是事实性命题，即辩论某件事是否真实；三是政策性命题，即辩论某事该不该做。从辩题内部的逻辑关系来看，又可分三种形式：一是从属型，即辩题提出的两种事物彼此是从属关系；二是条件型，即辩题提出一类事物是另一类事物出现的前提；三是比较型，即对同时出现的两种事物比较其优劣。不同性质、不同形式的辩题必然导致辩论方向、逻辑要求、立论角度、论证方式、引用论据有所不同。

因此，分析辩题首先要看它属于哪类性质的辩题，然后看它包含着哪一类逻辑关系。例如，剖析辩题"大学毕业生当村干部是大材小用"，可以看出这是一个价值性命题，是讨论这件事情好不好的问题，应从不同价值观念入手展开探讨和论争；从辩题的逻辑关系看，这个肯定判断句属于从属型命题，应着力探讨二者之间的从属关系是否成立，掌握了辩题的属性便可由此引申，进一步探讨立论的方向。

（2）辩题倾向。辩题倾向即分析辩题所包含的理性意义是否与社会的普遍看法、时代思想倾向合拍。一般来说，辩题含义与社会思想倾向相一致的一方，会占有客观优势，辩论起来顺理成章，易于造成有利态势。相反，当所持观点与现时情况不符，或与之所涉及的政策条文相悖，或明显消极片面时，该方就会处于不利地位，维护这样的论点困难较大。例如，辩题"中学生异性交往利大于弊"，正方观点明显与社会观念和现实情况相背离，论证起来必然如同为一个垂死者打针输血，要把他救活，其难度可想而知。

因此，持背时、背向观点的一方必须别出心裁，或在立论角度，或在背景材料上，精心谋划，找出"理"来，才可能有胜算。

（3）辩题色彩。辩题色彩就是分析辩题的感情色彩与语境人情、辩场情绪是否相容。有的辩题包含的某种感情倾向很可能与语境人情不协调。审题时就要细细体察，看它在哪些问题上可能触犯"众怒"，引起反感，从而及早进行策划，以绕开"雷区"；同时看在哪些感情上可以与观众共鸣，赢得同情，就要充分利用。例如，在某大学一次辩论中，辩题是"大学生谈恋爱弊大于利"，从理性角度看，辩题有利于正方，但是从现场气氛和大学生的普遍情绪来看，又有利于反方。这样，作为正方就必须考虑到这种感情色彩的影响，在立场和感情倾向上有通盘考虑，处理好维护本方观点与照顾观众感情色彩的关系，小心翼翼地开辟前进的道路。

2. 由宽到窄，探求焦点

在认清辩题性质、倾向、色彩之后，就要从微观角度把目光投到辩题本身，进行剖析研究，一层一层地探求双方的分歧，捕捉辩论的要害之点，触及辩论的实质性问题，全面把握辩题内涵。

辩题通常表达一定的判断，由一组概念组成。这些概念本身包含着一定的内涵和外延，同时概念之间还存在着某种相互制约和彼此影响的关系。分析辩题就要把这些概念及其彼此间的逻辑关系和相互影响搞清楚，以便有效地限制对方，为自己突破辩题的局限，建构优势，创造自由。

一般情况下，分解辩题可分为以下三步进行。

第一步，分解辩题为词语或语素，即把辩题分解成最小的意义单位。对每一个小单位进行研究，确定其含义和作用。可以通过定义概念的方法，把每个单位概念的内涵及所指对象搞清楚。[1]

---

[1] 冯必扬. 通往雄辩家之路——辩论学导论[M]. 上海：上海人民出版社，1989：68-72.

第二步，分析辩题范围，就是搞清辩题所包含或所涉及的实际内容。通常是通过分析辩题中每一概念的范围来勾画辩题的范围。

第三步，由宽到窄逐步"聚焦"。在很多情况下，双方辩论的并不一定是整个辩题，而往往是在一些关键问题上成为必争之点。因此，在分解辩题的基础上，还要找出辩题中最关键、最要害的词、词组，确定辩题核心，明确辩论的焦点。

例证 5-7

对外经济贸易大学队在审题时，这样分析辩题"进口高档消费品利大于弊"的论争范围：进口——进口和出口一样，都要有量的规定，如大量进口、常量进口和少量进口。进口的量不同，所引起的后果就不同，也就是说带来的利弊也不同。任何事物都有度的规定，过量总是有百弊而无一利。辩题中"进口"两个字没有量的规定，显然有利于反方，他们会根据中国资金短缺的事实、盲目进口高档消费品所带来的后果证明"弊大于利"。正方同样也可根据辩题中"进口"两个字没有量的规定，坚持适量进口和常量进口的阵地，论证以往进口高档消费品所出现的偏差，有些是政策失误，有些是局部利益破坏了国家利益，有些则是过量进口造成的，并不是进口高档消费品的错误，不能因噎废食。我们有能力纠正以往的错误，做到适量进口，当然就利大于弊了。高档——这个定语是相对的，对处于不同生产力水平和经济状况的国家来说，它的含义是不一样的。在我国这样一个特定的条件下，有些国外的高档消费品，在中国则还未成为消费品。消费品——也是相对的，不同的国家、不同的环境，消费品的内容不同。在发达地区和国家，小汽车是消费品，而在中国尚未成为老百姓的消费品。在20世纪80年代中期，个人汽车拥有量几乎还是空白。所以，小汽车就被排除在消费品之外。利大于弊既有量的标准，也有质的标准，它们之间的衡量是十分复杂的，可能100个小利抵不上一个大弊，也可能一个大利抵得上100个小弊，一个长远的利抵得上暂时的许多弊。如此把每一概念的范围都搞得清清楚楚，就大体上勾画出了双方在辩题上的共认点、异认点。了解对自己有利之处和有害之处，就对辩题范围做到了心中有数。

有些辩题的分歧、对立点比较明显、单一，其异认点就是争论的焦点；也有些辩题的分歧点较多、较杂，难以识别，这时就应反复比较，区分其中心论点与从属论点，分清主次，抓住"题魂"。我们仍看例5-7：在辩题"进口高档消费品利大于弊"中，双方在"进口""高档""消费品"等内容上，分歧不会太大，甚至双方都会承认这样一个观点："进口高档消费品有利也有弊。"而在利多还是弊多问题上，则是双方的异认点，构成对立。这样分析就把辩题的范围缩小了，变窄了，更集中了，接近了双方争论的焦点，进一步看，在利大与弊大的问题上双方必会"公说公有理，婆说婆有理"，都能举出大量事实证明自己的观点。这样似乎仍然不能形成真正的对垒，难以判断胜负。进一步探求下去，就会发现所谓利、弊是站在不同角度，用不同标准衡量的结果。那么，这个衡量利、弊的标准是否正确，就成了判定胜负的客观标准。

这样"聚焦"，辩题的关键点就比较明确，在衡量标准上争论利大与弊大的问题就自有公论了。如此由宽变窄，由面到点，步步推进，集中在衡量利与弊的标准尺度上短兵相接，决一胜负，就算抓住了争论的焦点，抓住了"题魂"。

3. 拓展思路，优选角度

在分析辩题过程中，必须打开思路，把问题想得更宽、更远、更深、更透。为此，就要多设疑，多提问，尽量把触角延伸到更广泛的未知领域。从辩题的内外联系，从历史的和现实的状况中进行广思，还要从对方的立场进行思考并提出问题，才可能找到于己有利的最佳立论角度。

例证 5-8

南京大学队在就辩题"愚公移山还是搬家"进行审题时，为了打开大家的视野，拓展思路，深入思考，教练周安华提出了一系列问题：第一，愚公面对的主要困难是什么？第二，愚公移山会产生什么样的问题？带来什么样的影响？第三，愚公为什么应该搬家？第四，移山精神是否就是中华民族精神的本体？第五，移山行动与文明发展规律是否一致？第六，愚公应该搬家的主、客观依据是什么？第七，愚公搬家的文化支持何在？第八，愚公应当搬家的价值体现在哪里？第九，应如何评价愚公搬家之"智"、搬家之"勇"？"勇"在何处？

这样提出问题，就把大家的思索范围大大地扩展开来，辐射到历史、文化、价值与文明发展等方面，从过去和现在、主观和客观、智与勇等多重比较中全面思索，寻求可以强化本方立场的理论和事实，大大加深了对辩题的理解和把握，有助于最大限度地获得场上的自由。

随着认识的拓展和深化，人们会发现一系列可比较因素，主要如下：辩论双方的利弊，双方可能立论的角度、攻击点、防守线，主要理论和材料的利弊，与辩题相关的辩场观众情绪、思想倾向的利弊等。这时，我们应将上述诸因素综合起来思考，通盘比较，权衡利弊，从中选择出最佳的立论角度。下面是一则综合审题的实例。

例证 5-9

在辩"儒家思想是'四小龙'经济快速成长的主要推动因素"时，反方南京大学队在审题中感到反方立场有相当难度。首先辩论所在地新加坡是尊孔和提倡儒家思想的国家，观众和评委中不少人都是儒家思想的崇尚者。再从实际情况看，"四小龙"经济在近期的确快速发展，令世界瞩目。在这种背景下，他们认真分析、审题，从历史与现实、经济与文化、思辨的思想倾向和观众感情色彩等方面进行综合分析，先确定了不批儒家思想，相反要充分肯定儒家思想的总战略。而后又抓住"题眼"——"主要"两个字做文章，即承认儒家思想是经济快速成长的推动因素之一，但同其他推动因素相比，它不是主要的。这样就把争辩的焦点从"是不是"转移到"主要与否"上，有一定的出奇性。但是他们又意识到，这个角度并非十全十美，因为只要承认儒家思想是推动因素之一，就会为本方阵地留下缺口，主要与次要之辩难以说清，因而缺少全胜的把握。于是，他们再行思索，终于选出新的角度，确定了"把儒家思想的功能拒之于经济领域之外"的战略，即在经济领域之外，充分肯定儒家思想的积极作用，但是决不承认它是经济发展的推动因素，充其量不过是经济发展的一个背景条件，而正确的战略选择和政策协调才是主要推动因素。

最后，他们总结成四句话：辩题性质——经济、事实；时空范围——"四小龙"，近三十年；辩论内容——国民生产总值增长的原因而非其他；儒家思想——非常好但不具备经济功能。至此，反复审题的结果，为本方找到了有利的辩论角度。后来的辩论实践证明，他们的审题和战略是成功的。

（二）立论的技巧

在剖析辩题的基础上，就要针对双方争论的焦点，根据论题难易利弊的情况，本着趋利避害的原则，确定本方应坚持的基本论点。一般来说，当辩题于本方有利时，立论自然占有优势，辩起来也较顺手。如果辩题于本方不利，就应采取多种技术手段，创造立论的优势，建构本方理论体系。

在立论中能够创造优势的方法有以下两种。

1. 巧妙"限题"

所谓限题，就是指通过对命题中概念的界定，或设置某种条件，或对命题范围做限定或延展，使命题对己有利。在竞赛辩论中，有时辩论的成败并不是看辩题对哪一方更有利，而是看谁对命题的阐述更合情理。因此，不管正方反方，当辩题对自己不利时，就要善于运用"限题"技巧，化不利为有利。[①]

（1）加大内涵缩小外延。这就是对辩题追加前提，在现有辩题范围内，进一步增加条件，缩小范围，限制和排除不利因素，形成对自己最有利的立论点。

例如，对辩题"中学生异性交往弊大于利"，正方维护这一观点有一定的局限性，所以采取增加内涵的方式，把辩题限定为"中学生异性交往任其发展必定弊大于利"，增加了"任其发展"这样一个前提，这样做既没有改变辩题的质，又使本方立论更合理，达到了化劣为优的目的。

（2）扩大外延包容内涵。当固守原辩题范围于己不利时，可在不改变辩题本质的前提下把辩题范围扩大开来，使本方命题能在不改变辩题质的前提下把辩题范围扩大开来，使本方命题能包容原题内涵，超越原题领域，这样，本方便可在更大的范围内纵横驰骋，与对手作战。有时，甚至把对方的命题也部分包容进来，这样就会一箭双雕，既扩大了自己立论的自由度，又限制了对方的活动余地，捆住其"手脚"，使之有力不能施展。如在辩"人性本善（恶）"时，反方坚持"人性本恶"的命题，显然处于被动地位，观众较难接受。在立论时，他们并未局限在善恶之争上，而是拓展辩题的范围，强调教化的作用，提出有理性的人通过教化能够抑制人性的恶，使之向善。由于在立论上扩大了范围，突出了抑恶扬善，且说得入情入理，因而变被动为主动。总之，我们应根据本方立论的需要，灵活地为概念定义扩大或缩小辩题的内涵及外延，追求于己有利的立论效果。当然，概念内涵、外延的调整要注意建立在科学性、合理性之上，要能自圆其说，经得住推敲，不能过头。如果随心所欲任意解释，就会偏离辩题，牵强附会地"限题"，结果必然适得其反，得不到观众认同。

2. 升高"起点"

在立论时，还可以通过寻求命题高起点的方式，另辟"战场"，超越对方命题范围，扬己

[①] 顾一中，刘珂. 实用论辩学 [M]. 北京：中国展望出版社，1990：85-86.

优势。当既定辩题范围对己不利时，本方应预测对方可能的命题范围，设法超越之，或者不与对手在这一范围内纠缠，或者干脆坦言承认对方提出的显而易见的观点事实，而在更高层次上立论，迫使对手在这个新的"战场"上"作战"。这样一来，对手精心准备的材料、策略就难以施展，失去优势，只能被动应战，由此优势就转化到本方手中。

例证 5-10

在辩"贸易保护主义可以抑制"时，辩题对正方不利。在世界范围内贸易保护主义愈演愈烈的现实情况下，提出并维护"可以抑制"的观点，很容易被事实击垮。预料到对方一定会在贸易保护主义普遍存在而且十分严重的事实方面进行诘难，如果在这里纠缠，正方将软弱无力。于是，把争论的起点升高，立论时首先承认事实，不与对方争论贸易保护主义"是否存在，或是否严重"，而是把焦点放在"贸易保护主义是否可以抑制"上。在这个更高的层面上论争，在"可以抑制"上立论，就巧妙地超越了对对方有利的事实材料范围，变不利为有利。

二、辩论材料的准备

（一）论战也是材料的较量

审题与立论是确定辩论战略的关键，而辩论材料则是实施战略的基础，它对于夺取辩论胜利具有重要意义。

从立论和驳论的需要看，大体需要准备以下两类材料。

1. 理论材料

理论材料包括与命题相关的社会科学和自然科学的基本原理、科学定理、公式，经过时间和实践考验的经典言论、名言格言，寓理于事的寓言故事、历史典故、民谚歌谣，专业经验、专业知识、学科知识，与命题有关的政策、规定、法律、法规等。例如，在法庭辩论中，以法律为准绳进行辩论，以法立论，依法辩驳，法律条文材料在这里就具有举足轻重的作用。

2. 事实材料

从实际情况看，事实材料包括以下三类。

（1）真实具体的事实材料，即与辩题有关的正面的、反面的、历史的、现实的能反映事物的面貌性质、经历变化、时间、地点、原因结果的具体事实材料。有些真实的细节材料很有分量，十分重要，可能成为重型炮弹在辩论中派上用场，例如，在法庭辩论中有时一件具体事实可能推翻或改变审判的结果。

（2）概括性事实材料，即概括反映某一事物，或同一类事物，或事物全貌的事实材料。这种材料能从全局角度揭示事物的本质规律，很有说服力。

（3）统计数字材料，即由权威部门统计的某类事物的综合数字、百分比等，有时一组数字可能比一个孤立的事例更能反映本质。数据资料在辩论中常作为对比论证、分析论证的基本依据。

在辩论中，不管哪类材料都应符合以下要求。

一要准确。事实材料要真实可靠，要有根据；材料要引述准确，不断章取义。

二要典型。能反映本质，在同类近似的材料中具有代表性，能有力地支持命题。要防止使用个别的、偶然的事实材料。

三要新颖。材料要有最新的信息价值和时效性，要具有吸引力。

四要生动感人。材料应具体形象，让人感到亲切，容易被人理解；能造成悬念，引起兴趣，幽默诙谐引人深思的材料尤为上乘。

（二）广泛收集辩论材料

辩前收集材料应坚持"多多益善"原则，在数量上应尽可能涵盖辩题所涉及的范围，确保不遗漏。有些材料，宁可备而不用，不可用而无备。实际上，很多材料在辩论中不一定用得上，但是它在立论过程中，在心理支持上却具有潜在的作用。因此，收集材料时，应广取博采，不厌其多。收集辩论材料是一项十分艰苦仔细的工作，既需要吃苦精神，也需要得体的工作方法，才能有较大收获。收集辩论材料有以下两条渠道。

1. 到现实生活中寻找第一手材料

获得第一手事实材料具有重要的价值，特别是法庭辩论材料的收集更是如此，公诉人、辩护律师都必须亲自调查与案件有关的当事人、目击者等，甚至还要到事件现场进行勘察了解，收集实物证据，以弄清事实真相、过程，以真实事实作为辩论和推理的基础。在决策辩论前，当事者也应对辩题涉及的专业领域或现场，做大量艰苦的实地考察研究，掌握真实可靠的材料，作为支持立论的依据。参加竞赛辩论时，还要考查辩论所在地域的风土人情、风俗习惯，掌握辩地观众熟悉的人文材料。这些材料往往是观众和评委都能接受的材料，能引起轰动效应，对于打乱对方的阵脚也有一定帮助。这样亲自调查、感受和收集的第一手材料，辩者往往能更深刻地理解其内涵，体验其感情倾向，用起来易于得心应手、得体有力。

2. 查阅大量书刊资料获取间接材料

辩前还要根据辩题要求，从有关文件、图书资料、新闻报道，甚至从电脑网络上，收集掌握大量现实的、历史的事实材料、数据及理论材料。这些都是重要的资料来源。尤其要注意收集新鲜的材料，那些刚刚发生的，甚至当天报刊上的材料，都应是涉猎的内容。这些新颖材料有很强的信息价值，又贴近听众，易于引起他们的共鸣和关注。

例证 5-11

经贸大学队参加"北京走向 2000 年电视辩论竞赛"决赛，辩论中运用了很多十分有力的材料数据。在辩前他们走访了很多单位，如公共汽车公司、交通部门等，还查阅了图书资料，了解到"北京每天的客运量高达 900 万人次""从 1950—1984 年间，北京的公共电、汽车增加了 20 倍，而客运量增加了 120 倍""法国巴黎公共汽车每平方米最多载客 5 人，而北京早晚高峰时竟达 13 人"。这些亲自调查或从资料中找到的数据材料，准确、充足、有说服力，在辩论中显示出了巨大威力，对他们辩论的成功无疑起到了十分重要的作用。

（三）精心加工辩论材料

辩论的力度在很大程度上取决于支持论点或反驳对方论点的材料性质和分量。不同材料有不同的用途，理论材料的运用可以使论证严密和深厚，而事实材料的运用则使论证更充实和生动。为此，在大量收集材料的基础上，还要对材料进行分析和加工，从中精选并制造出符合辩论需要的、更有威力的论战"炮弹"。

1. 材料的选择和分类

要认真分析研究材料，按照不同性质合并"同类项"；按材料分量的轻重进行排队；按其不同用途进行分工归类，确定位置。让它们担负起不同的论证任务。

（1）支持本方立论的材料。这是最基本、最大量的。它直接为自己正面立论提供论据，是使本方立论坚实的基础。

（2）反驳对方观点的材料。有一些材料是为反驳对方论点准备的，这些材料能让人从反面说明自己的观点。

（3）回击反驳的材料。这是估计到对方可能在某些问题上反驳本方观点时，进行二次、三次打击的材料。这些材料如同战斗预备队一样，可以表现出打击的后续力。如果只有第一次打击的材料，而没有回敬对方反击时的反驳性材料，就会力不从心。

因此，把第二次、第三次打击的材料准备好是必不可少的，以大量充足的材料作为后盾，才可能"材"大气粗，沉着应战。正如有经验的辩论者所说的：材料足，底气才足，说话才有力量。

2. 材料的提炼和加工

不管你手头有多少材料，如果与命题缺乏联系，它就只能算作一堆对辩论有潜在使用价值的素材。只有当我们把材料与命题建立起某种联系，并把材料安排在论证位置上的时候，它才具有论战的价值，才能成为论据。为此，在占有大量材料的基础上，还要对材料进行提炼加工，把它们改造成为有直接使用价值的论据。

材料加工可从以下两个方面进行。

（1）从思想意义入手，分析材料与论点之间的关系，选取关系紧密的材料做论据。

① 从分析事实材料中找论据。要善于分析事实中包含的理性意义，从事实中引出理来。事理作为命题的依据，能形成具体判断来证明命题。如果不能理解和把握事实的理性意义，就难以准确地证明命题。

② 从分析理论材料中找论据。在论证中，只有理论才能形成抽象判断来证明命题。理论材料与命题所揭示的论点之间则是一般与个别的关系，理论材料体现的是普遍规律、大道理，论点概括的是小道理。一般来说，这类理论材料可以作为演绎推理的大前提使用，有时则以引证方式出现。从理论材料中找论据，最重要的是要把握小道理与大道理的一致性，二者越是一致，越是严丝合缝，这种理论材料的论据作用就越大。

（2）从语句表达的角度，分析不同容量句式的表意功能，据此进行语句和段落的加工改造。

当把某些材料确定为论据之后，还不能直接使用。例如，有的材料太长，有的材料角度不准，有的材料太散，如果直接运用，效果不一定好。这时我们就应从实战需要出发，对材料进行必要的语言改造，其目的是提高论据材料的使用价值和论证力度。

材料加工具体方法有以下几种。

① 截取，即从一个较长的事例或理论论述中截取最精辟的一段，用作例证或引证论证的论据，也可将一段理论材料，如一段名人名言，在某一策略思想指导下，将它分成两段，只用其中一段，意在设置陷阱，引诱对方说出另一段，为自己创造反击的机会。

② 浓缩，即把一件内容较全、时间跨度较长的事例，进行压缩，取其精华，用简短的几句话概括出来，又不改变原意。用这种方法加工的较完整的事例在举例论证中是最常见的。

③ 合并，即把几件同类事实材料，经过浓缩加工，再连接到一起，用排比句式说明一个问题，也可以把两件或两组性质对立的事实材料，进行正反对比处理，说明一个问题。这种把事实成组排列的方式，有助于涵盖一定的面，又以排比或对比方式表达出来，有很强的气势和说服力，在辩论中常常用到。

④ 生动化。有些材料还要根据表达的需要，运用多种修辞手段进行形象化处理，赋予材料幽默色彩等，以提高其生动性、形象性和感染力。

⑤ 口语化。从书刊资料中选取的事实材料，一般较多使用书面语言，在进行上述处理的同时，还要进行口语化加工，即用口头词语把书面语言替换下来，并将情感色彩注入其中，做到既朗朗上口，又通俗易懂，还能准确地表达自己的感情色彩。

3. 制作论据卡片

经过加工后的论据材料，不但要用心去记，还要把认为重要的内容摘记到卡片上备用，例如，将重要数字、名人名言、事实典故等记在卡片上。这些卡片在辩论中的用途为：一是直接拿来照本宣科，随时取用；二是作为提示，根据现场情况变换角度，进行急造加工；还有一些则藏而不用，可以起到心理支持作用，或作为"战斗预备队"备用。

三、辩论谋略的制定

（一）论战制胜与谋略策划

辩论不仅是语言的交锋、材料的较量、理论的角逐，也是智力的对抗活动。在辩论中，由于双方观点对立，且求胜心切，还由于有许多关联因素和随机因素的参与，而使辩论成为复杂多变的矛盾运动过程。为了适应这种动态变化的格局，双方不得不在辩前、辩中最大限度地谋划对抗的方略，组织和利用最有效的力量施展应变招数，以此战胜对手。

常常会有这样的情形：一支同样实力的队伍，在不同方略的指导下，采取不同的战术动作，其攻击力可能大不相同。孙子曰："夫未战而庙算胜者，得算多也；未战而庙算不胜者，得算少也。多算胜，少算不胜。"辩论的结局往往取决于对抗双方的智力和谋略水平的高低。

（二）辩论谋略的策划

辩论谋略预案有两种：一是较稳定的战术方案，主要用于本方立论过程，这种较为稳定的预案，在实施中将得到较全面的贯彻，改动较小；二是较灵活的战术方案，主要用于驳论交锋过程，在实施中应根据实际情况进行随时调整和修正。

在谋略预案形成过程中，以下因素内容是不得不加以考虑的：本方论点、底线；对方的论点、底线；双方辩论战场的预测；攻击突破口的选择；具体战法技巧、进攻路线和发展步骤、具体目标的安排；本方优势的发挥，如重要材料运用的时机和条件；意外失误时的补救对策和摆脱困境的措施。

在整个谋略策划过程中，需要对上述因素进行综合思索、运筹、权衡、比较，推理判断、联想分析，进行多种方案的对比、优化，最终把谋略思想具体化为最佳的战术预案。

1. 辩论战场的设计

辩论战场的范围通常是双方辩论中最大可能涉及的内容范围。不同的战场设计，关系到战场的选择和攻防战法的制订。所以，在谋略策划过程中，应对双方的战场进行预测和区分，否则就可能因战场不明确，而打不到对方的要害，或陷入对本方不利的战场上，被动挨打，归于失败。

在辩前，辩论战场并不全是已知定数。战场范围的大小是由双方的立论底线决定的，由于对方的底线是一个未知数，所以要把重点放在对对方战场的预测和设计上，要从对方的角度思考，"站到"对方的立场上，多为之设计几条底线，把最大的可能性战场都估计进去，这样就可以划出一个可以涵盖可能涉及问题的最大外延，并就此进行战斗火力准备，便能做到有备无患。

在确定战场范围之后，还要区分每个可能的具体战场对双方的利弊，尤其要设身处地站到对方的立场上思考问题，看对方将会重视哪些方面、轻视哪些方面、忽略哪些方面，对方认为的安全领域在何处等，然后根据趋利避害的原则来设计本方的攻防战术。

例如，在进攻的角度上，就是要想法把对方拉入到对本方有利的战场上去作战。在进攻途径上，就是要选择一条对方期待性最小的行动路线，沿着一条抵抗力最弱，甚至没有设防的路线采取行动。这样，在对方忽略的薄弱之点，在对方不擅长的领域之内，在对方不适应的论述角度给予决定性一击。在防守的角度上，就是要预测到如果在对本方不利的战场上作战时，对方可能选择的突破点以及采取的战术，进而思索应对措施，制定出防卫预案等，这样便可从容应战。

例证 5-12

在以"应对妇女就业实行保护"为题的辩论准备过程中，南开大学队为双方设计了可能交锋的十个战场：有关法律、同工同酬、职业隔离、女性生理四期（经期、孕期、哺乳期、更年期）、职业培训和教育、妇女自我意识、市场经济、促进现实生产力、工作效率和保护弱者。经分析，前五个战场有利于正方，后五个战场有利于反方。据此，他们对攻防战术进行了周密的策划。

2. 战略战术目标的设定

辩论的总目标通常是驳斥对方观点，宣扬本方观点，并使对方或第三者接受本方的观点。战略目标对谋略的产生和实施具有始发、选择、调整等机能，战略目标常常是谋略行为的动力。在谋划过程中，为追求这个目标的实现，不仅应注意目标本身，而且要考虑与实现目标相关的诸多因素，思索接近这一目标的方法、途径，以形成有效而具体的战法。例如，为了实现攻击对方的目的，在预测到接近这一目标的正面突击可能受阻时，就应从侧翼迂回行动,用间接路线实现猛击对方要害的目的,这时迂回战术就成了最佳的战术选择。

从实际情况看,不同性质的辩论所要达到的目标设定也不一样。例如,在竞赛辩论中,辩手的目标并不是为真理而战,实际上是为了能自圆其说,征服评委和观众,从而夺取锦标。法庭辩论中,公诉人的目的是指控被告人有罪或罪重,要揭露被告人的犯罪事实,制服伪证者,说服辩护人,同时维护被告人的合法权益,使旁听者受到法制教育;而被告辩护人则依法从无罪或罪轻的角度,追求量刑的准确。决策辩论的目标则是为了求得方案合理,减少失误,而不在于驳倒什么人。

因此,要根据不同性质的辩论确定明确的目标,在这一目标引导下,谋划战略战术,追求辩论的胜利。在辩论过程中,时刻不能偏离总目标,不但要警惕对方诱导你偏离,也要克服自己头脑发热,忘乎所以而发生偏离。这样,整个辩论既有始终明确固定的总目标,牢记本方底线,又有阶段性目标,逐个击破,随着阶段性目标的实现,向着总目标一步步地靠近。

3. 战术预案的制定

在审题、立论、明确战场和目标之后,要按一定逻辑展开方式确定立论陈述的顺序,定下要略。陈述辩论的战术技巧主要体现在立论点的独到性和论证过程的层次安排上。通常有以下三种方案。

(1)稳扎稳打战术。这是一种正规战术、基本战术,其论证过程是提出论点后,按照一定逻辑层次,从各个侧面进行论证,最终完成本方立论建构。这种论证的思路比较清晰,易于给人逐步留下印象;不足之处是突击性、隐蔽性较差。这种战术方式适宜在本方立论优势明显和材料充实时使用。

(2)包容涵盖战术。这是一种先发制人的战术,开始提出本方论点就要"超越射击",把对方所要论述的观点,纳入本方立论之中,使之成为本方的一部分。这样对方立论的前提条件不存在了,任何论证都只能是片面的。这种战术具有突然性强、打击力度大的特点。

例证 5-13

在辩"儒家思想可以抵御西方歪风"时,反方就采取了这种战术。他们一开始提出必须综合治理以抵御西方歪风的论点。这样把多种因素都包容进来,对方的活动余地受到限制,只要正方一提出儒家思想以外的条件,就被"综合治理"的大概念所网罗,从而为反方奠定了胜利的基础。

再如,在一起经济合同纠纷案中,被告方辩护人在辩护词中没有就合同责任进行辩驳,而是出人意料地从根本上提出这是一份无效合同,并进行了有力论证,从而使对方准备好的辩词毫无用途,最终陷入被动。

(3)埋伏奇兵战术。这是一种后发制人战术。开始时不露锋芒,进行一般论证,并不引人注目,甚至造成没有力量的错觉,之后突发奇兵,打对方一个措手不及,使其阵脚大乱。

例证 5-14

在辩论"烟草业对社会利大于弊"中,这个辩题在经济方面对正方有利,而在人的健康和价值方面有利于反方。反方设计了这样的战术：前两个辩手只在有利于己的领域（诸如人的健康）作战，开始没有出奇之处，其后三辩突然转向经济领域，指出烟草业的利税是国家专卖垄断的结果，并非烟草业本身的功绩，它的利税高正说明国家控制烟草业发展的态度，接着四辩则站在人的价值上又行一击。这样就在对方以为对己有利的领域里突然投放了一颗炸弹，有效地震撼了对方的阵脚。

四、辩词讲稿的撰写

在确定辩论目标、谋略原则、战术支配之后，还要进行必要的语言准备。例如，竞赛辩论要写辩词，法庭辩论要写公诉词或辩护词等，这样就能真正把战略意图、战术技巧通过语言表达落到实处。

辩词有两类：一类是立论性辩词，主要用于陈述本方论点，这类辩词应精心写作、字斟句酌、反复推敲，甚至要形成完整的文字讲稿；另一类是驳论性辩词，主要用于论战交锋，它以驳论为主，因辩论交锋中不可知因素较多，所以这类辩词只能拟定辩词纲要或局部性辩词，作为辩论指导在辩论中伺机而用，或变通使用。从写作角度看，应把立论性陈述辩词的撰写作为重点，下功夫准备好。

（一）辩词写作的一般要求

1. 围绕论点安排层次

立论性辩词以证明本方论点为主要内容，在层次结构上大体分为三部分。第一部分提出本方论点。第二部分对本方论点进行论证，这是辩词的核心内容。通常要在总论点之下，分成若干分论点，从几个侧面或几个层次进行论证，在层次逻辑关系上可以是并列方式，也可以是递进方式。在论证中，要引用大量典型论据、数字，运用适当的论证方式证明本方观点正确，或反驳对方观点，证明对方论点不正确。第三部分引出结论，与论点相呼应。在竞赛辩论中，立论陈述是由几个辩手的辩词共同完成的，每篇辩词都是围绕总论点展开的一个独立论证的子体系。[①]

几篇辩词各自相对独立，又相互连接，组成一个整体的大体系。在写法上，每篇辩词的结构方式同样由上述三个部分组成，只是提出的观点应是总论点下的一个分论点。几篇辩词各有侧重，在逻辑底线、脉络上要注意前后统一、彼此照应、相互勾连，形成有机的统一体，共同完成建构本方理论的系统工程。

2. 编制好论证大纲

立论的层次安排确定下来之后，应把内容要点进一步细化，编制好论证大纲。

例证 5-15

在就"人性本善"的论辩中，复旦大学队根据谋略考虑，确定了三个论证层次，每个层次的要点展开细化，编制出如下立论论证大纲，要点如下。

---

① 顾一中，刘珂. 实用论辩学 [M]. 北京：中国展望出版社，1990：207.

一辩（逻辑分析）：

（1）人是由人性和兽性组成的；
（2）人性是人之为人的根本特征；
（3）人性先天是善的。

二辩（理论分析）：

（1）从哲学本体论看，人性本善；
（2）从日常文化意识看，人性本善；
（3）从现实生活看，人性本善。

三辩（事实分析）：

（1）人之为人的关键是人性而不是兽性；
（2）本善的人性是与生俱来的；
（3）人性本善不仅从现实生活中表现出来，也从理想中表现出来。

此类辩论大纲在辩前是写作辩词的依据，在辩中是论战陈述的指导，可根据赛情变化进行必要调整和增删。

3. 撰写辩词要在论证上下功夫

辩词写作的重点应放在论证上，要围绕总论点和分论点引用大量事实材料和理论材料，用最有力的论证方式，把论点与论据结合起来，尤其要注意运用好归纳论证、引证论证和分析论证方法，通过分析，探求因果关系、事情的表里联系、论点与论据的必然关系，以形成严密的逻辑力量，给辩词注入辩驳力和征服力。

4. 语言要追求简明性和生动性

辩词在语言表述上，既要吸纳书面语言的严密性，又要求口头语言的通俗性和生动性；既要注意照顾层次间的逻辑关系，又要加强语言修辞，适当运用修辞手段，如比喻、排比手段，以强化辩词的感染力。

（二）陈述性辩词的写作

1. 法庭辩护词

通过一篇陈述性辩词单独完成立论或驳论，在法庭辩论中较为多见。一般情况下，公诉词较多用于立论，证明被告有罪；而被告人或辩护人的申辩词、辩护词兼含驳论内容，即针对对方立论进行反驳，是在答复对方指控中进行再证明的答辩。

以辩护词为例，以下为其结构形式。

第一部分——引子。说明本辩护人的职责，针对案件掌握的情况，提出辩护人的立场观点。

第二部分——辩护内容。辩护内容包括对控诉的反驳，运用事实和法律条文，以及对案情进行分析论证，以证明本方论点。这部分内容常常针对指控提出的几个问题，对应地分几个层次加以论证或反驳。各段首要列出序数，以使层次显得明了。

第三部分——处理意见，即对于辩护论证归结说明。有时，还要将与案件处理有关的其他因素一并提出，进行引申论证，加强辩护观点的力度，以引起法庭的重视。

2. 竞赛辩论陈述性用词

在竞赛辩论过程中，程序发言通常由几篇辩词构成。目前比较流行的程序性发言，属于多人立论性辩词。四个辩手的辩词担负着立论过程中的四个阶段的不同任务——起、承、转、合，各自的辩词从不同角度完成特定层次的论证任务。

由于任务不同，辩词的角度、论据材料的运用都有区分和安排。

一辩的辩词担负着破题竖旗的任务，要求开门见山提出本方总论点，并做一般论证，让人明了本方的观点和论证层次。在语言风格上要有气势，能产生先声夺人的效果。

二辩的辩词在内容上承接一辩，继续正面阐述本方观点，如可从理论的角度，做深层次的论证，并引用大量材料，使本方观点丰满起来。

三辩的辩词要转换论证角度，从新的视角深化本方的观点，如从事实角度进行论证，把论证引向新的层次。

四辩的辩词要求驳立结合。先驳对方观点，后对本方的观点进行总结发言，最终完成本方立论。在语言上要有力度，产生震撼，形成高潮。四位辩手各自的辩词应独立成篇，相对完整。[①]

例证 5-16

以下为以"温饱是谈道德的必要条件"为题的辩论中四位辩手的辩词。

一辩的辩词：

谢谢主席，各位好！

刚才对方辩手把温饱放到了压倒一切的位置，还问了我们许多问题。我要告诉对方辩友的是，比温饱更重要的是道德，人活着不仅仅是为了吃饱。

我方认为，温饱不是谈道德的必要条件，有理性的人类存在，才是谈道德的必要条件，只要有理性的人类存在，在任何情况下都能谈道德。

第一，温饱绝不是谈道德的先决条件。古往今来，没有解决衣食之困的社会比比皆是，都不谈道德了吗？今天，在衣不蔽体、食不果腹的埃塞俄比亚就不要谈道德了吗？在国困民乏、战火连绵的索马里就不要谈道德了吗？古语说："人无好恶是非之心，非人也。"人有理性，能够谈道德，这正是人和动物的区别所在。无论是饥寒交迫还是丰衣足食，无论是金玉满堂还是家徒四壁，人都能够而且应该谈道德。

第二，道德是调节人们行为的规范，由社会舆论和良心加以支持。众所周知，谈道德实际包括个人修养、社会弘扬和政府提倡三层含义。我们从个人看，有衣食之困但仍坚持其品德修养的例子，实在是不胜枚举。孔夫子的好学生颜回，他只有一箪食，一瓢饮，不仍然"言忠信，行笃敬"吗？杜甫的茅屋为秋风所破的时候，他不还是想着"安得广厦千万间，大庇天下寒士俱欢颜"吗？说到政府，新加坡也曾筚路蓝缕，李光耀总理告诫国人："我们一

[①] 顾一中，刘珂. 实用论辩学 [M]. 北京：中国展望出版社，1990：207.

无所有，所有的只是我们自己。"他强调：道德是使竞争力胜人一筹的重要因素。试想，如果没有政府提倡美德，新加坡哪有今天的繁荣昌盛、国富民强呢？

第三，所谓"必要条件"，从逻辑上看，也就是有之不必然，无之必不然的意思。因此，对今天的命题，我方只需论证"没有温饱也能谈道德"，而对方要论证的是"没有温饱就绝对不能谈道德"。而这一点刚才对方同学恰恰没有自圆其说。雨果说过："善良的道德是社会的基础。"道德是石，敲出希望之火；道德是火，点燃生命之灯；道德是灯，照亮通向文明之路；道德是路，引我们走向灿烂的明天。

以上我主要从逻辑上阐发了我方观点，接下来，我方辩友将从理论、事实、价值三方面进一步论述我方观点。谢谢各位。

二辩的辩词：

谢谢主席，各位好！

吃饭是为了活着，但是人活着就是为了吃饭吗？我再次提醒对方辩友，你们今天所要论证的是没有温饱就绝对不能谈道德。不管这种道德是保证温饱的道德，还是保证不了温饱的道德。既然对方还没有从逻辑上理解我方的观点，我就进一步从理论上进行阐述。

第一，道德是随着人类的诞生而出现的。有了人际关系，就有了道德规范，所以不管人类处在哪一个阶段上，谈道德不仅是可能的，而且是应该的。《礼记·礼运》篇中记载的"老有所终，壮有所用，幼有所长，鳏寡孤独废疾者皆有所养"，描述的正是中国远古时代的道德状况。而在《圣经·旧约》里，亚当和夏娃偷吃禁果和原罪的传说，不也表明了道德的最早起源吗？有关贫困中人们谈道德的文化学和人类学的证据，在大英博物馆里是汗牛充栋的。想必对方辩友对此也了如指掌吧！

第二，从本质上看，道德是一个社会历史范畴，尽管在温饱的情况下，可能会给谈道德提供一些方便，但是这绝不是必要条件。在不同的历史阶段和文化背景下，人们都在谈道德。达尔文在环球旅行中就发现，南非的布希曼人即使快饿死了，也不会独吞发现的一条小鱼，而是要与族人分享。他们有温饱吗？没有。他们谈道德吗？当然谈。正如我们不能超出自己的皮肤一样，人类也不能超出乃至摆脱道德。人类谈道德，在贫困时有贫困的谈法，在温饱时有温饱的路数。谈道德既可以坐而论道，也可以言传身教，甚至特立独行。对方不要一叶障目，不见泰山。

第三，从功能和目的上看，道德用以协调人际关系，达到至善的人生境界。道德，自古至今，目的是："在明明德，在亲民，在止于至善。"像对方所坚持的那样，在温饱之前不能谈道德，都不去谈道德，而是牙齿和爪子决定一切的话，那么人类恐怕早就销声匿迹于洪荒蛮陌之中了，又何来我们今天在这里辩论什么道德问题呢？

最后，奉劝对方辩友不要对大量事实听而不闻，也不要对人类的历史视而不见。请对方举出实例，哪怕一个：人类在何时、何地、何种情况下一点道德都不谈呢？谢谢。

三辩的辩词：

谢谢主席，各位好！

如果我的财产充足，能够为很多人谋福利的话，那我想我会选择这样做的，因为人要做有道德的人。今天为什么我方观点跟对方会出现定义上如此大的差别呢？是因为对方辩友将温饱这个衣温食饱的概念混同于生存。如果照此办理的话，这个世界上就不存在不温饱的人了，因为他们都不生存不活着了。但是世界上还有很多不温饱的人存在啊！下面我从事实的角度进一步论述我方观点。

第一，在贫困的情况下，完全可以谈道德。鲁哀公六年，孔子和他的众学生在困境之下，孔子是否就不谈道德了呢？不！孔子对子路说："君子固穷，小人穷斯滥矣。"其实，在中国历史数千年的流变过程中，从不食周粟的伯夷、叔齐，到北海牧羊的苏武，从不为五斗米折腰的陶渊明到拒食嗟来之食的朱自清，众多的志士仁人无不以其言行甚至生命，驳斥了认为只有温饱过后才能谈道德的"肠胃决定论"。第二次世界大战的时候，面对法西斯的疯狂空袭，英国民众也并没有放弃他们讲求道德的绅士传统。热爱祖国伸张正义的信念使得众多尚处在不温不饱状态下的英国民众顽强抗争着。面对这些贫寒但是高尚的灵魂，来自英国的对方辩友难道还要告诉我们，温饱是谈道德的必要条件吗？

第二，即使温饱了，富足了，道德水准并不会自然而然地就得到提高，有时候，甚至会倒退。中国就有句古话叫"饱暖思淫欲"，而古巴比伦王国、罗马帝国的由盛到衰，正是由于其举国上下不重视道德的教化，物欲横流的恶果。日本可以算是富甲天下吧？但是政坛丑闻却不绝于耳。竹下登被贿赂蹬下了台，宇野宗佑被美色诱下了水，而金丸信呢，终究未能取信于民。

第三，对于尚未实现温饱的社会来说，谈道德不仅应该、可能，而且尤为重要。马克斯·韦伯的新教伦理与资本主义理论，杜维明先生的新儒学的阐述无不表明了道德在社会发展中的巨大的、不可替代的推进作用。在经济资源越是困乏的时候，良心和社会舆论就越是应该而且可以承担它们的责任。历史和现实都已经昭示了我们。谢谢！

五、辩论制胜要诀

针锋相对的诘问答对，激烈紧张的攻守辩驳是论战双方真正的对抗交锋，也是辩论中最激烈、最精彩、最引人注目的阶段，它对于辩论决胜具有决定的意义。从实际情况看，论战交锋过程不仅是辩论双方的语言对抗过程，也是多种因素参与、多重矛盾交织的复杂过程，只有那些善于将辩场因素巧妙运筹，将多重矛盾和关系得体处理，将多种力量适当协调的辩手，才可能成为论战的赢家。

（一）审时度势，处理好说与听、看、思的关系

在辩论交锋阶段，辩者头脑高度紧张，攻防态势变化多端，难以预料，因此辩论者必须善于审时度势，准确把握辩场情况、双方动态，权衡利弊，才能驾驭整个辩论进程向着有利于本方的方向前进。为此，辩论者不仅要善说，而且要十分注重捕捉现场信息，处理好说与听、看、思的关系。

有些辩论者上得场来，只顾自己滔滔不绝诘问辩驳，有时甚至没有听清对手的发言内容就反驳起来，结果说了很多，却言不中的，没有力度；或者漏洞百出，被人捉住；或者中了人家圈套，陷入被动。对于这些人来说，他们的失利不是输在口才上，而是输在疏于观察，不善捕捉信息上。俗话说：知己知彼，百战不殆。要想攻击有力，就要看清目标，了解对手。上场后，要把眼睛盯住对手，把双耳功能充分调动起来，让大脑高速运转，悉心察言观色，捕捉每一点信息，以便为本方实施攻防战术提供可靠的决策依据。

（1）悉心观察。既要观察辩论对手的表情举止，也要观察第三方，如观众、评委的情绪变化，收集有关信息。人们的举止神情往往是下意识的流露，通过这些窗口，可以捕捉比语言表露更真实、更微妙的思想；同时抓住对方的典型动作，可以洞察其性格特征和内心活动，甚至从很微小的变化就能抓住重要的信息。

（2）仔细倾听。一方面要留心对方辩手的发言和陈述，听出关键之处在哪里，话外之音是什么，听出话语的漏洞、失误；另一方面还要监听本方辩手表述内容的失当之处。倾听不是一般的听，而是脑耳并用，十分专注的听，把听的过程变成获取与理解信息的过程。一般来说，专注倾听的状态不可能自发地发生，需要主观努力去排除一些干扰，才能听到本质，抓住要害。

（3）准确判断。对于捕捉到的语言信息、情感信息、时空信息要综合起来假以思索，迅速加工处理，对其性质和意向做出准确判断。例如，对方偏激的言辞，通常是受某种观点蒙蔽，一时难以转弯；对方用夸大失真之词来维护主张，表明他受着这种思想的强烈支配；对方说话不集中，说明此人没有前后一致的主张；对方说假话、作伪证时，言语往往游移不定；如果对方论证难以站住脚，则开口时一定不能理直气壮等。如此听其言、观其色、析其心，判断对手，有助于确定正确的辩论对策。

这里指出了辩论的针对性，要因人而异，而辩论中察言观色，审时度势，随时根据辩场发生的情况进行判断，灵活处置，则是实现辩驳针对性的必要前提和基础。因此，当我们发现对方的漏洞时，就要抓住时机发起攻击；针对本方出现的问题，马上进行修补；当发现有利时机时，就要连连发难；如果进攻受挫，则应组织退却防守等。这样就可以大大提高本方攻防战术的针对性及有效性。

（二）临场发挥，处理好预案与机变的关系

辩论是面对面交锋，战局变化莫测，没有固定程序，人们不可能在事先对全部进程做出预测和安排；但是彼此唇枪舌剑时，又不完全是在打乱仗，毫无头绪，其中有些战术或技法又带有一定规律性。这种规律性，正是人们事先精心准备和设计预案的依据。在论战过程中，有些预案是可以派上用场的；而战局的不固定性，又要求辩手不能照搬预案，要临场处置，随机应变，表现出极大的灵活性。有经验的辩手，既善于变通处理预案，发挥本方优势，又能够灵活机智，组织有效攻防。

（1）要根据实战情况实施既定的、有利的预案。战前的准备，如立论底线、典型材料、某些技法、出奇策略等不少是深思熟虑、符合规律的。特别是一些诱敌深入战术、有威力的论据等秘密武器，在辩论过程中一旦发现条件、时机成熟，与预案对口，就要迅速按照预案行事，有效地打击对方，追求预期效果。

（2）有些预案则不能原封不动照搬套用，必须根据现场情况进行改造使用，可以把原方案化整为零，或重新组合、变通处理，形成更符合现实情况的新形式、新战术，加以灵活运用。

（3）在论战中有很多情况是事先完全没有预料到的，如本方的预谋策略失算，对方的攻击超出本方预计的范围，或对方突然使用秘密武器，攻势咄咄逼人，本方不得不转入防御等。在这些新情况面前，本方应调动智慧、应急处置、灵活机变、决定对策、组织语言、运

用技巧迎击对手,要表现出很大的灵活性和突击性才行。

总之,要把备的优势与机变的威力有效地结合起来,以大大地提高获胜的系数。

(三)争取主动,处理好进攻与防御的关系

论战是攻防的统一体。从实战情况看,反驳应是辩论的主要手段。没有反驳进攻,没有交锋,就不叫辩论。但是,又不能一味地进攻,如果没有严密的防守,进攻又会失去依托,可能在对手的进攻中败北。所以,有经验的辩手总是善于根据战略意图,从辩论双方实力和战局出发,灵活采取攻防行动,把二者紧密结合起来,做到攻防兼备,攻得上,守得住,得心应手。在竞赛辩论中,有时看起来很热闹,但实际上双方只论不驳,没有交锋;也有的各自立论,自圆其说,但彼此对辩题内涵理解不同,双方各执一端,你说你的,我说我的,也形不成真正的交锋;还有的面对对方攻势、诘问,充耳不闻,不做正面回答,只是沿着自己的思路说开去,似战非战,也难以形成交锋。所有这些都是不善处理攻防关系的表现。没有交锋,自然也就很难分出胜负。①

在论战中,无论进攻还是防御,掌握主动权是极其重要的问题。所谓主动权,就是凭借某种优势,按照自己的意愿,主导论战的方向和态势的控制能力。争取主动,力避被动是论战交锋中应掌握的基本原则,谁掌握了主动权,谁就可能左右逢源、进退自如、稳操胜券;谁陷入被动,被别人牵着鼻子走,谁就只有招架之功,没有还手之力,那就离"死期"不远了。总之,主动权就是生命线,主动权就是自由权,没有主动权就失去了自由,只能处于挨打的境地。

有助于掌握论战主动权的因素有如下几方面:一是要了解论战全局,能预测战局走向,并采取得体对策;二是能把矛头始终指向对方立论的要害处,或对方的漏洞、薄弱环节;三是要扬长避短,把对手引到自己熟悉的战场上打;四是在被动状态下,要沉着冷静,少立多驳,伺机反攻。

总之,在掌握论战主动权问题上要当仁不让,当本方处于优势时,要先声夺人,乘胜追击;当陷入不利境地时,则要设法转入对本方有利的阵地上,实施反击;当双方处于胶着状态时,应避免纠缠,跳出来引向一个新的领域展开较量。如此挥洒自如,游刃有余,新的话头总是由你挑起,战场由你控制,方向由你驾驭,那么,论战的胜者就非你莫属了。

小训练

1. 网上交友利大于弊还是弊大于利。

正方:网上交友利大于弊;反方:网上交友弊大于利。

2. 美是客观存在还是主观感受。

正方:美是客观存在;反方:美是主观感受。

3. 大学生兼职利大于弊还是弊大于利。

正方:大学生兼职利大于弊;反方:大学生兼职弊大于利。

---

① 冯必扬. 通往雄辩家之路——辩论学导论 [M]. 上海:上海人民出版社,1989:97.

第三节　辩论技巧

一、立论精当

立论是论辩的灵魂。立论不当，或论点荒谬，就会全军覆没。而立论科学合理，考虑周详，自会理直气壮，闻者为之动容，对手为之胆寒。

1988年的"亚洲大专辩论会"，复旦大学队历经几场角逐后与台湾大学队展开决赛，辩题是"儒家思想可以抵御西方歪风"。复旦为反方，一开始就用寥寥数语明确表示自己的论点："孔子早就说过：'知其不可而为之'，不正说明儒家思想不可抵御西方歪风吗？"

在这一立论下，其他队员分别从三个方面加以阐述。第一，对儒家思想不能做简单化的评价，孔学是人类优秀文化遗产的一部分，我们同样热爱儒家思想；第二，如果用两千年前中国的伦理道德模式去与当今的西方恶习相抗衡，无疑是让内科医生操手术刀，实在勉为其难；第三，抵御西方歪风必须依靠综合治理，要政治、法律、经济等手段多管齐下，方可奏效，不能只靠儒家思想。这样的立论既辩证又现实，论据确凿，紧扣论点，所以赢得了胜利。

二、临场不乱

作战要注意士气，辩论也是如此，必须要敢辩，要有充分的自信和勇气，消除胆怯和紧张心理，方能在论辩中镇定自若，临场不乱。

要做到这一点，首先，要超越自己、沉稳应变。只有超越自己、战胜自己，才能在论辩时主动出击，使论辩语言产生征服对方的力量。其次，要消除上场的紧张、胆怯情绪，必须做到：掌握好论辩的时间、场所，尽量早一点到达会场；论辩时，视线要与对方平齐；说话时声音要洪亮，既为自己壮胆，也在气势上压倒对方；细察对方的言行举止，从中找出对方可以挑剔的地方，使自己产生一种绰绰有余的心态；得势时要全力出击，穷追猛打，不给对方以喘息的机会，而一旦失势，应反攻为守；采用内心自我对话的方式为自己鼓气："这一次我会失败吗？不，我是不会失败的，我会成功。"最后，在论辩中出现失言时，要不失常态，进行恰当的补救，不能把注意力一下子集中于失言之事，而丧失冷静，手足无措。

例证 5-17

著名相声演员马季有一次到湖北黄石市演出，他的搭档在演出时无意将"黄石市"说成"黄石县"，引得在场的观众一时惊讶。马季立即接过话头："我们今天有幸来到黄石省……"这话又把观众弄得糊涂了。马季解释道："方才，我的搭档把黄石市说成黄石县，降了一级；我现在把黄石市说成黄石省，给提了一级，这一降一提，不就拉平了吗？"在场的观众无不佩服马季这种失言不失态，及时为对方失言进行补救的应变技巧。

三、巧于言辞

论辩技巧即"巧辩"。巧辩的方法有很多,主要有以下几种。

(一)针锋相对

以牙还牙,就是在辩论中"以其人之道还治其人之身"。这种方法一般适用于对方讲歪理、不讲理之类的情况。

例证 5-18

有个骄傲自大、脱离群众的人辩解说:"只有羊呀、猪呀,才是成群结队的,狮子、老虎都是独来独往的。"作家马铁丁反问他:"狮子、老虎固然是独来独往的,刺猬、癞蛤蟆、蜘蛛又何尝不是独来独往呢?"这就是以人之歪理还击人,使自比兽中之王的狂妄之徒如刺猬、癞蛤蟆、蜘蛛之类的小动物一般。

有时也可以借对方的逻辑、办法、道理来组织反击的语言。

例证 5-19

台湾著名作家李敖先生在他的自传里讲了这样一件事情——

有一次李先生在某所大学里做讲座,期间接受学生的提问,问题都是写在纸条上面递上来的。有一位学生恶作剧式地在纸条上写了"王八蛋"三个字,李敖先生看了却并不生气,反而笑着说:"别的同学都是只提了问题,没有写名字,而这位同学却只写了名字没有提问。"这样一个机智的反应既化解了一个尴尬的局面,又使恶作剧的同学得到了一个小小的教训,而且不失大家风范。

(二)类比法

类比推理,就是根据两个对象的若干属性相同,从而推理出它们另一属性也相同的一种推理方式。

例证 5-20

1982 年著名科学家钱伟长去新疆讲学,在谈到新疆的发展远景时,他说:"19 世纪初,加利福尼亚州是美国最落后的地方,后来人们利用淘金和工业积累了资金,继而建设大型的水利工程,开辟了农业区,最后使加利福尼亚成了美国最富裕的地区之一。新疆不但有金矿,还有铂族金属和宝石矿,也可以用这个办法积累资金,建立水利、电力工业,开辟荒原,发展农牧业。这样的新疆完全能够建设得比美国的加利福尼亚州更美。"

钱伟长的这一段论证运用的就是类比法。他通过新疆与美国加利福尼亚州之间的类比,得出了"新疆完全能够建设得比美国的加利福尼亚州更美"这个令人鼓舞的结论。

（三）喻证法

喻证法就是用生动的比喻作为论据来论证论点的方法。有些不易说得明白的道理，可以避开繁杂的推理，通过家喻户晓的寓言、生动有趣的神话、通俗易懂的生活现象，使抽象的概念具体化、繁杂的推理鲜明化、深奥的道理通俗化。例如，斯大林在说明"党的力量源泉在于群众"这一道理时，曾引用过一个古希腊神话：有个叫安泰的英雄，是海神和地神的儿子，无敌于天下。他有个特点，每当与敌人决斗而遇到困难时，便往他母亲——大地上一靠，就获得新的力量。后来，敌人把他举到空中，不让他接触地面，结果就把他杀死了。这个神话故事就很形象地说明了党与群众的关系。

喻证法与类比法的区别在于：喻证法是建立在比喻基础上的论辩，类比法则是建立在类比推理基础上的论辩。

例证 5-21

加里宁是俄国布尔什维克的一位杰出的宣传鼓动家。一次，他向某地农民代表讲解工农联盟的重要性，尽管他做了详尽的严谨的论证，但听众始终茫然而不得要领。有人问："什么对苏维埃政权来说更珍贵？是工人还是农民？"

加里宁乘机反问："那么对一个人来说，什么更珍贵？是右脚还是左脚？"

全场静默片刻，突然爆发出雷鸣般的掌声。农民代表们都笑了。

一大篇抽象论证没能说服农民，一个浅显的比喻却说尽其深蕴之理。

（四）旁征博引法

论辩中，引用或活用名人名言、典故、俗语、惯用语等来证明己方观点的正确或对方观点、理由的错误、荒谬的方法就叫作旁征博引法。例如，美国历史上经选举产生的最年轻的总统约翰·肯尼迪，在竞选时杜鲁门攻击他在年龄和经验问题上的不足，并尖锐地发问："参议员，你是否肯定，你已为治理这个国家做好了充分的准备？或是这个国家已为接受你担任总统做好了准备？我们需要一位尽可能成熟和有经验的人。我可否劝你耐心等一下呢？"面对责难，肯尼迪在进行了一番有力的驳斥之后，在自己论辩的结尾处这样说：

杜鲁门先生问我是否认为自己已经准备好了，这使我想起一百年前的亚伯拉罕·林肯来。他那时还未当总统，在他受到老政客们的围攻以后，写下了这些话："我看到暴风雨来了，我知道这是上帝的旨意。要是上帝指定一个位置、一份工作给我，我相信我已经准备好了。""今天我对你说，假如这个国家的人民挑选我当总统，我相信我已经准备好了。"

针对杜鲁门的"是否做好了准备"的问题，肯尼迪最后引用林肯的话对杜鲁门做了强有力的回击，同时也表明自己毅然的决心和誓言，很多人被他的智慧、勇气所折服，成了他忠实的支持者。

（五）幽默论辩法

风趣含蓄、诙谐生动的幽默语言显然不同于通常的证明与反驳，它既无论辩的过程，也无反驳的程序，而是以谐趣的方式达到明辨是非的目的，揭开荒唐的外衣，暗示事物的本质，从而在论辩中达到很好的效果。这比采用锋芒毕露、相互抨击的语言来说效果会更好，更具有说服力。

在运用讽刺幽默的语言时，要抓住有利时机进行有力的反驳，而且还应该把握适度原则，把讽刺锋芒隐藏在幽默中，在笑声中给对手以沉重打击，而倘若恶意中伤，则会起到相反的效果。

例证 5-22

在第二届"亚洲大专辩论会"关于"儒家思想可以抵御西方歪风"的辩论中，反方复旦队代表有这么一段辩词：

"在孔子时代也有歪风，正所谓歪风代代都有，只是变化不同。孔子做鲁国司寇的时候，齐国送来了一队舞女，鲁国的季桓子马上"三日不朝"。对这股纵欲主义的歪风，孔子抵御了没有呢？没有，他带着他的学生"人才外流"去了。这能叫抵御"西方"歪风吗？"

这段辩词巧妙地古今连用，风趣幽默，切题而有新意，"人才外流"一说更是以诙谐的笔法勾画了儒家面对"西方歪风"手足无措的窘态，且由于对手在前一场比赛中辩论的主题是关于第三世界国家人才外流能否抑制的，因而取得了极好的论辩效果。

（六）借题发挥法

在论辩中，当我方受到攻击时，可以不直接从正面答辩，而是借助对方提供的话题进行还击，从而改变论辩的局势。这种借题发挥的对策，关键在于一个"借"字，能否借为己用，决定于论辩者的论战经验和思辨能力。

例证 5-23

1959年美国副总统尼克松访苏，在此之前，美国国会通过了一项关于被奴役国家的决议，对苏联和东欧的社会主义国家进行攻击。在尼克松与赫鲁晓夫会晤时，赫鲁晓夫对尼克松说："这个决议臭极了，臭得像刚拉下的马粪，没有比马粪更臭的东西了！"赫鲁晓夫出言粗俗，欲使尼克松难堪。谁知尼克松回敬道："我想主席先生大概搞错了，比马粪还要臭的东西是有的，那就是猪粪。"

尼克松因为知道赫鲁晓夫年轻时曾当过猪倌，所以就借题发挥，歪打正着，使赫鲁晓夫脸上泛起了羞涩的红晕。

（七）埋伏引诱法

这种论辩技法是以曲为直，先不直接辩驳，而是设下一个埋伏，引对方上钩，等对方发现"上当中计"时，已经无计可施了，只得认输。

例证 5-24

英国商人威尔斯向中方茂隆皮箱行订购3000只皮箱，到取货时，威尔斯却说皮箱内层有木材,不能算是皮箱,因此向法院起诉,要求赔偿15%的损失。在威尔斯强词夺理、法官偏袒威尔斯的情况下,律师罗文锦出庭为被告辩护。

罗文锦站在律师席上,取出一只金怀表问法官:"法官先生,这是什么表?"

法官说:"这是伦敦名牌金表。可是,这与本案没有关系。"

罗文锦坚持说与本案有关,他继续追问:"这是金表,事实上没有人怀疑。但是,请问内部机件都是(黄)金制的么?"

此时,法官已经感觉到中了"埋伏"。律师于是说:"既然没有人否定金表内部机件可以不是黄金做的,那么茂隆行的皮箱案,显然是无理取闹,存心敲诈罢了。"

这样的辩驳,既出其不意、攻其不备,又简洁明了、大快人心。起初对方被你转移了话题,失去了警觉,等你一旦回到正题进行类推时,对方再想否认就比较困难了。这就是埋伏引诱技巧的有力之处。

(八)逼其亮底法

在论辩中,你可以想办法让对方把你想了解的东西尽快说出来,以便早点对付之。其办法是把话说到一半就故意停下来,然后让对方接下去说,如"这么说,你的意思是……""如此说来,这个论点是……"。当你用这些半截子话去诱发对方发言时,对方十有八九会不假思索地把这句话按他意思说完,这时,你就轻而易举地又多了一张"底牌"。法庭辩护时,这种情况经常可见。有经验的辩护律师常常向公诉人或原告的证人、被告或被告的证人采取这种方式提问,以便为自己的事实根据或法律依据找到支撑点。

(九)刚言震慑法

论辩中,有的对手因理屈而心虚,说话吞吞吐吐、含含糊糊,这时,论辩者可以用锐不可当的气势直逼对方,使其只有招架之功,而无还手之力。这就是刚言震慑的论辩技巧。

例证 5-25

江竹筠(《红岩》中的江姐)被捕以后,经受敌人严刑拷打,宁死不屈。有一天,特务头子徐鹏飞久审不下,恼羞成怒,准备用他审讯女犯人的绝招——把她的衣服当众剥光,使她害羞之极而不得不招供。只听徐鹏飞大吼一声:"给我把她的衣裤全部剥下来!"话音刚落,一直缄默不语的江姐突然大喊一声:"不许你们乱来!"徐鹏飞一听乐了,以为这下可把江姐吓唬住了,便阴阳怪气地说:"你害怕了,那赶快说!"江姐怒目圆睁,指着徐鹏飞厉声喝道:"我是连死也不怕的人,还怕你们用剥衣服的卑劣手段来侮辱我吗?不过,我要告诉你,你不要忘记,你是女人养的,你妈妈也是女人,你老婆、女儿、姐妹都是女人,你用这种手段侮辱我,遭受侮辱的不是我一个人,而是世界上所有的女人,连你妈妈在内,也被侮辱了!你不害怕对不起你妈妈、姐妹和所有的女人,那你就来脱吧!"

这一席话,大义凛然,以浩然正气压倒了敌人的卑劣思想和嚣张气焰。

(十)文采飞扬法

这一方法包括诗词引用、诗词化用等多种方式,在很多赛场辩论中会使用到,它能使人感觉到语言之美。例如，蒋昌建在狮城辩论赛结束时最后引用了顾城的诗："黑夜给了我黑色的眼睛，我却用它来寻找光明。"再如有人在赛场举例时，化用了李白诗中的句式："君不见……"；也有人把诗词"君自故乡来，应知故乡事"化用为"君自大学来，应知大学事"，然后列举了大学的实例；还有人在赛场既运用了喻论法，又运用了引证法，他当场演示了一朵含苞待放的荷花花蕾和一朵盛开的荷花，然后说："一个是'小荷才露尖尖角'，一个是'映日荷花别样红'，你说哪个更需要照顾，更需要发展呢？"

四、善用逻辑

语言作为辩论的载体，一定要准确地表达出辩者严密的思维活动，一定要准确地表达辩者参辩的观点、见解、主张、意图，因此它必须要合乎逻辑。

（一）举事证理

事实胜于雄辩。摆事实、讲道理，这是辩论中最基本、也是最常用到的逻辑技巧。辩论时既可以举事实论证己方的论点进行立论，也可以举事实反驳对立方的论点进行驳论。

例证 5-26

《百喻经》中有这样的一个故事：人们正在议论一个爱发脾气的人："此人其他方面都不坏，只有两样不好。第一，喜欢发怒；第二，做事鲁莽。"不料此人正好经过门外听到后勃然大怒，一脚踢进门去，挥拳就打那说话的人，嘴里叫道："我到底什么时候喜欢发怒？什么时候做事鲁莽？"别的人都说道："过去且不说了，现在不就证明了吗？"

这里，事实起到了"立即证明"的作用，比任何雄辩都有力。

采用举事证理的逻辑技巧时要注意两点：一是所举事实越具有典型性，说服力就越强，因为不论是历史的还是现实的事例，越具代表性，就越能体现客观事物的本质与规律，所表现的道理也就越深刻；二是要对所举事例进行深入的分析，揭示和阐发事例与道理之间的必然联系，使举事与证理有机地结合起来，这样才能充分发挥摆事实、讲道理的作用。

（二）隐含判断

辩论中，有时巧用隐含判断会比运用直接表达判断的语句显得更有力量。例如：

曾有一位胖得流油的大资本家想嘲笑一下瘦子萧伯纳。大资本家说："我一看见你，就知道你们那儿在闹饥荒。"萧伯纳回答道："我一看见你，便知道了闹饥荒的原因。"

在这段对话中，两人都运用了隐含判断。大资本家所用的隐含判断无非是"萧伯纳瘦得像个讨饭的"，而萧伯纳的回答中所隐含的判断则十分巧妙而幽默地揭露了资本家剥削穷人的罪恶实质。这一隐含判断是大家都能分析出来的。

从以上分析可以看出，隐含判断的作用是多方面的，对隐含判断的恰当运用能使辩论具有逻辑力量，富于艺术魅力。

（三）三段论法

三段论法是古希腊学者亚里士多德创立的一种推理理论，三段论又分为直言三段论、假言三段论。我们知道，人们经常要对个别事物有所断定。而对个别事物做出断定的最方便、最有效，也最具有说服力的方法就是引用一般原理作根据进行论证，这种引用一般原理来论证个别问题的演绎方法就是三段论法。例如：

邓小平同志在答意大利记者奥琳娜·法拉奇问中说了这样一句话："当然我是做了点事情，革命者还能不做事？"就是运用三段论进行回答的：凡革命者都为革命做了贡献；我是革命者；所以，我也为革命做了贡献。

1. 直言三段论

直言三段论是由包含着一个共同概念的多个性质判断推出一个新的判断的演绎推理。一个直言三段论的典型格式如下：

所有 M 是 P；
所有 S 是 M；
所以，所有 S 是 P。

按这样的形式构成的推理一定是正确的推理。例如：

"凡人皆会死"，又知"张三是人"，那么不管张三是刚降生的婴儿，还是已迈入耄耋之年的老人，都可断定"张三会死"。

2. 假言三段论

假言三段论是指在前提中包含假言命题的三段论。例如：

如果为人民利益而死，就比泰山还重；
张思德同志的死是为人民利益而死的；
张思德同志的死比泰山还重。

这就是一个假言三段论。三段论法是一种很有力的辩护方法。因为人们经常要对个别事物做出断定，而最方便、最有效的方法就是引用一般原理作根据进行论证。在运用三段论法时要注意两点：一是推理的前提要真实；二是推理形式要正确，要符合逻辑规则。

在辩论中，运用假言推理进行辩驳是极富逻辑力量的。例如，1984 年，上海市公安机关侦破了一起重大反革命案件，共有八名被告，经法庭审判，结果其中七名被告分别被判处死刑两名、死缓一名、无期徒刑一名、有期徒刑三名，唯独第六名被告徐汉勇被宣告无罪，当庭释放。

例证 5-27

担任本案第六名被告徐汉勇辩护人的是上海市第二律师事务所副主任郑传本律师，通过认真阅卷调查，以及全面的分析研究，在法庭辩论中依据事实和法律，为徐汉勇做了无罪辩护。

请看郑传本律师的一段法庭辩护词：

被告徐汉勇在主观上没有共同犯罪故意，根据我国《刑法》第十一条规定："明知自己的行为会发生危害社会的结果，并且希望或者放任这种结果发生，因而构成犯罪的，是故意犯罪。"根据刑法原理和司法实践，反革命罪只有直接故意才能构成，而被告人徐汉勇却没有这种故意。

郑传本律师这段法庭辩护词中就包含了一个必要条件假言推理否定前件式：只有直接故意才能构成反革命罪，被告徐汉勇没有共同犯罪故意（没有直接故意），所以被告徐汉勇没有构成反革命罪。

以上推理符合必要条件假言推理否定前件式的公式，其形式是正确的，加之这种形式正确的推理又是建立在以法律为准绳，以事实为依据的基础上的，因而具有雄辩的说服力。正因为如此，郑传本律师为被告徐汉勇做的无罪辩护得到了法庭的采纳。

在一些法庭审讯的质询性辩论活动中，如果法官有较强的逻辑思维能力，运用假言推理可以抓住被告的一些错误推断，并由此打开缺口，找到犯罪的证据。

（四）两难推理

两难推理是由两个假言判断和一个选言判断为前提构成的推理。在辩论中，人们常常运用这种推理逼使对方在两种情况下做出选择，而不管对方选择哪种情况，都难于接受，这就使对方陷入进退维谷、左右为难的困境。中世纪的神学家曾经宣称上帝是万能的，对此有人表示质疑，并提出了这样一个问题："上帝能否创造出一块连他自己都举不起来的石头？"同时，还对这个问题进行了如下的推理：如果上帝能创造出一块连他自己都举不起来的石头，那么，上帝就不是万能的，因为竟然还有一块石头他举不起来；如果上帝不能创造出一块连他自己都举不起来的石头，那么，上帝也不是万能的，因为竟然还有一块石头他创造不出来。所以，不管是上帝能还是不能创造出这样一块石头，上帝都不是万能的。

例证 5-28

古希腊有一个人劝他的儿子不要管公事："因为如果你说公道话，人家要恨你；如果你不说公道话，神就要恨你。所以你不要管公事。"他的儿子给难住了，不知该怎样反驳他的父亲。

当对方以两难推理进攻时，可以通过反两难推理法反驳。亚里士多德曾代替那个儿子答道："我正是要管公事，因为如果我说公道话，神将爱我；如果我不说公道话，人将爱我；我或者说公道话，或者不说公道话，因此，不是神将爱我，就是人将爱我，所以，我要管公事。"

还有另外一种反驳方法，指出其选言前提不真，如"如果天气热，人难受，如果天气冷，人也难受，天气或冷或热，人总是难受。"对此，我们可以指出其选言前提不真，因为天气除了热和冷的情况外，也有不冷不热的时候。由于选言前提不真，没有穷尽一切可能的情况，所以，这样的两难推理不能成立。

古今中外的雄辩大师们都极善于使用"两难术",生活中也随处可见利用"两难推理"令对方进退维谷的生动例子。

（五）釜底抽薪

锅里的水沸腾,是靠火的力量,而柴草则是产生火的原料。釜即锅,薪即柴草。止沸的办法有两种:一是扬汤止沸,二是釜底抽薪。古人说:"扬汤止沸,沸乃不止;诚知其本,则去火而已矣。"

论辩时,论辩双方所持的论题,都是有一定的论据支持的,如果将论题的根据——论据抽掉,那么,论题这座大厦就会像釜底抽薪,其论点必然不攻自破。

例证 5-29

某大学以"武将也需要文才"一题开展论辩。反方认为,武将不要文才也可以,理由是武将能指挥打仗,学文是避长扬短。对此,正方采取了釜底抽薪法反驳:"在知识的海洋里,每一门学科、每一种知识和技能都不是孤立的。武才和文才也是这样,武才要靠文才来总结、交流、提高,文才要靠武才来提供内容,鉴别真伪。一位高级指挥员曾列举了武将学文的种种益处:一是可以把练兵打仗的实践经验上升为理论,便于学术交流和供后人学习借鉴;二是迫使自己不断进取,防止经验主义;三是培养深入、严谨、细致的作风,避免粗枝大叶;四是在学文过程中加强思想修养,养成勤于思考的习惯;五是丰富业余生活,使文武互为补充,工作有张有弛。"

（六）顺水推舟

顺水推舟也叫归谬法,即顺着对方的思维逻辑推下去,最后得出一个荒谬的结论,以证明对方的观点站不住脚。为战胜对手,在论辩中采取顺水推舟手法的论辩情形比比皆是。

例证 5-30

鲁迅先生在《文艺的大众化》一文中,驳斥道"文学作品的质量越高,知音越少。那么推论起来,谁也不懂的东西,就是世界上的绝作了。"显然,这个结论是十分荒谬的,因此,所谓"作品质量越高,知音越少"的荒谬性就充分暴露出来了。

归谬法好比一面显示谬误原形的放大镜,将错误的论点或论据揭示得更清楚,因此,如果一个错误论题的荒谬之处不太明显,就可应用归谬反驳法去反驳,所归纳引申出来的结论越荒谬,对错误论题的反驳就越有力量。

（七）以退为进

在论辩中,有时不急于以眼还眼、针锋相对地直言对抗,而是先承认对方的分析和指责是对的,自己似乎同意了对方论据的合理性,然后出其不意,或指出对方的矛盾之所在,或说出事实的真相,或做出另外的分析,最终达到证明自己论点正确性的目的。

例证 5-31

在某大学的一次辩论会上，甲乙双方就"馅饼教授"问题展开了一场论辩。

甲方：教育作为上层建筑，是不是不应该适应经济基础？

乙方：是。

甲方：目前来说，教育是不是要为市场经济服务？

乙方：是的。

甲方：又请问，教师作为社会成员，可不可以利用业余时间搞第二职业，增加收入改善生活？

乙方：可以。

甲方：那宣传"馅饼教授、教师"有什么不好？

乙方：首先，教育要为经济基础服务，但服务的方式是提高国民的文化素质，而不是自己也去做生意。例如，教师都去经商（"卖馅饼"），这不是削弱、损害教育，最终也危害经济基础吗？也并不是所有学科都能直接为经济服务，如考古学就是如此。其次，个别教师解决生活困难问题，业余从事第二职业无可厚非，但作为一种舆论导向，以为这是解决教师收入的主要途径，就完全错了。改善教师待遇，主要靠国家、集体和个人的投资，靠教育的深化改革，并不是教师都要去卖"馅饼"。我刚才说过"可以"，可以是一回事，大力提倡则是另一回事……

这一段话，乙方是先退后进的，等于是后发制人，可谓振振有词，批驳有力。

（八）声东击西

声东击西，就是为了达到某种目的，不直接从这个目的的正面去说，而是从相反的方面入手，实则说的是正面要达到的目的。

例证 5-32

据《晏子春秋》记载，齐景公爱打猎，非常喜欢养老鹰捉兔子。一次，负责养老鹰的烛邹不慎让一只鹰逃走了，景公下令把烛邹推出去斩首。晏子为救烛邹，拜见景公说："烛邹有三大罪状，哪能这么轻易就杀了呢？请让我一条条数出来后再杀他，可以吗？"齐景公说："可以。"晏子指着烛邹的鼻子说："烛邹，你为大王养鸟，却让鸟逃走，这是第一条罪状；你使得大王为了鸟的缘故而杀人，这是第二条罪状；把你杀了，天下诸侯都会责怪大王重鸟轻士，这是第三条罪状。"齐景公听完这番话只好说："别杀了，我懂你的意思。"

这里，晏子就用了声东击西法，表面上好像是给烛邹加罪，实则是在为他开脱；表面上是在为齐景公说话，实则是在指出他重鸟轻士的过错。这样，既避免了为烛邹说情之嫌，又真正救了烛邹；既指出了齐景公的错误，又没有伤害齐景公的面子。

（九）利用矛盾

有一个年轻人对科学研究抱有很高的热情和远大的抱负。有一天他对大发明家爱迪生说:"我想发明一种万能溶液,它可以溶解一切物品。"爱迪生风趣地反问:"那么你想用什么器皿放置这种万能溶液呢?它不是可以溶解一切物品吗?"这个年轻人被问得哑口无言。他之所以被爱迪生问得无言以对,是由于他说的要发明一种溶解一切物品的溶液,这句话本身就否定了自身的真实性。因为这种溶液既然能溶解一切物品,那就表明没有一种物品能装载它,自然也就不可能存在这样的溶液。

五、破除诡辩

(一)什么是诡辩

庄子与惠子游于濠梁之上。庄子曰:"儵鱼出游从容,是鱼之乐也?"惠子曰:"子非鱼,安知鱼之乐?"庄子曰:"子非我,安知我不知鱼之乐?"惠子曰:"我非子,固不知子矣;子固非鱼也,子之不知鱼之乐,全矣。"庄子曰:"请循其本。子曰'汝安知鱼乐'云者,既已知吾知之而问我。我知之濠上也。"

黑格尔指出:"诡辩这个词通常意味着以任意的方式,凭借虚假的根据,或者将一个真的道理否定了,弄得动摇了;或者将一个虚假的道理弄得非常动听,好像真的一样。"这句话形象地揭露了诡辩论有意颠倒是非、混淆黑白的特点。

诡辩具有以下两方面特征。

(1)外表上、形式上好像是运用正确的推理手段,实际上违反逻辑规律,做出似是而非的推论。

(2)无理狡辩。诡辩论本身是一种方法论。更确切地说,诡辩论是一种论证方法,它的根本特点是一种歪曲的论证。诡辩既不同于一般的武断,也不同于谣言,它在论证其道理时,总是要拿出一大堆的"根据",所以在表面上很能迷惑一部分人。

(二)诡辩的手法

1. 模棱两可

在论证过程中,诡辩者故意违反论题要明确的原则,论点含混不清,似是而非,企图在不同的情况下做不同的解释,为自己的某种目的辩护。

2. 偷换概念

偷换概念属于最常用的一种诡辩术。诡辩者偷换概念的主要手法有:偷偷改变一个概念的内涵和外延,使之变成另外一个概念;利用多义词混淆不同的概念;抓住概念之间的某种联系和表面相似之点,抹杀不同概念之间的根本区别;混淆集合概念与非集合概念(集合概念反映的是一类事物的整体属性,而非集合概念所反映的是组成一事物类的每个分子的属性);偷换论题:在论证过程中故意违反论题要明确、统一的规则,偷偷地转移论题。偷换论题和偷换概念是联系在一起的,一般来说,偷换论题常常表现为偷换论题中的某些重要概念。

3. 以偏概全

以偏概全是指故意用片面的、不充足的根据冒充全面的、充足的论据去进行论证,以个别情况片面概括为一般。例如：
一粒谷子落地时没有响声，
两粒谷子落地时也没有响声，
三粒谷子落地时还是没有响声……
以此类推，一整袋谷子落地时也不会有响声。

4. 人身攻击

用攻击、谩骂论敌代替对具体论题的论证，这是一种十分恶劣的行为作风。

5. 机械类比

机械类比是指故意把两个性质根本不同，或只具有某种表面相同（或相似）的对象拿来做类比，由其中一个对象具有某种性质，推出另一对象也具有某种性质的论证手法，用这种机械类比得到的结论是不可靠的。

6. 诉诸权威

对论题不做任何论证，只是拿出权威的只言片语吓人、骗人，换句话说，是用权威人士的个别言论代替对论题的逻辑论证。诉诸权威，是"以人为据"的一种特殊表现。

例证 5-33

"白马非马"论

"白马非马，可乎？"曰："可。"

曰："何哉？"曰："马者，所以命形也。白者，所以命色也。命色者，非命形也，故曰白马非马。"

例证 5-34

亚里士多德的《辩谬篇》中，记载有这么一则诡辩：
你有一条狗，
它是有儿女的，
因而它是一个父亲；
它是你的，
因而它是你的父亲；
你打它，就是打你自己的父亲。

思考与训练

1. 观看经典辩论赛，进行讨论、赏析。
2. 模拟赛场辩论。以四人为一小组，选择以下其中的一个或多个辩题，组织模拟赛场辩论。

(1) 代沟不影响（不利于）孩子的教育。

(2) 电脑使人更聪明（笨拙）。

(3) 合作（竞争）比竞争（合作）更能促进社会发展。

(4) 人的财富越多越（不）自由。

(5) 人类（不）是大自然的保护者。

(6) 手机拉近（疏远）人的距离。

(7) 金钱追求与道德追求能否统一。

(8) 通才（专才）比专才（通才）更吃得开。

(9) 大学应该（没）有围墙。

(10) 大学毕业后，应先就业（择业）再择业（就业）。

第六章

主持口才

🎤 学习目标

- 了解并培养主持人应具备的素质与能力。
- 了解主持的类型。
- 掌握主持的语言技巧。

📚 引例

在一场晚会刚开始不久,连接大屏幕的一根线路出现了一点小故障,除主持人话筒外,所有音响和屏幕都处于瘫痪中,现场突然陷入一片沉默。主持人白岩松急中生智为大家讲了一个故事:"有一次,一个著名的教授在大学讲课,当课讲到一半时,教室里突然停电了,按理说这是让人感到烦恼和尴尬的时候,谁知这位教授却说:'本来我长得就不够好看,光线再亮,赋予我的脸庞也毫无意义,这下好了,我终于可以从自卑中走出,在黑暗里找到我的全部自信,因为我要讲的东西才是最重要的。'后来,这位教授点上了两根蜡烛,那个时刻是当晚经历了的人们感到最精彩的一幕。"这个故事经过白岩松的表述,变得非常精彩,还恰当地契合了现场的情况,赢得了现场观众热烈的掌声,不知不觉工作人员抢修好了线路故障,这时白岩松又不失时机地幽默了一句:"有时候一点点挫折能让你的感动更长久,请用掌声鼓励一下我们的工作人员!"

"台上十分钟,台下十年功。"主持人是舞台上的焦点,是备受人们关注的职业,一个杰出的主持人往往魅力四射,能够吸引亿万观众,他们亲切诚挚而又热情谦虚、深沉大方而又可亲可爱、声线优美而又清晰明快。他们像一条无形的纽带把舞台和观众连接起来,他们掌握着现场的进度,控制着整场活动的节奏,使节目步入高潮,然后又恰到好处地收尾……

第一节 主持人概述

一、主持人

主持人指的就是统领、引导、推进聚会活动进程的人。主持人具有采、编、播、控等多种业务能力,在一个相对固定的节目中,作为主持者和播出者,往往集编辑、记者、播音员于一身。

在美国有个笑话,当美国总统站在克朗凯特身边时,人们会问:"那个站在克朗凯特身边的人是谁啊?"克朗凯特又是谁?克朗凯特是美国著名的电视节目主持人,是他宣布了结束美国—越南战争,是他击溃了违反美国价值观的尼克松政府,他被誉为"众星之王"。

在西方很多国家,主持人是仅次于总统、议员之类的第五大权威人物。在我国,主持人的地位虽然暂时还不可能与西方相比,但在社会生活中已越来越令人瞩目。中国人都知道沈力、赵忠祥、徐曼、宋世雄、敬一丹、倪萍、杨澜、水均益、白岩松、陈鲁豫、崔永元、鞠萍、肖晓玲、王小丫、王志等主持人。电视节目主持人,无疑是当今社会最受人们青睐的群体之一。

除了电视主持人,还有会议主持人、婚礼主持人、文艺演出主持人等。凡是大众聚会活动,都有主持人的身影。优秀的主持人,除了必须具备其他各种良好的素质,卓越的口才是其最显著的标识。

主持与主持人是一对既密切联系,又有细微差别的概念。主持是负责掌握或处理某项工作,而担任这项工作的人就是主持人。作为秘书工作人员,很多情况下往往就是主持人,如日常工作中主持会议、主持仪式等。秘书在主持会议、主持仪式中的作用是串联环节,招呼与会者和来宾,掌握会议或仪式的具体步骤,营造气氛,掌握和推动节奏。

事实上,主持人的作用远不止这些,他应该是一个商标式的人物,是每一次活动的灵魂。他在活动中对待各种事物的态度和情感应该能够体现组织者的意愿,在面对现实的时候应该符合与会者和来宾的心理期待。

二、主持人应具备的素质与能力

(一)高超的语言表达能力

作为一名主持人,他的各种表现主要通过口头语言展现出来,所以能言善辩是主持人的基本素质,语言通顺流畅是最基本的要求。主持人要口齿伶俐,表达清晰,较长篇幅的串场词也要讲得如行云流水,一气呵成,才能让观众有信服之感。主持人一定要勤于锻炼自己语言上的基本功,要言语有心、言语用心,要把话说好、说通、说顺、说巧、说妙。这就是说,口语能力并非单纯技巧的运用。"巧妇难为无米之炊",说话没有内容,再高超的技巧也是没有用的。因此,主持人要像海绵那样不断吸收知识以丰富自己,这样才能将充实的内容和娴熟的表达技巧融为一体。主持人的口才不是孤立的才能,它既是"口"才,也是"思"才、"耳"才、"眼"才……它反映了一个人的语言才能,同时也是一个人的素养、才智、气质、品格和情操的和谐流露,正所谓"言如其人"。

例证 6-1

崔永元有一次在节目中把"勿以恶小而为之,勿以善小而不为"这句名言的作者说成是孟子,许多观众纷纷去信、去电指出错误。后来崔永元在《实话实说》之"小事不小"节目中，一开场便提出了这件"小事"："我给孟子打了个电话，他说他好像没有说过这句话。我特意买了本《三国志》，从里面查到了这句话的出处，我错了，在此我向全国的观众致以谢意和歉意。"说完，他深深地鞠了一躬。

（二）临场应变和即兴发挥能力

主持人语言表达上的一点瑕疵都会给节目的制作和播出带来不必要的麻烦，都会直接影响到电视节目的视听效果。因此，主持人不仅要避免自己言语表达上的不当，更要做到处变不惊，要积极活跃思维，培养自己快速反应的能力，这样，主持起来才能做到从容镇定、挥洒自如。一定的临场应变和即兴发挥能力是指主持人在主持过程中，遇到了突如其来的情况时，在客观条件允许的情况下，能充分调动自己的主观能动性，迅速做出反应，并进一步在此基础上进行发挥，使变故巧妙地朝好的方向转化。

在戏剧表演领域里流传着一句名言——救场如救火。在现场性的主持活动过程中，常有来自活动合作者、参与对象、听众等方面的意外情况发生，这时主持人就不仅要机智，还要有急智。

例证 6-2

有次在南京五台山体育场的演出中，歌唱家张子铭患重感冒，高烧39℃上场演唱《拉网小调》。当他唱到高音时有些力不从心，场内马上发出"喝倒彩"声。主持人李扬一看不妙，马上毫不迟疑地走上台，沉着而动情地说："亲爱的观众朋友们，张子铭是喝海河水长大的天津著名歌唱家，他满怀对南京人民的深情厚谊赶来演出，可是不巧，患了重感冒，现在他的体温是39℃，我们劝他休息，但他说：'这是第一次来南京，今天又是最后一场，尽管我发烧，唱得不好，也要来，我不愿给南京观众留下一点遗憾。'我提议，让我们对艺术家这种高尚的艺德表示深深的敬意！"话音未落，全场响起了长达一分钟的热烈掌声。主持人出奇制胜，化险为夷，演员回到后台也感动得泣不成声。

（三）个性鲜明的主持风格

或幽默、或潇洒、或沉稳、或轻快的风格，都能将观众带到和主持人共同营造的视听意境中，使人们感受到节目的气息，也感受到主持人的素质魅力。但是，个别主持人正是在情绪的自我约束与自我控制上稍稍欠佳，"激情满怀""心花怒放"的力度稍过，会让观众看节目时觉得很累，尤其是耗时很长的大型晚会，主持人情绪的展现宜细水长流、恰到好处，这样才能让观众锁住频道，情有独钟。风格是思想、品德、学识、举止、谈吐、能力、才艺、智慧、志趣和格调化在节目主持人身上的综合表现。对一个主持人来说，其主持风格是否独特鲜明，决定着主持活动的成败。

例证 6-3

杨澜初次在中央电视台亮相时，有人曾对她做了这样的评述：

生活中的杨澜，相貌并不出众，如果让她站在许多女孩子中间，你很难一眼将她找出。但是，这位容貌并不出众的女孩子没有到化妆间去浓妆艳抹一番，而是"发现"并"强化"了与众不同的个性特征，初上荧屏是以一个"有教养的活泼可人的学生"模样出现在观众面前，既没有明显的化妆痕迹，也没有新潮服饰的包装，还是那双清纯、真诚而有点稚气的眼睛，还是那浑然天成的披肩长发，还是那几件据说常常是从同学、朋友那儿借来的衣衫、连衣裙……这种既体现真实身份、率真个性，又符合节目特点的外观形象，不免使人联想起"清水出芙蓉，天然去雕饰"的诗句来。

（四）深厚的知识底蕴

渊博的知识是主持人应有的修养。主持人应该是博学多才的有识之士，这样才能面对观众侃侃而谈。渊博的知识来自工作中的积累，也来自平时勤奋的学习。身处于不断变化的时空，作为一名主持人要不断更新所学、开拓思路、活跃思维，切莫书到用时方恨少、腹中空空、无言以出，那时你面对的将不仅仅是对自己孤陋寡闻的羞愧，更会让自己被竞争时代的潮流所淹没。反之，只有不断地充实自己，才能更好地把握时代主题，紧扣时代脉搏，贴近群众、贴近生活。"腹有诗书气自华"是宋代诗人苏轼的一句名言，也完全适用于今天的节目主持人。

（五）良好的精神素质

主持人的美好形象往往通过人格、修养、风度、气质等状态反映出来，而这些状态都要基于良好的精神素质，这包括对生活和观众的热爱，以及对事业执着的追求。

（1）思想。这是主持人雕塑形象的根本。主持人对某事某物的看法、观点，往往会对与会者和来宾产生极大的导向力，这就要求其思想认识必须具有超前性、权威性，使观众认可其价值，接受其观点，从而将节目的主旨有效地传导给观众。

（2）人格。人格的魅力对于主持人雕塑形象来说是最为持久的因素。主持人的"真我"表现对观众是最具吸引力的，这种"真我"的表现必然会将主持人完整的精神世界展示给与会者和来宾，同时又展示出主持人人格的魅力。

（3）气质。离开气质的主持人不能称其为素质全面的人。主持人的素质体现一定要有优秀的风度、气质的支撑，才能有活力和吸引力。主持人的气质这一素质是由综合因素形成的，包括人格修养、道德情操、文化结构、个性意志等诸种因素，它一方面具有先天性，另一方面又来自后天的修养和磨炼。主持人的风度气质是伪装不出来的，完全是自然的袒露。

气质可以说是个人形象的一个组成元素，它无时无刻不贯穿于人的言谈举止中。气质大致可分为儒雅型、严谨型、幽默型、恬静型四种。一般我们说一个人形象好都爱说这个人形象气质好，可见"形象"与"气质"的关系是多么的亲密。要有好的形象，除了外在的包装，最重要的一点就是要有良好的气质，气质最能体现人与人之间的不同之处。服装、发型、化妆都可以千人一面，看不出有什么不同，但唯独气质是每个人独一无二自我的真实体现，气质的形成由先天因素和后天培养而决定，是人与人之间无法相互效仿和借鉴的，不管是哪种气质类型，都涉及一个人综合素质的高低。

（六）良好的形象

形象对于主持人来说是非常重要的，一个主持人有了好的造型才能给与会者和嘉宾第一视觉的享受。主持人形象的塑造，与个人的气质、思想、感情、风格甚至性格等方面都是有关系的。作为主持人，形象的塑造应该从以下两个方面着手。

（1）服装、发型及化妆。主持人的服装一般都是大方而庄重的，以西装为主，西装的简约大方也自然而然地容易使主持人树立稳重、大方的形象；发型是主持人展现形象的重要一环，切忌另类发型的设计，一般以简单、自然的发型示众，与服装风格相互一致形成干练而富有亲和力的形象基调为佳。在化妆方面，主持人的妆容以端庄简约、亲切自然为主，不必过于浓妆艳抹，这样才能使整体基调相互统一。

（2）肢体语言。一个人形象的展现与个人的肢体语言密不可分，作为主持人更是如此。除有声语言符号以外，主持人还要运用非语言符号进行传播交流，如眼神、表情、手势、体姿等态势语。肢体语言也是人内心情感的真实流露，可以说是不同于口述语言的另一种语言形式。以肢体为符号传播的表述方式，同样能起到表达以及对口述文字的补充作用。作为主持人，适当地运用肢体语言来辅助口述语言加以表达，可以起到完善和强调的作用，同时肢体语言也使我们的形象变得更加积极。而不恰当运用肢体语言则会起到很大的负面作用，不但不能恰如其分地对所表述内容进行完善和补充，还会起到画蛇添足的作用。

《论语》中孔子说："志于道，据于德，依于仁，游于艺。"一个优秀的主持人，应该具有优秀的品德及良好的修养，在言谈举止、一颦一笑间应起到示范作用。许多人都把主持人的行为言语作为标杆，这就需要在日常工作和生活中严于律己。一个人的修养和品德体现于工作生活中的点点滴滴。

三、主持的类型

在应用主持艺术中，主持可以分为节目主持和非节目主持两大类型。其相通之处在于：主持人都需要准确地把握主持艺术规律，主持时都要自然大方、头脑敏捷，具有较好的组织能力、协调能力和应变能力。其相异之处在于：节目主持人主持的是节目，要注意节目的艺术性和可观赏性；非节目主持人主持的是活动或仪式，要符合组织者特定的目的和意图。

（一）节目主持

节目是主持人语言活动的具体语境，在不同类型的节目中，主持人的语言活动也不尽相同，也就形成了不同的主持人语言。随着节目内容、对象的细分化以及节目形式、播出方式的多样化及高新技术的应用，主持人节目的类别也越来越丰富、越来越复杂，在节目形态、传播方式上也有着越来越多的融合与交叉，但是大致可从两个不同的角度来进行分类，即按节目内容分类和按节目形态分类，因为这两种分类对主持人语言的影响、制约作用最直接，实际应用关系最密切。节目主持可分为两大类。

（1）按节目内容分类。按节目内容分类是节目主持最常用的分类方式。节目主持通常被分为以下四大类型，即新闻类节目主持、综艺类节目主持、教育类节目主持、文艺类节目主持。

（2）按节目形态分类。从当前出现频率较高、主持人语言运用层面较多的节目形态来看，节目主持可分为以下四种类型，即访谈类节目主持、直播类节目主持、版块类节目主持、益智游戏类节目主持。

（二）非节目主持

非节目主持是相对于节目主持而言的，即节目（广播电视播出节目）主持之外的活动主持。此类主持更贴近生活的实际需要，如贴近生活和特殊场合下的规则和礼仪等。主持人可能是符合特定需要的相关领导或负责人，也可能是某企业的代表或接待人员，所以不特别强调主持人外在形象是否符合上镜标准，而更重视主持语言的内涵。

非节目主持大致可分为以下几类：

（1）舞台主持。舞台主持一般可分为节庆纪念性的综合文艺晚会和行业专题综艺晚会两种形式。舞台主持人在活动中主要起串联、引导活动的作用，所以要取得合作者的密切配合，与合作者建立互相理解、信任、支持、帮助的关系。

（2）商务典礼主持。商务典礼就是商务活动中的各种仪式，如签字仪式、开业仪式、剪彩仪式、交接仪式、庆典仪式等。商务典礼有助于提高所在单位的知名度与美誉度，表达对合作者的诚意，加深社会公众对本单位的了解。商务典礼一般比较庄重、热烈，往往按部就班、郑重其事地参照合乎规范的惯例程序举行活动。

（3）会议主持。会议主持还可细分为聚会主持、商务会议主持、洽谈会主持、新闻发布会主持、展览会主持、赞助会主持、茶话会主持、日常工作会议主持等。这些会议都是有议题、有组织、有步骤、有领导地研究、讨论、商议有关问题的。主持人必须精心安排会议内容与程序，并采取必要的措施，确保会议在召开时能井然有序地进行。

（4）宴会主持。宴会是一种常见的礼仪社交活动，是比较正式、隆重的设宴招待，按照性质又可分为礼仪性宴会、交谊性宴会、工作性宴会。宴会主持人要根据来宾、主人及宴会目的等具体情况考虑宴会的规格与形式，并事先安排好座次以及如何致欢迎词和祝酒词等。

（5）舞会主持。舞会是一种文娱性社交聚会，可以使人们在轻松优雅或热情奔放的乐曲中结识朋友、交流情感、传递信息。舞会主持应注意选择适当的时间、场地、曲目、来宾，做好接待工作，引导跳舞者标准文明地起舞，同时努力创造一种高雅文明的舞会氛围。

（6）婚丧祝寿活动主持。婚丧祝寿礼仪是对结婚礼仪、丧事礼仪和祝寿礼仪的简称，这三种礼仪均是人生长河中的几次大礼。这类活动都有一定的礼节规范，主持人必须仪态端庄、举止适度、口才出众。主持人致辞要因人、因事、因地有针对性地选择用语，并要善于随机应变，能够较好地控制场面、气氛，周到地顾及方方面面的人与事，使活动符合规范，按照预定程序圆满地完成。

第二节　主持语言技巧

一、开场技巧

良好的开场白对于主持人十分重要，它可以确定基调、营造气氛、表明主旨、沟通感情，使全场人员情绪高涨，注意力集中，从而保证活动的顺利开展。主持人的开场技巧有以下几种。

（一）开门见山法

主持人的开场白要立足主动，开启受众的思路，将他们自然引入节目的预定环境中去。

例证 6-4

尊敬的各位领导、各位来宾、观众朋友们：晚上好！在隆重纪念毛泽东同志《在延安文艺座谈会上的讲话》发表 60 周年之际，由××市委宣传部、市文化局主办，市群众艺术馆承办的纪念演出活动现在开始！

例证 6-5

各位观众，各位来宾，晚上好！欢迎收看中国中央电视台和新加坡电视机构共同主办的 1995 年国际大专辩论会。今天将要进行的是人们期待已久的大决赛，也可谓本届辩论会的高潮。

请看杨澜与姜昆主持《正大综艺》的一次开场白：

杨：各位来宾，电视机前的热心观众朋友们，你们好！

姜：也许您刚刚脱去一天的疲惫，泡一杯浓茶坐到电视机前；也许您正觉得无聊，想不出家门就看到外面的世界；也许您刚刚做完老师布置的作业，希望在休息之前从我们这里得到一点精神享受。

杨：那好吧，就让我们带着您跨越时空的障碍，到世界各地去领略一番异域的风情，聆听美妙的音乐，因为——不看不知道，世界真奇妙！

这里主持人真诚的问候、关切的话语，制造了热烈的节目气氛，自然地引入节目的正题。

（二）曲径通幽法

这种方式开始听来似乎有点离题，但主持人却能够娓娓道来，遂显真谛。如在一次世界语语法研讨会上，主持人这样开场：

说来有趣，刚才在会议室门口遇见两个叽叽喳喳的女学生，一个问："世界语，什么世界语？"一个答："就是一种语言，我想大概像英语、法语一样！"再问："是啊，总是一种语言。是哪个国家的？"再答："我也不知道。"看来，我们这个关于世界语研究组织的任务还很繁重啊！既要使人们了解世界语，还要使一部分人接受世界语。在座各位都是世界语研究的权威人士，这就靠你们拿出自己的真知灼见，大显身手了！

（三）情境导入法

演出与活动现场一般包括主持人、表演或参与者、听众或观众、演出时间与地点等因素。主持人如果能直接从这些因素入手，形成一种"情境效应"，就能给观众或听众一种亲切的真实感。例如，某夏令营在进行篝火晚会，主持人一上场便说：

踏遍青山人未老，风景这边独好！朋友们，今晚繁星满天，篝火通红。这画一般的景色，激起我们诗一般的情怀……

主持人这绝妙的开场白情景交融、美妙有趣，瞬间便把观众带进了诗情画意的情境里。

（四）情感烘托法

节目主持人是整个节目的有机组织者，他们不能喧宾夺主，但却可以用动人的话语为整个活动或节目创设一种特定的情境，奠定听众或观众欣赏节目的感情基调。如在纪念抗战胜利50周年的一次文艺晚会上，主持人这样开始：

亲爱的观众朋友，您是否还记得50年前的那段悲惨的历史？那时，日本帝国主义的铁蹄踏进我泱泱国土，山河被毁坏，村庄被烧光，兄弟被掠杀，姐妹被蹂躏。多少人家破人亡，多少人妻离子散。今天，回顾这一悲壮的历史，重翻这痛心的一页，您的心情如何呢？

这段动人的述说，像一颗巨大的情感炸弹，使深沉的气氛顿时弥漫会场，台上台下情感相通，观众与演员心灵共鸣，很好地确立了晚会的基调。

例证 6-6

女：仿佛是在梦中，仿佛是在昨天。当年没说再见，我们匆匆走散。二十年，二十年的别离，我们相聚在今天。

男：看一看陌生而又成熟的脸，这是岁月年轮的点染。曾是单纯而幼稚的面庞，变得成熟而又干练。

女：二十年同学相见，心里是不是有些慌乱？过去的岁月，留下多少遗憾？终于握住的手，再不愿松开。

男：同学们，这里的酒已斟满，杯中洒满幸福的欢颜。让我们举起酒杯相互祝愿，祝愿同学幸福平安！

女：斗转星移，日月如梭，青春的时光就要度过。让蓝天白云为我们起舞，让青山绿水为我们作赋。

男：同学们，昨天已经过去，把握住今天，我们的明天会更加灿烂。

合：同学万岁！愿我们的友谊天长地久！愿我们的友谊地久天长！

这是在一次同学毕业二十年聚会时主持人的开场白。这篇主持词以情入境，把人们蕴涵很深厚的情感一下子激发了出来，产生了强烈的共鸣效应，再加上使用了诗一样的语言，将同学们久别重逢的激动心情恰到好处地表达了出来。

（五）设置问题法

问题式开场即在节目或活动开始时，采用提问、设问或反问的方式导入话题。这种形式如苍鹰凌空突兀而来，一下就抓住了听众（观众）的心，通常能取得极佳的效果。例如，在一档《商界名流》的谈话节目中，主持人这样开场：

今天我们节目请来了开发区十家著名企业的老总，在座的各位，都是理财行家，做生意的能手。现在，请允许我向大家请教一个问题：美国十大金融财团的首富摩根，当年从欧洲到美洲时，穷得发慌，只得卖鸡蛋为生。他弄了三篓鸡蛋，可卖了三天，一个也没有卖出去。第四天，他让妻子去卖。结果，不到半天全卖完了。请问：这是什么原因呢？

这样以生意之"磁"吸"财神爷们"兴趣之"铁"，吸引力自然是很大的，一下就抓住了嘉宾和听众（观众）的心。

（六）引用法

引用式开场即引用名言、格言、故事等来开场，这种方式表意深刻，启迪性强。在一档《走进沙漠》的节目中，主持人这样开场：

不知道您去过内蒙古没有？如果没去过，您一定听过这样的诗句，"天苍苍，野茫茫，风吹草低见牛羊"，还有"大漠孤烟直，长河落日圆"。无边的草原和黄沙，从来都是历代文人墨客赞美的对象。我们今天谈的是在库布奇改造沙漠、绿化植树这个话题。

（七）幽默调侃法

幽默式开场即由身边事切入话题，看似信手拈来十分随意，实则要选常见或反常规的趣事为话头，使入题显得亲切、轻松而幽默。

例证6-7

《婴儿》的开场："所有的军人都知道，当这位小家伙来到你的家中时，你就得呈递'辞职书'，而他则完全掌管了全家。你变成了他的仆人、随从，随时要站在旁边听候命令。他不是那种按照时间、距离、天气或者其他事情付给你薪水的指挥官，但你不管在任何情况下都得执行他的命令，而且在他的战术手册中，行军方式只有一种，就是跑步。他用各种最粗野无礼的态度对待你，但即使你们中间最勇敢的人也不敢说一句违抗的话。你可以面对死亡的风暴并予以还击，但他用手紧抓你的胡子，扯你的头发，拧你的鼻子时，你只得忍受……"

这样的开场导入使现场立即充满了听众（观众）会心的大笑，幽默话语的导入激活了听众（观众）的情感，而听众（观众）以其被激活的心理情感的全部投入，又转而促使主持人讲解得更加淋漓尽致，成功正是在这样一种双向沟通和交流中获得了升华。

在一次春节联欢晚会上，我国台湾地区影视歌三栖明星凌峰出任节目主持人。他是以这样的幽默方式开头的：

在下凌峰，我和文章（台湾地区歌星）不一样，虽然我们都得过"金钟奖"和"最佳男歌星"称号，但我是以长得难看而出名的。两年多来，我们大江南北走了一趟——拍摄《八千里路云和月》，所到之处呢，观众给了我们许多的支持，尤其是男观众对我的印象特别好。因为他们认为本人长相很中国，中国五千年的沧桑和苦难全都写在我的脸上。一般来说，女观众对我的印象不太良好：有的女观众对我的长相已经达到了忍无可忍的地步，她们认为我是人比黄花瘦，脸比煤球黑。但是我要特别声明一下，这不是本人的过错，这是父母在生我的时候没取得我的同意就生成这个样子了……"

凌峰对自己的相貌进行了调侃，洒脱不羁、新奇诙谐，使晚会气氛在一开始就形成了一个高潮。

在一次由冯巩、赵忠祥、凌峰、赵本山共同主持的《神州风采》特别节目中，主持人一一上场。

凌峰首先说："为了丰富我们今晚的节目，我们特别为您介绍一位比我长得还困难的、来自东北的赵本山。"赵本山接口说："我比他们还丑？既然如此，我也来抓个垫背的。"然后指指冯巩，说道："他比我还丑。"冯巩接口说："亲爱的朋友，你们好，我知道我长得丑，属于困难户、重灾区，但跟他们比，我可以自豪地宣布：我脱贫致富了！不客气地讲，一看见他们二位，就想起了万恶的旧社会！"

这里采用了层层推进的方式使幽默迭出，最后包袱一抖，一语道破，妙趣横生。观众目睹这场"赛丑竞赛"捧腹大笑，沉浸于十分轻松欢快的气氛当中。

幽默被喻为"语言中的盐"，它使人发笑、引人深思、令人回味，幽默风趣的话语常常能够创设出一种轻松活泼的氛围。

二、串联技巧

场中话题的衔接包括节目的衔接，主要是通过串联词来实现的。无论是通过镜头处理的电视节目，还是直接与听众（观众）交流的舞台节目或活动，将节目与节目（或活动的程序与程序）之间衔接起来，这是主持人责无旁贷的任务，这种将上下节目联系起来的语言就是串联词。其作用是将各个可能本不相关的不同内容、不同形式、不同人物甚至不同风格、不同国家、不同民族的节目组合在一起，形成一个整体，使听众（观众）感到上下两个节目关联协调，无割裂、两相容的感觉。这种串联词，不一定要每句都与主题有关，乍听似"闲言碎语"，但并非"多余的话"，而是主持人与听众（观众）沟通的一个重要组成部分。

要说好串联词，主持人必须根据节目或活动的主旨、感情基调，精心推敲串联词。但构思又要不着痕迹、自然顺畅，如同即兴表演，而且就像绘画中的水墨写意，随心所欲，轻描淡写，浑然天成。这种衔接是思想链环的一个结扣，虽居位不显，却担当重任，起着应接、引导和控场的作用。

主持人只有对所主持的节目了如指掌，对上下内容熟悉，做好充分的资料准备，并形成自己的总体看法，才能说好串联词，较好地把握与引导节目的进程，调动听众的愉悦情绪，将一切纳入自己的掌控之中。

在一次诗文朗诵会上，主持人缓缓走上主席台，她没有立刻报节目，而是充满深情地朗诵了一首诗："母亲将院子扫干净／雨就来了／母亲将锅揭开／饭就熟了／母亲将衣服补好／夜就深了……母亲刚来得及拢一拢头发／两鬓就白了／母亲刚来得及照一照镜子／皱纹就深了／母亲刚刚入梦／天就亮了……"

接下来主持人开始报幕："请欣赏配乐散文朗诵《妈妈别走》。"

主持人报幕是为了推出下一个节目，主持词既要起到承前启后的作用，又要为即将推出的节目做好铺垫，使前后融为一体。这段主持词无疑起到了烘托渲染气氛和抛砖引玉的作用，可以说是珠联璧合。

主持活动一般都需要在中间搭桥接棒，主持词的连接词语既要关照先前、画龙点睛，又要引导其后、渲染蓄势。这样才能做到承上启下、过渡照应、层层推进，把整个活动连接成一个有机的整体。

话题的衔接方法，常见的有以下几种。

（一）承上启下法

承上启下法即上挂下连式，用几句话概括小结或评点上一节目内容，然后自然介绍或引出下一节目内容。这种方式能使听众（观众）直接感觉到上下两个节目的内在联系。

例证 6-8

《生活24小时》有一期节目，前面介绍的是安全使用煤气方面的内容，接下来要介绍的则是自我保健操，这时主持人是这样说的："刚才我们谈的是安全问题，安全问题包括环境安全，也包括身体安全。身体安全就是我们要说的健康问题。下面介绍一种自我保健的方法，对观众的身体健康是有益的，您不妨试试看。"

主持人前面说的是安全使用煤气，后面说的是自我保健操，可以说两个内容根本不相干，但由于主持人说了上面一段串联词，就使二者自然连接起来，而且可以帮助听众（观众）更好地去欣赏后面节目的内容。

（二）制造悬念法

制造悬念法即故意不说出下一个节目的内容，而将问题抛向听众（观众），以此来衔接上下节目。这种方式能引起听众（观众）对下一个节目的兴趣，具有引人入胜的作用。

例证 6-9

《共度好时光》节目中有一段串联词："一生中的好时光，总离不开一个'情'字，亲情、友情、爱情、师生情、战友情等。有欢乐，有温馨，有开怀的欢聚，也有无言的感动，好时光离不开一个难忘的人、一个难忘的故事……今天，有一位朋友要来到我们现场，讲述一段他难以忘怀的故事。"

这段词虽无问句，但同样制造了悬念并引起了听众（观众）对下一个节目的兴趣。这位朋友是谁？要讲什么故事？为何难以忘怀？主持人卖了个关子，听众（观众）便自然而然地形成了几个问题，急切地等待节目的进展。

(三)问答对话法

问答对话法即主持人向演员或与下一个节目内容有关的人提出问题,然后由他们做出回答,通过对话从上一个节目过渡到下一个节目。这种方式生动活泼,在文艺类节目中经常运用。

例证 6-10

在《著名昆剧表演艺术家、戏曲教育家张洵澎舞台艺术 40 周年》文艺演出时,有下面一段主持人的串联词。

主持人:"戏校的学生在排练,我们去看看。同学,你们排演的是哪出戏?"同学:"我们排演的是《游园惊梦》。"主持人:"主教老师是谁?"同学:"张洵澎老师。"……主持人:"好,下面我们就观摩张洵澎主演的《亭会》。为张洵澎友情演出的是上海昆剧团的蔡正仁先生。在张洵澎舞台艺术 40 周年演出活动中,上海昆剧团的领导和同行给予了热忱无私的帮助,他们都是张洵澎的戏校昆剧大班的同学。同窗情谊深,我们向他们也表示敬佩和感谢。"

这段问答,不仅介绍了学生排演的剧目名称,而且引出了演出活动的中心剧目——张洵澎主演的《亭会》。

(四)介绍评点法

介绍评点法即主持人介绍或评点下一个节目,使听众(观众)对下一节目内容、人物有所了解。串联词运用得恰当,会缩短听众(观众)与节目或人物的心理距离,使听众(观众)对下一节目或人物产生好感。

例证 6-11

《海外博览》中有一段串联词:"发明和创造有时是两个意思相通的词,今天我们将介绍一位有史以来最有创意,让我说是最有发明才能的人物。他是艺术家也是科学家。在研究音乐、绘画时,他的大半生都在探索植物学、解剖学、光学、数学和航空学的未来。他就是生活在 15 世纪的达·芬奇。"

主持人介绍语不多,但蕴含着评价,确立了人物应有的定位,听众(观众)自然会怀着敬佩感去欣赏下面的内容。

(五)闲侃漫聊法

闲侃漫聊法即主持人通过说一些看似无关紧要的话,然后突然恰到好处地引出下一个节目。这种方式常常语言诙谐、机敏,充满着意趣,能营造良好的节目气氛。例如,《正大综艺》就常用这种方式:

杨澜:"……好,现在我们过最后一关。"赵忠祥:"哎,杨澜,我们这猜谜活动是为了增长知识,不要说过关,什么'最后一关',把事情看得太严重了吧?"杨澜:"赵老师,我们就是要过最后一关——嘉峪关。"赵忠祥:"啊,你早说呀!"

杨澜用双关语埋下一个"包袱",赵忠祥佯装不知顺杆往上爬,指出杨澜表达的"错误",杨澜最终把"包袱"一抖,自然引出与下一程序有关的景点——嘉峪关。这如同聊家常的串联词,让人感到轻松愉快,因而很受观众的青睐。

三、情趣引导、掌控场面技巧

主持人的信息传播要注重交流性,讲究交流方式,避免"灌输"和"说教",以免让听众(观众)生厌。具体来说,主持人在传递信息的同时,要通过一种带有人文关怀的、"直指人心"的沟通理性,以引起共鸣的方式,来加强双方互动的传播效果。尤其是在某些场合,由于双方缺乏了解以及种种突发事件的发生,往往会影响主持进程的开展。这些问题的出现,加大了主持人控场的难度,也对主持人在瞬间激活思维与语言,快速做出激发兴趣的情理引导,精彩或超常发挥方面提出了更高的要求。这时如果一味搪塞、应对不当,不仅现场主持难以继续,也会严重损害主持人自身的形象。

(一)及时控场

中央电视台"心连心"艺术团在江西革命老区演出时,老乡们从四面八方赶来,场面很大,气氛热烈。不料当关牧村在演唱《多情的土地》这首歌时,天空乌云密布,寒风四起,落下阵阵雨点。顿时观众慌乱无序,场面骚动不安,一场精心策划的节目即将面临场面失控。这时主持人赵忠祥快步走到台前,深情地对老乡们说:

关牧村的动情歌声,把她自己的眼睛唱湿润了,也把老区人民的眼睛唱湿润了,连老天爷的眼睛也给唱湿润了。老乡们,我们演员都商量好了,如果雨大了,只要大家不走,我们演员就不会走!

这段话激起了观众长时间热烈的掌声,骚动的人群也立刻安静下来,人们怀着对艺术家的敬佩心情,兴致勃勃地继续观看演出。

湖南卫视的《快乐大本营》是一档以快乐愉悦为宗旨,融主持人、嘉宾、观众为一体的综艺性节目。有一期嘉宾在讲到他六岁时由于家贫不得不到地里偷红薯充饥,结果被捉挨打时,嘉宾泣不成声,观众也潸然泪下,难以自制,这显然与该节目宗旨背道而驰。这时有观众上台给嘉宾献花以表示理解、安慰。主持人何炅灵机一动,立刻以调侃的口吻说:"别忙着给他献花,他刚才还在偷东西呢!"一句揶揄、戏谑的话让全场的观众,包括嘉宾都破涕为笑,节目又回到了欢愉、快乐的气氛当中。由此可见,主持人在调节、引导、疏通方面的作用是十分重要的。就像消防队员,不仅要及时发现险情,而且要在险情出现后奋不顾身,英勇机智地抢险、救难,这样才能于危难中大显身手。

(二)妙语引趣

在一次综艺晚会上,中国台湾艺人凌峰上场说:

大家好!我叫凌峰,凌峰的凌,凌峰的峰(观众大笑)……你们听过凌峰的歌没有?(有人回答"听过",也有人回答"没有")没有听过凌峰唱歌的朋友,终生遗憾(观众大笑)。听了一次凌峰的歌,又遗憾终生(观众大笑)。

凌峰富有出场经验,知道一登台先要"活场"。他的用语采用了拈连和回环的修辞手法,说的是同语反复和自相矛盾的"废话",但妙就妙在以"废"引趣、以"废"取胜,完全不是致力于语意的表达,而是致力于欢快情绪的渲染,致力于用机巧的异乎常情的妙语趣说,给人以耳目一新的快感。这是一种以正经的语态说出大家都知其错的话,利用逻辑中的矛盾关系形成反常规的语意组合,让话语与人们的心理定势相互碰撞,造成期待的突然"落空"由此而产生了趣味效果。

(三)巧做铺垫

在有观众参与的现场节目或活动中,观众由于知识水平、语言表达能力和心理素质等问题,有时会出现语塞、无法配合、回答不出等现象。这时主持人一定要设身处地地为其着想,巧妙地帮其解"难"救"困",善意地为其铺垫,免其难堪。

例如,在《实话实说》节目中,一位下岗女工嘉宾在说到自己曾在家具城打工却分不清家具的材质时,脸上现出了尴尬表情。主持人崔永元立刻插话说:"是挺不好分的,一次我爱人让我买家具,我在店里问好了,是全木的。拉回家我爱人一看,说'你是全木的'。"全场哄堂大笑。崔永元的话随意间露出善意和真诚,对弱势群体并不歧视,善解人意地解除了嘉宾的难堪,赢得了广大观众的赞赏和青睐。

(四)及时"暖"场

方舒、方卉主持《正大综艺》节目的集锦抢答题时,问:"'众王之城'指的是埃及哪座城市?"没想到抢答席上的来宾面面相觑,无人回答。主持人把问题交给现场观众,全场一片寂静,也回答不出。无奈,方舒只好自己作答:"正确的答案是卢克索。"现场观众仍是一脸茫然,没有反应。这时方卉机敏地予以补充:"也许我们的片子放得太快了,观众朋友没有看清楚周围的景象。我给大家提供一个线索,电影《尼罗河上的惨案》中有这样一个场面——一块巨石被推了下来,险些砸到两位主人公——那个地方就是卢克索。"

这番精彩、恰到好处的补充真是雪中送炭,顿时解开了观众心中的疑虑,掌声、笑声打破了场上的寂静。电视台出题时,无法全面知晓观众的知识结构,更无法洞悉观众在节目内容范围中可能出现的"知识盲点"。而一旦"知识盲点"在节目进行中出现,必然会导致令人尴尬的冷场。而主持人方卉立刻调集自己知识和信息的库存,迅速组织精练、准确而又流畅的语言进行补充说明,及时"暖"场,让观众有了一个形象、生动的印象,使得场上气氛又活跃了起来。

(五)推向高潮

主持人既要会串台,还要善于推进。所谓推进,就是把活动推向高潮,把话题扩展并引向深入。例如,主持会议、主持辩论、主持文艺节目、主持同学聚会、主持谈话节目等,如果主持人不善于推进,就很可能平平淡淡,甚至冷场。一石激起千层浪,优秀的主持人常常一两句话就会顿生火爆。不管主持什么活动,要获得火爆的场面,在很大程度上取决于主持人如何引发，如何推进。

例证 6-12

一伙当年的知识青年回到他们三十多年前插队落户的山村，座谈会上大家有着说不完的话，道不完的情，其乐融融。当大家兴趣正浓之时，主持人说了下面几句话："请问诸位，当年我们留下的一段佳话是什么？"

"蝶恋花！"全场异口同声地回答。

"是的，陈蝶恋着春花，才没有和我们一道回城。几十年，蝶恋花，花恋蝶。他俩在洒着我们汗水的土地上生根、发芽、开花，结出了硕果。今天，该他们夫妇来说说他们的蝶恋花了。"

随着掌声、喝彩声，这对夫妇火爆登场。他俩的话音刚落，主持人又说话了：

"蝶传粉，花结果，如今，他们比我们谁都富有，不仅他们自己富了，在他们的带领下，全村都富了。什么是人生？什么是人生的价值？大家随着我去观光观光他们夫妇的花果园、养殖场、加工厂，也许一切都会明白。"

在欢笑与赞扬声中，一次高潮迭起的聚会活动在主持人完美的主持下成功落下了帷幕。

这类用于推进活动进程的话语，能煽情，能开合，能点化，不温不火，风趣诙谐。

四、摆脱困境技巧

俗话说："人非圣贤，孰能无过。"主持人经常面对各种各样的节目或活动，当说出那些"一言既出，驷马难追"的话语时，难免会出现一些始料不及的错误，这是不可避免的，也不必深究。但怎样对待错误，如何把错误消灭在萌芽状态中，避免让它成为"隐患"，却是有讲究的。这时掩饰、回避错误都是不明智的做法，因为说出去的话如泼出去的水，无法收回，而观众的感觉是敏锐的，他们不会因主持人小小的错误而苛求他，却会因其处理错误的态度而评判他。所以主持人必须大方、自然地正视自己出现的错误，用自己的智慧和才能变不利为有利，抹去观众心中的阴影，重塑自己的光彩形象。

场上困境的出现，除了有主持人主观方面的因素外，还有许多客观方面的因素存在，如嘉宾或观众出现问题，或突发事件的产生等，都需要主持人及时缓解紧张难堪的气氛，使节目或活动得以正常进行下去，并帮助尴尬者挽回面子，显示主持人的机智，为自己树立良好的公众形象。

主持时解脱困境的急中生智技巧有下面七种。

（一）语意逆推，金蝉脱壳

有时在众目睽睽之下，主持人由于偶然的疏忽说错了话，就在自己即将被尴尬地"晾"在台上时，假如能有冷静的、观微知著的机敏，再运用"语意逆推"（死理说活）的方式，顺题立意，力挽狂澜，就可以使自己转败为胜，较好地化解观众惊愕的情绪，起到转移观众注意力的效果。

例证 6-13

袁鸣在主持"狮子楼京剧团"庆典时说:"现在我荣幸地向大家介绍光临庆典的各位来宾,参加庆典的有……海南师范学院党委书记南新燕小姐!"台下慢慢站起一位白发老教授——南新燕,全场一片哗然。袁鸣歉然一笑说:"很对不起,我是望文生义了。不过南教授的名字实在太有诗意了,一见到南新燕三个字,我立刻想起两句古诗:'旧时王谢堂前燕,飞入寻常百姓家。'这是多么美丽的图画!而且我觉得,今天这里也出现了类似的情景:京剧一度是清末宫廷的艺术,一度是流行在我国北方的戏曲,现已从北方到南方,跨过琼州海峡,飞到了海南,而且在这里安家落户——这又是多么美妙的画面呀……"顿时台下掌声、欢呼声四起。

主持人不慎说错了话,引起全场哄笑,只能道歉,但道歉而不服输,运用语意逆推的策略和顺题立意的智慧,片刻完成精妙的命题构思——浓墨重彩地描绘了两幅"图画"给大家看:一是古诗之画,赞老教授名字富有诗意;二是现实之画扣京剧庆典的节目语境。主持人金蝉出壳而且言之成理,使之渐入佳境,赢得了"满堂彩"。

(二)坦诚相见,自圆其说

北京电视台有次现场直播北京国安队对上海申花队的足球赛,主持人在开赛前的预测中,分析国安处于劣势,认为其可能会输给申花,不料比赛结果却是双方踢平。面对这一失误,主持人没有回避,而是机智地引用球王贝利预测世界杯结果失误后所说的话:"足球比赛的结果有时像艳阳天飘鹅毛雪。不过,这场雪对北京球迷来说,着实下得及时,下得痛快!"

主持人所说的前一句,以极富感性的语言为自己找到了退路,既含蓄地说明了事物变幻莫测的客观现实,又给人以愉悦的美感,后一句立刻回到现场,痛快淋漓地道出了观众喜出望外的心情。如此一来,他的失误自然得到了观众的谅解,他的热情和机敏也赢得了观众的好感。

(三)以问制问,反守为攻

中央电视台节目主持人孙小梅随文艺演出团到达我国台湾地区,被邀请临时担任搭档主持人。一上场对方就出言不逊:"孙小梅,你可是大陆的红人,怎么跑到台湾(地区)来抢我的饭碗呀?"孙小梅机智地回答:"我怎么是来抢你的饭碗?我是专程来帮你赚钱的。"对方不解:"什么?你怎么帮我赚钱?"她顺势反唇相讥:"你想想,大陆有十几亿人口,台湾(地区)只有几千万,我来同你主持节目,回去一播出,认识你的人就多了,你不是可以更赚钱了吗?所以呀,你要好好谢谢我才对!"

台湾主持人很明显地看出来者不善,孙小梅在"遭遇"为寻求意外现场效果而出现的咄咄逼人的诘难时"处惊不乱"。面对这种"智力冲击",逆来顺受必然自陷窘境,那就只能"背水一战"。她在急智中以问制问、以静制动,反守为攻,而且一反常规,运用了"仿答"形式,即先根据对方的话语逻辑顺势推论,然后再用对方的话语方式给予回敬,从而收到了良好的效果。

主持人面对此类诘难,应注意三点:一是要保持冷静;二是要突破定型思维,快速选准突破口;三是要掌握"度",注意言语交际中以问制问时的"冲撞效应",以"软冲撞"(即"不失和")为前提,保持和谐气氛。

（四）岔换曲解，联想解难

第十届全国书市开幕式后，崔永元与读者见面。有位小伙子问他："崔哥，《实话实说》怎么没有过去好看了？"崔永元点头首肯道："不错，是没有过去好看了，我们是有责任的——不过，主要责任在你。"观众的反应有点惊愕并感到困惑。崔永元又笑问："小伙子，结婚了没有？"小伙子老实回答："没有。"于是，崔永元就说："我告诉你，结婚的感觉和恋爱的感觉是不一样的。"众人这才恍然大悟，明白了崔永元的用意。

作为主持人难免会碰到刁钻古怪或对自己极为不利的问题，这时权宜之计只能是突破问句的限制，跳出一定的思维模式，进入多元的应对视野，故意将问句的意思用口才艺术改变，将问话的意思剥离到有利于自己的方面来。这样故意地岔换曲解可以使自己变被动为主动，从而摆脱窘境。崔永元用结婚作类比，又及时抓住对方用语模糊的地方，将其曲解、剥离到有利、有趣的方面来，取得了出人意料的效果。

（五）通达自嘲，漫画趣说

前面提到，凌峰在一次综艺晚会上登台，一些观众对其长相议论纷纷。凌峰便说："在下凌峰……但是，时代在变，潮流在变，现在的男人基本上可以分为三种：第一种，你看上去很漂亮，看久了也就那么一回事，这一种就像我的好朋友刘文正这样；第二种，你看上去很难看，看久了以后是越看越难看，这就像我的好朋友陈佩斯这样（笑声）；第三种，你看上去很难看，看久了以后你会发现，他另有一种男人的味道，这种就像在下我这样了（笑声、掌声），鼓掌的都表示同意了！鼓掌的都是一些长得和我差不多的（笑声），真是物以类聚啊（笑声、掌声）！"

在这里，凌峰把自己当作幽默的对象，采用漫画的方式进行了一番"自嘲"。但"自嘲"式幽默并非自轻自贱，恰恰相反，刻意丑化自己去娱乐他人是大智若愚的通达，也是极具勇气与自信的闲适自处的超脱，甚至是一种豁达开朗、返璞归真的人性美的体现。凌峰趣说自己很丑，用语精妙、用词诙谐，还埋有伏笔，而且格调轻松、俗而不陋，体现出一种爽朗与智慧的品性。他前半段话显然在自贬，数说自己相貌的"丑"，以形象化的漫画式语言描绘自己的老、瘦、黑。然后，突然节外生枝地提出所谓"男人分类"的理论，在嬉笑中顺理成章地既"贬低"别人又顺带"美化"自己。更出人意料的是，最后也没忘给那些为其鼓掌的观众幽上一默。这是自嘲的泛化和扩张，使话语结构跌宕起伏、挥洒自如，巧妙地将全场"同化"于幽默的氛围之中，瞬间令观众对其顿生好感。

（六）善意解疑，圆场补戏

著名的配音演员李扬有一次在绍兴主持晚会，当海政歌舞团的歌唱演员叶茅、廖沙对唱《走西口》时，他们声情并茂，甚至出现亲热的搂抱表演。这时观众一方面为他们精湛的艺术表演赞叹，另一方面对他们"过分"亲热的举止迷惑不解甚至感到反感。对于这种有悖常理、不合常情的台上男女亲热的举动，主持人如果麻木不仁或听之任之，必然会导致观众的误解以致整个局面的尴尬，很可能让一场成功的晚会大打折扣，也可能让艺术家在不明真相的观众心中留下抹不去的阴影。于是，等他们唱完，李扬立刻迎上去将他们留在台上，并向观众介绍说:"叶茅和廖沙的歌声情真意切,打动了观众的心。但大家不知道,他们舞台上是艺术伴侣,生活中是恩爱夫妻。"

听完介绍,台下马上响起"噢"的感叹,在一片善意的笑声与掌声中,误会消除了,晚会又回到了欢快、祥和的氛围中。下场后,叶茅、廖沙感激地对李扬说:"过去由于主持人没想到这点,我们受到不少误解,你想得真周全。"在节目或活动进程中,有时之所以会陷入窘境,往往是有人在特定的场合中做出了不合时宜、不合情理或有辱身份的举动,而旁人又不便指出,于是进一步导致了整个局面的尴尬或僵持。在此情境下,主持人必须善解人意,用行之有效的方法来打圆场,找一个借口或换一个视角,以合乎情理的依据来证明对方的举动是可以理解的,是无可厚非的。这种驾驭语言和协调关系的能力是主持人必备的能力,而适应语境,营造语境,改变语境,变窘境为顺境,也是主持人的重要职责之一。

(七)借题发挥,化解尴尬

一次某高校举办校园文化艺术节,举办方请来了扮演周恩来总理的特型演员,观众强烈要求他来段即兴表演。于是演员走上舞台模仿周总理开始了表演,由于过于投入完全沉浸到自己的艺术创作之中,以致时间过长而不自知,这时台下已有观众因不满而喝倒彩。这时主持人快速走到台中,模仿毛泽东主席的神态说道:"恩来同志,你今天工作太累了,你要为我们保重身体啊,现在你还是下去休息一下吧。"

一席话巧妙地提醒了演员,也给了他一个下场的台阶,不露痕迹地平息了双方的尴尬,同时还顺便制造了一个小小的幽默,让现场观众忍俊不禁。主持人时常会碰到这种让人尴尬甚至让节目无法继续的情况,如何处置解决直接体现出主持人发现问题的敏锐程度和处理问题的艺术技巧。如能当机立断、因势利导、借题发挥,就能让尴尬悄然引退,让欢乐重现舞台。

例证 6-14

"海峡情"大型文艺晚会上,著名舞蹈演员刘敏在表演独舞《祥林嫂》时,不慎坠落在两米多深的乐池中。面对这一突然发生的事故,全场都惊呆了。这时主持人凌峰不慌不忙地走到台前,摘下翘边的礼帽,露出光秃秃的脑袋,朝观众深深鞠躬,说:"我知道,大家此刻正牵挂着的是刘敏摔伤了没有,那么请放心,假如刘敏真的跌坏了,我愿意后半辈子嫁给她。"因为担心,场内的气氛十分凝重,听他这么一说,观众反而忍俊不禁地大笑不止。过了一会儿,刘敏即将继续演出,凌峰接着说:"观众朋友们,刘敏说,艺术家追求的是尽美尽善,奉献的是完整无缺。现在——她要把刚才没跳完的三分钟舞蹈奉献给大家,奉献给海峡两岸的父老兄弟姐妹!"

就这样刘敏在观众热烈的掌声中又翩翩起舞起来。

五、即兴访谈技巧

主持人即兴访谈口语质量的标准为:迅速——处变不惊、沉着冷静、敏捷果断;得体——语言准确恰如其分,切合题旨情境;有效——简洁明晰、机智妙趣,让听众(观众)获得审美享受。为此,主持人需要平时"工夫在诗外"的积累和储备,需要对主持的全局胸有成竹,需要临场镇定自若的心理素质，需要恰当的应急决策，才会发挥出得体而精彩的应对技巧。

即兴访谈的快语应对可以分为"常式"和"变式"两类：常式应对是有问有答，答承问，问则答，即怎么问就怎么答，应对所言与问句的语意指向"扣"得很紧，较少变化，是严格遵循既定用语的一般原则的应对；变式应对则接对的角度和方式讲究变化，在应对的或顺或逆、或显或隐、或直或曲、或迎或避的变化中应对，以力争赢得对话的主动权和控场权。常式应对是变式应对的基础，而在任何一次访谈中，两种方式都应构成一个相辅相成、相互渗透的整体。无论何种快语应对，都应尽量做到出语迅速、出口成趣、巧语解困、妙语服人、敏锐得体。即兴访谈的主要技巧有以下几种。

（一）智问智答，切合情境

主持人在特殊情况下也会遭遇到突发性的提问，并需要立刻做出快速的应对，此时会产生一点"被逼"的感觉。这种"被逼"有可能是观众想要逼出主持人的"急智"和"无本操作"的真功夫。在对方的"逼"问中避开常规思路，应对语言积极多变，运用"多元智能"进行简明快速、切合情境的回答，这就是"智问智答，切合情境"的应答方式。

例证 6-15

白岩松在广州师范学院与大学生们访谈。学生："我看你有危机感，看起来冷冷的，为什么？"白岩松："我喜欢把每一天当成地球末日来过。"（鼓掌）学生："你什么时候才会笑？"白岩松："会不会笑不重要，懂幽默才是重要的。我认为自己的幽默还比较丰富。"学生："有评论说你个性木讷。"白岩松："所有评论是说我严肃，与木讷是两个不同的词。"学生："你同意性格决定命运吗？"白岩松："我采访过四百多位成功人士，我同意性格决定命运。但性格不是与生俱来，自信是最重要的品质。"学生："我是学历史的，能当新闻节目主持人吗？"白岩松："今天的新闻就是明天的历史。"（鼓掌、笑声）

主持人在面对如此内容广泛、跨度跳跃较大的连发性诘问时，回答方式必须避免单调，要尽可能多用几种应答方式，或从容坦率地直接应对，或委婉闪避地引申转移，或含蓄幽默地怪问趣答，或反客为主地简洁概括，常式与变式应对交替使用，在一问一答的互动过程中审时度势地显现出智慧，在快接快对中做到"一口秀"或"口口秀"。

（二）变通顺承，机敏转移

为了实现沟通交流的目的，快语应对策略技巧应选择先顺承对方的某些观点，将自己的观点与当时的语境、对方的语言态度做一番调整，然后再灵活地转入自己见解的表述，这就是"变通顺承，机敏转移"。这种方式也是社交中"接近性"原则的运用，即使对方感到应对者是站在问者的立场上说话，是由于问者的想法才产生了答的观点，这便属于语境的"同化艺术"。

例证 6-16

在少儿节目《释疑解难》栏目的访谈节目中，一位学生说："我觉得自己什么都不如别人，真是'见人矮三分'。"主持人说:"我以为你可能是太谦虚了。谦虚当然是很好的,但是谦虚不是自卑。一个人最重要的就是自信。每个人都各有所长也各有所短。我记得有一句格言:不要总是弯着膝盖走路,挺立起来朝前走,你会发现,你是同别人长得一样高的。"

主持人先把"见人矮三分"暂时变通为"谦虚",这样的语意顺承就较切合对方的接受心理,然后委婉地提出自己的看法,就较容易为对方接受。这种方式的运用得首先怀有对别人处境的关切与友善。

(三)以简驭繁,一语中的

这是一种回避"从众心理"的快语应对方式,在切合语境的前提下,选择较新颖的角度,以极具概括性和应变性的简洁语言,一针见血准确揭示繁杂事物的规律,给人以彻悟。

例证 6-17

在电视节目《金话筒主持人颁奖晚会》上,赵忠祥问嘉宾:"目前综艺晚会的通病是什么?"叶惠贤答:"节目老一套,掌声挺热闹。不看舍不得,看后全忘掉(台下爆发热烈的掌声)。刚才我说的这些通病,今天的晚会上一点也没有(台下一片会心的笑声,更热烈的鼓掌)。"叶惠贤所言其实都是大家的心里话,也是对客观现实的描述。只不过将众人的看法做了归纳性"化简",而且言简意赅,合辙押韵。因表达方式的"标新立异",语意就"出新"了,这就是语言的"化简创新"。鉴于处在晚会现场,最后的"蛇足"之言,既照顾了语境的平衡,也是一语双关的幽默,十分高明。

(四)克己适彼,语脉接引

节目主持是社会交际语境的一种转换形式,在访谈时,主持人应遵循合作的原则,只要对方说得有一定道理,就宜把握对方说话的内在语脉,顺其语势往下说。只要没有大的分歧,就暂时"克己适彼",在补充、配合的过程中推进对话的进行,创设和谐的访谈氛围,达成彼此共识。这种方式既展现了主持人应具备的平等心理、平民心态和亲和力,也体现出主持人内顺人心、外顺大势的随机应变的高明"语智"。

例证 6-18

在一期新闻评论节目中,嘉宾说:"文物是一个民族的精神文化财富,但是居然有个提案主张搬几个兵马俑出来拍卖给'老外',说是用几个'泥人儿'敲洋人一大笔外汇搞建设是合算的。"主持人说:"我们恐怕还没有穷到非得挖祖坟才能过日子吧!"

主持人的快语应对意蕴厚实、言约意丰,在相辅相成的语脉接引中,巧妙地借嘉宾之言表自己之意,顺其语势将访谈语意向前推进了一大步。

(五)委婉类比,速喻明理

这是一种对问题不直接应对,而是委婉地用类比或比喻做出说明,从而使抽象、枯燥的道理具体化、趣味化的快语应对方式。这种应对的思维心理程序包括类体选择、喻理构思、结构整合、句式转换等，都需在极短时间内完成并准确快速地表达出来。

例证 6-19

在《智慧园》栏目中，学生说："我就喜欢数学，将来想做个数学家。就是不喜欢语文，上语文课我就在下面看小人书。"主持人答："想当数学家是很有志气的，但是中学时代是打基础的时期，不能偏科，样样功课都要学好，这样才能形成合理的知识结构。好比一个木桶，它是由若干合乎规格的木板箍成的，缺了一块，木桶就散啦！"

用打比方的方法阐释抽象的道理，对少年儿童是合乎情理的语用选择。难能可贵的是，主持人能在瞬间完成喻理构思，语流顺畅，用喻形神兼备，精巧而新颖。

（六）巧释逆挽，引导解难

有时主持人在访谈中会遇到对方提出的棘手、敏感而又不容回避的问题，此时切不可采用"拉下音量"的生硬办法，而要尽可能地用巧妙解释来扭转其逆反心理，降低消极影响，可以晓之以理、动之以情，正面引导，以便控制全场大局。

例证 6-20

在《市民与社会》栏目中，一位听众问："我热爱我们的祖国，热爱我们的人民，但我不爱党，可不可以？"无疑，这事先"不可知性"的棘手问题，是一个不容回避的原则问题。主持人先采用了"缓兵之计"，在引导嘉宾从"党是共和国的缔造者"角度谈了看法，指出"二者不应矛盾"的道理后，说："我听刚才那位女听众说话声音很激动，我相信她是爱我们的国家和人民的。我猜想，她现在的情绪可能出于对腐败现象的不满。现在党中央非常重视这个问题，部署了反腐败斗争……我想，随着反腐败斗争的节节胜利，你是能把爱党与爱祖国、爱人民统一起来的！"

主持人的一席话，机智地从正面理解听众的问题，巧妙地结合形势进行入情入理的分析和解释，在平和的氛围中帮助听众澄清模糊认识，抵消问话产生的消极影响，引导问话者扭转逆反心理。这种方式的运用，有利于听众较好地接受主持人的观点，从而举重若轻地扭转局面。

六、结束技巧

俗语说："编筐织篓，最难收口。"节目进入尾声，虽然就要结束，但仍要讲究技巧，切忌草率急躁匆匆收场，要巧于终结，再展高潮。

例证 6-21

会议主持结尾："今天的会就开到这，希望会上的决定能变为会后的行动。各位在工作中要身先士卒，吃苦在前，享受在后。但愿下一次在这里开的是一个庆功会、表彰会。好，散会！"

论辩主持结尾："我一开始就说了，这几位论辩能手一定会使大家一饱耳福。事实证明了我的话，真是名不虚传！让我们为他们精彩的辩论鼓掌！"

文艺晚会主持结尾："朋友们，教师是伟大而崇高的。他们是蜡烛，燃烧自己照亮别人；他们是小草，默默生存点缀人生；他们是渡船，迎着风险送走人们。在这晚会就要结束的时候，让我们深情地对他们道一声：辛苦了，人类灵魂的工程师。"

这几段结尾用词精练、语言生动、亲切感人，令人回味无穷。

下面这段是湖南卫视主持人针对杜维明《儒家人文精神与文明对话》的演讲而做出的结束语。这是一段庄重深沉的结束语，因为这是知名学者的讲学，是关于中西文化深层次的话题。

杜维明教授的精彩讲学让我们真正目睹了当今大儒的风采……人类如何实现自己的终极理想，这是每一个人都在思考的问题。新世纪玫瑰色的曙光已在地平线上隐隐出现，我们祝愿，也相信下一个世纪将是一个充满欢乐和笑声的祥和世纪。

下面是在《鲁豫有约》节目中陈鲁豫采访郎平的结束语。这段结束语亲切诚恳，顺着前面的谈话，一方面借化妆师的儿时印象评价郎平的影响力，另一方面又以"我和我的同事"的感慨评价郎平的人品，这是个总体评价。

采访郎平之前，我的化妆师一边给我化妆，一边和我聊天。我的化妆师是一个二十岁出头的小伙子，他问我，今天你要采访谁，我说要采访郎平。他听了以后非常激动，说郎平当年得了冠军以后，他还和他们院子的小孩一块在胡同里面游行庆祝来着。我真切意识到，郎平实在是中国最成功、最有影响力的运动员之一。采访结束以后，我和我的同事们对郎平有一个共同的评价——她真是一个好人。

下面是告别观众时的结束语，表达出了主持人依依不舍的心情。

1994年1月23日，著名节目主持人赵忠祥、杨澜最后一次主持《正大综艺》第200期，几天以后，杨澜就要飞赴美国。赵忠祥、杨澜两人依依不舍地向观众告别，下面是他们的两段告别语。

杨：就好像一眨眼的工夫，四年过去了。我对节目的感情不是一两句话说得清的，在这里我衷心感谢帮助、关怀、批评我的老师、同事和观众……

赵：该说再见了，每次都和观众朋友说下个星期再见，而这次却是一次真正的告别。真诚感谢给予过我们关心和支持的朋友和电视机前的亿万观众，不足之处请朋友们谅解……

下面是某同志在主持庆功表彰会时的结束语。

听完发言，我想到了一件事：有人问球王贝利哪个球踢得最好，回答是：下一个！有人问导演谢晋哪部戏拍得最好，回答是：下一部！有人问一位名演员哪个角色演得最好，回答是：下一个！看来我们在庆功、表彰时也应牢记：下一个！下一部！散会！

主持人的结束语与报告、讲话、讲座、演讲、讲课等结尾语比较，虽然都是收尾，但收尾的范围不同。首先，前者是就整场活动收尾，既包括内容，也包括活动的形式，后者只是活动的一个局部，一般只就内容收尾。其次，主持人在全部活动中，只能起到统领、引导、串联、推进的作用，活动的主体只能是报告者、演讲者、表演者等。因此，主持人的结束语，绝对不可向活动的参与者发号施令，提出要求，发出号召，主持人根本不具备这种主体资格。最后，结束语必须简短精要，千万不可啰唆冗长、拖泥带水，更不可草草收场。

思考与训练

1. 主持人应具备哪些素质与能力？
2. 主持的类型有哪些？
3. 主持的语言技巧包括哪些？
4. 设想你来主持一次大型文艺晚会，撰写晚会主持稿。
5. 假设你是企业工作例会的主持，撰写主持词。
6. 分析当代五位著名主持人的主持风格。
7. 试以下列材料作为话题，主持一次小型座谈会。

新浪网与国内17家媒体共同推出的大型公众调查：20世纪文化偶像评选活动于2003年6月20日正式落下帷幕。根据新浪网友和多家报纸读者的热心投票，综合统计出了十大文化偶像排名，他们是：鲁迅、金庸、钱钟书、巴金、老舍、钱学森、张国荣、雷锋、梅兰芳、王菲。

要求：

由一人主持，2～3人参加座谈。主持人必须有开场语、引导语、结束语，也可参与讨论。座谈的内容是怎样看待这种排名，每场座谈3～5分钟。轮换进行。

8. 剪辑四组镜头，分别如下：教室内吃早餐；宿舍深夜上网；图书馆读书；人才市场找工作。

要求：

以"大学生活过后的反思"为题主持一段节目，要求前面有开场语，镜头之间有串联语，最后有结束语，串联语要基本上与镜头同步。

9. 仔细体会下面这段自我调侃，完成后面的训练。

在下凌峰，我和文章（台湾歌星）不一样，虽然我们都得过"金钟奖"和"最佳男影星"称号。但是，我是以长得难看而出名的（掌声）。两年多来，我们大江南北走了一趟——拍摄《八百里路云和月》，所到之处呢，观众给予我们很多支持，尤其是男观众对我的印象特别好，因为他们认为本人的长相很中国（掌声、笑声）。中国五千年的沧桑和苦难全都写在我的脸上（笑声、掌声）。一般来说，女观众对我的印象不太良好，有的女观众对我的长相已经到了忍无可忍的地步（笑声、掌声），她们认为我是人比黄花瘦，脸比煤球黑（笑声）。但是我要特别声明一下：这不是本人的过错，实在是家父母的错误。当初他们并没有征得我的同意就把我生成这个样子（笑声、掌声）。

但是，时代在变，潮流在变，审美观念也在变。如果你仔细地归纳一下，你会发现，现在的男人基本上分为三种：第一种——你看上去很漂亮，看久了也就那么一回事，这一种就像我的好朋友刘文正这样；第二种——你看上去很难看，看久了以后是越看越难看，这就像我的好朋友陈佩斯这样；第三种——你看上去很难看，看久了以后你会发现，他另有一种男人的味道，这种就像在下我这样了（笑声、掌声）。鼓掌的都表示同意了！鼓掌的都是一些长得和我差不多的（笑），真是物以类聚啊！

要求：

（1）模仿凌峰的说话方式，根据自己的特点，做一段自我调侃，做到不低级、不庸俗，风趣幽默。

（2）不少于2分钟，不超过3分钟。

第七章

社交口才

学习目标

- 了解社交的含义。
- 掌握社交语言的基本原则。
- 灵活运用社交语言的方法和技巧。
- 提高社交语言的表达能力。

引例

胡适曾遇到过这样一件尴尬的事情:在一次宴会上,胡适遇到了比他大十多岁的齐如山老先生。寒暄时,他见齐先生身体不错,为了让他高兴,就恭维了这样一句:"齐先生,我看你活到九十岁绝对没有问题。"齐先生愣了一下说:"有一位矍铄老叟,人家恭维他可以活到一百岁,他却愤然作色曰,'我又不吃你的饭,你为什么限制我的寿数?'"胡适一听急忙道歉说:"对不起,齐先生,我说错话了。"

> **分析:** 老年人对自己的寿命一般都比较关心,一般我们也正是从这方面来夸赞或恭维老人,让他们开心,但是一旦恭维得不适当,不但达不到让对方高兴的预期效果,还会适得其反。在社交活动中,不管赞美还是批评,是拒绝还是说服,都需要一定的语言表达技巧。

第一节 社交口才概述

社会交往是人类生活中不可或缺的重要组成部分。在现代社会,人们所从事的工作越来越复杂,社会化程度越来越高,既有严密科学的分工,又有严格的整体配合,需要越来越多的人紧密合作才能成功。同样,随着物质生活水平的提高,各种信息纷至沓来,人们更加渴望相互沟通、理解,进行更多的文化、经济等方面的交往。为了使事业获得不断的成功,我们就必须正确、灵活地掌握现代社交口才艺术。

美国著名学者卡耐基也说过："一个人的成功，有15%是由于他的专业技术，85%则要靠人际关系和他的做人处世能力。"而良好的人际关系和处世能力最重要的就反映在口才之中，它是社交场合上立足制胜的最有力的法宝。

一、社交与社交口才

社交，就是社会交际，是指社会上人与人之间的交往、联系和相互作用，也就是人们在社会生活中为了满足某种需要而进行的信息交流活动。

社会交往，是人类生存的基本需要。一个人只有与他人构成良好的人际关系，才能充分地满足个人的心理需要，提高个人的认知能力，发展自己的个性，实现自我的价值。随着现代社会经济与技术的迅猛发展，社交艺术在我国的政治、经济、文化交流活动中，以及人们的工作、学习和生活中日益发挥出重要作用。而语言，是建立人际关系的重要纽带。一位西方哲学家说过："世间有一种成就可以使人很快完成伟业，并获得世人的认识，那就是讲话令人喜悦的能力。"任何人际关系的建立、发展、改善或调整都要依赖一定的社交口才艺术。由此可见，能够娴熟地运用社交口才艺术，是社交取得成功的重要因素。

二、社交口才的作用

所谓社交口才，就是指人与人之间在社会交往活动中所表现出的语言艺术或才能，即善于用准确、贴切、生动的口语表达自己思想、意愿的一种能力。

随着社会的不断发展，人与人之间的沟通交往越来越频繁、密切，口才在社交中的运用也愈显重要。可以说，凡是有口才，讲话时闪烁出真知灼见，给人以精明、睿智、风趣之感的人，他们必然会成为社交场合上的佼佼者，以至于口才在当今已成为一个人生活及事业成功的极其重要的因素。

我国是世界上有五千年悠久历史的文明古国，一些先哲圣人、文人学士给后代子孙留下了许多处世之道，其中就包括有关社交和雄辩口才方面的精神财富。在历史上，我国的口才家、雄辩家群星灿烂，盘庚可算是我国历史上有文字记载的第一位演讲家，他善用巧舌之辞，说服臣民们拥护其迁都，成功化解了政治危机；三国时代的诸葛亮机智善变，舌战群儒；在近现代也曾涌现出了像闻一多、鲁迅、周恩来、郭沫若、邓小平等一批能言善辩的巨擘。无数事实说明，善于言辞的人，在社交场合中往往能做到游刃有余、事半功倍，并能极大地提升自身的个性魅力。

现代社会中，信息交流更为频繁，更为广泛。语言、文字、图表是传递信息的基本方式，但口头语言是最常用、最方便的传递方式。因此，没有口才的人是难以适应现代社会发展需要的。西方资本主义国家早已把口语表达能力作为衡量人才的重要标准。我国对口才的重视也表现得越来越明显。例如，政府机关的公务员录用、许多公司的人员招聘都将口试作为重要的考核标准之一，并且有许多人认为良好的口语表达是创造型和开拓型人才必备的能力之一。

所谓"良言一句三冬暖，恶语伤人六月寒"，"一句话可把人说笑，一句话也可以把人说跳"。人们在日常工作与生活中要进行各种各样的社会交际活动，更是一刻也离不开口头语言。可以说，只有善于言辞的人，才能使人乐于倾听与接受，并能在现实中使许多大大小小的问题得以顺利地解决。

三、社交语言的基本原则

（一）尊重平等的原则

在语言交际中，学会尊重是非常必要的，它对语言交际的良性发展具有重要作用。尊重是礼仪之本，也是待人接物的基本美德。在语言交际中，首先要求的是口语表达主体自尊自爱。一个人不讲自尊，就不可能得到别人的尊重。其次要尊重交往对象。因此，在社交过程中，我们要善于把"尊重"用语言恰到好处地表现出来。

平等原则是指人与人之间的交往必须在政治上、经济上、法律上、人格上处于同等的社会地位，享有同样的权利。社交语言只有本着平等的原则，与人交往只有以平等的姿态出现，不盛气凌人，不高人一等，才能形成人与人之间的心理相容，产生愉悦、满足的心境，造就和谐的人际关系。

（二）真诚礼貌的原则

真诚礼貌，即指在社交活动中，口语交际体现出的以诚相待、诚心诚意的特征。从公共关系角度讲，语言是社会组织和公众之间得以交流沟通的最重要的媒介。"诚于中而形于外"，社会成员心理上、态度上的"真诚礼貌"形之于语言就表现为一种能使人感到和蔼可亲、真实可信的语言品质。有无这种品质，对于社交的效果来说往往有天壤之别，因此古今中外，"真诚礼貌"总是人们用以衡量语言运用好坏，进而衡量人品质好坏的标尺之一，"真诚礼貌"成了一切有良知的人们在语言运用上孜孜以求的目标。

"您好""请""谢谢""对不起""没关系"等词语，已经成了人际交往中最基本、最普通的礼貌用语。在社交场合，这些词语不仅表示了它的理性意义，同时也带有感情色彩，被誉为社交活动的"润滑剂"。现如今，许多服务型社会组织为了提高服务质量使顾客满意，要求服务人员上岗作业必须使用文明礼貌语，甚至有的服务型社会组织不但规定文明礼貌语的具体内容，而且还规定了哪些是服务中不准使用的禁忌语。

（三）得体适度的原则

得体适度是社交语言的基本原则之一，也是社交活动成败的重要条件。得体适度原则是指在语言交际中话语内容得当，表现方式（包括语言的、非语言的各种要素）得体。得体的语言交际来源于知识、修养、阅历，以及由此产生出来的智慧等。

语言交际的得体原则，就是根据语言环境和交际目的等，充分运用此时、此景，以最佳的方式来传递最适当的信息。在语言交际中，既要考虑自己，又要考虑交际对象等诸多因素，说话要把握分寸，像做事一样，不说不及或过头的话，而过头的话往往比不及更糟糕。遵循语言交际中的得体原则，包括两个方面：一是内容得体，二是形式得体。

鲁迅先生在其杂文《立论》中写道：

一家人家生了个男孩，合家高兴透顶了。满月的时候，抱出来给客人看，大概是想得到一点好兆头。

一个说："这孩子将来要发财的。"他于是得到一番感谢。

一个说："这孩子将来要做官的。"他于是收获几句恭维。

一个说："这孩子将来是要死的。"他于是得到一顿大家合力的痛打……

这里抛开鲁迅先生用这一事例讨论其他问题不谈，单从日常生活的语言交际标准来看，实话实说的第三个人尽管说的是必然，然而遭打也在情理之中，因为他违背了当时当地语言交际的得体性原则。在那种场合下，交际对象报以趋吉避凶的心理需求，希望说话人能以善为准则来进行语言交际，而说话人却恰恰违背了这一点。语言交际中的禁忌语、委婉语、吉利语、客套语、恭贺语等都是以善说为原则的，都是在当时的具体场景下为了语言的得体性而产生的。

（四）互利合作的原则

语言是为了交际，而交际的最终目的在一定程度上都是为了合作。合作原则是人们在语言交际中需要遵守的重要原则，它要求交际者在语言交际过程中要尽量配合对方。合作和礼貌不同，有的交际困难缺少形式上的礼貌但却是有诚意要合作的，有的交际礼貌有加却是不合作的态度。合作不仅停留在语言上，有时还表现为一种姿态，一种内心的倾向。有时，语言交际中跳跃式回答的背后所表现出的是不愿合作的情绪。例如：

顾客：这件衣服多少钱？

售货员：你眼睛呢？

售货员不是要真正关心顾客的眼睛怎么样了，而是一种不愿意合作的情绪体现，意思是："自己看，别问我，我懒得告诉你。"如果顾客也要表达因此而产生的不快，可能会说："你吃错药啦？神经病！"当然我们说，只要发生了语言交际，就表现出了一定程度上的合作或者说有了一个要合作的基础或意向，不管在具体的语言交际中是否是得体的、礼貌的，还是尊重的。从这个角度来说，语言交际中的合作是分不同层次的，只表现为对对方语言的一种回应，即使是对抗性的，也是一种合作，只不过态度是消极的。

互利原则即互惠互利原则，它是指人们在社交中考虑双方的共同价值和共同利益，满足共同的心理需要，使彼此都能从交往中得到实惠。但互利原则不应看成仅仅是物质等价交易性质，高尚的道德观和人情、友谊同样是社交中的重要交换砝码。因此在交际中，交往双方不能只顾自己的利益需要，当对方给予你帮助时，有时一声发自肺腑的"谢谢"，便能给对方以酬敬，这也是一种互利原则的体现。

第二节 社交语言表达的基本要求

无论是哪种社交形式，人们传递信息、交流思想、表达感情时都少不了语言。一个人的文化水平、思想道德、审美情趣等诸多因素，都影响着他的社交水平，但语言对社交水平的影响则是不言而喻的。社交语言艺术，是为了能在社交中让双方都满意，形成一种良好的交际氛围，并产生良好的社交效果。因此，掌握社交语言的基本要求至关重要。

一、明确交际目的

语言交际是伴随着一定的交际目的而发生的。我们与人见面时经常会问："吃饭了没有？""去哪里？"这些貌似提问的话语虽然并不表明真想知道对方的饮食起居，而只是一种打招呼的方式，但不能因此认为这句打招呼的话不带有交际目的。沟通彼此之间的感情，创造和谐融洽的气氛，恰恰有赖于这些看似平常的招呼。至于其他的语言交际，或报告一个事实，或说明一种情况，或宣传一种主张，或向别人提出某种请求，对他人进行劝说等，就更有明确的交际目的了。总之，人们相互之间的任何语言交际，无论是口头的还是书面的或是体态的，都是为了一定的交际目的而进行的。

人们的语言交际都是在一定的交际目的下进行的，但是我们并不是都能通过自己的语言行为顺利地实现预期的交际目的，在生活中我们常常会看到交际行为与交际目的背道而驰的现象。

例证 7-1

某单位新上任的科长去拜访单位的一位元老。为了打开话题，科长问道："您高寿啊？"老人说自己已经90岁了。于是科长就误认为他是单位年龄最大的老人了，但老人却说自己不是，还有一位92岁的老人。科长问那位老人住在什么地方，老人说他刚去世。此时科长说："该轮到你了！"话音刚落，老人勃然大怒："你给我滚出去！"

老年人对自己的寿命一般都比较关心，这位科长本来是想恭维老人的长寿，但是因为恭维得不适当，在"刚去世"之后衔接"该轮到你了"，很容易让对方产生误解，不但达不到让对方高兴的预期效果，还会适得其反。因此口语表达者除了要知道自己"要说什么"，还应考虑"怎么说"，即说话的方式问题。

我们的语言交际之所以有时候和预期的交际目的背道而驰，原因大致有两种：一种是我们做出了错误的判断，本以为通过自己的语言方式能够达到交际目的，但由于对交际对象的分析、把握错误或分析、把握得不够，因而出现了与自己预期不相一致的结果；一种是我们在实施具体的语言交际时没有仔细考虑我们的语言方式能否实现自己的预期效果，这类情况在劝说中体现得特别明显，尤其是在家庭交际中。例如，老师劝孩子认真读书，如果规劝时老师心平气和、态度委婉，学生可能比较容易接受，这样交流效果就比较好。但是经常发生的是老师在规劝的过程中往往由劝告变成了指责或谩骂，甚至产生了暴力，那么学生就会因为受到指责而恼怒，可想而知规劝的预期目的也就不会顺利地达到。

二、认准交际对象

在日常生活和工作中，我们总要面对各种各样、身份不同的交际对象。根据不同的标准，可以对交际对象做出不同的分类。例如，根据亲疏关系划分，交际对象可以分为接触、相识和相知三个层次。根据职务关系，可以分为领导、下属或同事。根据交际对象年龄的不同，可以分为老年、中年、青年、少年和儿童。根据性别的差异，可以分为女性和男性。根据交际人数的多寡，又可以分为群体和个人……这些分类不同的交际对象各自具有不同的特点，每一个交际对象，都包含着一定的职业身份、文化程度、性格爱好、年龄阅历以及与说话人的特定关系等因素，这些因素共同构成了语言交际的交际对象，影响着语言交际的效果。因此，在语言交际中，要将交际对象的诸多因素了解清楚，才能真正做到与人沟通时有的放矢，恰到好处。

对于我们每个人来说，都是作为一个"社会人"而存在着，即在社会生活中同时扮演多重角色，对于父母，我们是子女；对于子女，我们又是父母；对于老师，我们是学生；对于学生，我们又是老师等。由于交际双方的特定身份，往往会引导双方对彼此发出的信息在心理上产生定向反映，按照自己所期望的心愿去理解对方的话语，做出自己的特定表达。因此，在语言交际中把握好自己与交际对象的特定关系非常重要。

英国女王维多利亚与其丈夫阿尔伯特相亲相爱、感情和谐。有一天，维多利亚处理完公务，深夜回到卧房，见房门紧闭，于是就开始敲门。

房内，阿尔伯特问："谁？"

女王："我是女王。"

门没有开。女王再敲门，阿尔伯特又问："谁？"

女王："维多利亚。"

门还是没有开。女王徘徊半晌，再敲，阿尔伯特仍问："谁？"

女王回答："你的妻子。"

门开了。阿尔伯特双手把她拉了进来。

女王第一次回答"我是女王"，表现的是她乃一国之君的身份，这个身份是权力和威严的象征，它属于国家，属于臣民，但不属于家庭，不属于阿尔伯特，当然敲不开门了。女王第二次回答"维多利亚"，这个称谓虽比"女王"柔和些，且少了一种高高在上的感觉，但"维多利亚"只是个姓氏，它属于维多利亚整个家族，并不只属于阿尔伯特，没有体现出"一家一妇"的身份和夫妇的亲密关系，所以也没有敲开门。女王第三次回答"你的妻子"，该称谓体现了她作为一个家庭成员的身份，没有丝毫的"行政干扰"，完全符合维多利亚女王回到家中的身份，所以她敲开了门，也敲开了丈夫的心扉。

另外，不同文化程度也制约着人们对语义的理解，是否切合听众对象的文化水准，关系到交际是否能够取得成功。由于交际对象的阅历和文化修养不同，对话语形式的识别能力、对话语意义的理解水平也不一样，因此需要在语言交际中，根据交际对象具体情况的不同采取不同的说话方式。否则，我们说的话要么过于艰深，让人如坠云雾；要么过于肤浅，让人如同嚼蜡。

如果我们面对的是一般文化水平或文化水平较低的人，即使我们自己的文化素养很深厚，层次很高，也应该尽可能地做到语言的大众化、日常化，否则说话时书面语味道太浓或专业化程度太高，就容易产生交际障碍。

在旧社会，一名官员下乡体察民情，他问老百姓："近年黎庶何如？"当时书面语与口语严重分化，没上过学的老百姓哪里懂得"黎庶"的意思，于是答道："今年梨树很好，只是叫虫子吃了些。"结果这种答非所问让交际双方都非常尴尬和难堪。可见，说话不顾对方的文化水平，就可能收不到预期的交际效果。实际上，一个人的知识越广博，社会阅历越深，越容易寻找话题，也应该越容易选择恰当的交际方式与各种层次的人进行愉快而顺畅的语言沟通。反之，如果不能灵活而广泛地与他人交谈，则在一定程度上反映出他的知识领域和社会阅历等方面的局限。

三、建立时空观念

任何一种语言表达都要受制于一定的交际环境。口语表达者要使自己的交际目的得以顺利实现，不仅要依赖于自身修养和文化品位，以及对交际对象的了解和把握，而且还有赖于对时空条件的选择和把握。例如，有的学生在课外与老师交流时口若悬河、能言善辩、自信从容，但是在课堂上回答问题时却表现得畏首畏尾、语无伦次，这种现象很大程度上是由他所处的时空环境而导致的。

一个人在不同的时空背景下表现出的交际状态和水平可能大相径庭，不同的人在同样的时空背景下所表现出来的交际水平，并不能完全说明他们实际的交际能力，语言交际进行过程中的时空背景常常起着不可忽视的潜在作用。在一次公务员面试中，一位毕业生在学校是学生会主席，各方面条件都很不错，当场的自我介绍也很成功。接下来面试官问了他一个问题："1+1=？"这位毕业生稍加思索便十分自信地说："你需要等于几，就能等于几。"结果他被淘汰了。事后这位学生很不服气，说："我的一个同学前几天去一家企业应聘经理，面试官考的也是这个题目，他就是这样回答的，被顺利地录取了。我按照他的方式回答，为什么就不对呢？"

其实道理很简单，这位毕业生忽视了他和那位同学应聘的职业和部门不同，两个单位的工作需求不同，所需要的答案当然也会不同。自己应聘的是公务员，而人家应聘的是企业部门经理，企业老板希望自己招聘的部门经理一年能创造上百万元的利润，他就必须朝着这个方向努力，这样回答显示出他的同学思维很灵活。但该生应聘的是国家公务员，公务员的基本素质和要求之一是实事求是，在这种特定的语境下他的回答显然是不得体的，因而必定是失败的。

在日常生活中，许多人都有过这样的体验：有的人在行为上或物质上帮助了别人，但由于在特定的场合下措辞不当，使对方陷入难堪的境地，对方的感激之情也会烟消云散。因此，看场合说话非常重要。我们在语言交际中，不仅要学会看场合，要话随境迁，还要学会积极地选择适合自己话题的场合。

四、选择话题健康有益

在社交活动中，口语表达者应做到"言之有益"，也就是说，选择话题应健康有益。某些人能说会道，却未必会给人留下好印象。抛开学识水平、道德修养等深层次的原因不说，单从语言角度而论，这些不受欢迎的交际者往往犯了低级趣味、夸耀自吹、冷嘲热讽的禁忌。有时一句玩笑话虽然能博得大家哈哈大笑，但却在听众心目中丢掉了自己的形象和尊严。例如，一优秀毕业生回母校为在校的师弟师妹们做一个求职就业方面的讲座，在讲座中他是这么说的:"在大学,不谈恋爱的不是大学生,不旷课的不是大学生,不挂科的不是大学生……"结果在座的听得满脸疑惑,慢慢离场而去,自然这次讲座以失败而告终。可见,在言语交流过程中,交际双方应尽量避免谈及一些消极颓废、耸人听闻的话题,而应选择一些对工作、学习、生活和交际有帮助的、有积极意义的话题。同时,我们在日常生活中尽量不要去揭别人的短处、痛处,不要去打听别人的年龄、收入、婚姻、健康等个人隐私问题。只有这样,才能创造友好的、和谐的、轻松的、愉快的交际氛围。

第三节 社交语言的实用技巧

一、介绍语言技巧

如何做介绍是语言交际中非常重要的一个问题。介绍包括自我介绍和介绍他人,掌握介绍的相关技巧,对于成功的语言交际以及树立完美的自我形象至关重要。

(一)自我介绍

在社交场合,我们会碰上自己心仪的交往对象,或对方有与自己交往的意愿,在这种情况下,自我介绍就显得非常必要。从交际心理上看,人们初次见面,彼此都有一种想要了解对方,并渴望得到对方尊重的心理。这时,如果我们能及时、简明地进行自我介绍,就不仅能够满足对方的渴望,而且对方也会以礼相待,这样双方以诚相见,也就为进一步交往奠定了良好的基础。自我介绍是展示自己的一个重要手段,要学会巧报家门,并带有目的性地去传递一些信息。

例证 7-2

《西厢记》里,张生和崔莺莺一见钟情,他想通过红娘去传递一些信息。他见到红娘时是这么说的:"小生姓张名珙,字君瑞,本贯西洛人也,年方23岁,并不曾婚娶。"红娘说:"什么,谁问你那么多了。"

一般来讲,自我介绍应该注意以下几点。

(1)态度诚恳并大方得体,表情自然并面带微笑。在做自我介绍时不可流露出紧张情绪,而应端庄大方并充满自信。自报姓名时要口齿清晰,如果连姓名都说得含糊其辞,就会给人留下不良的印象。另外,做自我介绍时应起身站立,双目注视对方,并面带微笑,以表示自己的诚恳与敬意。必要的时候,在介绍自己时嘴里还应伴有谦恭之词如"请多多指教"等。

(2)自我评价要把握分寸。自我介绍不仅是对自己基本情况的客观陈述,还包含着自我评价。涉及自我评价的内容应该恰到好处,既不要妄自尊大,也不要妄自菲薄,以给人留下良好的印象,概括地说,应该做到自信、自识、自谦和得体。自信是对自己的能力特长要敢于肯定,不要回避。通过自我介绍给人一种感染力,使对方产生接近你的欲望。自识是有自知之明，要客观地评价自己的短处，实事求是，使对方产生信任感。自谦是自我评价要留有余地，话不能说得过高，一般不适合用"最""极"等极端的词汇，以免给人留下"狂傲"的感觉。

（3）繁简适度。在大多数情况下，自我介绍应该简单明了，尤其是应酬式的自我介绍，语言应该尽量精练，往往只要自报姓名即可。专业场合的自我介绍，除了自报姓名之外，有时还需要介绍自己的专业、职业、兴趣或爱好等。例如，第一次参加某方面的研讨会时，可以这样介绍自己："我叫××，是××大学的教师，所攻专业为××，现正潜心于××方面的研究，不过第一次参加这样的研讨会，希望大家多多指教。现在我就这个问题谈谈自己的看法……"这样的介绍就比较得体。

在介绍的时候，除遵从以上原则以外，还要注意介绍是在什么场合，为了达到什么目的，目的不同，原则上的侧重点也就不同，而且还要想办法使自己的介绍富有个性。例如，求职面试这种情况下进行自我介绍时，就要紧紧围绕着所求岗位对人才的要求，重点突出自己的优点，使考官在众多选手中记住自己，从而达到自我介绍的真正目的。

（4）自我介绍可以根据场合生动、幽默风趣地进行表达，但要把握分寸，自信自谦。如郭德纲在开场前是这样介绍自己的："床前明月光，我是郭德纲，大家好！又是我——非著名相声演员郭德纲，大家失望了吧……"

（二）为他人介绍

为他人介绍，就是介绍不相识的人或是把一个人引荐给其他人相识沟通的过程。

在介绍他人时，应该注意以下几点。

（1）注意介绍的顺序。总的要求是"位尊者"优先了解对方的情况。先提某个人的名字是表示对此人的一种敬意。（国际通行规则）具体地说：先把男士介绍给女士，再把女士介绍给男士；先把年轻者介绍给年长者，再把年长者介绍给年轻者；先将地位低者介绍给地位高者，再把地位高者介绍给地位低者。

（2）介绍时要热情诚恳、面带微笑，神情要镇定自若、落落大方、充满自信。即使遇到意外情况也不要慌乱，从而形成一种融洽的交际气氛，给被介绍的双方留下难忘的印象。

（3）介绍的方法要灵活，随机应变。面对长者或领导，要使用尊称。如，"请允许我向您介绍……"再如，"王总，请允许我向您介绍一下，这位是小张。"在朋友之间，可以用轻松活泼的方式进行介绍，只有三个人的情况下，介绍人不应马上离开，尤其当被介绍者是异性时，应避免双方因初次接触而感到尴尬。

（4）在介绍中，切忌语言不冷不热、用词不当或闪烁其词。生活中我们往往会碰到这样的一些人，他们说话吞吞吐吐、支支吾吾，或夸大其词，或故弄玄虚，给人一种虚伪、不诚实的印象，在介绍中如果这样表现是非常不好的。

二、提问语言技巧

在社交活动中，提问往往是交谈的起点，一个人会不会问、怎么问、问什么，将直接影响着交际的效果。掌握提问的技巧，不但能使交际达到预期的目的，而且能使对方产生愉快轻松的心情。提问的作用有很多，它是获取信息的重要手段，如智巧的提问可以打破交谈的僵局，使交谈活动顺畅进行。

提问时一般要注意以下几个方面的问题。

（一）看清对象，因人而异

提问应该因人而异，从对方的年龄、身份、职业、性格以及不同的民族文化背景出发，选择不同的提问方式。

首先，人有性别和年龄的不同。该由老人回答的问题，向年轻人提出就不合适，该向男性提出的问题，也不能让女性来回答。如果对一位正感到年华似水、老之将至的女士提出一个看似很平常的问题："您今年多大年纪了？"尽管你毫无恶意，也会让她感觉很不高兴。"对男士不问钱数，对女人不问岁数"的提问禁忌正是这一原则的具体体现。

其次，每个人都有自己的个性。有人性格外向、性情直率，对任何问题几乎都能谈笑风生、畅所欲言。也有的人寡言好思、情绪不外露、态度比较严肃。也有人孤僻自卑，对任何问题都很敏感，甚至有点神经质。对性格外向的人，尽管提问时不必顾虑过多，但必须注意要问得明白，不要把问题提得不着边际，否则很容易使谈话跑题。对那种沉默寡言而又敏感的人，要善于引导，不宜一开始就提出冗长、棘手的问题，通常以他喜欢的话题入手，由浅入深，启发对方把心里话说出来，但必须注意的是，绝对不能向对方提出令人发窘的问题。

（二）注意场合，把握时机

提问并不像去菜市场一样可以随时进行，有些问题时机掌握不好，发问的效果就会大打折扣。例如，一毕业生报到后去用人单位第一天，就急忙向同事打听："这里的薪水有多少？加班有没有工资？"显然这种提问就显得不够稳重。如果在求职面试的时候用比较委婉的方式询问公司的薪水问题，就比较适宜。

一般来说，当对方很忙或正在处理紧急事务时，不宜向对方提出琐碎无聊的问题；当对方正潜心于自己的专业时，不宜提与他专业无关的问题；当对方伤心或失意时，不宜提出引起对方不愉快的问题；当对方遇到困难或需要单独冷静思考时，最好不要向他提出任何问题。

（三）讲究方式

由于被问者和提问者之间的某种利害关系，被问者可能对所提的问题采取消极的态度或拒绝回答，此时对此提问者应该分别采用相应的方式，化被动为主动。如买菜的时候如果我们问："是白菜农药多一点，还是青瓜农药多一点？"卖菜人一下就猜到你的动机，必然就会给出我们所期待的答案。

（四）抓住关键

大而泛的问题，往往让人不好回答，感到无从下手。而抓住要害，问得明确、具体，常常能获得满意的答案。意大利著名记者法拉奇采访邓小平时，就提了一个这样的问题："天安门上保留下来的毛主席像，是否要永远保留下去呢？"问题提得如此明确具体，但却包含了丰富的内容，涉及中国人民对毛泽东和毛泽东思想的态度和评价等这些比较敏感的问题。可见这一问题问得非常有分量。因此，要想把问题提得直接而具体，就要善于从大处着眼、小处设问，化抽象为具体，方能奏效。

（五）把握前提

提问者提出的问题若为非开放式的，或者先预设了一个前提，那么一定要对这个前提条件有一定的考究，如果这个前提条件是错误的或者根本不存在的，那么不仅达不到交际的目的，反而会让被问者非常的尴尬，这无形中为双方进一步交流设置了障碍。

下面是一位年轻记者采访一位颇有成就的女科学家时的问答。

问："请问，您毕业于哪所大学？"

答："对不起，我没上过大学，我搞科学研究全靠自学，我认为自学也能成才。"

问：（稍有尴尬，为了缓和语气，特意调转话题）"您的孩子在哪儿上学？"

答：（十分不悦）"我早已决定把毕生的精力贡献给自己的事业。因此，我一直独身至今。请原谅，这个问题我不愿多谈！如果你没有其他问题的话，就谈到这里吧。我还要工作。"

一场本可以很愉快的采访就这样让记者的两个问题搞得一塌糊涂。记者的两次询问均带有主观的猜想，所提出的问题都含有假定在里边，但他的所有主观猜想又都是错的。"您毕业于哪所大学"包含着对方一定是大学毕业这样的预设，"孩子在哪儿上学"又包含着对方已经生过孩子这一判断。这种问题无意之中触犯了女科学家的隐私，从而造成了一无所获、不欢而散的结局。

三、拒绝与说服的语言技巧

（一）怎样成功拒绝他人

在社会交往中，有求必应是每个人追求的理想目标，但由于主客观条件的限制，不可能任何时候都能做到有求必应。拒绝别人最简单的办法就是说"不"，但这样做通常会显得较为生硬。

拒绝他人时必须以得体的方式进行，把对方的不满和不快控制在尽可能小的限度内。如果不该拒绝的拒绝了，有时会影响友谊。如果该拒绝的不拒绝，轻易承诺了，结果事情没办成，最终只能自食恶果。可见该拒绝的就得拒绝，只是应该讲究拒绝的策略。无论采用什么方式拒绝，都必须以减少对方不悦和失望、寻求其谅解和认同为基本原则。

因此，当对方有求于你而你又无法满足对方的请求时，你应该要努力做到既不伤害对方的自尊心，取得对方的谅解，又要使对方高高兴兴地接受你的拒绝，此时就需要讲求拒绝的方法和技巧。

（1）直截了当。对一些实在不合理或者无法接受的要求，应该直截了当地予以拒绝，不能含糊其辞、模棱两可，这样容易使对方产生误解，对你抱有不切实际的期待。不过不要以一种高高在上的态度拒绝对方的要求，要始终保持一种和蔼、真诚的态度和面貌，认真地听取对方陈述的要求和理由，向对方耐心地解释你拒绝的理由，表示抱歉，请求对方谅解。

（2）委婉含蓄。对于一般性的拒绝，最好不要轻易说"不"，这样会伤害他人的自尊心，而采用间接的、委婉的方式比较合适。委婉含蓄的方式比较普遍地适用于有人为某事向我们求情，而我们在原则上又不能答应的情况。

清代的郑板桥在任潍县县令时，查处了一个叫李卿的恶霸。李卿的父亲李君是刑部的官员，得知此事后急忙赶回潍县为儿子求情。李君以访友的名义拜访郑板桥，郑知道李的来意，故意不动声色地看李君如何扯到正题。李君看到郑板桥房中有文房四宝，于是向郑板桥要来笔墨纸砚，提笔在纸上写道："燮乃才子。"郑板桥一看，人家是在夸自己，自己也应该礼貌礼貌，于是也提笔写道："卿本佳人。"李君一看心里一亮：

"郑兄，此话当真？"

"君子一言，驷马难追！"

"我这个'燮'字可是郑兄大名，这个卿字……"

"当然是贵公子的宝号啦！"

李君心里高兴极了："承蒙郑兄关照，既然我子是佳人，那就请郑兄手下留情。"

"李大人，你怎么'糊涂'了？唐代李延寿不是说过'卿本佳人，奈何作贼'吗？"

李君一听，只好拱手作别了。

郑板桥巧妙地利用李卿的"卿"与现成话"卿本佳人，奈何作贼"的"卿"字相同的关系，委婉而含蓄地拒绝了李卿父亲的求情，既坚持了原则，又没有让对方太难堪。

（3）模糊多解。模糊多解的拒绝是指利用某些语言材料或表达的模糊性、多义性巧妙地遮掩拒绝的锋芒。例如，一个旅行团正按预定的日程观光游览，有几个游客途中要求增加几个观光点，但时间不够，要求不能给予满足，于是导游就说："这个建议非常好，也非常重要。如果有时间，我们将尽量予以安排。"这种说法比较模糊，怎么理解都可以，并且也巧妙地暗示了拒绝之意。

（4）点出后果。要是对方一味坚持己见，此时我们可以让他知道如果坚持做下去可能会产生什么样的严重后果，尽管有些后果现在可能还无法看到，但还是可以使对方自动收回自己的要求。在说这种话时，开始我们可以说"不是不愿意，而是我做不到"之类的话。如有人请我们看电影，我们可以说："太好了，很久没有看电影，早就想放松放松了，但现在不行呀，如果我去看了，那毕业论文就不能按时交差了。"这种话也是先满足对方的自尊，表明我们的主观态度，然后再把后果述说出来，使对方理解并接纳我们的理由。

（5）先扬后抑。先扬后抑是指在拒绝之前先表示同情、理解甚至同意，而后再巧妙拒绝，使拒绝之辞委婉而含蓄。例如，有一次马克·吐温向邻居借阅一本书，邻居说："可以，可以。但我定了一条规则，就是从我的图书室借的书必须当场阅读。"一个星期后，这位邻居向马克·吐温借割草机用，马克·吐温笑着说："当然可以，毫无问题。不过我定了一条规则，就是从我家借的割草机只能在我的草地上使用。"

（6）转移话题。对于一些碍于情面不适合当面拒绝的要求，不必马上说"不"，可以采取转移话题、答非所问、寻找借口等方式暂时把对方的焦点转移开，从而达到间接拒绝的目的。如遇到难办的公事，你可以说："经理不在，等他回来我一定向他汇报。"

（7）沉默不语。比如佯装听不见，以此拒绝。

总之，拒绝的方式有很多。我们不管采用哪种方式，既要使对方能够在和谐、理解的气氛中接受拒绝，又要让自己从两难的困境中解脱出来。

（二）怎样成功说服他人

在社会生活中，由于社会阅历、知识水平、职业身份的差异，人们对问题的认识和理解往往不一样，甚至会产生各种各样的矛盾，劝说是解决这些矛盾的重要方法。但劝说他人并不容易，需要讲究一定的方法与技巧，否则就可能会劝而不听，说而不服。

1. 说服的方法

（1）晓之以理。晓之以理就是通过讲道理来说服对方。要想把道理讲得透彻明白，讲到对方心里去，让对方心服口服，有一个重要因素即说服者语言必须具有严密的逻辑性。被劝者因为矛盾冲突可能对劝说者存在一种反抗的心理，因此劝说时语言一定要委婉，切忌以势压人。而且讲道理时，道理有深浅之分，也有大小之别，但被劝者一般不喜欢别人讲大道理，所以说服者还应选择特定的角度和层次，深入浅出，从抽象到具体来慢慢说服对方。

（2）动之以情。"动人心者，莫先乎情"，通情才能达理，以事比事，将心比心。运用饱含感情的语言，讲述熟人的故事及其经验教训，让人感到亲切、可信，以此引发被劝者情感上的共鸣，从而达到说服的目的。

（3）衡之以利。所谓衡之以利，就是权衡利弊得失，讲清利害关系，使对方改变态度。趋利避害是人的本性，有些人用道理很难说服他，用感情也很难打动他，但衡之以利往往是个切实有效的办法。

2. 说服的技巧

（1）善用比喻。善用比喻，即把要劝说的道理通过生动、浅显的比喻表达出来。生动形象的比喻，不仅能使深奥的道理变得浅显明了，还比较容易让对方接受。如《谏太宗十思疏》一文中，进谏者用"臣闻求木之长者，必固其根本；欲流之远者，必浚其泉源（即固本思源）""水能载舟，亦能覆舟"等比喻句，提醒唐太宗要想使国家长治久安，就必须努力积聚德义。

（2）巧借名言。名言警句准确精辟、言简意赅，用之于劝说，可以起到以少胜多的效果。名言警句文字虽少，却蕴涵着丰富的哲理，如"良药苦口利于病，忠言逆耳利于行""己所不欲，勿施于人"等，教人如何正确对待生活中的挫折，如何认识事物的本质，如何处理生活中各种复杂的关系等，具有很强的启发性，因此借用名言警句具有很强的说服力。

（3）激将说服。激将说服法，就是指通过一定的语言手段刺激对方，激发对方的某种情感，使对方的心态产生变化，并使这种心态变化朝着自己所预期的方向发展，从而达到说服的目的。在现实生活中，的确有些人情绪比较容易激动，又十分争强好胜，此时，如果用激将法给他一个强烈的反向刺激，反而能取得意想不到的效果。

四、赞美与批评的语言技巧

一句赞美的话，犹如一泓清泉，清澈、晶莹、沁人心脾，流经之处充满了温馨与滋润。他不仅在人与人之间吹散了冷漠的雾霭，而且让友谊得以加深，让工作一帆风顺，让交际更得人缘。

"人非圣贤，孰能无过？"但这个"过"怎样指出来也是一门艺术。批评他人时，一定要讲究策略，一时冲动就口无遮拦，是十分愚蠢的做法，我们需要真诚的赞美，也需要善意的批评。

（一）赞美

任何人都希望被赞美，威廉·詹姆斯就说过："人性深处最大的欲望，莫过于受到外界的认可与赞扬。对赞美的渴求，是人的本性中的一个重要方面。在生理层次上，每个人都愿意听别人赞美自己漂亮、年轻；在人际关系中，每个人都希望与别人和睦相处，得到亲朋好友的尊重和认可；事业上，每个人都渴求在社会上谋得一席之地，实现自我价值。"由此可见，对赞美的渴望源于人的本性，赞美具有无穷的力量。著名的心理学家杰斯·雷尔说："称赞对人类的灵魂而言，就像阳光一样，没有它，我们就无法成长。但是我们大多数的人，只是敏于躲避别人的冷言冷语，而我们自己却吝于把赞美的阳光给予别人。"可见赞美是一种重要的交际手段，它能瞬间沟通人与人之间的感情。

赞美是人际关系中非常重要的润滑剂。然而绝大多数的人并非赞美的高手，他们仅知道赞美的重要，却不谙赞美的技巧。而在社会交际过程中，只有懂得赞美技巧的人，才能受到交往对象的欢迎。赞美应遵循以下几个原则。

（1）实事求是。赞美他人应当实事求是，让人心服口服。这就要求将赞美建立在客观事实的基础上。例如，明明这个人学习成绩不如人，你却说他"百里挑一，才智过人，聪明绝顶"，这必定会让他反感，认为你是在讽刺挖苦他，别人听了也不服。特别是当领导的，如果是在公开场合称赞某个人或某个单位，一定要经过认真考察，全面了解，深思熟虑，力求客观公正，既不夸大，也不缩小。

（2）诚恳实在。赞美要发自内心，出语真诚，让别人觉得你是真心地夸赞，不虚伪、不客套。卡耐基说："赞美和恭维有什么区别呢？很简单，一个是真诚的，一个是不真诚的；一个出自内心，另一个出自牙缝。"没有诚意的赞美无异于阿谀奉承或者讽刺嘲弄，不可能取得理想的效果。例如，有的人逢迎拍马，见面便说："小弟才疏学浅，请阁下多多关照。""你真是才高八斗，学富五车，貌比潘安，才如子建啊！"这类话像是从古书上学来的，听起来酸溜溜的，使人感到像是在应付敷衍，缺少诚意。如果说："早就听人说起过你，说你文章写得不错，课讲得挺受学生欢迎的，我还说去找你聊聊呢！"，那对方就会觉得你的话语很有诚意。

（3）具体明确。一般来说，赞美不能太过含糊笼统，赞美他人应以具体为好。如果你仅仅笼统地说些"你好漂亮哦""你这人真好"等话语，就不易感人，而且会使你的赞美大打折扣。如果你能列举一些具体事实，分析一些道理，并和其他人进行比较，便会使人印象深刻，使他本人和他人都心悦诚服。举一个实例来说明。风靡全球达半个世纪的喜剧演员卓别林，1975年3月4日，在85岁高龄时在英国白金汉宫被伊丽莎白女王封为爵士，对此，他感到十分尊耀。在封爵仪式中，女王对兴奋的卓别林说："我观赏过许多你的电影，你是一位难得的好演员。"事后，有人问卓别林受封的感想，他有点遗憾地说："女王陛下虽然说她看过我演的许多电影，并称赞我演得好，可是她没说出哪部电影的哪个地方演得最好。"由此可知，赞美他人时最好要说出具体事实，尽量针对某人做出的某件事进行赞美，才会发挥最好的效果。

（二）批评

生活中不能没有赞美，同样也少不了批评，因为批评是人生的一面镜子，它能照出我们身上的污点。不过如何批评却是大有讲究的。请看下例。

老板对秘书说："这份文件满篇错别字，你故意让我出丑吗？"

丈夫对妻子说："你干吗烧菜放这么多盐，是担心我咽炎不复发吗？"

类似上述这样的批评，被批评者是很难接受的，因为说话者非常武断地断定别人的行为中隐藏着不良意图，而事实上别人并无这种意图，所以听到这样的批评，对方一定感到很委屈。如果换一种方式批评，情况就会大不一样。例如：

老板对秘书说："这份文件有这么多错字，你觉得发下去会产生什么效果？"

丈夫对妻子说："今天的菜比较咸，好像不是你炒菜的风格哦！"

可见，同样是批评，其方法、角度、语气不同，所得到的效果可能是完全两样的。

批评是一种有效的沟通信号，也是一种重要的激励方式，是改善管理的重要手段，在领导者的领导实践中发挥着重要作用。有专家分析指出，许多组织死气沉沉，机制僵化，员工缺乏积极性和创造性，都是批评不当的结果。例如：

1923年，约翰·卡尔文·柯立芝登上美国总统宝座。柯立芝有一位漂亮的女秘书，工作时却经常出错。

一大早，秘书走进办公室，柯立芝说："今天，你穿的这身衣服真漂亮，正适合你这样年轻漂亮的小姐。"

这几句话让秘书受宠若惊。柯立芝说："但是，你也不要骄傲，我相信，你的公文也能处理得和你一样漂亮。"

从那天起，女秘书在工作中便很少出错了。

一位朋友知道了这件事，就问柯立芝："这个方法很妙，你是怎么想出来的？"

柯立芝说："这很简单，你看见过理发师给人刮胡子吗？他要先给人涂肥皂水，为什么呢？就是为了刮起来使人不痛。"

下面介绍几种批评的方法和技巧。

（1）幽默含蓄。幽默含蓄，是批评劝说的有效手段，也是批评的最高境界。幽默式批评词义婉转，出语诙谐，在轻松巧妙的表达后面隐藏着批评规劝的内涵，因而常常可以起到意想不到的效果。例如，有一次，上级组织派人到地方某单位考察，想了解某干部的表现。结果当地群众是这样评价他的：

他表现不俗，在我们单位起了三大作用：看戏时，他总是坐在前排，起带头作用；看电影时，他常常坐在中间，起核心作用；参加大会时，他多半坐在后排，起推动作用。

这些话表面上看是表扬，实际是批评，但风趣幽默，更显针砭之意。

（2）模糊化。有经验的管理者在"表扬与批评"的问题上都明白一个基本原则：表扬须明确、批评宜模糊。表扬优秀人物、先进事迹时一定要讲得明确具体，提高表扬的效力。批评以及给别人提意见则恰恰相反，顾及对方的自尊，应以治病救人为出发点。如有的管理者在批评手机干扰会议的现象时说：

今天开大会，好像又有人不关手机，虽然你可能是事出有因，虽然铃响没几声，但上次是张三响，今天是李四响，这会场纪律还要不要了？你响两声，他响两声，还要不要顾及其他人的感受了？

这几句批评的话语很讲究策略，运用"好像""可能""没几声""张三""李四"等模糊语既告诫了不注意会场纪律的人，又避免了直接点名训斥容易引发的抵触情绪，既达到了批评的目的，又维护了被批评者的自尊。

（3）点到为止。一般而言，无论采用哪种方式，人们对批评都是比较敏感的。所以批评的话语应该点到为止，解决问题即可。

有一次，毛泽东主席让卫士们把他书房的沙发搬走。毛泽东主席在散步时，卫士们就动手搬沙发，但是试了几次，都搬不出门，只好又把沙发放回原处。当毛泽东主席回来后，见沙发仍在原处，便奇怪地问："怎么没搬出去？"一个卫士答："门太小，出不去。"毛泽东主席看看卫士，又看看沙发，故作严肃思考状说："唉，有件事我始终想不通呢……"卫士们以为毛泽东主席思考另外什么事，便问："什么事啊？主席！"主席皱着眉做不解之状讲："你们说说，是先盖的这间房子呢？还是先摆好沙发再盖的这间房子呢？"卫士们一听脸都红了，后经过卫士们再次努力，终于把沙发搬出去了。

毛主席这几句颇具启发性的批评语言，柔中有刚，巧妙地表达了本意，引导卫士们思考搬不出沙发究竟是沙发本身的问题还是搬运方法的问题，进而引导其找到了解决办法。

（4）批评时巧用幽默。比如看到某人桌子脏，想批评他，就可以这样说："某某，你的桌子太干净了吧！"

思考与训练

1. 请为自己的姓名设计一个巧报家门的方法。时间为一分钟，请演示。
2. 你去人才市场求职，招聘方请你做两分钟的自我介绍。

[**要点**] 介绍时重点放在姓名、毕业学校、所学专业、针对岗位需求的优势及特长，要给人留下诚恳、谦虚、热情的印象。

3. 谈谈如何把握社交语言的"得体"原则。
4. 怎样才能做到"言之有益"？
5. 结合自身实际谈谈如何巧妙地赞美和批评他人。
6. 结合自身实际谈谈如何成功地拒绝和说服他人。

第八章

求职口才

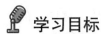 学习目标

- 了解求职面试的礼仪知识。
- 熟悉求职简历的制作。
- 掌握求职语言的基本要求。
- 灵活运用求职语言的相关技巧。

引例

某招聘现场,某公司正对十余位求职者进行最后一轮面试。
"你觉得自己有什么缺点?"主考官突然问一位姓邓的求职者。
"我工作过于投入,人家都说我是工作狂。"邓先生不假思索便脱口而出。
主考官笑了笑:"工作投入可是优点啊,你说说你的缺点吧。"
邓先生仍未察觉考官态度上的细微变化,颇为自得地侃侃而谈道:"我是个急性子,为人古板,又好坚持原则,所以易得罪人。另外,我还……"
这时只听考官"嘿"了声,脸呈不悦,手一挥,终止了问话。
邓先生的求职结果如何大家可想而知。

第一节 求职面试概述

现代社会的求职竞争异常激烈。毕业生数量逐年上升,就业率却逐年下降,求职的难度越来越大。加上受全球金融危机的影响,不少企业的招聘计划缩减,对于当代大学毕业生就业现状而言,无疑是雪上加霜。在求职应答过程中,羞羞答答、唯唯诺诺者会被认为是无能的表现,侃侃而谈、滔滔不绝者又可能被认为是目中无人。那么求职面试有没有什么具体的

方法、技巧和规律可循呢？本章将就求职过程中的方法、技巧，特别是求职面试语言的相关问题做一些介绍。

一、求职面试前的准备

求职面试是求职者与用人单位相互了解的过程，但在就业市场供过于求的情况下，主要还是以针对求职者接受用人单位的考察为主。在现代社会竞争强手如云的大背景之下，求职者要成功地推销自己，就需要做好充分的准备，根据所求职位对人才的要求，有针对性地展示自己的知识、能力、性格和特长，以便使自己成为面试方所满意的人选。为此，求职者应当从以下几个方面做好求职的准备。

（一）了解用人单位

孙子兵法云："知己知彼，百战不殆。"求职面试，首先要了解用人单位。

作为一个求职者，应该对招聘单位有一个全面的了解，熟悉该单位的性质、背景、企业形象、经济效益、发展前景，以及机构设置、招聘原则、人际关系、福利待遇等情况。此外，还应当尽可能地了解求职面试的规则和要求，面试官的身份、性格等有关信息，以及竞争对手的有关情况等。如果对这些情况都做到了心中有数，既表明求职者对所求职业的重视，也使求职者在面试问答中面对对方问及用人单位有关问题时，能够应付自如。

求职面试时，考官会提出各种各样的问题，包括个人经历、兴趣爱好、能力特长以及性格品质等，以考察求职者的专业能力、语言表达能力、思维能力、应变能力等能体现个人素质的综合能力，有时，还可能会提出一些与求职者专业没有任何关系的风马牛不相及的问题，故意刁难求职者。有些面试的问题完全是开放式的，没有固定的答案。求职者只有对考官出题的意图有所了解，才能在面试时有的放矢，应对自如。

（二）了解现代用人观

除对用人单位需有一个全面了解外，广大毕业生还应了解现代社会对人才的一些基本要求，以做到有的放矢地去求职。

（1）专业对口。专业对口是用人单位录用人才的首要标准，尤其是一些工科、经济、法律等专业性很强的单位。所以毕业生求职首先应找专业对口的单位，这样可大大提高命中率。一外贸企业在招聘翻译人员时说："我们主要是要求有一定的听说能力，这是工作必须的条件，如果你连个外商电话都接不了，我们是不可能要的。"这说明用人单位会对求职者提出专业技能的要求。不过，毕业生一专多能、多专多能也是用人单位重要的人才录用标准。目前社会上风行的考证热，实际上就是这种要求的反映。证多不压人，大学生一方面应多考些计算机等级证，大学外语四、六级证书；另一方面应考到与自己专业有关的资格证，如中文专业的可考个文秘资格证，法律专业的可考个律师资格证等。

（2）实用性强。用人单位对求职者的要求更加注重实用性，学历已经不再成为唯一的衡量标准，是否具备实用技能，也是各企业重点关注的。据有关调查发现，如果不是岗位对于学历有必须要求，很多企业更倾向于要有实习经验的本科生原因就在于此。

（3）应变能力强。不少精明的企事业单位在录用毕业生时，都把心理素质好不好，应变能力强不强作为考察的一个重要指标。它要求求职者面对不断变化的情况，能及时调整心态积极应变。有的公司喜欢选择一些突发奇想、富有创造力的求职者，因其能给项目创意方面带来突破。

（4）热情诚恳。每家用人单位都希望求职者拥有诚恳的品质。为人诚恳，对人对事能坦诚相待的毕业生，往往为众多用人单位，尤其是国家机关、事业单位所看中。一家招聘单位的 HR 说："我们最害怕的是这样的简历：应聘者什么工作都能做，什么兴趣爱好都有，可到实际工作中，却是什么都不行，与其这样，还不如诚实点好。"在讲求诚信的时代，毕业生求职也应实事求是，在面试中碰到不了解或不太了解的问题，应诚实告之，千万不要不懂装懂。

热情是一种对人、对工作和信仰的强烈情感。一个没有工作热情的员工，是不可能高质量地完成自己工作的，更别说创造多么惊人的业绩。只有那些对自己的梦想有真正热情的人，才有可能把自己的愿望变成美好的现实。因此，用人单位除了要求求职者拥有扎实的专业基础以及应变能力外，还要看他是否有工作激情。

（5）沟通能力强、有亲和力。招聘单位特别喜欢性格开朗、善于交流、人缘好的员工。这样的人有一种亲和力，能够吸引同事跟他合作，并给予他帮助，通过他的努力能够赢得更多的客户，为企业的发展谋求更大的价值。

（6）良好的团队精神和协作能力。当今世界，许多项目都不会由一个人从头到尾做下来，而是需要多方合作，彼此共同努力才能完成。所以求职者就职后能否与上司、同事和睦相处，是否具有合作精神，是否具有协调性和顺应性等，就成了面试中面试官考察的重点。

（三）了解自己

求职者对所求职的单位有了充分的了解之后，还要全面地了解自己。在现场招聘会上，经常会看到一些毕业生拿着简历投了很多家单位的多个岗位，这看起来好像可以提高我们的就业成功概率，但很多时候这些简历的投放都是无效的。我们应摆脱这种盲目的状态，了解自己的优势何在，自己适合哪类工作，哪些岗位。投放简历前，我们应问问自己："我期望找到一份什么样的工作？我为什么要找这份工作？我的能力、性格等是否能胜任这项工作？"明白了这些问题，自然就会有目的、有选择地去应聘，也会大大地提升我们的竞争力。

但是一个人要正确认识自己，客观评价自己，看清自己的长处和短处，往往是一件十分困难的事情。有的人妄自尊大，总是过高地估计自己，大事做不来，小事又不想做，一副牢骚满腹、怨天尤人、怀才不遇的样子；有的人妄自菲薄，将自己定位太低，使自己的才智得不到充分的发挥；有的人缺乏主见，面对众多的择业机会无所适从，结果让机会擦肩而过，白白错失良机。而善于"知己"的人能够客观地认识自己，正确地估价自己，善于找准自己的所长所短，并且恰如其分地做到扬长避短，在竞争激烈的人才市场上成为求职的胜利者。

另外，求职者应顺应时代的潮流，及时调整自己的心态。现在很多大学生追求高工资，他们应该考虑降低一下自己的期望值，先不要急着拿高工资，先到企业中锻炼好自己，完善自我。也就是说，他们应有一个准确的自我定位，尤其是职业定位，其次是地区定位。客观上讲，大城市就业机会确实很多，但同样就业的人数也很多。高学历的人才跻身激烈的就业市场，所谓"万军难过独木桥"。因此我们不妨拓宽自己的眼界，着眼一些中小城市或更基层的就业岗位，没有必要非留在大城市，很多地方都有着广阔的发展空间等我们去开拓。

二、求职面试礼仪

求职面试时，除了要做好以上准备工作外，还需要讲究必要的礼仪，主要包括举止、着装、言谈等方面。

（一）举止礼仪

1. 彬彬有礼，谦逊礼让

求职者来到用人单位面试时，先要轻轻敲门，得到回应后，再推门进入，并主动向屋内的人员打招呼，等面试官说"请坐"后，再入座。若屋内还有其他求职者，入座时应适当地表示谦让。

2. 举止优雅，动作协调

求职者在他人之所不得太过随便，也不要过于拘谨，或站或坐都要大方得体，站立时要挺直如松；就座时应端庄文雅；走路时要步伐稳健，以给人一种朝气蓬勃、奋发向上的感觉。坐在面试官对面时，身体应微微前倾，双手自然平放或叠放在双膝上，微笑地注视对方，交流时要不时地点头回应，这样会给对方留下一个好印象。

3. 保持微笑，自信从容

微笑是人类最美的语言，也是求职面试者最不可少的表情。微笑既能显示求职者的自信、稳重，也能让面试官觉得亲切、自然。所以，从面试开始到面试结束，求职者自始至终都应面带微笑，哪怕知道自己求职失败，也应微笑地用言语与考官告别致意："谢谢您给了我这次面试的机会。"

（二）着装礼仪

求职者与面试官初次见面时，首先给对方留下的是你的"外部包装"。得体的服饰、适宜的妆容既是一个人的外在形象，也是一个人内涵养的外化表现。求职者的服饰穿戴关系到用人单位对求职者的第一印象，因而应当认真对待。

一般来说，求职者的着装应与社会时尚相协调，做到既高雅端庄，又大方得体。女性求职者在着装时，一忌过分鲜艳，二忌过分紧身，三忌过分短小，四忌过分透视。男性求职者一般选择穿西装，但穿西装得讲究搭配和技巧，如纽扣问题、领带问题等。男士的发须应该整齐干净、长短适宜。女士如果化妆，应尽量自然协调，应看上去精神焕发、风采怡人。如果求职者衣冠不整、不修边幅，用人单位可能会认为你不懂礼貌、过于不拘小节，甚至怀疑你有没有认真负责、扎实精细的敬业精神。因此求职者必须以得体的服饰赢得面试官的尊重，为成功面试打下良好基础。

（三）言谈礼仪

文明的举止、礼貌的谈吐，往往反映一个人良好的学识、修养和气质。在任何场合，不懂礼貌的人都是不受欢迎的。因此，在面试过程中，求职者应做到礼貌谦恭。

面试时表达要清晰流畅，自我介绍的语气应当自信。要诚实谦逊，避免炫耀自己。另外，还要注意观察对方的反应，及时调整自己的表达方式和表达内容。

1. 谦恭礼貌，切忌卖弄

面试时多用礼貌用语，请别人帮忙要用"请""谢谢"，打招呼时说"您好"，告辞时说"再见"等。称呼对方要用尊称，征询意见应该尽量使用谦虚而有礼貌的方式，切忌卖弄炫耀。

一求职者为了显示自己的英语水平，在求职中就用中英文夹杂着与考官交流，"贵公司给了这样一个机会，我很 happy（高兴）。在这次面试中，我更加深刻地 understand（明白）贵公司的企业文化和管理特点。我十分欣赏贵公司的企业文化和管理方式。如果这次面试我能顺利 pass（通过），我将会更加努力工作，以我的专业知识、管理技能等为公司的进一步发展 do my best（尽最大努力），真诚地希望能有机会与您共同工作……"求职者这种做法不但不能让面试官感觉出她的英语水平有多高，反而会让人觉得她是在卖弄，由此心生反感。

2. 语气平和，切忌争论

面试时，融洽的气氛会让双方觉得愉悦。因此，与面试官交谈时，千万不要傲气十足，哪怕与面试官意见不合，最好也别争论，更别让对方难堪。有的求职者得理不饶人，非得和面试官争个高低，也许你在争辩中占了上风，但很可能你会因此而输掉这场面试。

××是学教育专业的，研究生毕业后到一所大学应聘，该校为她安排了试讲一课作为面试环节。××的课讲得很好，在座的老师都忍不住点头称赞。在她讲课结束后，一位老师说："你的课从整体来看讲得挺不错的。但我觉得课件还可以做一下修改，是不是可以……"可没等这位老师把话说完，××就开始反驳了："某某专家说过，大学课件与中小学课件风格不同，应该……这个课件模板是某某专家设计出来的，我认为这个设计是最科学的……"××的反驳让那位老师非常难堪，在座的校长和其他老师也面面相觑。最终，××落选了。

很显然，材料中求职者的做法过于偏激和固执，面对面试官对其课件水平的质疑，她应该谦逊耐心地解释自己的想法，并请面试官多提宝贵意见。

无论是哪类问题，应聘者在回答时都应当做到：第一，保持高度敏锐和技巧灵活的思维状态；第二，回答既要表现自己的个性与气质，又要表现出对招聘方的尊重与服从；第三，注视对方，注意体态语的运用；第四，认真倾听对方提问，注意对方反应，及时调整自己不恰当的回答。

三、求职材料的准备

现在的用人单位在招聘时一般都要求先看简历。简历已成为求职者的第一块"敲门砖"，一份简历的质量往往会直接影响到求职的成败。

简历的制作应注意以下几个方面。

（一）文风平实、沉稳严肃

以简明的短句为好。以叙述、说明的表达方式为主，不要动不动就引经据典，抒情议论。

（二）内容全面完整、条理清楚、言简意赅

简历不用太长，有些职位如行政、管理岗等，大概写一页纸就可以了，但这种简历却不适用于项目经理及技术类职位。以招聘开发工程师为例，由于招聘者在简历中要看到应聘者的实践经历、能掌握何种语言等信息，一页纸难以承载如此多的内容。

（三）排版设计美观大方

现在有些求职者为了求新求异，煞费苦心设计各色简历封面，甚至把数码冲印照片搬进简历之中。有的人随简历附送 VCD，还有的人在简历里作诗、配卡通图案等。其实，为简历扮靓装也要视职位特点而定，如会计、硬件工程师等强调严谨性的职位，需要的是朴素的简历；而有的广告公司招募"创意人才"，应聘这种职位时在简历设计上动脑筋倒是可以的，但也要适可而止，尤其是对日资、德资企业来说，花哨的简历可能会起反作用。

（四）自我评价客观公正，做到诚恳、谦虚、自信、礼貌

很多求职者为了表现自己的组织协调能力，在描述实习经历时常用到"负责公司某某项目"这样的语句。更有求职者在进行个人评价时，将自己描述成一个毫无瑕疵的人。其实一个实习生是不太可能独立承担公司项目的，"负责"之类的语句会给人夸大其词的感觉，用"参与""协助"会更合适。因此，恰当的自我评价用语是一份合格简历所必需的。

另外，求职者还应准备好面试官可能要查询的各种获奖证书复印件、外语水平等级证书复印件、计算机水平等级证书复印件、普通话水平等级证书复印件、发表的作品及论文复印件、学历学位证书复印件等有分量的佐证材料，可以将之装订成册。如果用人单位没有要求随简历提交，则不必与简历一起投送，但面试时一定要携带上。

引例

暨南四年，遇见更好的自己
——访第六届暨南大学 5A 卓越引领计划"暨南之星"标兵赵颖超

赵颖超，女，文学院汉语言文学专业 2014 级毕业生，绩点 4.25 和综合测评 116，均位列专业第一，入选暨南大学优异生培养计划，曾荣获国家奖学金、优秀学生一等奖学金，多次获得校"优秀学生"称号和校"十佳共青团员"称号。在学校的"5A 优秀学子奖励计划"中，她以突出的表现获评第五届"学习之星"标兵奖、第六届"暨南之星"标兵奖。她曾获全国大学生写作大赛二等奖，发表三篇学术论文；积极参与志愿服务，被评为"春运志愿行，温暖回家路"志愿活动优秀志愿者；曾任中文系系刊《赤子心》杂志主编，现已成功保研至复旦大学中文系。

一、千里之行，于足下始

对颖超来说，纵跨大半个中国，从遥远的山东来到暨南大学求学，是一次跨时空、跨文化的人生旅程。

荀子有云:"道虽迩,不行不至;事虽小,不为不成。"颖超深知,青年当志存高远,更要脚踏实地、积极行动、且行且悟,干劲不衰,才能到达愿景之地。在学习上,她不断探索汉语言文学的学科特点,对学习策略进行调整优化,广泛阅读、勤奋创作。那一张张条理清晰、密密麻麻的学习计划表,那一本本厚厚的读书笔记和创作笔记,记录了那一个个闪光的日子,也记录了她的勤奋和汗水。四年来她的平均绩点高达4.25,最好成绩达到了4.46,成绩和综合测评稳居专业第一。除了学习成绩始终名列班级首位,她还在全国作文大赛中取得了理想的成绩,发表了多篇习作和随笔。她相信,微小的努力积累起来,就会发生质的改变。每天早上六点钟,她都会准时点亮金陵三栋自习室的灯,在微凉的清晨当中静心阅读、思考。

为了全面地提升自己,拓宽知识面,她开始攻读经济学院的金融双学位。次贷危机是如何形成的?索罗斯的"量子基金"因何能横扫东南亚?中国经济将何去何从?一系列曾经困惑不解的问题终于豁然开朗,金融学不仅为她打开了一座全新的知识宝库,更培养了她关心时事、心怀国计民生的历史责任感。虽然"双休日"变成了"双修日",但学习的充实与快乐让她"累并幸福着"。

君子之行,兢兢业业;君子之往,坦坦荡荡。知明行笃,知行合一。理愈明,德愈修,而业益进,此为朴素无华之常识,也是颖超的行事准则。

二、走出书斋,实践求真知

作为大学生要全方位地发展自己,知行合一更是暨南精神的体现。

就是带着这样的信念,颖超积极投身社会实践,将所学知识运用于解决实际问题。大一期间,她曾担任文学院文体部干事和主席团主席助理,参与组织了篮球赛、暨南风舞蹈比赛、"暨忆诗语"诗歌学术文化节等一系列校级和院级活动,人际交往能力和团队协作能力得到了锻炼。大一暑假,她和班上的同学们一起前往广西梧州,开展关于其水运兴衰的"三下乡"社会调研。大二寒假,她主动参加由山东省淄博市共青团组织的"春运志愿行,温暖回家路"大型志愿服务活动,与队友奔走在火车站熙攘的人群中间,为返乡的旅客送去温暖。

有感于家乡旅游资源尚未得到完全开发的现状,她鼓起勇气向家乡党报《淄博日报》的总编发送了近万字的邮件,呼吁报社能够开设专栏调研淄博市文化产业发展存在的问题,打造历史文化名城,实现城市经济的转型。"想法不错!欢迎你们组成调研团,报社可以为你们开设专栏,派专车和记者跟随采访。"当电子邮件显示出这句回复时,她激动得几乎泪流满面。一位素未谋面的长辈如此信赖自己,这令她受宠若惊,同时心中充满力量。

《赤子心》杂志,是中文系人文精神的园地。从汪国真时代发展到今天,其代表的是一种文化和情怀的传承。从大一进入《赤子心》,到三年后成为杂志主编,她已经记不清组织了多少次征文活动,制作了多少期杂志。但是,她始终铭记着《赤子心》对中文系以及文学院的意义,不断思考着系刊将如何更好地服务中文系,从而具备生生不息、历久弥新的活力。

2016年被评为暨南大学5A优秀学子奖励计划"学习之星"标兵后,她多次参与到5A宣讲团的活动中来,先后前往华文学院和深圳旅游学院进行学习经验分享。当看到师弟师妹们感激的目光,收到他们发来的感谢邮件时,她感受到了奉献带给她的快乐。此外,她还参加了优秀学生访港团,在戴德丰校董举办的欢迎晚宴上,她荣幸地向大家朗诵了自己创作的诗歌,表达了爱港爱校的心情。在2017年暑期"三下乡"活动中,她和师弟师妹们先后前往四川汶川和广东中山调研。虽然一路上遇到了困难和挫折，但当她们亲自用双脚丈量祖国的土地，当她们的调查报告收到了来自青海省团委等组织的好评及感谢时，一切的付出仿佛都是有价值、有意义的。

在今年的5A卓越引领计划中，她又获评了5A中最具含金量的一个奖项——暨南之星标兵奖。"卓越首席，闪耀暨南。"正如颖超所说的，我们生在一个宏伟的大时代，需要有一种大时代的眼光、胸襟、胆气和魄力，以及克服困难、逾越障碍、创造事业的激情。暨南四年，她用自己的辛劳去赴一场与"最好的自己"的约会，如今，她已被报送至复旦大学中文系继续攻读硕士学位，愿她永远胸怀梦想，逐梦而行。

资料来源：暨南大学文学院团委学生会

 **小资料**

企业如何挑选简历

1. 企业用人是根据岗位需求和个人情况来选择的。在谈到筛选简历的根据时，张科长说，针对不同岗位的需求，会有不同的考察侧重点。比如，招聘技术型人才时，查看应届毕业生的简历会比较注重其专业成绩，以及在校是否有过相关作品；如果招聘的是管理型人才，除了看所学专业和学习成绩外，还会注重应聘者在校时担任的学生会工作、参加的社会活动等。查看社会人员的简历时，除了硬件必须符合招聘岗位需求之外，主要看他的工作经历。张科长认为，简历行文里透露出来的信息其实很重要。对方表述自己的语言、行文方式，以及简历撰写的层次性、逻辑性、流畅性、重点性，都能流露出作者的思维特征。

——张裕才　北京松下电子产品有限公司人事科长

2. 很多人发来简历只表示希望来朗讯，却没有说明申请的职位。如果应聘者连简历都写不完整，我会觉得不是他能力有问题就是太过粗心，这都不是朗讯的首选人才。还有简历的性别栏中不写男女，用染色体xy来表示，让人哭笑不得。简历版面干净、符合规范、清晰明了是很重要的，我们通常不在意照片，但也不要太随意。朗讯非常在意职业道德和职业诚信，通常会注意查看简历内容的完整性、真实性，应聘者工作的连续性和稳定性。朗讯并不在意应聘者有其他方面的工作经历、不够良好的教育背景和中断的工作时间，但隐瞒和欺骗就会使公司对你个人的诚信和职业道德有所怀疑。为此，HR会关注简历细节的描述是否冲突。朗讯会保存每份投来的简历，建立简历档案。有一次我看到两份投递时间不同，但内容几乎完全相同的简历，但是前一份简历中有做教师的工作经历，后一份简历却完全是做销售的经验，我猜他无非是想加强销售方面的经验和背景，以增加职位竞争力。很多人为没有受到很好的大学教育而感到遗憾，所以会在简历中把教育背景模糊掉，其实他不写反而令人猜想更多。

此外，很多应聘者也知道企业非常关注职业的连续性，有些人可能有一段时间没有工作，但在简历中会把时间归到某段工作中，这些都会在做背景调查时被查出来。介绍工作经历的时候，在某公司工作的时间应该精确到月而不是年。要有公司的全称（也可对公司做简要介绍），担任的职位名称及所在部门名称、主要工作职责、主要工作业绩等；也可以简要介绍上下级关系，比如直接上司的职位，所辖下属的人数等。我们更习惯于用数字说话，"非常出色""做出很大的贡献"这些用词都是不合适的，最好能够改成"我完成了多少销售业绩，联系了多少家公司"。如果数字过于敏感不适宜表达，可以用百分比，或者用企业的表彰来表达，还可以写上获得的证书。有些不像销售部门那么容易量化的部门，比如，行政部门，可以通过办公设备的维护和采购、降低成本、客户满意度、如何及时维修等方面做出说明；HR部门可以通过客户满意度、招聘周期、人岗的匹配、离职率等来体现。

——毋誉蓉　朗讯科技（中国）有限公司人力资源部专员

3. 说到简历的筛选，程序有两道。先是普通筛选，主要根据性别、专业、年龄淘汰。接着细选，主要是看工作经历、技术水平。在条件同等、多选一的时候，学历占优势。每次人才招聘中，住总地产招的应届毕业生人数占招聘总人数的10%～20%。查看应届毕业生的求职简历时，主要看专业是否对口、在校的成绩、参加的社会活动、担任的社会工作等。作为积累了丰富经验的人力资源经理，在如何慧眼辨别真假"美猴王"方面，首先把求职者担任的职位和发挥的作用对应起来考核。比如，对方原来担任的只是一个大公司的普通人事主管，那么，公司的人力资源发展规划、薪酬设计等重要决策性工作，是不可能由他来独立完成的。所以，如果对方在这一点上夸大业绩，就会露出破绽。其次是如何分辨求职者的原薪酬真伪。根据对方原来的职位、行业背景、所在公司的背景等，来判断求职者提供的原薪数目是否真实。如果原来其所处的就是一个微利行业的普通职位，求职者硬要夸大自己的年薪收入，其心可见一斑。

——姜水　北京住总房地产开发有限责任公司人力资源经理

4. 乐百氏有自己独特而鲜明的选才理念——求同存异。所谓求同，就是要求与乐百氏企业文化相融，即开放的心态、热忱向上、亲和信赖，渴望与乐百氏共同发展。招聘官初次浏览一份简历的时间平均在1分钟左右，主要针对一些硬性指标进行筛选。因此，招聘官不会对长篇大论的简历感兴趣，最好是简洁、条理清晰、有实在内容的简历。第一道程序，对硬性指标如年龄、工作年限、学历、专业、相关职业背景、期望待遇水平、选择工作地域等信息进行快速筛选淘汰，同时根据不同的岗位进行分类。第二道程序，将初选的资料传送到相关的用人部门，由用人部门对候选者的具体岗位经历、工作的内容、业绩进行筛选，确定可面试者，将名单交人力资源部跟进。第三道程序，由人力资源部向面试者发出邀约，进行笔试、面试和实操。

经过这三个步骤筛选后，确定最终候选人员，人力资源部将会同用人部门，对候选者进行评价，人力资源部门享有建议权，最终录用权归属用人部门。仅仅对自己过往的学习和工作经历以流水账形式书写的简历，乐百氏一般不予考虑。乐百氏看重应聘者过去学习过什么、做过什么，但更看重他现在实际掌握了什么、在过去做出过什么业绩。希望简历中有具体的事迹来证明应聘者具备胜任该岗位所需要的特质、能力或经验，所以应聘者写简历时应该有针对性地重点推销自己的优势，最好还能提到期望加入本企业的原因。乐百氏不迷信名牌大学，但对有技术要求的岗位，需要从正规院校毕业生中挑选。另外也看重应聘者毕业后的在职进修、培训经历，是否获得相关职业资格证书或更高的学历，乐百氏需要具备较强学习能力、吸收能力和持续学习热情的人才。

——唐凌　乐百氏（广东）桶装水发展有限公司人力资源部

5. 好的简历应体现个人的实力，所以工作经验、成果、技能与知识，这些内容应在简历中最显眼的位置标明，并且用简洁流畅的语言表述出来。简历的格式应简洁、布局清晰，让人一目了然。别出心裁的简历也代表着创意，代表着突破思维惯性的精神，企业并不反对，但企业更注重实际的内容而不是外表。如果应聘公关及礼仪方面的职位，可以附上照片。简历中可以反映出的内容是很有限的，企业招聘时应结合岗位要求，重点考察工作相关的内容及学习经历，这是简历中比较实在的部分。公司在招聘部门骨干人员时，希望他能够独当一面，并取得显著的成果。所以应聘者的工作经历与工作成果是面试中最重要的方面。面试官往往会从岗位所需要的成果(对公司的贡献)出发，从知识结构、工作技能、办事打交道的能力、与人打交道的能力四个方面来考察。

——尤文勇　首信股份有限公司人力资源经理

例文

个 人 简 历

姓名：×××

性别：×

出生年月：××××年××月××日

籍贯：×××

政治面貌：××

联系方式：136××××××××

求职意向：愿到企事业单位、国家行政机关及军队中从事行政管理、人力资源管理、会计、行政助理等相关工作。

自我评价：本人性格开朗、稳重、有活力，待人热情、真诚。工作认真负责，积极主动，能吃苦耐劳。有较强的组织能力、实际动手能力和团体协作精神，能迅速适应各种环境。

个人专长

交际、组织、管理、写作、电脑、文学、分析研究、音乐等。管理理论知识结构牢固，能充分并成功地运用于实际中；英语基础知识较扎实、具备一定的听、说、读、写及翻译能力；熟悉计算机网络。

主修专业课程与成绩（略）

行政管理学、人力资源管理学、人力资源管理案例、企业管理学、基础写作、公共关系学、公共计算机学、市政学、信息管理概论、法学基础、行政法和行政诉讼法、社会心理学、中国政治制度史、大学英语、行政领导和决策学、财政学、应用写作、金融学、政治经济学、公共政策学、人际关系学、谈判学、中国传统礼仪文化、公共管理学、社会调查研究学等。

在校期间任职情况

2007.9—2008.6 在班级担任班长职务

2008.9—2009.6 担任系学生会副主席

2009.9—2010.6 担任学生会副主席、班级体育委员

2010.9—至今　担任班级组织委员

社会实践和实习情况

2007.9—2008.6 辅导某初三学生各门功课，在一段时间的辅导中，该学生的各门功课成绩均有提高，深受该生家长的好评。

2008.9—2009.6 在××市电影公司实习，负责办公室的日常事务，从事人事和企业行政管理，在实习结束后，各领导给予我极高的评价并给予奖励。

2009.9—2010.6 在暑假期间，在当地的市政府部门里担任办公室助理职务、处理各项管理事务，协助领导做好管理工作，受到领导们的一致好评和肯定。

2010.9—2010.9 在××省工商行政管理局合同处实习，负责组织"××省重合同、守信用企业协会"，能够运用熟练的办公自动化设备，起草及审查各种办公室文件；编排、打印档案；打理办公室日常事务，与其他各单位、部门做好协调，协助本部门领导做好管理工作等。通过自己的努力，认真负责地完成任务，该协会被国家工商总局授予国家优秀信用组织协会。对于实习期间的工作，处长和科长们给予了我很高的评价和奖励。

在校期间获奖、成果情况

2004—2005 学年荣获"三好学生"称号。

2009—2010 学年荣获"优秀共青团员"称号。

2007 学年荣获"实习积极分子"称号。

在实习工作中，负责组织"××省重合同，守信用企业协会"，并被××省工商局评为优秀信用组织协会。

获得证书情况

大学英语四级证书、全国计算机二级证书、秘书中级技能证书、公共关系资格证书。

例文

个人求职简历

个人基本情况

姓　　名：×××

性　　别：女

出生日期：1984.7.24

民　　族：汉

身　　高：170 cm

户口所在地：广州

毕业院校：暨南大学

政治面貌：团员

最高学历：大学本科

所修专业：新闻

人才类型：应届毕业生

联系方式：137××××××××

求职类型：全职

应聘职位：记者、编辑、策划、管理、房地产销售等

希望工作地点：广州

希望工资：面议

自我评价：爱学习，能学习，擅长写作、组织和策划。本人分别在《羊城晚报》《天府早报》单位实习。在这三次的实习过程中，我不断地成长。在实践当中能够灵活地运用在学校里所学的理论知识，并且在多次新闻报道工作中获得指导老师的好评。通过实习，我在新闻采写方面已经逐渐成熟，基本可以独立应对各种报道上的困难。我在校期间也参与了系列报道，在采写过程中也得到了老师的一致好评。我会努力做好每一次工作，为单位出一份绵力。

教育培训经历：2003年9月至2007年7月就读于暨南大学新闻学专业本科。

任职情况

（大学）学习委员、心理委员、校社会服务中心办公室干事、城院电视台制片人、新闻记者等。

专业技能

英语六级。普通话流利，能听懂粤语。计算机二级，熟练掌握诸多计算机基础知识和软件使用方法，熟悉WINDOWS98/2000/XP及office常用办公软件如word、excel、powerpoint，以及排版软件如方正飞腾，还有一般图形制作软件如photoshop等的应用，对视频编辑软件略有了解并有一定操作经验，且具有较好的计算机网络知识和技能。

社会实践经历

2004.7—2004.9 担任安徽省电台新闻组实习编辑。

2004.4 在国际跳水冠军巡回赛（珠海站）担任翻译。

2005.7—2005.10 在南方电视台都市频道《城事特搜》节目中进行毕业实习，参与制作的电视专题片20多部，其中包括多条头条片子。其中的主要工作包括找选题、策划拍摄、现场拍摄、写稿、编辑等整个流程的工作。

2005.10—2006.1 在羊城晚报体育部实习，负责联络广州内一些赛事、国际体育NBA的报道和每天的《荧屏导视》。

2006.9—2006.11 担任成都《天府早报》采访中心实习记者。参与了"2006海外华侨华人高新科技洽谈会"、成都国际家具展、第三届中国西部海峡两岸经济科技合作交流暨食品医药博览会等重大国际级展会的报道，并有幸专访过爱立信、麦当劳、毕马威企业咨询公司（中国）有限责任公司等全球500强企业中国地区总裁，并对美国成功集团董事长李玉玲等企业家、前国足队长马明宇以及一些知名人士、古玩收藏家、民间艺人做过专访。代表作：《传奇人物龙永图：坚持讲真话，对错让历史曲证明》《成都能开汽车餐厅？麦当劳准备第一个吃螃蟹》《首家外资会计所落户成都，带来两大冲击》《足球名将马明宇进军通讯业 想上榜福布斯》《缓解交通，成都物流全迁城外》等。

2006.3—2006.6 担任广东《南方都市报》教育专刊实习记者。参与"2006全国高考专题"等多种教育专题的策划和采访。代表作：《80年代人的高考环境报告》《原始分"卷土重来"》

等高考相关专访,还曾独自走访多家广州外国语培训学校,完成《空气里都是英语的味道》《吃喝拉撒都离不开外语》等相关文章,另有《素质教育还要空谈N年》《子弟学校的前世今生》等多篇深度报道。

2006.6—2006.7 担任广州《信息时报》世界杯期间特别招募的实习编辑。身临其境地投身到"世界杯"专题策划和报道中,独自承担每天16版中一版的编辑和采写,大大提高浏览、吸收和选择信息的能力,同时在构思和思维创新上得到很好拓展。代表作:《黄健翔,吼了就不要后悔》《克林斯曼问计贝肯鲍尔》《另类对抗:贝利VS马拉多纳》等,确保30天每天一题。

2005.9—2006.11 负责"亚洲大学生田径竞标赛"500名志愿者的管理统筹工作,肩负500名志愿者从招募、培训到实战上岗服务的一系列领导和统筹安排工作,既全局管理又深入细节,逐个排除难题,全方面锻炼了组织、沟通和统筹安排的能力。

获奖情况

2005年12月获得亚洲大学生田径锦标赛先进个人二等奖

2005—2006年度获得暨南大学二等奖学金

2005年获得暨南大学暑期"三下乡"社会实践活动"先进个人"称号

2004—2005年度获得暨南大学三等奖学金

2004—2005年度获得暨南大学"优秀青年志愿者"称号

2004—2005年度获得暨南大学团委"优秀团干"称号

2003—2004年度获得暨南大学一等奖学金

2003—2004年度获得暨南大学"校长奖励学分"二等奖学金

例文

博士生求职简历

姓名:××

性别:男

籍贯:河南××

出生年月:××××年6月

毕业时间:××××年6月

政治面貌:中共党员

专业:汉语言文学

导师:××教授、博士生导师

学历:××大学,学士,汉语言文学;××大学,硕士研究生,汉语言文学;××大学,博士研究生,汉语言文学。

参加学术团体:广州市秘书学会理事、广东省语言学会会员、广东省写作学会会员。

自我评价:具有较强的学术研究能力,发表论文34篇,主持省、市级课题4项,编著或主编教材8部。获得奖励近10项,各类证书近10本。授课生动活泼、旁征博引,深受学生喜爱。硕士阶段曾任职华南师范大学研究生会副主席,具有较强的多方面能力。喜欢体育运动，校研究生乒乓球队队员，院研究生篮球队队员。

普通话水平：二级甲等，90.1分。

主要教学经历：××××年6月以来，担任××职业技术学院教师；××××年以来，担任××兼职讲师（由××校长签发兼职讲师证书）。

个人荣誉：在由人力资源和社会保障部举办的全国首届职业核心能力课程教学大赛中荣获二等奖。为国家级精品课程教材××的撰写者(编著第三)；为广州市精品课程《秘书实务》的主讲教师（排名第三）。

求职意向：教学、科研等岗位。可以讲授对外汉语、古代汉语、古文字、演讲与口才、现代汉语、秘书实务等课程。

通讯方式：××；邮政编码：××××××；联系手机：××；电子邮箱：××。

课题

项目名称（项目编号）	本人排名	到位经费	进展情况	项目来源	下达单位
西汉文献动词研究（××Y93）	主持	2.2万	在研	广州市社科规划课题	广州市社科办，××
广东新职业技术教育体系研究（××JT133）	主持	1万	结题	广东省教育科学项目	广东省教育厅，××
广州农村劳动力转移新职业技术教育体系研究（08Q10） 备注：结题成果专门刊登一期广州市哲社成果要报，呈送广州市委、市政府。课题研究成果也被收入《广州市哲学社会科学规划课题成果选编》。	主持	1.1万元	结题	广州市社科规划课题	广州市社科办，××
广州失地农民技能培训体制研究（××A085）	主持	12万元	在研	广州市教科重点课题	广州市教育局，××

另外，作为主要人员参与国家、省市级课题5项。

主要论文

序号	题目	作者名次	发表年月	刊物名称	刊物主办单位
1	论秦简中的"某"非第一人称代词	独撰	2005-04	华南师范大学学报（北大中文核心，CSSCI、华南师范大学B级）	华南师范大学
2	西汉传世文献语料问题研究	独撰	2010-06	沈阳大学学报	沈阳大学
3	秦简第二人称代词时间性和地域性研究	独撰	2009-06	殷都学刊	安阳师范学院
4	出土西汉文献语料研究	1	2009-12	殷都学刊	安阳师范学院

（略）共发表论文34篇。

教材

序号	书名（书号）	作者名次	出版年月	完成字数	出版单位
1	实用应用文写作（978701008××××）	主编	2010-06	8万	人民出版社（华南师范大学A级）
2	演讲与口才（978730220××××）	编著（第一）	2009-09	21万	清华大学出版社（华南师范大学B级）
3	信息、文书与档案管理（978703027××××）（十一五规划教材）	主编	2010-07	12万	科学出版社（华南师范大学A级）
4	会议管理与商务活动（978703027××××）（十一五规划教材）	编著（第一）	2010-07	18万	科学出版社（华南师范大学A级）
5	演讲与口才实用教程（十一五规划教材）	主编	2010-09	8万	科学出版社（华南师范大学A级）
6	管理学（978712205××××）（十一五规划教材）	主编	2009-08	20万	化学工业出版社（华南师范大学B级）
7	现代企业管理（978712205××××）（十一五规划教材）	主编	2009-08	15万	化学工业出版社（华南师范大学B级）
8	会议管理（978781122××××）（精品教材）	编著（第一）	2009-01	12万	东北财经大学出版社（华南师范大学B级）

课程学习与成绩

硕士阶段：

政治理论课	79	汉语音韵学	88
英语	70	汉语词汇学	86
出土文献语言研究	90	战国文字学	89
当代汉语语法	86	汉字学	84
中国语言学史	86	出土文献阅读研究	88
古文字学	90	汉语训诂学	90

博士阶段：

政治理论课	90	出土文献词汇研究	90
英语	78	出土文献学概论	93
现代汉语语法研究	90	出土文献语法研究	92
学科前沿动态报告	3次	做公开的研究报告	5次

另外还在中山大学、暨南大学等旁听了多门课程。

开会、交流与培训

时 间	地 点	组织单位	主要内容
2009年1月	香港中文大学	香港中文大学	应邀参加"古道照颜色－先秦两汉古籍国际研讨会",向著名学者裘锡圭先生等求教;宣读论文并与世界著名汉学家何莫邪教授就论文商讨学术问题
2009年7月	北京语言大学	中国社会科学院与北京语言大学	全国语言学暑期高级培训班
2009年10月	西南大学	西南大学文献研究所	应邀参加学术会议并宣读论文
2009年12月	韩山师范学院	韩山师范学院	参加"广东省中国语言学会学术年会暨语言接触国际研讨会"并宣读论文
2007年8月	北京联合大学	劳动和社会保障部中国就业培训技术指导中心	获得职业培训师证书
2008年3月	中山大学	中山大学	培训

获得奖励

时 间	项 目	授奖部门	获奖名称和等级	本人排名
2005.1	华南师范大学一等奖学金并获"优秀研究生干部"称号	华南师范大学	一等奖学金	独立
2005.6	华南师范大学毕业硕士优秀论文	华南师范大学	优秀	独立
2006.9	构建和谐教育应大力发展有中国特色的高职教育	广东省职业技术教育优秀论文	二等奖	独立
2009.8	全国首届职业核心能力课程教学大赛	人力资源和社会保障部	二等奖	独立
2007.6	广东省"挑战杯"一等奖优秀指导教师	团省委、省教育厅等	一等奖优秀指导教师	1
2009.5	广东省"挑战杯"一等奖优秀指导教师	团省委、省教育厅等	一等奖优秀指导教师	1
2008.9	学院优秀教学成果二等奖	××学院	二等奖	1
2008.12	学院年度优秀	××学院	优秀	独立
2011.2	××大学"曾永裕"奖学金并被评为"优秀研究生"	××大学	优秀	独立

个人能力

证书:对外汉语教师资格证、高校教师资格证、双师型教师资格证、国家秘书资格二级证书(国家最高级)、国家核心能力培训师证、记者证、广州市档案专业人员岗位职务证、计算机应用能力考核证书、普通话证书(二级甲等)、全国职称外语(职称英语)考试A级合格证、全国出国培训备选人员外语考试(BFT)高级合格证。

教学经验

××××年××月至今	××学院	讲授过多门课程
××××年××月至今	××大学（兼职教师）	给汉语言文学本科生与留学生讲授过多门课程

本人可以讲授对外汉语、古代汉语、古文字学、现代汉语、演讲与口才、秘书实务等多门课程，有丰富的教学经验，讲课深入浅出，生动活泼，深受学生好评。

在由人力资源和社会保障部举办的全国首届职业核心能力课程教学大赛中荣获二等奖，为国家级精品课程《职业规划与成功素质训练（"十一五"规划教材）》的撰写者（编著第三），为广州市精品课程《秘书实务》的主讲教师（排名第三）。

导师推荐语

××同志是一位优秀的青年。他能认真学习党的先进理论，具有较高思想素质、道德素质。在学习方面刻苦认真，能够很快入门。在读硕士研究生期间，担任××大学研究生会副主席，显示出了较强的组织领导能力。在读博士研究生期间，主持了四项课题，发表了多篇较高水平的学术论文，编写了多部教材，在自己的专业领域有一定的知名度。教学工作水平较高，讲课深受学生欢迎。在体育、计算机等方面也很出色。

总之，该同志综合素质高，发展全面，是我乐于推荐的人才。

导师签名：
××××年×月×日

 例文

求 职 信

尊敬的领导：

您好！

我是××大学××系的一名学生，即将面临毕业。

××大学是我国××人才的重点培养基地，具有悠久的历史和优良的传统，并且素以治学严谨、育人有方而著称，××大学××系则是全国××学科基地之一。在这样的学习环境下，无论是在知识能力，还是在个人素质修养方面，我都受益匪浅。

四年来，在师友的严格教益及个人的努力下，我具备了扎实的专业基础知识，系统地掌握了××××、××××等有关理论；熟悉涉外工作常用礼仪；具备较好的英语听、说、读、写、译等能力；能熟练操作计算机办公软件；同时，我利用课余时间广泛地涉猎了大量书籍，不但充实了自己，也培养了自己多方面的技能；更重要的是，严谨的学风和端正的学习态度塑造了我朴实、稳重、创新的性格特点。

此外，我还积极地参加各种社会活动，抓住每一个机会锻炼自己。大学四年，我深深地感受到，与优秀学生共事使我在竞争中获益，向实际困难挑战让我在挫折中成长。祖辈们教我勤奋、尽责、善良、正直；××××大学培养了我实事求是、开拓进取的作风。我热爱贵单位所从事的事业，殷切地期望能够在您的领导下，为这一光荣的事业添砖加瓦，并且在实践中不断学习、进步。

收笔之际,郑重地提一个小小的请求:无论您是否选择我,尊敬的领导,希望您能够接受我诚恳的谢意!

祝愿贵单位事业蒸蒸日上!

求职者:×××
××××年××月

求 职 信

尊敬的领导:

您好!我叫×××,现就读于××大学机械工程学院热能与动力工程专业,即将于××××年7月毕业。感谢您在百忙之中抽空阅读我的自荐材料,我希望在贵公司谋求一份职业。

××大学是一所环境优美、教学设施齐全、师资力量雄厚的综合性大学,具有悠久的历史和优良的传统,在这样素以治学严谨、育人有方而著称的学校栽培下,无论是在知识能力,还是在个人素质修养方面,我都受益匪浅。

四年来,在师友的严格教益及个人的努力下,我全面地掌握了内燃机、汽车构造、制冷技术等专业基础知识,系统地掌握了机械制图、机械原理、机械设计等机械理论基础。在计算机方面,熟练掌握了Windows2000/xp、office、Photoshop、AutoCAD几大常用软件,此外还能熟练运用C++、VFP、VB等计算机高级语言。课余时间我通过自学精通了Solidworks和UG等三维设计软件,且具备较高的英语听、说、读、写、译等能力。

如果我有幸得到您的赏识,成为贵公司的一员,我将保持奋发向上的精神,谦虚地向前辈学习,并尽我所学与贵公司一同开拓进取,奔向更加辉煌美好的明天!

此致

敬礼!

自荐人:×××
××××年××月××日

尊敬的××公司总经理,您好!

上周一个偶然的机会,我看到了××月××日的《广州日报》广告栏,知道了贵公司招聘部门打字员、会计员等若干名。我有意应聘其中的财务会计一职。

我叫李××,女,今年23岁,本市人,于20××年毕业于××大学财务会计专业,在校学习期间各科成绩优良。毕业后在××单位做销售员,由于专业不对口,所学特长无法发挥,很苦闷,也很羡慕那些专业对口具有用武之地的人士。现知悉贵公司需要财务会计专业人员一事，令我非常高兴，觉得终于盼来了施展自己特长的好机会。

希望贵公司能给我一个面试的机会。经考核，如蒙录用，我将竭尽全力做好本职工作，做一个合格的公司"理财人"。

附件：1.××大学毕业证书
　　　2.会计人员上岗证

此致

敬礼！

求职人：李××谨上

××××年××月××日

例文

求 职 信

尊敬的领导：

您好！

非常感谢您百忙之中抽出宝贵时间阅读我的自荐材料。

我是××大学文学院2011届博士研究生。我热爱集体，追求创新，勤奋严谨，积极上进，性格开朗，谦虚好学。硕士和博士研究生读书阶段，我一直师从著名语言学家××教授，他严谨、勤恳的工作态度，以及对我的谆谆教诲和殷切关怀，使我获益终生。××大学良好的学习环境、融洽的人际关系、师友的不倦教诲，都使我收获良多。

在××大学硕士研究生读书学习期间，我还担任了校研究生会副主席，获得了优秀研究生干部称号并获一等奖学金，得到了领导的好评。我多次代表××大学研究生，到××大学等高校访问。我具备团队合作精神，长期参与策划、主持、组织、管理、协调、交际等工作，具有较强的各方面能力（如主持新东方英语讲座、组织文艺晚会、研究生才艺大赛等）。硕士毕业论文获得优秀等级。

在××大学博士研究生学习期间，我聆听了许多专家讲座，对学科前沿有较深入的了解和思考，荣获"曾永裕奖学金"并被评为"优秀研究生"。多门课程的学习，也使我充实了理论知识，掌握了研究方法，提高了专业技能。我曾到香港中文大学、北京大学、复旦大学等单位多次参与学术会议与交流，掌握了学科前沿问题。现已发表论文34篇，主持广东省、市课题4项，编著或主编教材8部，获得奖励近10项，各类证书近10本。

专业教学方面，××年硕士毕业后，我成了××职业技术学院的专任教师，长期参与教学、精品课建设等工作，获得了全国首届职业核心能力课程教学大赛二等奖。作为主持人获得了院级教学成果二等奖，指导的学生多次获得广东省挑战杯一等奖等。为国家级精品课程××的撰写者之一（编著第三），为广州市精品课程《秘书实务》的主讲教师（排名第三）。我获得了国家二级秘书职业资格证书（最高级别），广州市档案专业人员岗位职务证等，为学生讲授了多门课程，并主编了相关教材，已由人民、科学出版社等出版。

我的演讲风格幽默风趣，曾获得××大学研究生演讲第一名。我还多次应邀参加大型诗歌朗诵表演等活动，也为企业提供了多次演讲、辩论、朗诵等方面的培训。

"天行健，君子以自强不息"，对未来我充满了信心。我相信，孜孜以求的我，将很快适应工作环境，熟悉业务，并在实际工作中不断学习，不断完善自己。我将以加倍努力的工作来回报贵单位对我的信任，努力在更广阔的天地中，成为一名对社会更有贡献的人！

我真诚接受贵单位的挑选！

祝贵单位事业兴旺，前程似锦！

求职人：×××

××××年××月××日

第二节　求职面试语言要求

在现代社会中，人才竞争日益激烈，而求职面试是求职必不可少的一个重要环节。求职面试同其他社交活动一样，是一种语言传递、互相沟通的社会行为。在面试中，语言是必不可少的，它是求职者与用人单位相互了解、传递信息的最基本的工具。求职者的自身情况、工作能力、专业水平以及性格品质等，在一定意义上都是通过语言来呈现的。在求职面试的全过程中，既有智慧的较量，又有口才的较量。只有熟练地掌握求职面试的语言艺术，才能在求职面试中过关斩将获得成功。

求职面试中语言表达应着重把握以下几项基本要求。

一、简明扼要，重点突出

面试主要是求职者和面试官面对面的交谈，一般来说，面试的时间不会很长，长则半小时或一小时，短则几分钟。要使面试官在短短几分钟之内了解你、欣赏你，求职应答就要简明扼要，重点突出。例如，面试时经常要自我介绍，求职者的自我介绍不是千篇一律、固定不变的，而应紧紧围绕着所求岗位对人才的条件要求和招聘单位的用人标准来做介绍，并且求职者要在有限的时间内用最少的语言传递最多的信息，突出重点地介绍自己。

面试语言要做到简明扼要，必须注意以下几个问题。

（一）避免重复啰唆

有些人在面试时，担心面试官听不清，于是一而再、再而三地重复，这样却给对方留下了说话啰唆，办事不干练，令人生厌的印象。因此面试语言的表达应言简意赅、措辞精练。

（二）紧扣问题回答

回答问题一定要抓住要点，尽可能用第一、第二、第三来说明，这样能给人以头脑清晰、反应快、思维能力强、办事精明可靠的印象。如果对面试官提出的问题未能完全听懂或者不清楚提出这样问题的目的和意图时，可以直截了当地问，如"您是否可以再做进一步说明？"或"我对这个问题的要求还不够明确，能不能请您再解释一下？"应该把问题弄清楚再回答，这样才能围绕问题做出有针对性的回答，否则就会答非所问，驴唇不对马嘴。

（三）回答问题应开门见山

面试时间有限，非常讲究效率。为了表现得干脆利落，求职者应答一般不要拐弯抹角，也不用多层铺垫，最好直截了当地直接回答问题。

（四）要尽量使用商业语言

"我是抱着学习的目的来的""请给我一个学习的机会""我对这个工作很有信心"等这一类的表达往往并不能获得用人单位的青睐，而具体的数字越多、具体工作经验越多，越和你所求职位相关，商业价值就传达得越明确，就越有说服力。

二、真诚朴实

用人单位很看重求职者是否具有诚实的品质。在面试中，如果面试官问到超越自己知识水平的问题时，不要不懂装懂，最好是坦然承认。如果硬要装懂，说些一知半解或道听途说的话，面试官一旦追问，局面就会越来越糟。假若直接回答不会，并做出合理的解释，反而会留下诚实、坦率的好印象，变不利为有利。

曾有一名求职者这样写下她的求职经历。

我不是学软件开发专业的，但在面试时考官问我："如何做好软件的开发与设计？"我来不及思考便脱口而出："虽然我就读于软件学院，但我学的专业是商务英语，对于这方面确实是我的弱项。但如果以后我在工作中遇到了这方面的问题，我会向其他IT行业的精英讨教、学习，从而出色地完成我的工作。"顿时台下掌声响起，最后我顺利晋级。

该求职者面对自己完全陌生的专业问题表现得不慌不忙，巧妙地表示将向其他选手请教，虚心请教的态度让她赢得了这次面试。可见在求职过程中流露出那种诚实的自然表现是多么重要。

同样，如果面试官发现了自己的不足之处，最好不要回避，而要坦然面对，必要时为自己的不足做出合理的解释，并表示今后要改进的决心。

有位竞选厂长的小伙子是这样自荐的：

我一没有光荣的党票，二没有金灿灿的大学文凭，三没有丰富的阅历。我只是一个初涉人世的小伙子，你们有百分之百的理由怀疑我能否担当我们这个厂的厂长重任。然而，工友们，请你们细心想想，我们工厂长期处于瘫痪状态，难道是因为你们的历届厂长没有党票、没有文凭、没有阅历吗？

小伙子把历届厂长与自己做了对比，说明自己的劣势并不是当不了厂长的必要条件，以坦诚的态度打动听众，进而转劣为优。

三、扬长避短

"金无足赤，人无完人"，人人都有短处，如果对方有意揭短，或遇到自己根本不懂的问题时，就应勇敢地承认。如果对方没有发现你的短处，就应扬长避短。如果把自己的短处一一道出，只能在对方心目中留下不良的印象。从某种意义上说，求职面试既要"真诚朴实"

又要"扬长避短",二者不但不矛盾,反而相辅相成。请看以下材料。

招聘者:"从你的简历得知,你的英语已过了国家六级水平,真是不简单啊!"

求职者:"您过奖了。其实我周围很多同学都达到了这个水平,我也是一般而已。况且,我还有很多不足,例如,我的电脑水平老是跟不上,很多同学都过了二级,我还是停留在初级水平上;还有一些专业课也掌握得很不好,让我头痛得很。有时,我也觉得自己很没用。"

招聘者:"原来你对自己很没有信心。"

材料中求职者本着"真诚朴实"的原则,处处显示自己的不足,说明他有着强烈的自卑心理,不敢抓住机遇迎接挑战。每家用人单位都在寻找那些能力强的求职者。如果一个求职者反复表示自己能力不强,招聘者又怎么会录用他呢?

四、谦恭有度

求职面试时少不了要谈自己的基本情况和所长所短,但交谈时不可一味地只谈自己,而应该时时不忘谈到对方,或者是站在对方的立场上来谈自己,做到谦恭有度。

例如,一主考官问道:"你为什么来我公司应聘?"一般人多半是从自己入题,要么诉说自己的愿望:"我是学经济的,我到这里才是专业对口。"要么诉说自己的经历:"我在原单位待不下去了,那里的管理者领导无方。"要么诉说自己的困难:"我原来上班的地方离家太远了。"面对类似的回答,面试官心里会想:你们都是想着自己的利益,是为了解决自己的困难才来这里求职的。而善于求职的人会说:"我觉得贵公司实力雄厚,领导得力,上下一条心,适于一切有才干的人发展。"这样从对方入题,让人听起来舒服,自然会引起对方的好感。

有的人为了表现自己,面试时会这样说:"那时候,单位像一盘散沙,大家纪律散漫,等我去了,才把大伙组织起来。我带头干,才完成了任务。"这样的叙述或许是事实,但使人感到"我"像救世主似的,口气傲慢。不如说:"那时候单位不太景气,我去了以后,大家齐心协力拧成一股绳,终于完成了任务。"这样说就显得谦和多了。

因此,求职者在谈到自己时,既要展示自己的才华和优势,又不要让对方觉得你是在自吹自擂;既要让面试官觉得你是为了对方的利益而来求职,又要适时提出自己的愿望和要求。

谦虚是一种美德,面试时对谦虚的把握要注意分寸。

孙超在笔试中"过五关、斩六将"后,终于在一家知名公司取得了面试资格,他暗暗告诫自己一定要在面试官面前表现出谦虚,以便赢得面试官的好感。

面试中,考官闲聊似地问了他几个问题:"会写钢笔字吗?"

孙超答道:"写得不好。"

经理又问:"打字速度怎么样?"

孙超腼腆地说:"一般吧,不是很快。"

经理又问:"你有没有把握在两个月内学会开车?"

孙超说:"不敢保证,试试看吧。"

总经理看看孙超,突然问道:"如果公司需要,你能不能马上接替总经理秘书的工作?"

孙超犹豫了一下,回答道:"不行吧,我哪能当总经理秘书啊?我缺乏工作经验,还要多多学习呢!"

其实，孙超钢笔字写得很好，打字速度也不慢，综合素质并不差，但他这种过度谦虚的表现让面试官对他的能力产生了怀疑。最终，孙超落选了。

自信是成功的先决条件。如果过分谦虚，就说明你缺乏自信，失去机会也就不足为奇了。其实，面试时，求职者亮出的旗帜上始终应该写着"我有信心做好这份工作，我能胜任这份工作"，这样才有可能打动招聘单位的面试官。

第三节 求职面试语言表达的技巧

面试是招聘者与求职者面对面的交流，其间既有智慧的较量，又有口才的较量，求职者需要掌握一些语言方面的应对技巧，以做到处变不惊。

一、常见问题的回答技巧

尽管不同的单位面试程序和模式会有所不同，面试官的风格各异，求职者的专业特长也不同，但是有些问题是大多面试官比较喜欢问的。下面对大学生求职面试中经常遇到的问题做一些分析。

（一）你最喜欢的大学课程是什么

分析：有的求职者本着实事求是的原则告诉对方："我最喜欢音乐欣赏""我最喜欢舞蹈艺术"等。其实，面对这类题最好说与你应聘职位相关的课程。如应聘公关部的职位，可以回答"公关礼仪和社交技巧""公共关系学"等课程，以此说明你的专业对未来工作的帮助。

（二）你参加过什么社会实践活动

分析：该题欲了解求职者对工作的胜任能力，所有用人单位对有工作经历的应届毕业生（无论参与过什么样的工作）都较为看好。本题可尽量描述所有打工或兼职的经验，甚至曾义务帮助过学校、其他团体或亲朋好友的工作经验皆可补充，最好能具体说明工作的内容及担任此职位的年资，并进一步说明在此职位上所扮演的角色，若有实际的成果可一起说明。

（三）你有哪些主要的优点

分析：该题测试求职者能否客观分析自己，并了解其语言的表达与组织能力。除个人说法外，加上亲友师长的观点可增加说服力，应避免抽象的陈述，而以具体的体验及自我反省为主，使内容更具吸引力。而且面试之前，应了解自己拟应聘岗位的职责和素质要求，有的岗位要求的素质是"独立工作能力强"，有的是"具有团结协作的精神"，有的是"成熟稳重"，有的则是"具有开拓进取的精神"……在回答时就要视岗位的具体情况把你的优点展示给面试官。

（四）你有哪些主要的缺点

分析：回答这个问题时的态度比回答的内容更重要。对即将走向工作岗位的毕业生来说，有些普遍性的缺陷是无法掩盖的，如缺乏实践经验、社会阅历较浅等。对这些缺陷要坦然承认，实事求是地回答，并表示你弥补缺陷的决心，如"我相信自己会很快适应，迅速成长起来""我会在工作中不断学习，丰富充实自己的知识储备"等，这样可化不利为有利，提高求职成功率。

每个人都难免有这样或那样的个性方面的缺点和不足。用人单位不信任一个自称没有缺点的人，也不欣赏一个不敢承认自己缺点的人，因此对于此道必答题，应聘者不要说自己没缺点，但也不要把明显的优点说成缺点，如回答"我的性子比较急，我总要把我的工作赶在第一时间完成"，这样的措辞往往并不能让对方满意。

回答这个问题时，可以讲一两个不太严重的缺点，如"我经常忽略一些小事""我有时有点固执"等，而且重在分析今后如何克服这些缺点。

（五）说说你一次失败的经历

分析：回答这个问题千万不能说："我一直都很顺利，没有失败过。"也许你真的一帆风顺，但面试官不会因此认为你能力、才干过人。"失败乃成功之母"，有时失败的经历也是一种财富，一种可遇而不可求的财富。一些大公司，甚至会最早淘汰那些没有体验过失败的求职者。他们可能担心你一旦遇到挫折和失败将缺乏承受能力，无法从挫折和失败中迅速走出，所以一般都不愿让你到了他们公司经受这种锻炼。因此恰当的回答应该是说出一次不太严重的失败经历，然后强调你因此得到了很好的锻炼和成长。

（六）你的老师、朋友对你的评价如何

分析：通过这个问题面试官想知道你的交际能力如何、你是否容易相处等。回答既应真诚得体，又需扬长避短。

（七）为什么你要应聘我们的公司

分析：这道题要求求职者对面试单位多加了解，让对方感到你应试的决心与信心。回答问题时要显示出你对公司的兴趣及你对该岗位的认识，客观地说一说你对公司的印象，并说明自己的专业知识、职业技能、个人素质等与该岗位的吻合度，以及能够为公司做出哪些贡献等。

（八）你如何规划自己未来的事业

分析：这个问题是在考察你的工作动机，面试官想知道你的工作计划是否与公司的目标一致，是否可以信赖你把工作长久地干下去，而且干得努力、踏实。

很多没有经验的应聘者会落入这个圈套中，有的同学回答"管理阶层"，因为他们以为可以以此来表明自己的雄心壮志。其实这会立即引发一系列大多数应届毕业生无法回答的问题，如管理阶层的定义是什么？一个经理的基本责任是什么？做什么领域的经理？

最好的回答应该先说明你要发展或进取的专业方向，并表明你脚踏实地的工作态度。如"我的事业计划是勇于进取，所做的事情必须是能够将我的精力与专业知识融入我所在行业与我的工作单位所需要的地方。因此，我希望在今后几年中成为一名内行的专业人士，很清楚自己公司、行业所面对的最大的挑战以及机会所在。到那时，我未来的发展目标应该会更

加清晰。"类似于这样的应答会使你远远地超越你的同龄人。

（九）你有何业余爱好

分析：这个问题看似很简单，但往往有更深一层的意义——你的业余爱好是否有助于你的工作，你的娱乐活动是否会干扰你的正常工作。

如果告诉对方自己没什么爱好，那么他可能会认为你是缺乏情趣和格调的人。但过于专注业余生活的人，也会有不务正业的嫌疑。在回答这类问题时，既要显示自己的兴趣与修养，又能展现自己的事业心，以此为原则说明自己的实际的情况。

应聘者可以这么回答："我平时比较喜欢在课余时间打网球，疲劳时这是一种很好的放松方式。"

（十）你还有什么问题吗？

分析：你要回答"当然"。求职者要通过自己的发问，了解更多关于这家公司、这次面试和这份工作的信息。假如此时求职者笑笑说"没有"，往往会被理解为对该公司、对这份工作没有太浓厚的兴趣，同时也可以借此机会试探一下面试官，推断一下自己入围有几成希望。

二、解除困境的语言技巧

面临激烈的市场竞争，许多用人单位对人才的素质要求越来越高，不仅要求应聘者具有较强的业务能力和综合素质，还要求应聘者能从容自如地面对各种困难，积极妥善地解决比较棘手的问题，因此常别出心裁地出一些富有挑战性的偏题、难题、怪题，有意"刁难"应聘者，通过"察言观色"考察应聘者的品质、潜能、创造性、快速反应能力以及特殊情况下的应变能力等。面对这类问题，最重要的是要透过现象看本质，探究出题者的本意，才能比较圆满地回答问题。下面列举一些对常见的刁难问题的分析。

（一）你是计算机专业的，肯定是这方面的专家，请你谈谈目前计算机行业发展的趋势

分析：其实这里就有一个"陷阱"。有的同学会说："好的。"这等于是承认自己是专家，讲得好，是理所当然；讲得不好，就是自己故意吹嘘。对这种问题最好预设前提，可以这样回答："不，我不是专家，作为计算机专业的学生，我可以谈一点粗浅的认识……"这样一来，谈得不好，也没很大的关系；谈得好，反而让人觉得你很谦虚。

（二）你明天要去旅游，机票已订好，公司突然要求你去加班，你怎么办

分析：有不少同学会不假思索地回答："我肯定是明天去加班。"以此来表示对工作的认真负责。但如果这样回答，肯定不会让人满意，面试官会认为你在喊口号，口号叫得越响到时候跑得越快。最佳的答案应该是根据具体情况作答，可以这样回答："我可以先问一下，这个加班是不是非常重要，是不是对公司的业绩影响很大，是不是非得我去，其他同事可不可以代替，如果不可以，我只能将飞机票退了去加班。"

（三）如果录用你，你能长期工作，不跳槽吗？

分析：公司都喜欢稳定性的员工，如果回答"会跳槽"，那么肯定不会录用你；如果回答"不会跳槽"则不仅把自己给套住，而且易给人造成也许能力不强的错觉或不真实的感觉。有一位应聘者采取了委婉的方式回答："前几天我看到一篇文章，叫'流行跳槽的年代，我不跳槽'。因为文章的主人公找到了自己满意的工作，有能发挥自己才能的环境和丰厚的收入。我很赞同他的看法。就我求职的愿望而言，我想找一份对口的、满意的工作，我将为它献上我全部的心血。"他的回答可谓巧妙而得体。

（四）你的学历太低，达不到我们的要求；你的经历太单纯，我们需要经验丰富的人

分析：这些问题很可能是故意给你施加压力，看你的自我控制能力、情绪稳定性如何，看你是否有足够的自信。因此遇到这类问题要顶住压力，迅速调整自己的心态，沉着、自信地回答面试官的这一刁难。

针对"你的经历太单纯，我们需要经验丰富的人"之类的问题，可以这么回答："对于刚刚走出大学校门的我来说，在工作经验上的确欠缺，但是我的专业知识扎实，而且我相信我的勤奋一定会弥补这方面的不足。"

针对"你的学历太低，达不到我们的要求"，可以这么回答："是的，但是……"然后把你在实践经验、专业技能等方面的优势展示给对方，这样一来就可以把学历问题避开，还可以告诉对方你很愿意在该公司的支持下通过进修获得所需的学历。

三、提问的语言技巧

面试快要结束时，面试官经常会问："你有什么问题要问吗？"不少求职者为了表示"谦恭"，会非常爽快地回答："没有"，其实这种回答往往会令面试官不太满意。面试过程中，求职者绝不是一个被动的受审者，只能回答面试官的问题，而是可以向面试官提问的。据有关调查显示，90%的用人单位在面试时，希望求职者能提问，因为他们从提问中可以看出求职者的求职动机强烈与否，也能看出求职者的业务水平、综合素质。

因此，求职者要珍惜提问的机会，不仅要敢于提问，还要善于提问。例如，如果求职者对应聘的有关职务能力要求或有关情况不太清楚，可以通过提问进一步了解，如"请问贵公司想让什么样的人来担任此职务呢？""不知该职位对计算机和英语有什么要求？"等类似的提问，一方面主动显示求职者对应聘工作的热情，另一方面又加深了考官对求职者的印象。但是，有些提问可能会引起面试官的不快，如一见面就问："这个职务一个月薪水多少？"等。为此求职者在提问时应把握以下几个基本原则。

（一）注意提问的范围

有的求职者会问："你们公司的规模有多大？""你们是合资企业，请问董事会成员里中外方各有几位？""你们未来五年的发展规划如何？"诸如此类的问题。这类求职者没有把握好自己的位置，提出的问题超出了求职者应当提问的范围，会使面试官产生厌烦。

一般来说，所提问题要与所求职务有关。该职务所需人员的知识结构、能力结构与素质

要求等都是可问之列，如"这项工作的具体职责是什么？""您考虑这个职位的合适人选应有一些什么素质？""担任这份职务，我要进行培训吗？""为了做好这份工作，我还要做出哪些努力？"等。

（二）注意提问的时间

面试提问过程中，有的问题可以在一开始就提出，有的可以在谈话进程中提出，有的则应在快结束时再提出。例如，待遇问题、录用情况，如果求职者想问的话，就不能操之过急。因此要把不同的问题安排在面试谈话不同的阶段提出，否则毫无逻辑地乱提问只会把面试搞糟。

（三）注意提问的方式和语气

有的问题可以直截了当地提出来，而有些问题则应委婉、含蓄地提出。如了解工资待遇等问题，如果直接就问："你们打算给我开多少工资？"这样的语气就很不礼貌，好像是在谈判，很容易引起面试官的不快和敌视。你可以婉转地询问："贵公司有什么奖惩规定？"或者根据自己的条件如实说出你对薪资期望值的上限。在提问时一定要注意语气，要给对方一种诚挚、受到尊重的感觉。

（四）注意提问的深度

面试官希望借助于求职者的提问，以此考察提问者的知识水平、思维方式、个人利益价值观等，因此，求职者决不可信口开河地提出一些肤浅的、幼稚可笑的问题，而应提一些有水平、有深度的问题。

四、应聘时的忌讳

（一）忌打听招聘人数

有些人对自己没信心，担心竞争对手太多，于是就直截了当地问"你们要几个人？""录取比例大概是多少？""你们要不要女的？"等之类的问题。这样的提问首先给自己的能力打了"折扣"，是一种缺乏自信的表现，其实求职者要考虑的不是招聘人数的问题，而是自己是否具有超强的竞争力的问题。

（二）忌过早打听待遇

"你们的效益怎样？年薪多少？""你们管吃住吗？电话费、车费报不报销？""加班有没有额外补助？"等，有些应聘者与面试官一见面就急着问这些，殊不知这会引起对方的反感。谈论报酬待遇是你的权利，这本无可厚非，关键是要看准时机，一般应在双方已有初步聘用意向时，再委婉地提出来。

（三）忌打听熟人

有的求职者想走"后门"，面试中急于与面试官套近乎，不顾场合地说："我认识你们的经理""我和你的××领导是老乡"等此类打听熟的人话。这种话面试官听了会反感,如果求职者说的那个人是他的顶头上司,他会觉得你在以势压人;如果面试官与求职者所说的那个人关系不怎么好,甚至有矛盾,那么面试气氛会变得紧张,对你反倒会不利。

(四)忌乱拍马屁

有的人为了跟面试官套近乎,一见面就表现出很熟悉的样子,甚至对面试官褒扬有加。这种拍马逢迎的方式,往往不是面试官所欣赏的。

(五)忌同面试官较劲

求职者要尽量避免同面试官争论。有些面试官为了考察应聘者的性格,会故意制造一些争论问题,如考应聘者一个知识性问题,即使应聘者答对了仍说其答错了,此时应聘者仍需表现得沉着冷静,避免与对方发生争论和反驳。

思考与训练

1. 现代社会的用人观是什么?为什么?
2. 求职面试之前应做好哪些准备?
3. 在面试过程中,如何把握好"诚实"与"谦虚"的分寸?
4. 求职面试在做自我介绍时要掌握哪些语言技巧?
5. 你打算在求职面试时如何推销自己?
6. 面试中如果被问到你不懂的专业问题,你该怎么办?

第九章

谈判口才

学习目标

- 了解谈判的含义。
- 了解谈判的特点。
- 了解谈判的种类。
- 掌握谈判的策略。
- 掌握谈判的语言技巧。

引例

1999年4月5日，美国谈判专家史蒂芬斯决定建个家庭游泳池，建筑设计的要求非常简单：长30英尺（约9.14米），宽15英尺（约4.57米），有温水过滤设备，并且在6月1日前竣工。

隔行如隔山。虽然谈判专家史蒂芬斯在游泳池的造价及建筑质量方面是个彻头彻尾的外行，但这并没有难倒他。史蒂芬斯首先在报纸上登了个建造游泳池的招商广告，具体写明了建造要求。很快就有A、B、C三位承包商前来投标，各自报上了承包的详细表单，里面有各项工程的费用及总费用。史蒂芬斯仔细地看了这三张表单，发现其所提供的抽水设备、温水设备、过滤网标准和付钱条件等都不一样，总费用也有不小的差距。

于是，4月15日，史蒂芬斯约请这三位承包商到自己家里商谈。第一个约定在上午9点钟，第二个约定在9点15分，第三个则约定在9点30分。三位承包商如约准时到来，但史蒂芬斯客气地说，自己有件急事要处理一会儿，一定尽快与他们商谈。三位承包商只得坐在客厅里一边彼此交谈，一边耐心地等待。10点钟的时候，史蒂芬斯出来请第一个承包商A先生进到书房去商谈。A先生一进门就介绍自己干的游泳池工程一向是最好的，建好史蒂芬斯家庭游泳池实在是胸有成竹、小菜一碟。同时，还顺便告诉史蒂芬斯，B先生通常使用陈旧的过滤网；C先生曾经丢下许多未完的工程，现在正处于破产的边缘。

接着，史蒂芬斯出来请第二个承包商B先生进行商谈。史蒂芬斯从B先生那里了解到，其他人所提供的水管都是塑胶管，只有B先生所提供的才是真正的钢管。

后来，史蒂芬斯出来请第三个承包商 C 先生进行谈判。C 先生告诉史蒂芬斯，其他人所使用的过滤网都是品质低劣的，并且往往不能彻底做完，拿到钱之后就不认真负责了，而自己则绝对能做到保质、保量、保工程。

不怕不识货，就怕货比货，有比较就好鉴别。史蒂芬斯通过耐心地倾听和旁敲侧击的提问，基本上弄清楚了游泳池的建筑设计要求，特别是掌握了三位承包商的基本情况：A 先生的要价最高，B 先生的建筑设计质量最好，C 先生的价格最低。经过权衡利弊，史蒂芬斯最后选中了 B 先生来建筑游泳池，但只给 C 先生提出的标价。经过一番讨价还价之后，谈判终于达成一致。就这样，三个精明的商人没斗过一个谈判专家。史蒂芬斯在极短的时间内，不仅使自己从外行变成了内行，而且还找到了质量好、价钱便宜的建造者。

这个质优价廉的游泳池建好之后，亲朋好友对其赞不绝口，对史蒂芬斯的谈判能力也佩服得五体投地。史蒂芬斯则说出了下面这段发人深思的话："与其说我的谈判能力强，倒不如说用的竞争机制好。我之所以成功，主要是设计了一个公开竞争的舞台并让竞争者做了充分的表演。竞争机制的威力，远远胜过我驾驭谈判的能力。一句话，我选承包商，不是靠相马，而是靠赛马。"

当今世界充满着各种各样的谈判。不管愿不愿意，每个人都充当着谈判者，为了满足各自不同的需求而不断地谈判着。谈判是智慧的较量，谈判双方必须借助语言这一重要工具，使谈判过程成为一个合作、利己的不断协调互动的过程。因此，谈判既要争取己方的利益，又不能不顾及对方的需求，只有使对方的需求得到相对的满足，己方才能从谈判中得到实惠，从而实现双赢。要想掌握并运用好谈判语言，就应了解并掌握谈判语言的特征，以及谈判语言运用中的各种技巧。

第一节 谈判概述

一、谈判的含义

谈判，由谈和判两个字组成，谈是指双方或多方之间的沟通和交流，判就是决定一件事情。只有在双方之间沟通和交流的基础上，了解对方的需求和内容，才能够做出相应的决定。简单地说，谈判是谈判双方（或多方）为了协调彼此之间的关系和满足各自的需要，通过协商而争取达到意见一致的行为和过程。

美国谈判学会会长尼尔伦伯格说过，只要人们为了改变相互关系而交换观点，只要人们是为了取得一致而磋商，他们就是在进行谈判。我们生活在一个充满了谈判的世界里：从销毁核武器到波黑战争，从边界谈判到奥林匹克运动会举办地点的争夺，从中东的水资源分配到集贸市场的讨价还价，从欧盟的农产品配额到几个孩子所争论的游戏规则，这些事情都需要谈判，谈判在生活中无处不在、无时不有。

商业谈判也是谈判的形式之一，它指的是发生在商业活动中的谈判，是买卖双方进行"讨价还价"的重要手段。

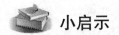 **小启示**

姑娘索回戒指

在英国大萧条时期，有位17岁的姑娘好不容易才找到了一份在高级珠宝店当售货员的工作。在圣诞节的前一天，店里来了一位三十多岁的贫民顾客，他用一种不可企及的目光盯着那些高级首饰。

姑娘要去接电话，一不小心把一个碟子碰翻，六枚精美的金戒指落到地上，她慌忙捡起其中的五枚，但第六枚怎么也找不着。这时，她看到那个贫民顾客正急匆匆地往门口走，姑娘心里立刻明白了。只听她柔声叫道：

"对不起，先生！"

那男子转过身来，足足有一分钟两人相视无言。

"什么事？"他问，脸上的肌肉在抽搐。

"什么事？"他再次问道。

"先生，这是我第一份工作，现在找个事儿做很难，是不是？"姑娘神色黯然地说。

男子长久地审视着她。终于，一丝柔和的微笑浮现在他的脸上。

"是的，的确如此，"他回答，"但是我能肯定，你在这里会干得不错。"

他停了一下，向前一步，把手伸给她说道："我可以为你祝福吗？"然后转身，慢慢走向门口。

姑娘目送他的身影消失在门外后，转身走向柜台，把手中握着的第六枚戒指放回了原处。

二、谈判的特点

谈判既是竞争手段，又是斗争艺术。谈判的内容是丰富的，大到政治、军事、经济大事，小到日常生活琐事，无所不可谈判；谈判的过程是复杂的，举手投足间的一个失误，便可导致全盘皆输；谈判的技术是多变的，对不同的谈判对手照葫芦画瓢地重施故技，只能得到东施效颦的结果。然而，谈判从整体上来说，还是有其规律可循的，它的主要特点如下。

（一）合作与冲突共存

谈判是建立在双方有某些需要而又期望得以实现的基础上的。因此，为使谈判能达成对双方都有利的协议，谈判各方必须具备一定程度的合作诚意，即谈判各方在谈判过程中只有相互合作，各自做出相应的让步，才能达成一致，各得其利。否则，谈判不成功，双方都无所受益。

但是，谈判各方又都希望能在对己方最有利的条件下达成一致，即希望自己能从谈判达成的协议中获得尽可能多的利益。这样，谈判各方必然要处于利害冲突的对抗状态中。因此，任何一种谈判均含有一定程度的合作和一定程度的冲突，谈判是双方合作与冲突的对立统一。

例证 9-1

有位老板想付3万元年薪雇用A先生在他公司任职，A先生提出5万元年薪的要求。老板没说"就3万元,接不接受随你便"的话,因为这太伤人、太无理了。老板说:"你应该得到你所要求的,这很合理。只是在这个级别的薪酬等级中,我所能提供给你的薪水是2.8万~3万元,你想要多少?"A先生说:"我想要3万元。"老板略加抵抗地说:"2.9万元,你认为怎么样?"A先生说:"不,我要3万元。"老板叹了口气说:"好吧,如果你坚持,我只好答应了,就3万元吧。"明明是老板的意见,最后竟成了谈判对手坚持要老板让步的意见及其努力的目标,这样的谈判是不可能不成功的。

(二)追求双赢

因为谈判涉及的必须是"双方",所寻求的是双方互惠互利的结果,即谈判双方的部分或全部需要得以实现。这不是"我赢你输"或"我输你赢"的单利性结果,而是"我赢你也赢",是一种双双获利的结果。对谈判来说,这个原则应始终贯穿于全过程。谈判是"施"与"受"兼而有之的一种互动过程,单方面的施舍或单方面的承受(无论是自愿的还是被动的),都不能算作是一种谈判。

谈判双方都会从谈判中获得一定的利益,双方都是谈判的胜利者,即甲乙双方首先认定自身的需要和双方的需要,然后与对方共同探寻满足双方需要的各个可行途径,最后决定是否接纳其中的一个或几个途径,其结局常常为"你赢我也赢"。虽然收益比例可能有所不同,但双方都从谈判中得到了实惠。谈判者应努力使谈判过程成为一个合作的、利己的、不断协调互动的过程,巧妙地说服对方与自己进行特定方式的合作,并主动引导双方的立场和利益相互靠近或相互依存,以期达成各方面都能接受的协商结果或行动规则。在一场成功的谈判中,每一方都是胜利者;而在一场失败的谈判中,则可能每一方都是失败者。不能容忍对方利益的谈判者是不能顺利或持久地获得自己利益的。所以,当我们为了某种目的而和对方谈判时,必须要考虑到对方利益,这样,我们成功地实现自己目标的可能性便会大大提高。

(三)利益的非均等性

谈判是互惠的,同时又是不均等的。谈判是一个双方通过不断调整各自的需要和利益而相互接近,争取最终达成一致意见的过程。谈判双方都对对方有所需求,如果谈判结果只是一方获利、一方失利,即非互惠的,谈判就会破裂,甚至双方根本不会坐下来谈。只有双方都能从对方的承诺中获得自己的利益,谈判才会真正取得进展。但谈判的结果又不可能做到绝对平等,可以说总是不平等的,即一方可能获利多些,另一方获利少些,这主要取决于谈判各方的实力、客观形势和谈判策略技巧的运用,以及谈判人员的素质、能力、经验、心理状态、感情等众多因素。谈判的这一特点使得谈判的艺术性和技巧性在谈判中占据了重要的位置,这使得谈判能力成为少数人所拥有的特殊技能。

例证 9-2

有一次,我向纽约一家饭店租下大厅,准备做一个为期20天的季节性系列演讲。就在日期快到的时候,我突然接到通知,要我必须付比一般情况下多3倍的价钱。那时,我的票已印好送出,所有通知也都发出去了。我自然不愿多付增加的费用,但是,同饭店谈我的需要有什么用呢？他们只注意自己的需要。于是，一两天后，我决定直接去面见饭店经理。

"接到你们的来信，我感到十分震惊，"我说道，"但是，我并不责怪你们，换了你们的处境，说不定我也会这么做。你身为经理，当然得为饭店的利益着想，如果不这么做，上面一定会开除你的。现在，让我们拿张纸来，写下这件事对你们将产生的利与弊。"

我取过一张信笺，在上面画出两栏，一栏上面写"利"，另一栏上面写"弊"。我在"利"栏下面写上"大厅可做他用"，并且说明："你们的好处是大厅可以空下来，另租给人跳舞或开会，这比只租给我们开演讲会的收入高些。假如我将大厅占用20个晚上，这当然表示你们失去了可能会有的生意。"

"现在，让我们看看弊的部分。首先，由于我付不起你们要求的租金，当然要另外择地举行。这就意味着你们将得不到我的这笔收入。其次，这一系列的演讲会吸引许多受过教育的文化人士来到饭店，这是极好的广告机会。实际上，假如你们在报上做广告，每次得花5000美元，而且不一定能吸引这么多人前来参观，这对饭店来说，不是很值得吗？"

我一面说，一面在"弊"栏下面写下刚才说的两点。我把那张纸递给经理，说道："希望你仔细考虑一下，并请尽快把最后的决定通知我。"

第二天，回信来了，告诉我租金只上涨50%，而不是原来的3倍了。我丝毫没有提到自己的需要便获得减价，我一直谈到的是对方的需要，并且告诉他们如何得到。

假如当时我像一般人的直接反应一样，怒气冲冲地跑进办公室咆哮："什么？你们把租金上涨了3倍！太岂有此理了！太不讲道理了！我拒绝付钱！"这样的结果会怎么样呢？当然是唇枪舌剑争闹一番，纵使我说服对方，使他相信他的观点是错的，但自尊心也必然使他不愿意做出太大的让步。

三、谈判的种类

跳　海

来自各国的实业家们正在一艘游艇上一边观光，一边开会。突然船出事了，船身开始慢慢下沉。船长命令大副立刻通知实业家们穿上救生衣跳海。几分钟后，大副回来报告说没有一个人愿意往下跳。于是船长亲自出马。一会儿工夫，只见实业家们一个接一个地跳下海去。

大副请教船长道："您是如何说服他们的呢？"船长说："我告诉英国人，跳海也是一项运动；对法国人，我就说跳海是一种别出心裁的游戏；我警告德国人说，跳海可不是闹着玩的；在俄国人面前，我认真地表示，跳海是一种壮举。"

"您又是怎样说服那个美国人的呢？"

"太容易了！"船长得意地笑道，"我只说已经为他办了人寿保险。"

从不同的角度，可以将谈判分成不同的类型：以参加谈判的人数作为标准，可以分为单个谈判和团体谈判；以谈判内容作为标准，可以分为政治谈判、军事谈判、经济谈判、文化谈判等；以谈判的透明度作为标准，可以分为公开谈判和秘密谈判；以谈判的方式作为标准，可以分为正式谈判和非正式谈判；以谈判发生的状况作为标准，可以分为有准备的谈判和即兴发挥的谈判。

例证 9-3

有一位到美国探亲的中国学者，他遇到了这么一件令人深思的事情。有一天，他正在家中看报，突然有人敲门，他开门一看，原来是一个八九岁的女孩子和一个五六岁的女孩子。

大孩子非常沉着地对他说："你们家需要保姆吗？我是来求职的。"

学者好奇地问："你会什么呢？年纪这么小……"

大孩子解释说："我已经9岁了，而且我已经有了14个月的工作经历，请看我的工作记录单。我可以照看你的孩子，帮助他完成作业，和他一起做游戏……"

大孩子观察到对方没有聘用她的意思，又进一步说："你可以试用我1个月，不收工钱，只需要你在我的工作记录单上签个字。它有助于我将来找工作。"

学者指着那个五六岁的孩子问："她是谁？你还要照顾她吗？"

接下来学者听到的是更令人惊奇的回答："她是我的妹妹。她也是来找工作的，她可以用小推车推你的孩子去散步，她的工作是免费的。"

第二节　谈判策略与口才

谈判策略，是指在谈判活动中谈判者为了达到某个预定的目标，根据形势的发展变化所采取的计策和谋略。谈判策略种类繁多，作用各异，这里将其归纳为以下几个方面加以介绍，即劣势条件下的谈判策略、优势条件下的谈判策略和均势条件下的谈判策略。

一、劣势条件下的谈判策略

在商务谈判活动中，实力处于劣势的一方往往会采用疲惫策略、权力有限策略、先斩后奏策略、吹毛求疵策略和以退为进策略等作为谈判策略。

（一）疲惫策略

疲惫策略是指谈判中处于劣势的一方受实力所限，不急于实现目标，而是善于等待时机。疲惫策略，主要是通过多个回合的疲劳战来干扰对方的注意力，瓦解其意志，从而寻找漏洞，抓住有利时机达成协议。在商务谈判中，实力较强一方的谈判者常常咄咄逼人、锋芒毕露，表现出居高临下、先声夺人的姿态。对于这种谈判者，疲惫策略是一种十分有效的策略。等趾高气扬的谈判对手逐渐地消磨锐气，同时使己方从不利和被动的局面中扭转过来，到了对手精疲力竭之时，己方则乘此良机，反守为攻，摆出观点，力促对方做出让步。

疲惫策略为了拖延谈判时间，往往把对方的娱乐机会安排得满满的，看似隆重礼遇，实际上是为了拖垮对方；有时还采用车轮战术加以配合，即谈判一方采用不断更换人员的办法，迫使对方进行重复谈判，从而使对方忙于应付，筋疲力尽。这种策略看似不道德，但却古今中外有之，重要的是需要知道这种策略，并提防别人使用。

例证 9-4

三位日本商人代表日本航空公司来和美国一家公司谈判。会谈从早上8点开始，进行了两个半小时。美国代表以压倒性的准备资料淹没了日方代表，他们用图表解说、电脑计算、屏幕显示等各式的数据资料来回答日方提出的报价问题。而在整个过程中，日方代表只是静静地坐在一旁，一句话也没说。终于，美方的负责人关掉了机器，重新扭亮了灯光，充满信心地问日方代表："意下如何？"一位日方代表斯文有礼，面带微笑地说："我们看不懂。"美方代表的脸色忽地变得惨白："你说看不懂是什么意思？什么地方不懂？"另一位日方代表也斯文有礼，面带微笑地说："都不懂。"美方发言人带着心脏病随时将发作的样子问道："从哪里开始不懂？"第三位日方代表以同样的方式慢慢答道："当你将会议室的灯关了之后。"

美方代表松开了领带，斜倚在墙旁，喘着气问："你们希望怎么做？"日方代表异口同声地回答："请你再重复一遍。"美方代表彻底丧失了信心。谁有可能将长达两个半小时的介绍重新来过？最后，美国公司只得不惜代价只求达成协议。

（二）权力有限策略

权力有限策略是指谈判人员面临对方的苛刻条件时，以申明没有被授予接受这种条件的权力为由，以使对方放弃所坚持的条件。这种策略常是实力较弱一方的谈判人员抵抗到最后时刻而使出的一张"王牌"。实力较弱一方的谈判者常常带着许多限制去进行谈判，使自己比大权独揽的谈判者处于更有利的地位。因为谈判人员的权力受到了限制，可以促使其立场更加坚定，由此可以优雅地向对方说："不，这不是我个人的问题，我不能在超越权力范围的事情上让步。"一个未经授权的卖主，不可能答应赊账、降价；同理，一个买主如果无权灵活接受卖方条件，则也是个极难商议的对手。这样，既维护了己方利益，又给对方留了面子，为谈判留出了余地。

（三）先斩后奏策略

谈判中先斩后奏的做法可解释为"先成交，后谈判"，即实力较弱的一方往往通过一些巧妙的办法使交易成为事实，然后迫使对方让步。例如，对买方说："你的预付款已用于交付定金，你必须再预付一笔款项，否则，你订的货将无法如期交付。"

例证 9-5

一位法国人家有一片小农场种的是西瓜。他在家里时经常有人来电话要订购他的西瓜，但每一次都被他拒绝了。有一天，这位法国人家里来了一位小男孩，约有十来岁，他说要订购西瓜，被法国主人回绝了。但小男孩却不走，主人无论做什么，他都跟着走，在主人身边专谈自己的故事，一直谈了个把小时。主人听完小男孩的故事后，开口说："说够了吧？那边那个大西瓜给你好了，一个法郎。""可是，我只有一毛钱。"小男孩说。"一毛钱？"主人听了便指着另一个西瓜说："那么，给你那边那个较小的绿色的瓜好吧？""好吧，我就要那个。"小男孩说，"请不要摘下来，我弟弟会来取，两个礼拜以后，他来取货。先生，你知道，我只管采购,我弟弟负责运输和送货,我们各有各的责任。"

(四)吹毛求疵策略

吹毛求疵策略是指在谈判中处于有利一方炫耀自己的实力,大谈特谈其优势时,处于谈判劣势的一方采取回避态度,或者避开这些实力,而寻找对方的弱点,伺机打击对方。吹毛求疵策略重点是通过再三挑剔,提出一大堆问题和要求。当然有的问题是实的,有的则是虚张声势,目的是降低对方的期望值,找到讨价还价的理由,以达到以攻为守的目的。面对对手的吹毛求疵战略,谈判的另外一方应该耐心解释,开门见山地和对方谈条件,对于对方虚张声势的问题和节外生枝,应不予理睬或巧妙揭露,不能轻易让步。

(五)以退为进策略

谈判中处于劣势的一方,在衡量自己的长期利益和短期利益、局部利益和整体利益之后,可以采取以退为进的策略,形式上满足对方的需要,实际上则保护了自己的基本利益,乃至扩充自己的长远利益。这个策略从表面上看是谈判一方退让、妥协或委曲求全,但实际上退却是为了以后更好地进攻,或实现更大的目标。因此,以退为进策略的着眼点有两个方面:一是要保证自己的基本利益不受损害,二是要为将来的发展创造必要的环境和条件。这种策略如果运用得当,效果将十分理想。采用这一策略时,要认真考虑后果,既要考虑退一步后对自己是否有利,同时也要考虑对方的反应如何,若没有十分把握,则不要轻易使用这一策略。

例证 9-6

在比利时某画廊曾发生过这样一件事:一位美国商人看中了印度画商带来的三幅画,标价均为 2500 美元。美国商人不愿出此价钱,双方各执己见,谈判陷入僵局。

终于,那位印度画商被惹火了,怒气冲冲地跑出去,当着美国人的面把其中的一幅字画烧掉了。美国商人看到这么好的画被烧掉,十分心痛,赶忙问印度画商剩下的两幅愿意卖多少价,回答还是 2500 美元,美国商人思来想去,拒绝了这个报价。这位印度画商心一横,又烧掉了其中一幅画。美国人只好乞求他千万别再烧掉最后那幅画。当美国人再次询问这位印度商人愿以多少价钱出售时,卖主说:"最后这幅画只能是三幅画的总价钱。"最终,这位印度画商手中的最后一幅画以 7500 美元的价格拍板成交。

二、优势条件下的谈判策略

在谈判活动中,实力处于优势的一方往往采用不开先例、先苦后甜、声东击西、价格陷阱和规定时限等策略进行谈判。

(一)不开先例策略

不开先例策略,通常是指占有优势的卖方坚持自己提出的交易条件,尤其是价格条件,而不愿让步的一种强硬策略。当买方所提的要求使卖方不能接受时,卖方谈判者向买方解释说如果答应了买主这一次的要求,对卖方来说就等于开了一个交易先例,这样就会使卖方今后在与类似的其他客户发生交易行为时,也至少必须提供同样的优惠,而这是卖方客观上承担不起的。卖主在运用"不开先例"的谈判策略时,对所提的交易条件应反复衡量斟酌,要说明不开先例的事实与理由,使买方觉得可信。

(二)先苦后甜策略

这是一种先用苛刻的虚假条件使对方产生疑虑、压抑、无望等心态,以大幅度压低其期望值,然后在谈判中逐步给予优惠或让步,使对方满意地签订合同,己方从中获取较大利益的策略。运用此策略时,谈判组的成员可以恰当分工。例如,可以先派"鹰派"谈判者出场,提出苛刻的条件和要求,并且表现出立场坚定、毫不妥协的态度,然后在适当时机再派"鸽派"谈判者出场,和颜悦色、通情达理,这样容易达到目标。

(三)声东击西策略

谈判者故意将洽谈的议题引导到某些并非重要的问题上去,以引起对方的错觉,转移对方的视线,隐蔽我方的真实意图。例如,买方实质关心的是价格问题,又明知卖方资金周转有困难,将付款条件提出来反复谈判,使对方在价格上让步。

(四)价格陷阱策略

此策略指卖方利用商品价格的频繁变动和人们心理的不安所设的圈套,把谈判对方的注意力吸引到价格这个问题上来,使买方忽略在其他条款上争取优惠,而失去比单纯的价格优惠更重要的东西,从而影响其实际利益。这种策略之所以能够行之有效,是因为价格在交易中的重要性使许多人产生了以价格为中心的心理定式。另外,迫于时间压力和问题的复杂性,人们可能并未通盘考虑交易的利弊得失,从而忽略了其他方面的利益。因此,谈判人员在作为买方代表时,不要轻信卖方的宣传,要在冷静全面地考虑所有交易条件之后再采取行动;谈判人员在作为卖方代表时,采用此策略要慎重,以免被认为缺乏诚信,买卖不成反倒损坏了自己企业的形象。

例证 9-7

在某市的春季房地产交易会上,某楼盘的销售代表向三百多位参观者明确地表示:"本楼盘的质量经建设部门鉴定为一级,由于地价上涨和钢材上涨等因素,成本已接近销售价格。但是,考虑到照顾本市居民的利益,我们决定,凡在本交易会期间签订购房合同的,每套房产优惠3万元,在此会后订房者,不再有优惠。"于是,该楼盘在春季交易会的成交额达到了创纪录的水平。

这些"优惠的价格"等内容,看起来是真心实意照顾了买方的利益,实际上常常是吸引买方上钩的诱饵。这是因为,双方签订的合同中只对房产的销售价格做了规定承诺,对与买房者利益息息相关的有关质量保证、物业管理等则完全没有文字记载和法律保证,将来一旦发生纠纷，买房者便难以得到法律支持。

（五）规定时限策略

规定时限的谈判策略，是指谈判实力较强的一方向对方提出的达成协议的时间限期，超过这一期限，提出者将退出谈判，以此给对方施加压力，以求尽快解决问题。事实上，多数商务谈判，特别是那种双方争执不下的谈判基本上都是到谈判的最后期限或者临近这个期限才出现突破的。最后期限带有明显的威胁性，要注意不要趾高气扬，以势压人，要坚持以客观标准说服对方，使对方心悦诚服。

三、均势条件下的谈判策略

在谈判活动中，也可能出现谈判双方势均力敌的状态。均势条件下常用的谈判策略主要有攻心为上策略、开诚布公策略、化解压力策略、僵局策略和休会策略等。

（一）攻心为上策略

攻心为上策略是指谈判者从心理和情感的角度瓦解对方，消除分歧，从而达成协议。此策略一方面要求主动融洽双方关系，一方面要抓住要害，以理服人。具体做法有私人接触、首脑会晤、避免争论、攻其要害等。私人接触是指通过与谈判对手的个人接触，采用各种形式增进了解，建立友谊，从侧面促进谈判顺利进行的策略。私人接触的形式有很多，如电话联系、拜访、娱乐、宴请等。通过周到的接待或是恰当的礼物，使对方有被尊重的感觉，必要时还可以请高级领导出面接待，联络感情，分析对方将从此次交易中得到的利益，使其感到我方的诚意和热情。

例证 9-8

江苏仪征化纤公司总经理任传俊在与原联邦德国吉马公司进行索赔谈判中遇到了很大阻力。中方提出索赔额为 1100 万马克，对方只认可 300 万马克，双方差距甚远，形成僵局。这时中方提出邀请德方游览扬州。在大明寺，任传俊总经理满怀感情地介绍说："这里纪念的是一位为了信仰，六渡扶桑，双目失明的鉴真和尚。今天，中日两国人民都没有忘记他。你们不是常常奇怪日本人对华投资为什么比较容易吗？那其中很重要的原因就是日本人了解中国人的心理，知道中国人重感情、重友谊。"德方代表听后深为感动，回到谈判桌后，不再坚持己见，双方愉快地达成了协议。

这次谈判取得成功的关键在于任总经理的话强调了东西方文化中共有的重感情、重友谊的传统，这在对方心理上引起了共鸣，从而为双方达成谅解创造了有利的心理条件。

（二）开诚布公策略

开诚布公策略也称开放策略，它是指谈判人员在谈判过程中，持诚恳坦率的态度向对方吐露己方的真实观点，客观地介绍己方情况，真诚地提出己方基本要求的策略。这一策略近年来受到谈判专家的日渐重视，它能够促使双方进行合作，使双方能够在坦诚、友好的氛围中达成协议。这就要求在采取开诚布公策略之前，谈判人员首先应从不同侧面对对方的资信情况和作风进行了解和调查，然后再据此决定策略的采用与否以及如何使用等。如果对方是自私自利、不讲信义之辈，采取此策略反而会被他们所利用和钻空子。另外，策略终归是策略，不管何种程度的开放，绝不可像"竹筒倒豆子"一样倾倒无遗、毫无保留，要善于根据对手的实际表现和谈判进展情况，适当地调整"开放"幅度。

例证 9-9

在广交会上，一位美国商人欲采购糖果。由于是第一次参加广交会，各种糖果样品琳琅满目，且都集中在一个展区，使这位商人一时难以决定与哪家供货商洽谈购买。当他正徘徊不定时，深圳天天糖果公司的谈判人员看穿了他的心思，于是上前开诚布公地说道："看得出来您对糖果感兴趣，如果不介意的话，请到我公司的展台看一看、谈一谈。"客户欣然前往。看完糖果样品和价格后，客户兴趣很大，并有成交的想法。该糖果公司的人员却建议他："您不妨到其他糖果贸易公司比较比较，这对您是有利的。说实话，我公司糖果质量比较好，但价格稍微贵些，俗话说，货比三家不吃亏。"于是这位商人也真的去了其他几家经销糖果的贸易公司观察和比较，但最后还是回到了天天糖果公司的谈判桌上，毫不犹豫地凭样品签订了一单糖果合同。

（三）化解压力策略

在谈判过程中，势均力敌的谈判各方为达到各自的利益目的，往往采取各种手段向对方施加压力，迫使对方让步与妥协。因此，面对这些压力，谈判者应有所认识，有所防备，以便更有效地抵御这些压力，更好地维护自己的利益。

1. 来自威胁的压力

威胁是谈判过程中施加压力的一种手段，只有当被威胁者认定威胁的确存在并将给自身利益带来重大影响时，威胁才会产生效果。当对手使用威胁手段施加压力时，可以用以下方法来对付他：故意不予理睬，当作没发生这回事，将它当作一种玩笑或毫不相干的废话；认为是对方感情冲动的表现；让对手感到威胁伤害不了你，他的威胁将令他蒙受比你更大的损失；必要时你可以指出威胁可能产生的后果，从而使对方施加的压力毫无用武之地。

2. 来自"附加条件"的压力

谈判一开始，对手可能向你提出过多苛刻的"附加条件"来向你施加压力，以此动摇你的信心，降低你的期望值。例如，甲公司与乙公司谈判，准备购买乙公司的设备。这时，乙公司代表说："你必须从我这儿购买设备的附件和其他零配件，否则，我们则不能提供这套设备的维修服务。"面对对方提出的"附加条件"，己方可以采取的抵御方法是应研究对手是否是一种虚张声势的做法，是不是有意向己方施加压力，要分清虚实，不为假象迷惑，然后开诚布公地指出对方这些条件的不合理之处，化解由此带来的压力。

3. 来自强硬措施的压力

有的谈判者坚持强硬的毫不妥协的立场，声称"这个不能改，那个不能变"，竭力维持自己的既有立场和利益，以试图迫使对方屈服。抵御强硬措施的办法就是方法要灵活。强硬派的显著特征就是紧抓某一点不放，如果你能用比较灵活的方法，来说服对方改变或放弃强硬立场，就会取得一定效果。有时可以用巧妙的问话来抵御他，如"你可以解释为什么一定要坚持这套设备的成交价是 20 万元吗？""我想，我已明白你的意图是什么，你想听听我的意见吗？"另外，运用幽默或开玩笑的方法来缓和一下紧张激烈的谈判气氛也是个好办法。

4. 来自"出其不意"的压力

此种压力表现为手段、观点或方法的突然改变。这种情况往往给对手一个措手不及，使其阵脚大乱，不知怎么办才好。例如，一方突然改变谈判立场，突然退席或取消谈判，突然撤换谈判代表，对已谈妥的事项或条件突然不认账，态度突然变得强硬、傲慢等。抵御的办法是保持冷静，以争取时间思考对策，探索对方的真实意图，千万不可轻举妄动，否则，谈判就难以顺利进行。

（四）僵局策略

谈判中的僵局是指在谈判过程中双方因暂时不可调和的矛盾而形成的对峙。在谈判双方的磋商过程中，如果双方开出的条件不一样，又都表示不愿让步，这时，谈判便会陷入僵局。在谈判中陷入僵局是常有的事，谈判者不必为此而焦虑。有经验的谈判者懂得主动制造僵局来向对方施加压力，而面对既成的僵局，也能认真分析双方分歧背后的真相，并相应地制定出有效的策略，懂得审时度势，打破僵局。

1. 制造僵局

精明的谈判者敢于利用僵局，知道僵局并不意味着谈判的完结，他只是想利用僵局来向对方施加压力，目的是最终达成协议。所以，这类谈判者在制造僵局之前就设计好消除僵局的退路，留有余地，或是僵局之后能让第三者插手搭桥，在争取己方最大利益的前提下恢复谈判。所谓"不打不成交"，僵局出现之后，往往能给谈判带来新的转机。

2. 打破僵局

打破僵局的策略是要真正地利用僵局，关键在于掌握规律，懂得如何解除僵局，将谈判推上一个新台阶。打破僵局的策略有以下五种。

（1）调和并满足各方的真正需要。当谈判陷入僵局时，首先应重新审视自己对各方需要的了解，并努力寻求能满足各方需要的方案，以冲破僵局，达成协议。

（2）制造竞争。所谓"制造竞争"，就是当谈判陷入僵局，双方僵持不下时，让对方知晓己方除了与对方达成协议外，还有其他途径或手段来完成双方的谈判目的，从而迫使对方改变条件，结束僵局。此策略在实践中得到了广泛应用。

例证 9-10

有一位老板登报出售自己的食品公司，很多上门求购的人因其报价过高而告吹。该老板经过认真思索，心生一计，他请每一位上门问价的人都写下他所要求的购买条件及理由，以作为其他人选购的参考。后来，有一位买主非常有诚意，但总是"议而不决"，这位老板感到再拖下去对自己很不利，便向对方表示："希望你尽快做出决定，因为目前还有许多人在等着购买我的公司。经过全面考虑，我决定把我的公司交给最有经营能力的人，毕竟经营了多年，我对它也有感情，因此，我才挑选了你，希望你不要一拖再拖，浪费时间了。"

"那么，其他人提出的条件是什么呢？"当对方提出这个问题时，老板便取出了那些书面参考资料。对方一看，竟然有那么多竞争者"等在后面"，陡然感觉到了压力，于是便决定立即成交。

（3）寻找中间人进行调解。调解是指通过一个公正中立的第三者介入谈判过程，处理双方争议，协助矛盾各方自愿达成为各自所接受的解决方案的策略。应该注意的是，调解者必须是被谈判各方都接受，对矛盾处理不拥有决策处置权力的、公正中立的第三方。

在日常生活中，当两个人产生隔阂或矛盾，通过第三者调解时，通常隔阂或矛盾会得到缓解。在商务谈判领域中，中间人的这种调解方式也被大量运用。由于他们的存在，大批的买卖才得以成交。因此，学会利用中间人开展业务，解决谈判双方的分歧，促成彼此达成一致意见也是十分重要的策略，值得我们学习与掌握。

例证 9-11

有一次，基辛格在埃及总统萨达特的办公室，他见到萨达特正被请求苏联协助清除因战争沉船而导致苏伊士运河航道淤积的事情所困扰，苏联或许愿意帮忙，但也没有办法立即行动。基辛格一看机不可失，便向萨达特说："我们能效劳吗？"萨达特听后大感意外地反问："你们愿意吗？"基辛格立刻拿起电话直接和白宫的尼克松总统联络。几天后，美国的清污船队浩浩荡荡开进了苏伊士运河，这项行动扭转了埃及对美国的看法。

（4）调整谈判人员。当谈判双方已产生对立情绪，并且矛盾不可调和时，可考虑更换谈判人员，特别是主谈判人员，以使谈判得以继续进行下去。当然，也不能忽视不同文化背景下人们不同的价值观念的影响。

例证 9-12

据某资料介绍，美国一家公司与日本一家公司进行过一次比较重要的贸易谈判，美国派出了认为最精明的谈判小组，大都是30岁左右的年轻人，还有一名女性。但到日本后却遇到冷遇，不仅总公司经理不肯出面，就连分部的负责人也不肯接待。在日本人看来，年轻人，尤其是女性，不适宜主持如此重要的会谈。结果，美方迫不得已撤换了这个谈判人员后，日方才肯出面会谈。

（5）"怒"破僵局。从打破僵局的方法上来说，一般主张用缓和的软手段。但在某些情况下，如己方理由较为充分，对方又确实不想使谈判彻底破裂时，则可运用一些强硬手段，使用尖锐的言辞表达己方的立场，指出对方做法的不妥之处，给对方以震动，有时也会收到效果。

例证 9-13

据说赫鲁晓夫当年在联合国开会时用皮鞋敲桌子。当时人们无不为他的暴怒所震惊。一些人继而联想到，他可能会……会把世界炸毁，如果他愿意的话。但后来有人放大了赫鲁晓夫用鞋敲桌子的照片，令人惊讶的是赫鲁晓夫的双脚上都有鞋子。真实与否，无法查证。不过赫鲁晓夫借发怒很好地表明了他的立场与决心，在某种程度上达到了自己的目的，引起了对手的反应。

无独有偶，拿破仑在意大利打胜仗后，曾要求奥国公使同他签订和约，奥国公使犹豫了几个星期，迟迟没有决定。最后拿破仑大发雷霆，把花瓶摔到地上，迫使奥国公使同意了与他签订和约。

（五）休会策略

休会是谈判人员经常使用的基本策略，它是指谈判进行到一定阶段或遇到某种障碍时，谈判一方或双方提出中断谈判，暂时休会的一种策略，这能使谈判人员有机会重新思考和调整对策，恢复精力，促进谈判的顺利进行。休会策略运用得当，能起到控制谈判进程、缓和谈判气氛、融洽双方关系的作用。

在实际运用休会策略时，谈判人员要注意以下问题：首先，无论主动休会，还是被动休会，实行休会都须协商。一般由一方提出并经过对方同意，不能未经对方同意就擅自离开谈判桌，那样做会影响双方谈判关系，甚至导致谈判破裂。其次，要讲清休会的时间。休会时间的长短要视双方冲突的程度、人员精力疲惫状况，以及一方要了解有关问题所需时间来确定。最后，提出休会和讨论休会时，要避免再提出新的问题或谈及对方非常敏感的问题，以便缓和气氛，使谈判顺利进行。

谈判的策略有很多种，除上面介绍的以外，还有主动出击、出其不意、欲擒故纵、反客为主、后发制人策略等，这些策略都要运用高超的语言艺术才能得以体现。

第三节　谈判语言技巧

在谈判中语言表达能力至关重要。要在谈判中获得成功，谈判者除了应具备正确的立场、观点，较高的政策理论水平和一定的专业知识、经验外，还必须掌握谈判语言的基本技巧，以便在谈判过程中因人而异、灵活应用，根据对方的处境、心理动向和要求，有针对性地使用各种语言表达技巧说服对方。

一、重复意见法

重复意见法包括两方面的内容：一是谈判者不断重复自己的意见，二是谈判者重复对方的意见。

（一）重复自己的意见

谈判者可不断重复自己的意见，引起对手的重视，以实现自己的目的。在谈判中使用重复的方法，最重要的是有耐心和锲而不舍的顽强态度。只要问题一天得不到解决，就一天天地去重复表明要求，不管对方以什么样的理由、态度来拒绝你的要求，都应置若罔闻，绝不能被对方的言辞困扰。当对方不耐烦，甚至大发雷霆时，绝不可被对方吓倒或激怒。只要你不急不火、心平气和，坚决地"按既定方针办"，使对方认识到你的要求是无法回避的，必须高度重视、认真对待，这样，你的目标就有可能达到。

例证 9-14

苏联前外交部部长葛罗米柯是个谈判老手，他的谈判特色之一就是不断地重复说"不"。当对手准备了无可辩驳的理由来进行谈判，而葛罗米柯在理论上不能与其一争高低，同时也不具备摆脱对手的条件时，他就不申明理由地讲"不"字。1979年，美国前国务卿万斯在维也纳同苏联人谈判时，他记录了葛罗米柯说"不"字的次数，共多达12次。葛罗米柯靠着这种不申明理由且不断重复说"不"的谈判技巧，造成了一种使对手感到沮丧和绝望的谈判气氛，从而摆脱了应承担的义务，因此他历经4位苏联领导人的变换而不倒，同9位美国总统谈判而不败。

（二）重复对方的意见

在对方发表不同意见后，谈判者可用自己的话将对方的意见重复一遍，但这种重复是把它变成自己的话，并在重复时削弱甚至改变异议的实质，使一个十分尖锐的反对意见变成一个普通的问题，从而使得对方的意见变得比较容易对付。例如，对方说："我们认为交货时间太晚了。"谈判者接上去说："那么，您认为交货时间不够早，是吗？"虽然只换了几个字，意思却明显地平和了。再如，对方说："房子又涨价了，真没想到价格上涨幅度这么高！"谈判者回答："是的，价格同一年前比较的确是高了一些，但物价可能上涨得更快，人均收入也增加了呢！"再如，当对方说："你们厂这个系列的商品怎么又涨价了，太不合理了，我们不买了！"这时你可以这样回答："是的，我们理解你的心情。价格同去年比，确实高了一点……其实，我们也不希望涨价。可是，××原料紧缺，价格上涨，这些事不是你们或我们做得了主的，我们也是不得已呀！"

二、赞美对方法

真诚地赞美对方会带给他人美好的感受，将会使受称赞者心情愉悦，认为自己受到肯定，同时对称赞者也容易产生好感，这样就为谈判双方缩短距离，拉近关系，进行心灵沟通打下了良好的基础。

例证 9-15

美国某公司在费莱台尔亚承包修建一座办公大楼，每个项目都进行得很顺利，整个工程即将进入装修阶段。这时，负责大楼外部装饰铜器的工厂却突然通知他们不能按期交货，这样一来，整个工程进度就要受到影响，如果不能按合同要求准时完工，该公司将蒙受巨大的经济损失。公司通过长途电话反复交涉都遭到了拒绝，最后决定派高伍先生前往纽约与该工厂谈判。

高伍先生从一见到工厂经理后就开始称赞对方。他说："你知道你的姓名在勃实罗克林是独一无二的吗？"那名经理诧异地说："不知道。"高伍先生说："哦，我今天早晨下了火车，查电话号码簿找你的时候，发现整个勃实罗克林只有你一个人叫这个名字。"经理很高兴地说："我从不知道。嗨，这真是不平常的姓名。我的家庭是二百多年前从荷兰迁到纽约的。"接着他开始谈论他的家庭和祖先。等他说完，高伍先生又恭维他拥有一座这么大的工厂，并且告诉他："这是我所见过的最清洁的一个铜器工厂。"经理听后更加开心："我用一生的精力来经营这项事业，我为它自豪。"他表示愿意带高伍先生参观他的工厂。参观过程中，高伍先生夸奖工厂的构造系统，并向他描述比别的工厂好在哪里，又夸奖了几种特别的机器，经理自豪地告诉高伍，那是他自己设计的。他给高伍先生介绍了产品，又坚持请他吃午餐。吃完饭，经理说："没想到我们的交往会是这样愉快，你可以带着我的许诺回费菜台尔亚去。即使别的工期拖延，你们的也保证按期交货。"高伍先生的称赞，满足了经理的心理需求，经理自然也会给高伍先生满意的回报。

资料来源：https://wenku.baidu.com/view/e258a24ff724ccbff121dd36a32d7375a517c67b.html

在现实生活中，赞美的话人人爱听，可并不是人人会说，说不到点子上，会让对方感觉你是在敷衍他，戏弄他，甚至是在嘲讽他，由此就会对你产生厌恶感。美国心理学家威廉·詹姆士说过，人类本性上最深的企图之一是期望被赞美、钦佩、尊重。运用这种方法要做到如下三个方面。

（1）赞美要独到。赞美他人时，要与众不同地找出对方值得赞美的优点和长处。例如，汉高祖刘邦问名将韩信："我能统领多少军队？"韩信回答："陛下不过能带10万兵马。""那你呢？"韩信回答："我多多益善。"刘邦又问："既然你多多益善，为什么被我所用呢？"韩信回答说："陛下不能带兵，而善于带将，这就是臣为陛下效力的原因。"能够带兵的人，已属人中豪杰了，而能够带这些人中豪杰的，更应是举世少见的伟人。韩信的话，既表明了自己的才干，更道出了刘邦真命天子的气概，刘邦听了怎会不高兴呢？

（2）赞美要真心。一定不可以虚情假意，勉强做作，而应诚恳地、认真地、发自内心地热情称赞。只要是真心的，那么即使你的赞美有些不妥或言不及义，也会产生一定的良好效果。

（3）赞美要具体。例如，赞美一个人工作效率高，可以说："这么多工作你一下午就干完了，只要有你在，我们就从不担心完不成任务。"

例证 9-16

法国前总统戴高乐1960年访问美国时，在尼克松为他举行的一次宴会上，尼克松夫人费了很大的劲布置了一个美观的鲜花展台：在一张马蹄形的桌子中央，鲜艳夺目的热带鲜花衬托着一个精致的喷泉。精明的戴高乐将军一眼就看出这是女主人为欢迎他而精心设计制作的，不禁脱口称赞道："女主人为举行一次正式宴会要花很多时间来进行这么漂亮、雅致的计划和布置。"尼克松夫人听了十分高兴。事后，她说："大多数来访的大人物要么不加注意，要么不屑为此向女主人道谢，而他总是想到和讲到别人。"在以后的岁月中，不论两国之间发生什么事，尼克松夫人始终对戴高乐将军保持着非常好的印象。

三、故意示弱法

故意示弱可以使对方有帮助你的成功感，相当于给了强者一个表现自我的机会。许多著名的谈判专家都谈到过和那些犹豫不决、愚笨无知或固执一端的人打交道时所产生的挫折感。当他们和一个无法了解他究竟是在说什么的人交涉时，会有种"对牛弹琴"的感觉。这时，再精辟的见解、再高深的理论、再高明的技巧都不起作用。一般来说，具有突出谈判才能的人，都具有两方面的品质：一是能言善辩、慷慨陈词、侃侃而谈；二是能把握自己感情的阀门，控制住自己的感情，以此左右对方的情绪和心理。

示弱法就体现了第二方面的品质。一般来说，攻击型的谈判者都认定对方会激烈地对抗自己的攻击，并且设计好了对方反驳以后的继续有力的攻击。因此，一旦对方不反驳却以"钝"示弱，反倒会狠狠地挫败攻击者的气势，弄得他不知如何是好，一下子就失去了穷追不舍的勇气。这犹如一个拳击者运足了全身的力气挥拳进击，但却一拳打在了棉絮上，立即就令他失去了进击心。在谈判中，当对方激情饱满、侃侃而谈，大有一触即发之势时，谈判者收敛自己的锋芒，向对方示弱，装作没听见、不明白，或毫无反应、无动于衷，采取一种"钝"的战术，以不应对来对付，有时就会令对方兴致全无，一筹莫展，完全丧失毅力和耐心。

四、巧妙激将法

激将法就是通过一定的语言手段刺激对方，激发对方的某种情感，使对方发生情绪波动和心态变化，并使这种情绪波动和心态变化朝着自己所预期的方向发展，使其下决心去做某种己方希望他去做的事。激将法就是要用语言技巧使对方放弃理智，凭一时感情冲动去行事。所以，激将法最适合在那些经验较少、容易感情用事的对象身上使用。

"水激石则鸣，人激志则宏"，激将法也是一种激励与鞭策。在谈判中，运用激将法往往能激发对方的谈判潜力，进而达到使谈判成功的目的。运用激将法一定要因人而异，要摸透对方的性格脾气、思想感情和心理特征。对自卑感强、谨小慎微、性格内向的人，不宜使用此法。因为这些人会把那些富于刺激性的语言视为嘲讽与讥笑，因而消极悲观、丧失信心，甚至产生怨恨心理。对那些老谋深算、富于理智的"高手"，也不宜使用这一方法，因为他们一眼就会看穿，根本不会就范。

例证 9-17

孔明曰："操曾发誓曰：吾一愿扫平四海，以成帝业；一愿得江东二乔，置之铜雀台，以乐晚年，虽死无恨矣。今虽引百万之众，虎视江南，其实为此二女也。将军何不去寻乔公，以千金买此二女,差人送与曹操。操得二女,称心满意,必班师矣。此范蠡献西施之计,何不速为之?"……周瑜听罢,勃然大怒,离座指北而骂曰:"老贼欺吾太甚!"

例证 9-18

广州佛山一家商行一直订购福建德化瓷厂的茶具,可是一段时间商行生意不景气,恰巧又更换了新经理,于是瓷厂与商行的业务往来出现了危机。这时瓷厂厂长亲赴佛山同新上任的经理洽谈。瓷厂厂长说:"……我十分理解你们商行的处境,说句心里话,我真想继续同贵行建立长期业务联系。可是,目前商行生意不景气,您虽然年轻有为,但'升'不逢时,所以……"话未说完,新经理觉得受到了瓷厂厂长的轻视,于是夸耀般地向厂长介绍了他新的经营之道、上任后的宏伟目标,以及要使商行重新兴隆的新措施,并表明商行还将继续保持同瓷厂长年业务联系等。瓷厂厂长巧妙地运用激将法,激燃了对方的自尊火花,使谈判达到了理想的效果。

五、曲径通幽法

曲径通幽法,就是不把想说的意思直接说出来,而是先谈一些貌似与主题无关,令对方感兴趣、能接受的话题,然后由小及大、由少到多、由浅入深、由远及近、由轻到重、由易到难地一步一步引入正题。这样,由于有了前面的层层铺垫,本来对方难以接受的意见听起来就显得不那么尖锐,不那么难以接受了。有时,"欲速则不达",为了达到目的,不妨多花点时间,先绕个弯子,说点别的,让紧张的谈判气氛缓和下来,与对方建立起心理相容的关系,然后一步步引出主题,让对方接受。

由此可见,曲径通幽法并不是漫无目的地扯远话题,海阔天空,乱侃一气只会让对方徒增反感,浪费双方时间。曲径通幽法虽然开始也看不出主旨,但话题却在呈螺旋形路线迂回朝主旨靠近,并最终达到目的。在使用绕弯法的语言技巧时,必须选择对方感兴趣又和自己主旨有潜在联系的话题,在谈话中慢慢地、自然地使这种潜在关系明朗化,最终让对方自愿地接受自己的主旨。

例证 9-19

美国一家电气公司的韦普先生在与一位农场主谈用电业务时,受到了很不友好的接待。那位农场主的夫人布拉德太太只把门打开一条小缝。韦普先生刚介绍了自己的身份,还来不及说别的,她就毫不客气地破口大骂。韦普见此情景,便及时调整谈判方针,改用了绕弯子的方法。他对布拉德太太说:"很对不起,打扰您了。我访问您,并不是为了电气公司的事,只是向您买一点儿鸡蛋。"老太太的态度缓和一些,门也开大了一点。韦普说:"您家的鸡长得真好,看它们的羽毛多漂亮,这些鸡大概是多明渥克种吧?能不能卖给我一些鸡蛋呀?"老太太把门又开大了一点说:"你怎么知道是多明渥克种的鸡?""我也养了一些鸡。像您养得这么好的鸡,我还是头一次看到。我养的是来亨鸡,只会下白蛋。夫人,您知道,做蛋糕用黄褐色的蛋比白色的蛋好。我太太今天要做蛋糕,所以我就到您这儿来了……"老太太听了后越来越高兴，于是就从屋里走了出来。韦普趁机观察了一下周围环境，发现农场有整套的制奶酪设备，于是他接着说："夫人，我敢打赌，您养鸡赚钱肯定比您先生养乳牛赚的钱多。"这句话说得老太太心花怒放，因为长期以来，她一直想让别人知道这件事。她把韦普先生请进门，又带他参观鸡舍。在参观过程中，老太太向他讲授养鸡的知识与经验，而韦普则趁机介绍用电养鸡的好处。他们亲切交谈，成了朋友。两个星期后，韦普接到老太太的用电订单。后来，这个村子的别户人家也不断将订单寄到韦普的公司。

六、正话反说法

正话反说，是指不从正面对对方的观点进行驳斥，而是从对方的观点出发，把他的观点尽情引申、发挥、夸张，用违反常理、颠倒是非的话显示其观点的荒谬性，从而让对方自己醒悟。正话反说最重要的是要保持融洽、友好的谈判气氛。如果话说得过于尖刻，变成讽刺、挖苦，就会让对方难以接受，而达不到说服对方的效果。

例证 9-20

1973 年 5 月，苏联驻挪威的贸易全权代表柯伦泰与挪威商人进行购买鲱鱼的商洽。挪威商人知道苏联急需进口大量鲱鱼以供应市场需求，便利用其急迫心情开出高昂的价格。双方商洽后，柯伦泰面对这种大宗货物的高价目瞪口呆，谈判陷入了僵局。在第二轮谈判中，柯伦泰为了打破僵局，主动让步说："好吧，我同意你们提出的价格。但是，由于我的上司并没有授权我用如此高的价格与你们成交，因而如果我国政府不批准这个价格，我愿意把自己的工资拿出来支付。不过，我的工资有限，这笔款就要分期付款了，可能要支付一辈子了。如果贵方没有异议，就这么成交吧！"这次轮到挪威商人目瞪口呆了，国家的贸易岂能要经办人用一辈子工资来偿还？最后，挪威商人做了让步，双方达成了协议。

七、刚柔并济法

刚柔并济法，又叫"黑白脸"策略，就是指在谈判中以态度、语气伴随着谈判内容而造成一种气势来威慑对方的一种刚柔相济的谈判技巧。有时，谈判者一味地好言相劝，可能达不到目的，尤其当对手是心冷、态度强硬的人时。这时，可以采用刚柔并济法，在谈话中既有顺耳中听的好言好语，又有尖锐犀利的言辞，向对方表明自己既有诚恳、友好的合作态度，又坚持原则、无所畏惧、不卑不亢、有理有节，这种情况下对方就容易就范。在谈判中，很多场合是需要用到刚柔相济法的。

例证 9-21

1986 年，广东某玻璃厂就引进新设备的问题与美国欧文斯玻璃公司谈判。但在全部引进还是部分引进问题上，双方相持不下。为了缓和气氛，促成协议，我方首席代表陈述了三点意见："你们欧文斯的技术、设备和工程师为我们提供服务，这对双方都有利；因我们外汇有限制，国内有的就不需要再引进；美国方面当然知道，现在意大利、荷兰等几个国家代表团正在同我国北方省份的玻璃厂进行引进生产线的谈判。如果我们这个谈判因一点点小事而归于失败，那么，不但我们广东玻璃厂，更重要的是欧文斯公司方面将蒙受巨大的损失。这损失不仅仅是生意，更重要的是声誉。"对方听了我方三点全面而中肯的分析后，便放弃了全部引进的方案，很快同我方签约。

这次谈判，我方代表在陈述中首先阐明了双方合作便有利可图，给对方以利益上的引诱。接着又阐述如果不尽快达成协议，则对方可能损失更大，这样又给对方以威胁。既威逼又利诱，迫使对方做出让步，这一招在各种谈判中使用得都是比较广泛的，也是十分有效的。

八、侧面暗示法

由于各种原因，有时谈判者的观点如果直接说明会给对方造成伤害而形成对抗，这时可用隐约闪烁的话，从侧面启发对方来间接表达思想，让对方细细品味，最终接受。

例证 9-22

第二次世界大战期间，美国经济学家亚历山大·萨克斯为了说服罗斯福总统同意尽快在美国着手研制原子弹，到白宫向罗斯福面呈了爱因斯坦等科学家签名的信件。然而罗斯福总统对萨克斯滔滔不绝却又艰深的科学论述不以为然，反应冷漠。第二天，萨克斯在与罗斯福共进早餐时，对总统说："我今天只想讲一点历史。英法战争期间，在欧洲大陆上不可一世的拿破仑，在海上却遭到惨败。就在这时，一位年轻的美国发明家富尔顿来到拿破仑面前，建议法国战舰砍掉桅杆，撤去风帆，装上蒸汽机，把木板换成钢板，可以大大提高海军的战斗力。可是我们这位伟大的科西嘉人以为这简直是笑话，船没帆能航行吗？木板换成钢板能不下沉吗？结果拿破仑把富尔顿轰了出去。如果当时拿破仑认真考虑并采纳富尔顿的建议，那么，19世纪世界的历史就有可能重写了。"说完，萨克斯用深沉的目光注视着总统。罗斯福沉默了几分钟，然后拿出一瓶拿破仑时代的法国白兰地，斟了满杯，递给萨克斯说："你胜利了！"于是就有了1945年7月世界第一颗原子弹的爆炸。

萨克斯在第一次从正面进攻失败后，第二次则采用了暗示法，开始从侧面进攻。他生动地向罗斯福讲述了当年拿破仑一意孤行、刚愎自用、不相信科学留下的深刻教训，从而通过巧妙的暗示，最终说服了罗斯福总统。

九、列举数字法

列举数字法，就是指在谈判时把自己的意见通过精确的数字来表达，使对手感到你资料翔实、证据充分，从而使对方产生信任感。人们对数字普遍有一种信赖的心理，数字可以客观、精确地反映问题，表现事物。人们常说："事实胜于雄辩。"数字是公正、客观的事实，它具有很强的说服力。在谈判中，有时并不需要其他多种技巧，只要把准确无误的数字一摆，即可"一锤定音"，折服对方。

列举数字法直来直去、朴实无华，运用得当可以事半功倍。但使用这种技巧必须牢记一个要点：引证的数据要绝对准确无误，否则将功亏一篑。

例证 9-23

美国刚推广核电站时,一些专家认为一旦核电厂发生事故,立刻会造成成千上万人的死亡。一般群众一听到"核"字,就会立刻联想到原子弹蘑菇云和能置人于死地的核辐射,所以很自然地就站在了反对派专家的一边。最初几轮电视辩论,反对派占上风。于是赞成派专家调整了方法,决定不在理论上纠缠,而以简单的数字对比来说明问题。他们说:在美国长达几十年的原子能发电实验史上,还没有发生过一起因放射能外泄而造成灾难的事故。从长远来看,即使出现"万一",所引起的死亡人数也比其他发电方式所引起的死亡人数要少得多。因为据福特财团的研究:假定美国某个核电厂每100年会发生一次重大事故,可能当场会有10 000人死亡,随后有15 000人丧生,但是这个数字比同样100年间燃煤发电所造成的死亡人数要少(因煤矿事故、运煤货车铁路事故等)。在美国,平均每年有140人因煤矿事故而丧生。如此换算一下,那么用原子能发电,生产1000亿瓦特的电只牺牲2名采铀矿工,而燃煤发电要生产同样1000亿瓦特的电,却要牺牲179名煤矿工人。只是因为煤矿事故比较常见,而且发生的空间、时间比较分散,所以人们对燃煤发电没有恐惧心。但是,通过数字对比,事实上却是原子能发电大大优于燃煤发电。

赞成派的这一"数字证明",使公众认识到任何能量的生产体系都带有牺牲人命的危险,在这种情况下,选择一种能把牺牲数降到最低的生产体系才是解决问题的关键所在。于是,公众转向支持赞成派,核电站便迅速在美国也在全世界发展起来了。

十、巧打比喻法

成功的谈判者总是能够在需要的时候随时随地巧打比喻,使自己的话语变得生动、具体,有说服力、吸引力,使自己的观点变得容易为对方所理解并最终被接受。古希腊哲人亚里士多德说过:"比喻是天才的标志。"在日常谈判中,巧打比喻往往能化抽象为具体,化深奥为浅显,化生僻为通俗,从而能起到意想不到的沟通效果。但是,很多好的比方并非事先已构思好的,而是谈判者在谈判中就地取材,用眼前物、身边事作比方,来帮助自己说明事理、阐述观点。喻体近在眼前,双方有目共睹,对方也易真切感受,从而心悦诚服。

例证 9-24

德国女数学家爱米·诺德获得博士学位后,却还不能立即开课,因为她还没得到讲师资格。但她的学识和才华受到了从事广义相对论研究的希尔伯特教授的赏识。在一次教授会上,人们为爱米·诺德能否成为讲师发生了一场争论。一位教授激动地说:"怎么能让女人当讲师呢?如果她做了讲师,以后就要成为教授,甚至进入大学评议会。难道允许一个女人进入大学最高学术机构吗?"希尔伯特教授反驳道:"先生们,候选人的性别绝不应该成为反对她当讲师的理由,我请先生们注意:大学评议会毕竟不是澡堂!"对方顿时哑口无言。澡堂才是要分男女的,希尔伯特用比喻把大学评议会这一崇高学术机构和世俗的澡堂联系起来,让大家看到了以性别决定学术资格的荒唐可笑之处。

思考与训练

1. 谈判的含义是什么？
2. 谈判的特点有哪些？
3. 谈判的种类有哪些？
4. 谈判有哪些策略？
5. 如何提高谈判的语言技巧？
6. 分小组模拟谈判。
7. 分小组去本地的商业街进行购物或交易谈判。
8. 分析下面两组学生谈判报告有何缺点，然后组成小组实地训练，掌握谈判的语言技巧。

（1）组长：林泽群。

组员：谢秋丽、陈彩燕、吴雪莲、陈键欢、杨叶菁、罗丽琴。

时间：2007年4月12日。

地点：广州番禺市桥壹号潮流。

老师为了让我们有一次实践机会，达到更好的学习效果，把理论知识应用到生活实践中来，于是就组织2005首饰营销班开展了一次课外实训活动——谈判技巧的实训。经过大家商量，我们把实训地点锁定在广州市番禺区市桥壹号潮流。

首先，我们班分成5个小组分开进行谈判实训。我们这一组由7个成员组成，分别如下：我（林泽群）、谢秋丽、陈彩燕、吴雪莲、陈键欢、杨叶菁、罗丽琴。身为组长的我，又把我们组分成了两小组。

第一次谈判：

策略：吹毛求疵策略等。

参与人员：林泽群、谢秋丽、吴雪莲、罗丽琴。

我们来到一家首饰店里，吴雪莲（吴）看中了挂在墙上的耳环，这款耳环款式新颖，做工比较细腻，吴决定就拿耳环作为谈判对象。看到耳环上并没有标价，便拿着耳环问老板（老），以下是谈判内容：

吴：老板，请问这个怎么卖啊？（一副可买可不买的样子）

老：那是来的新款，要8元哦！

吴：太贵啦！（随后就准备把耳环放回原位）

老：算啦，5元一对给你了，最后一对便宜卖了！

吴：那我只买一只呢？

老：单只买啊？恩，算啦算啦，那就3元吧！

吴：嗯，（迟疑了一下）还是不要了。

老：好啦好啦，2元最便宜了，我都亏给你了！

当吴暗喜已经达到心目中的价格，就在她正要付钱时，却发现耳环上的石头掉了两颗，便决定使用吹毛求疵一招。

吴：老板，你看这耳环是怎么拉？不见了两颗石头。

老：不知道啊，算啦。一元钱亏本给你啦！（老板恍然看到自己的耳环有较大的瑕疵，担忧卖不出去，便贱价出卖）

吴：好吧，我要了！

就这样，我们总算谈判成功了。估计老板以亏本价出售！

（后余谈判和总结略）

（2）组长：谭兆珊（珊）。

组员：卢瑞玲（玲）、孙沁（沁）、张应斯（斯）、刘卓敏、梁思韵、冯文青、钟月超。

谈判策略：以退为进，表示我方没有太大的能力购买。

出动人员：卢瑞玲、孙沁、张应斯、谭兆珊。

谈判过程：

我方先挑选了一件衣服，然后问价。对方开价139元，并说这件衣服是韩版的，料子很舒服的，款式很特别，上面的图案是绣花，手工也很不错。

斯：139元似乎贵了点，能便宜一点吗？

玲：对啊，我们都是学生，太贵买不起。

对方：就知道你们是学生，打个8折给你们吧！而且现在都比较流行韩版的衣服。

珊：很多地方都说自己的货是韩版的。

对方：你看牌子就行啦！有品牌可言的！最重要是你自己喜欢！

沁：但价格还是高了点！

对方：最低给你们7折啦！不能再低了！喜欢就要！

我方考虑了一下认为这应该是对方的底线了，于是我们决定离开。

谈判结果：虽然不能达成交易，但了解到了对方的可接受价格。

（后余谈判和总结略）

第十章

推销口才

🎤 学习目标

- 了解推销的含义。
- 了解推销的形式。
- 了解推销的基本原则。
- 掌握推销的语言技巧。

📖 引例

有一则故事,说一家著名的跨国公司高薪招聘营销人员,应聘者趋之若鹜,其中不乏硕士、博士。但是,当这些人拿到公司考题后,却面面相觑,不知所措。原来公司要求每一位应聘者尽可能多地把木梳卖给和尚,为公司赚得利润。

出家和尚,剃度为僧,六根已净,光头秃顶,要木梳何用?莫非出题者有意拿众人开涮?应聘者作鸟兽散。一时间,原先门庭若市的招聘大厅,仅剩下A、B、C三人。这三人知难而进,奔赴各地去卖木梳。

期限一到,诸君交差。面对公司主管,A君满腹冤屈,涕泪横流,声言十日艰辛,木梳仅卖掉一把。自己前往寺庙诚心推销,却遭众僧责骂,说什么将木梳卖给无发之人,乃属心怀恶意,有意取笑、羞辱出家之人,被轰出门。归途之中,偶遇一游方僧人在路旁歇息,因旅途艰辛,和尚头皮又厚又脏,奇痒无比。自己将木梳奉上,并含泪哭诉。游僧动了恻隐之心,试用木梳刮头体验,果然解痒,便解囊买下。

B君闻之,不免有些得意。B君声称卖掉了十把木梳。为推销木梳,B君不辞辛苦,深入远山古刹。此处山高风大,前来进香者,头发被风吹得散乱不堪。见此情景,自己心中一动,忙找寺院主持,侃侃而谈:庄严宝刹,佛门净土,进香拜佛,理应沐浴更衣。倘若衣冠不整,蓬头垢面,实在亵渎神灵。故应在每座寺庙香案前,摆放木梳,供前来拜佛的善男信女,梳头理发。主持闻之,认为言之有理,采纳了此建议,总共买下了十把木梳。

轮到C君汇报,只见他不慌不忙,从怀中掏出一份大额订单,声称不但卖出一千把木梳,而且急需公司火速发货，以解燃眉之急。闻听此言，A、B二人啧啧称奇，公司主管也大惑不解，忙问C君如何取得如此佳绩。C君说，为推销木梳，自己打探到一个久负盛名、香火极旺的名刹宝寺，之后找到寺内方丈，向他进言："凡进香朝拜者无一不怀有虔诚之心，希望佛光普照，恩泽天下，大师为得道高僧，且书法超群，能否题'积善'二字并刻于木梳之上，赠予进香者，让这些善男信女，梳却三千烦恼丝，以此向天下显示我佛慈悲为怀、慈航普度、保佑众生。"方丈闻听，大喜过望，口称阿弥陀佛，不仅将C君视为知己，而且共同主持了赠送"积善梳"首发仪式。此举一出，一传十、十传百，寺院不但盛誉远播，而且进山朝圣者为求得"积善梳"，简直挤破了门槛。为此，方丈恳求C君急速返回，请公司多多发货，以成善事。

启示：在"把木梳卖给和尚"的尝试中，A君按常规思维解决问题，结果遭到失败；B君运用创造性思维，初步运用非逻辑思维形式进行思考，借主持之手卖掉了十把木梳，其思路正确，但不够大胆；C君充分运用创造性思维，以独特的非逻辑性思维形式，特别是逆向性思维、侧向性思维，发散与集中思维等进行思考，终于找到了解决问题的最佳方案，最大数量地把木梳卖给了和尚，因而获得了成功。

资料来源：http://blog.ntjy.net/my_blogs/34284

口才在推销业务中十分重要，高超的语言表达能力与创造性思维结合，即可变成美妙的推销艺术。推销是一种能力，有了这种能力，你就可以推销世界上的任何一种商品，包括你自己。

第一节 推销概述

一、推销的含义

推销的含义有广义和狭义之分。

（一）广义的推销

广义的推销，是指推销主体在一定的推销环境里，运用各种推销艺术和技巧，说服推销对象接受推销客体所进行的各种相互关联的活动，它是一种人类社会活动。就广义而言，推销是一种说服、暗示，也是一种沟通、要求。在日常生活和工作中，每个人都在进行着不同程度的推销活动。也许你正为一份理想的工作而推销自己，也许你正为提高工资或增加奖金而游说公司，也许你正在为推行某种理念而说服下属。推销能力深深影响着每一个人的成败，想要拥有成功的人生，就要想方设法把自己培养成推销专家。

（二）狭义的推销

狭义的推销，是商业经济学的专用术语，专指推销员（或营业员）推销产品（或商品）的行为和活动。作为一种商业行为和活动，它是从属于人类社会活动的。因此，逻辑学上说，狭义推销与广义推销是从属关系，是包含与被包含关系。具体来说，推销是营销组合中的人员推销，即由推销人员直接与潜在顾客接触、洽谈，介绍产品，帮助说服顾客，促使其采取购买行动的活动。报纸分类广告求职栏上刊登的业务代表、营业员、销售工程师、推销员、访问员、调查员等，都是靠推销来谋生的推销人员。狭义的推销是以推销人员为推销的发起者，以产品或劳务为推销目的，以目标顾客为推销对象的活动。

推销必须具备以下三个基本要素。

（1）推销主体，即主动向别人开展推销的各类推销人员。

（2）推销对象，即接受推销员推销的各类顾客。

（3）推销客体，即为推销员所推销的标的，包括各种有形商品和无形商品。

推销过程相当复杂，推销员要经过推销准备、寻找顾客、接近顾客、访问顾客、向顾客介绍和演示推销商品、处理异议，达成交易和后续工作等几个阶段，推销者需要紧紧围绕顾客的利益，运用种种推销技巧来说服对方，以促成交易。

由此可见，推销的实质是推销主体与推销对象双方在销售中所形成的销售关系。推销的关键是"相互获益"，推销的重要手段是说服。推销人员就是要从双方获益的目标出发，通过直接的对话，说服顾客接受他所推销的商品或服务。

 例证 10-1

二五零定律

乔·吉拉德是美国历史上最伟大的汽车推销员。在他刚当上汽车推销员后不久，有一天去殡仪馆哀悼一位朋友谢世的母亲。他拿着殡仪馆分发的弥撒卡，不禁想知道一个问题：他们怎么知道要印多少张卡片？做弥撒的主持人告诉他：他们根据每次签名簿上签字的数字得知，平均这里祭奠一位死者的人数大约是 250 人。

又有一天，吉拉德去参加一位朋友的婚礼。当他碰到礼堂的主人时，就又向他打听每次婚礼有多少客人。那人告诉他："新娘方面大约有 250 人，新郎方面也是 250 人左右。"

这一连串的 250 人，使吉拉德悟出这样一个道理："每一个人都有许许多多的熟人、朋友，甚至远远超过 250 人这一数字。事实上，250 人只不过是一个平均数而已。"

这就是有名的吉拉德"二五零定律"。它在揭示每一个顾客的影响力的同时，也告诉我们：每一个顾客都是"上帝"，并且你即使只得罪了一位，也等于得罪了一连串的"上帝"，你得罪不起！

分析：得罪顾客是推销人员的大忌。因为每位顾客背后都站着许许多多的潜在顾客，他们都在望着你对最前面那位顾客的言谈举止，从而决定自己的进退。对于推销员来说，假如你得罪了一位顾客，你就会失去另外 250 位买主。相反，你赢得了一位顾客，也就赢得了 250 位顾客。利用顾客的介绍来寻找潜在的顾客，早已成为当今商界中用以拓宽顾客群的一种常用方式。

二、推销的形式

现代经济生活中主要有四种推销形式:广告宣传、营业推广、公共关系和人员推销。

(一)广告宣传

几十年前,美国总统罗斯福说过一句关于广告的名言:"不当总统,就作广告人,因为广告事业已达到一种艺术高度。"

现代社会,商业广告无所不在。"男儿风西服,尽显男人本色——男人的选择"(某服饰广告语)"今天你喝了没有"(乐百氏奶广告语)"轻轻地吻上你的眼睛"(某眼镜广告语)"心有灵犀一点通"(灵通传讯广告语)"不打不相识"(某打字机广告语)"默默无闻的奉献"(某蚊香广告语)……人们生活在广告的海洋里。

商业广告作为一种高度大众化的信息传递方式,在树立企业和产品形象、刺激销售方面的确起到了相当大的作用。它可以用较低的成本,将信息有效地传递给地理位置上较分散的买者,同时由于艺术化地运用文字、音响、画面等手段,使得这种传递方式更富有表现力。

广告不像人员推销那样具有人格性,听众和观众没有义务去注意广告并做出反应。广告只能是独白、模拟的对话,而不可能是推销主体与推销对象的直接对话。广告对信息的传递往往是单向的,不能得到及时反馈。

(二)营业推广

营业推广即各公司、商场推出的促销活动。例如,广州好又多的有奖促销活动。又如,广州的一些商场所做出的"挥泪大甩卖"活动。

营业推广是一种能够迅速刺激需求、鼓励购买的促销形式,包括代金券、礼品、交易印花以及有奖销售和交易折扣等。但是,营业推广的效果是短期的,不能经常使用,否则可能会引起顾客对商品质量的怀疑,对企业的声誉和产品形象产生不利影响。

(三)公共关系

公共关系对促销来说是一种间接的方式,倾向于长期效益,所以不能要求有直接的经济效益,而且企业公关计划的付诸实施需要各方面大力配合,需要做许多细致周到的工作。另外,由于比较间接,也就无法确知人们是否认真收看或收听了这些宣传报道。因而,公关的效果一时难以评估。

(四)人员推销

人员推销是直接推销,它异于其他三种推销形式的根本一点,就是它的直接性和双向性。人员推销主要依靠推销员发挥主观能动作用,通过辨别顾客的需要,观察顾客的心理,回答顾客的问题,运用各种推销说服技巧,使顾客接受推销的产品。在这一系列的活动中,推销员和顾客之间没有任何隔离,而是始终面对面地进行沟通和交流,这也是人员推销的一大特色。

人员推销活动,具有双方沟通、反馈及时,指向明确、信息可靠,方法简便、灵活机动三大特点,所以它成了很受欢迎并被广泛采用的一种非常有效的促销方式。

善于扩大选择范围的推销员

下班的时候,商场经理问其中一个营业员接待了几位客户。当得知这个营业员一天只接待了一位客户时,经理很生气,因为其他营业员都接待了好几位客户,而他只接待了一位客户。之后经理继续问,你接待这位客户的营业额是多少?营业员说卖了58 000美金。经理觉得很奇怪,询问这位营业员究竟是怎么回事。

这个营业员说客户买了一辆汽车,又买了一艘钓鱼船,还买了不少其他东西,一共花了58 000美金。刚开始这位客户是来买阿司匹林的,他说他的太太头疼,需要安静地休息。营业员在卖给客户药的同时与客户聊天,得知客户一直很喜欢钓鱼,营业员就不失时机地给他推荐了鱼竿。接下来营业员问客户喜欢在哪儿钓鱼,客户说他家附近的河流、池塘鱼太少,他喜欢到大概开车需要3个多小时的海边去钓鱼。营业员又问客户是喜欢在浅海钓鱼还是喜欢在深海钓鱼,客户说他喜欢在深海钓鱼。营业员又问客户怎么去深海钓鱼,之后建议客户买艘钓鱼船,并向他推荐了商场里卖的钓鱼船。客户买了船后,营业员又问客户去海边需3个小时的路程,船怎么运过去,他现在的车是否能够把船拉过去。客户后来一想,他现在的车拉不了这艘船,需要一辆大车,聪明的营业员又不失时机地给客户推荐了一辆大卡车,建议客户用这辆大卡车把刚买的钓鱼船拉过去。就这样,客户前前后后在这个营业员手里买了58 000美金的东西。当然,这个营业员也得到了经理的赏识。

三、推销的基本原则

(一)满足客户需求原则

满足顾客需求原则,是指推销人员在运用推销策略时,满足顾客的需求和解决顾客的问题,在此基础上达到推销的目的。顾客的每个购买行为的目的都是为了满足某些需求,杰出的推销人员懂得了解顾客的欲望和需求。他们会主动开展了解顾客喜好的市场调查,分析有关顾客问询、保修和服务方面的数据,同时也会主动与使用竞争对手产品的顾客取得联系,并随时注意发现那些尚未得到满足的顾客需求。

例证 10-3

1981年7月29日,是英国查尔斯王子和戴安娜小姐举行婚礼的日子。人们早已急不可待,都想目睹这"20世纪最豪华的婚礼"。有的人几天前就在马路上划好地盘,写上名字,标明这是自己的"领地",有的人索性晚上就睡在马路边上,有许多外国人也长途旅行赶来观看盛典。7月29日上午,从白金汉宫到圣保罗大教堂的街道两旁,聚集了约150万人,后面的人因为难以看清街道上的情形而显得焦躁不安,唯恐错过这次机会。9点40分,距婚礼开始还有20分钟的时候，奇迹出现了：不知道从什么地方一下子涌出近百名报童，一边奔向人群，一边高声叫着："女士们，先生们，请用潜望镜观看盛典，一英镑一个。"他们把一个个用硬纸板做的潜望镜出售给急于观看又唯恐看不到的群众，使这些人的需求得到了很大的满足。这次推销活动一下子售出潜望镜几十万个，策划这次推销活动的老板借着这个机会大赚了一笔。

（二）互利互惠原则

互利互惠原则，是指推销人员要保证交易双方能为双方带来利益或好处，并且这种利益或好处要大于付出或弊端。互利互惠原则是双方达成交易的基础，只有双方都感受到利益的存在时，才有可能去实现交易。互利互惠能增强推销人员的信心并有利于形成良好的交易气氛，推销人员应向推销对象阐明产品或服务为其带来的真实利益或好处，而不是一味强硬推销。

例证 10-4

空调公司的推销员正在拜访一位家庭主妇。

推销员："您好！我是××空调公司的业务员。您一定还记得您曾在我们公司的一次新产品展示会上填过一张客户调查表。如果我没弄错的话，您有意向在今年5月份购置空调。"

家庭主妇："哦，是的。当时的确是这样打算的，但我现在又在犹豫是否有这个必要。"

推销员："夏天眼看就要到了，您一定还记得去年夏天的炎热。如果装上空调就不一样了。您想，当先生和孩子从外面挥汗如雨地回来，就能享受一片清凉，那该多惬意啊！"

家庭主妇："说的也是。你们公司的空调价格是多少来着？"

（三）推销使用价值原则

推销使用价值原则，是指在推销产品时利用或改变顾客原有的观念体系，设法使顾客形成对产品使用价值的正确认识，以达到说服和帮助顾客购买产品的目的。使用价值观念，是顾客对产品有用性的认识。人们购买的不仅仅是某种产品（或服务），更重要的是购买这种产品（或服务）的使用价值。例如，许多人买小汽车，他们买的并不仅是车子本身，更重要的是车子带给他们的便利、安全、舒适、尊贵的感受。

例证 10-5

一农场主经营着一大片果园，眼看苹果挂满枝头，丰收有望，却不料遭遇一场冰雹袭击。雹灾过后，树上的苹果伤痕累累，几乎找不出一个不带伤的果子。往年鲜亮的苹果尚难找到销路，如今这样一片惨状，又该如何？农场主为此而整日愁眉不展。一天，农场主又像往日一样来到果园，一边走一边想着心事，随手在树上摘了一个苹果，边吃边想，突然间来了灵感，于是他马上跑回家，动手制作了许多宣传品，到处派发，并在当地媒体上做了广告，大意为：本农场的苹果个个带疤，面目丑陋，但吃起来别有滋味，绝非一般苹果可比，君若不信，可来品尝。广告发出之后，果然有好奇者找上门来，尝后觉得滋味确实不同，一传十，十传百，食疤苹果竟成时尚，当其他果农还在为苹果的销路发愁时，此农场主已在美滋滋地点着钞票。这位农场主成功地将"带疤的苹果更好吃"这一观念推销给了顾客。

思考一下，推销产品的使用价值观念是不是比推销产品本身更有效？

（四）人际关系原则

李嘉诚曾说："要想在商业上取得成功，首先要懂得做人的道理，因为世情才是大学问。世界上每个人都精明，要令人家信服并喜欢和你交往，那才是最重要的。"

推销人员应致力于建立一种真诚的、长期的、富有人情味的人际关系，这种人际关系能使双方感到满意和愉快。和谐的人际关系能带来信任和理解，使信息畅通，促进推销业务的发展。

例证 10-6

闻名世界的汽车推销员乔·吉拉德，以 15 年共推销 13 000 辆小汽车（日均近 3 辆）的惊人业绩，被《吉尼斯世界纪录大全》收录，并荣获"世界最伟大的推销员"的称号。他成功的秘诀何在？乔·吉拉德自我介绍有三点。

（1）树立可靠的形象。乔·吉拉德努力改变推销售货员在公众心目中的精神形象，不但言谈举止儒雅得体，而且展现出对顾客发自内心的真诚和爱心。他总是衣着整洁，朴实谦和，脸上挂着迷人的微笑出现在顾客的面前，而且对自己所推销的产品型号、外观、性能、价格、保养期等烂熟于心，保证对顾客有问必答。他乐于做顾客的参谋，根据顾客的财力、气质、爱好、用场，向他们推荐各种适宜的小汽车，并灵活地加以比较，举出令人信服或易于忽略的理由来坚定买主的信心，主动热情、认真地带领顾客进行挑选。年复一年，乔·吉拉德就这样用自己老成、持重、温厚、热情的态度，真心实意地为顾客提供周到、及时的服务，帮助顾客正确决策，与顾客自然地达成了一种相互信赖、友好合作的气氛。顾客都把他当作一个值得信赖的朋友，戒备心理烟消云散，欣然地接受他的种种建议。

（2）注意感情投入。乔·吉拉德深深懂得顾客的价值，他明白推销员的工作就是对顾客的竞争，而顾客都是活生生的人，人总是有感情并且重感情的。所以，他标榜自己的工作准则是"服务，服务，再服务！"他豪迈地说："我坚信每个人都可能成为潜在的买主，所以我对我所见到的每一个顾客都热情接待，以期培养他们的购买热情。请相信，热情总是会传染的。"

乔·吉拉德感情投入的第一步是以礼貌待客，以情相通。顾客一进门，他就像老朋友一样地迎接，常常不失时机地奉上座具和饮料；顾客的每一项要求，他总是耐心倾听，并尽可能做出详细的解释或者示范；凡是自己能够解决的问题则立即解决，从不拖拉。在这种情况下，绝大多数顾客都不得不对是否买车做出积极的反应了，否则，心中就可能产生对不起推销员的内疚感。

乔·吉拉德感情投入的第二步是坚持永久服务。他坚信"售给某个人的第一辆汽车就是跟这个人长期关系的开始"。他把建立这种"老主顾"的关系作为自己工作成功的绝招。他坚持在汽车售出之后的几年中还为顾客提供服务,并决不允许别的竞争对手在自己的老主顾中插进一脚。乔·吉拉德的销售业务额中有80%来自原有的顾客。

(3)重复巧妙的宣传。乔·吉拉德宣传的办法不但别出心裁,而且令人信服。顾客从把订单交给乔·吉拉德时起,每一年的每一个月都会收到乔·吉拉德的一封信。他所用的信封很普通,但其色彩和尺寸却经常变换,以致没有一个人知道信封里是什么内容。这样,这些信封也就不会遭到免费寄赠的宣传品的共同厄运——不拆就被收信人扔到一边。乔·吉拉德还特别注意发信的时间,1日、15日不发信,因为那是大多数人结算账单的时候,心情不好;13日不发信,因为日子不吉利……他总是选取各种"黄道吉日",让顾客接到自己联络感情的信件,心情愉悦,印象自然更加深刻。这样挖空心思的劳神费力值得吗?乔·吉拉德的回答是"太值得了"。因为平时"香火"不断,关键时候顾客这个"上帝"会保佑他的。看看他每年近80%的重复销售额,相信此言不虚。

然而就是这么一位优秀的推销商,却有一次难忘的失败教训。有一次一位顾客来跟乔·吉拉德商谈买车,乔·吉拉德向他推荐了一种新型车,一切进展顺利,眼看就要成交,但对方突然决定不买了。乔·吉拉德百思不得其解,夜深了还忍不住给那位顾客打电话探明原因,谁知顾客回答说:"今天下午你为什么不听我说话?就在签字之前,我提到我的儿子将进入密歇根大学就读,我还跟你说他的运动成绩和将来的抱负,我以他为荣,可你根本没有听我说这些话!你宁愿听另一位推销员说笑话,你根本不在乎我说什么!我不愿意从一个不尊重我的人手里买东西!"

从这件事中乔·吉拉德得到了两条教训:第一,倾听顾客的话实在太重要了,自己就是由于对顾客的话置之不理,因而失去了一笔生意;第二,推销商品之前,要把自己推销出去,顾客虽然喜欢你的产品,但如果不喜欢你这个推销员,他是不可能买你的产品的。

(五)尊重顾客原则

推销人员在推销活动中要尊重顾客的人格,重视客户的利益。在交易中,推销人员必须在人格、身份、地位等各方面对顾客予以尊重。耐心讲解产品的特点、性能、优点及使用方法等,实事求是地承认产品的缺点和局限,接受顾客投诉时更要有耐心。

记住别人的名字和面孔

当你向别人递出名片时,出于礼貌,对方也会给你名片。当你接到别人的名片时,千万不要草草一看了事,而应该对着对方的脸孔,用心记下他的名字,这样有助于在下一次见面时能够顺利叫出他的名字,从而给对方一份亲切感。

人们常常忘记别人的名字,可是如果有谁因为不把自己放在眼里而记不住自己的名字,我们就会感到不快。记住别人的名字是件非常重要的事,忘记别人的名字简直是不能容忍的无礼。尤其是对于你来说,记住别人是至关重要的,因为能够热情地叫出对方的名字,从某种程度上表现出的是对他的重视和尊重,而对方对你的好感就会由此产生。

乔·吉拉德就能够准确无误地叫出每一位顾客的名字。即使是一位五年没有见的顾客,但只要踏进乔·吉拉德的门槛，他就会让你觉得你们是昨天才分手，并且他还非常挂念你。他这样做会让对方感觉自己很重要，觉得自己很了不起。如果你能让某人觉得自己了不起，他就会满足你的所有需求。

如果你还没有学会这一点，那么从现在开始，留心记住别人的名字和面孔，用眼睛认真看，用心认真记。而且，为了避免忘记，你在办正事之前最好先熟悉一下对方的名字。作为推销员，你不仅要记下客户的姓名和电话号码，还得记住那些秘书和接待员的姓名以及相关人员的姓名。每次谈话时，如果你能叫出他们的名字，他们便会非常高兴，这些人也就乐意帮助你，会常常给你的工作带来很多方便。

第二节　推销语言技巧

语言是推销员开展业务、取得效益的重要媒介。在整个推销活动中，从接近顾客到解除顾客疑虑，直到最后成交，全都离不开口才。恰到好处的谈话，可以使推销员获得千万元巨额订单，取得显著的经济效益；而一句错误的、恼人的话语也可以使推销员前功尽弃、一无所获。推销工作的性质决定了推销员应当是一位精通销售语言的艺术家。

一、接近顾客的语言技巧

要达到接近顾客的特定目的，对推销员来说最重要的也是最难的事情就是讲好开篇的一席话，既要创造良好的推销气氛，又要尽可能多地洞察对方的内心世界，以便有针对性地开展推销活动。例如，"您知道一年只花几元钱就可以防止火灾、水灾和失窃吗？"保险公司推销员开口便问顾客，对方流露出很想知道详情的样子，推销员接着就可以侃侃而谈了。

在接近推销对象时，推销员的主要任务是引起顾客的兴趣，了解顾客的需求，提出适当的购买建议，以解决顾客的需求。可见，接近是一种双向沟通的过程，推销员在输出推销信息的同时，也在输入购买信息。因而在正式接触顾客时，推销员必须了解接近顾客谈话的主要方法。

良好的开端，依赖于良好的经过精心策划的方法，选择好接近顾客的切入点，往往效果倍加。接近顾客谈话的主要方法有以下几种。

（一）介绍接近法

1. 自我介绍法

在接近顾客时，为了防止顾客怀疑推销员来历不明而心存疑虑，推销员应通过自我口头介绍及出示身份证、名片及其他有关证件，以获得对方的了解和信任，消除其戒心，为推销会谈创造宽松的气氛。尽管此方法不能使顾客对推销的产品感兴趣，但与对方初次见面时却是不可缺少的。由于证件需要反复使用不能留给顾客，所以赠送本人或公司名片成为现代推销接近的常用做法，既可收到书面自我介绍效果，又可便于日后联系。

2. 第三者介绍法

其主要方式是信函介绍、电话介绍、当面介绍等。接近时,推销员只交给顾客一张便条、一封信,或只要介绍一句话或一个电话,便可以轻松地接近顾客。一般情况下,介绍人与顾客的关系越密切,介绍的作用就越大,推销员也越容易达到接近顾客的目的。

(二)产品接近法

这是推销员直接利用推销产品以引起顾客的注意和兴趣进而转入面谈的一种接近方法。产品接近法的接近媒介是推销品本身,让顾客接触产品,通过产品自身的吸引力,引起顾客的兴趣,这是产品接近法的最大优点。例如,童车推销员可以只说一句:"多么漂亮舒适的童车啊",之后就把产品送到顾客手中,顾客自然会关注商品,一旦顾客产生兴趣开口说话,接近的目的就达到了。

产品接近法符合顾客认识和购买产品的心理活动过程。人们在决定购买之前总希望彻底了解商品及其各种特征,有些顾客还喜欢亲自触摸、摆弄、检查商品,这种方法为顾客提供了一个摆弄商品的机会,充分调动起顾客的感觉器官,所以易直接引起顾客的兴趣。

用准确的语言向顾客介绍产品的特征及优点,也可以吸引顾客的注意。产品介绍的内容可以是产品的性能、构造、作用、使用的方法及价格等。例如,推销员对顾客说:"我向您推荐的洗衣机较同类型的其他洗衣机,可以节水 1/6,节省洗衣粉 1/10,节电 1/10。这样算来,每洗一次衣服,会比一般洗衣机费用低 0.6 元左右,一年下来就是一笔不小的数字啊!"再如,一位推销员见到文具店的经理就说:"本厂出品的各类练习本比其他同类产品便宜 1/3。"此话一出口就使推销工作成功了一半,因为在质量相同的情况下,谁不愿意购买价格低廉的商品呢?

(三)利益接近法

这是指推销员利用商品的实惠以引起顾客注意和兴趣进而转入面谈的接近方法。利益接近法的接近媒介是商品本身的实惠,其主要方式是以直接陈述或提问的方式,告诉顾客购买推销品的好处。语言不一定要惊人,却必须引起顾客对商品利益的兴趣,才能达到接近的目的。例如,某机械厂推销员上门推销一种新型汽水机,一接近顾客时就说:"购买本厂制造的小型汽水机,既可以生产汽水,又可以生产汽酒,保证两个月收回全部成本,一年可盈利两万多元!"这样好的效益当然会引起顾客的兴趣。几乎所有的单位或个人在购买某种商品时,首先考虑的便是商品能给自己带来什么利益,所以,用利益接近法吸引对方很容易奏效。

(四)需求接近法

这是指出顾客的主要需求而吸引顾客注意和兴趣的接近方法。运用这种方法最好事先做好调查,然后对顾客的需求进行概括,以求一语中的。例如,推销员戈尔丁曾几次拜访一家鞋店,想见鞋店经理,但均遭到拒绝。这次戈尔丁又一次来到这家鞋店,他口袋里揣着一张报纸,报纸上刊登了一则关于税收决定的消息。他大声地对店员说:"请转告您的经理,就说我有办法让他发财,不但可以把向我订货的费用捞回来,而且还可以本利双收赚大钱。"之后经理果然接见了他。

（五）问题接近法

这是指推销员通过向顾客提出有关问题，引起顾客按自己设计的思路去思考，从而顺利转入面谈的接近方法。实际上，推销面谈总是围绕一定问题展开的，以提问的方式帮助顾客找出问题、研究问题、解决问题，这正是顾客所希望的，所以这也是一种有效的接近方法。运用这种方法，必须提出与顾客兴趣直接有关的问题，并能导入产品的推销活动。例如，推销员问："这个可爱的小姑娘几岁啦？上几年级啦？""12岁，上六年级了。""将来学费开销不会小吧？""是的，学费是笔大的开销。""噢，我们的保险，对您是很有用的。将来您和先生退休了孩子交学费也没问题，即使万一下岗了，孩子也仍然可以顺利地读完大学。""是吗？我想知道是怎样的保险……"从而进入正式推销面谈环节。

在运用问题接近法时，关键在于发现并提出对方最关心的问题，发现了问题就找到了成功之门，成功的提问就是成功的接近，适当的答案就意味着成交。

（六）赞美接近法

"啊，真是气派，大公司就是不一样！""屋子收拾得这么漂亮！夫人一定很能干。"真心诚意地夸赞对方，一定会收到良好的效果。有位推销员到一家饭店去推销调味品，一进饭店，他就向经理打招呼："真高兴，又见到了你！"这位经理立刻精神振奋，并把他领到上座。在用餐之间，他赞扬了这家饭店的质量，并说从未吃得这么开心，以后还要带朋友前来品尝。用餐之后，他向经理建议试用一下他们公司经营的几种调味品，经理欣然应允。事实上，他是第一次来这家饭店，然而热情、夸赞的寒暄却为他带来了一个新的顾客。

但在夸赞式的寒暄中，赞扬不可过分。肉麻的吹捧，不仅会降低自己的人格，也会令对方反感，扩大双方间的心理距离。如对方的房间很凌乱，你还说"屋子干净，夫人能干"，对方不仅会感到难堪，甚至会误认为你在挖苦他。

（七）演示接近法

这是指通过说明加演示来增加产品形象的生动感而吸引顾客兴趣的接近方法。一次生动的产品介绍能给顾客留下深刻的印象，而样品演示则给顾客以强烈的感性认识。例如，日本一家铸砂厂的推销员为了将产品打进某铸铁厂，在见到该厂采购科科长之后，一声不响地在科长面前摊开两张报纸，然后从皮包里取出一袋砂，突然倾倒在报纸上，顿时砂尘飞扬，几乎令人窒息。正在科长欲恼怒之时，推销员不慌不忙地说："这是目前贵厂所采用的砂，是我从你们生产现场取来的。"说着又从皮包里取出一袋砂，倒在另一张报纸上，却不见砂尘飞扬，这一现象立刻引起了科长的惊讶。在这场产品演示中，推销员成功地吸引了顾客，并顺利地开拓了一家大客户。

例证 10-8

民国四年（公元 1915 年），中国驻外大使黎庶昌把茅台酒送去巴拿马参加万国博览会展出，茅台酒当时包装比较差，是黄色土瓷瓶，陈列在巴拿马万国博览会偏僻角落上，与包装精美、色彩华丽的威士忌、鸡尾酒相比，毫不引人注目，几乎无人问津。

情急之下，一负责人将一瓶茅台摔在地下，顿时，浓厚的醇香引起了人们的注意。醇厚四溢的酒香引来众多外国参加者，最后茅台酒和苏格兰的威士忌、科洛克的白兰地并列为世界三大名酒之一，获得金质奖章。

从推销心理学理论上说，顾客总是乐于购买自己所熟悉的商品，或者自己已经使用过的，或者曾看见别人用过、说过的商品。因此许多有经验的推销员都认识到，在某些特定情况下，与其千言万语费尽口舌，还不如将产品当面演示一下。例如，百货商场里售货员卖"一洗净"抹布，就当着顾客的面将酱油、植物油、墨水等倒在干净的抹布上，然后将这块污渍斑斑的抹布放在清水里一搓，抹布即刻洁白如初。售货员通过产品演示向顾客展示了推销品的特点，从而令商品的品质真实可信，顾客争相购买。

在实际推销活动中，还有许多有效的接近方法，如馈赠接近法、求教接近法、直陈接近法、好奇接近法等。由于商品千差万别，顾客需求各不相同，因此接近顾客的语言、方法也没有一种固定的模式。这就要求推销员根据产品和顾客的特点，创造出适合自身工作特点的接近方法，以灵活、动人的语言成功地接近顾客，为推销创造一个良好的开端。

二、面谈时的语言技巧

推销员在成功地接近顾客之后，就应迅速地转入面谈阶段。面谈是推销过程的一个关键性环节，能否激发顾客购买欲望，成功实现交易，成败往往在此一举。

推销面谈是一项艺术性、技巧性很强的工作。随着推销对象、环境的变化，每一次面谈都有不同的特点与要求。推销员应根据特定情况做出具体分析，善于应变，灵活机动地处理好面谈。推销面谈的重点技巧，常见于面谈中的叙述、倾听、提问、答复、提示购买这五个方面。

（一）叙述技巧

顾客在对推销品的了解和认识过程中，总会伴随对商品从购买兴趣到采取购买行动的转变，推销员适时准确地抓住要害对商品进行叙述推荐，可加速强化这种转变。推销员在介绍商品时如能和颜悦色地指导顾客进行消费，推销工作往往能收到满意的效果。叙述时除了注意语调、声音、停顿、重复、易懂、真实、明确、简明外，还要尽量巧立新意导入正题，如赞美、请教、炫耀等，目的是要让顾客对商品的注意和兴趣得以持续进而高涨，然后使促销成功。例如，"梅雨天空气湿度大，真闷呀！如果您这办公室安上一个除湿器，门窗上就不会湿乎乎的，人马上就舒服得多了。"除湿器推销员用这种自然入题的方式，很容易引起顾客的购买欲望。销售人员在陈述推销信息时要尽量使用积极、正面的描述，避免使用负面词汇。例如，"这是顶好的机器，而且物有所值"比"这是台好机器，可是比较贵"效果要好。推销人员要使用生动的语言，多用些比喻来激发顾客的联想。例如，一个推销新型玻璃窗的销售人员对顾客说："冬天使用我们的新型窗户，就像用了个暖气炉一样，外面的冷空气完全被隔开了。"而不要说："冬天使用我们的新型窗户很暖和。"陈述时除多用创新的方式陈述信息外，还要积极使用身体语言。此外，陈述时如果能与顾客积极互动，效果会更好，人们所说的"我听到然后忘记，我看到并记住，我做了才能理解"指的正是这个道理。

例证 10-9

一位男士带着小孩经过玩具摊时,小孩拿起一只声控飞碟看,推销员忙迎上去接待,笑容可掬地问:"您的小孩多大?""6岁。"男士边说边把玩具放下,目光转投别处。"6岁正是玩这种玩具的时候,"推销员故意提高嗓门,边熟练演示玩法边说,"从小玩这种玩具,可以培养小孩的领导意识。""这一套多少钱?"男士问。"50元。""这么贵?""先生,跟培养小孩的领导意识比是微不足道的。"男士笑了笑,于是爽快地掏钱购买了这个玩具。

(二)倾听技巧

对推销员而言,倾听比说话更重要,善于倾听顾客意见,也是博得对方好感的一个秘诀。倾听顾客的抱怨,不仅可以留住一个顾客,更重要的是留住顾客的心。一个好的推销员不仅需要会说,更需要会听,要搞清楚顾客说话的真正含义,一边倾听一边摸清顾客的真正意图,了解客户的意见与需求。

倾听技巧包括以下三个。

1. 耐心倾听

推销员切忌打断顾客的言论而伺机插话申述自己观点,而是要集中精神,耐心、细心地倾听,并适时发问,可以用"后来呢""的确是那么回事"等加以"伴奏",也可以问:"是不是你想说……""似乎你觉得……"这样既可帮助对方厘清头绪,又可让对方满心欢喜,放松提防,缩短彼此之间的心理期待,使"就这样签订合同"的奇迹成为可能。

2. 富有感情,诚心诚意

推销员说话时,要用抑扬顿挫的语调能迅速地向顾客传递其内心的情感,用愉快的声音传递内心的诚意和外在热情,并克制自己内心的不良情绪,恰当地以"有趣的话""关心的话""为顾客着想的话"去表情达意。

3. 通过非言语方式表现积极倾听

推销员可以使用身体前倾、眼神交流、点头并微笑等方式来让顾客感知到你对他的言论很感兴趣。

例证 10-10

某美容品工厂张厂长接待了一位前来投诉的李先生。李先生怒气冲冲地对张厂长说:"你们的美容霜,干脆叫作毁容霜算了,我18岁的女儿用了你厂的'××青春霜'后面容被毁,现在连门都不敢出,我要你们负责,赔偿我们的损失!"张厂长听后,稍加思索便明白了几分,然而却诚恳地道歉:"是呀?实在对不起您和您的千金。当务之急是送小姐去医院诊治,其他的事我们回头再说。"李先生眼看张厂长的认真和焦急劲儿,心存感激,赶紧在张厂长陪同下带女儿上医院皮肤科检查。当然检查结果表明是李小姐皮肤自带一种遗传性的过敏质,而非护肤霜有毒所致。正当两父女逐渐释怀时,张厂长趁势又说:"虽然我们的护肤霜并没有毒,但造成小姐的不幸我们也有责任。因为小姐购买时,售货员肯定忘了询问是否皮肤过敏，也没叮嘱顾客注意说明书上的提醒，致使小姐误用了这种产品。"李小姐听后赶紧查看说明书，心中不禁懊丧。张厂长把握良机，又安慰道："小姐请放心，最近我厂跟皮肤专家合作研制专供过敏性人士使用的护肤品，效果都很好，等您痊愈后我派人送两瓶给您试用一下，保证不会再有过敏反应，也算是我们对今天误会的补偿，先生、小姐，您看如何？"可想而知这件事的结果自然是向好的事态发展了。

张厂长在接到投诉后，当机立断陪同顾客上医院检查，一为取得有力证据；二为彻底改变李家父女看法，让顾客体味亲切的关怀，使其产生好感，进而感激张厂长；三为验明一条戒律，即耐心倾听、婉转解释，绝对要比正面批评顾客与据理力争要有效得多。这个例子属于典型的"有理更让人"的推销技巧的有效应用，也深刻地阐释了说与听的辩证学问。

（三）提问技巧

在推销洽谈中，常常需要运用提问技巧来引起对方的注意，同时获得信息和资料，传达自己的感受，控制洽谈的方向。提问是推销面谈中非常有效的面谈方式，接近顾客时要懂得巧问。提问的关键不在于数量多少，而在于是否善于提出高质量的问题。与顾客面谈中常用的提问方式与技巧有以下几种。

1. **选择式提问**

选择式提问即将推销员自己的意见抛给顾客，给对方提出几种情况让他从中选择，陷顾客于"非此即彼"的选择境地。例如，"您看上的颜色是白色还是灰色？""您明天上午有时间还是下午有时间？"这种具有诱惑性的问句自然更容易使顾客坚定购买信念，并在限定的范围内加以选择。

2. **澄清式提问**

澄清式提问即让对方对其所说的话进一步确认的一种提问方式。例如，"您是说这类设备要订购100台吗？""您刚才说付款的方式可以商量，这是不是说你们可以如期支付这笔贷款？"

3. **探索式提问**

探索式提问即采用延伸、试探顾客的意见的提问方式。使用探索式提问，既可发掘较充分的信息，又可显示对顾客的关怀，以达到促销的目的。但是要问得恰当才能产生效果。例如，关于某名牌手表的推销，就有如下不同的问法，效果也不一样。如这样介绍："我是名牌手表的推销员，这是我厂生产的名牌手表，销量居世界前几位。"结果顾客无动于衷；另一种问法是："经理，久仰大名，知您日理万机，我想为您准确运筹时间提供一个从不偷闲的好帮手。"经理听后觉得被人理解很欣慰，又心生疑惑："好帮手是什么？""这是世界有名的走时准确的名牌手表，对于时间就是金钱的您，少得了吗？"推销员及时诱导与别开生面的推介，正合经理心意，双方于是成交。可见，同样的商品，不同的提问给人的感觉就是不一样。

4. **暗示式提问**

这种问句本身已强烈地暗示出预期答案，目的是争取对方就范，引导顾客做出符合推销员预期目的的回答。例如,可以问:"我认为那种机器很快就会被淘汰,对此您怎么看?"再如,这样问:"这种款式现在市场供不应求,价格还会上涨,您说是吗?"

当然,要想提问顺利进行,提问所用的技巧可淋漓尽致地发挥,但还需注意在提问时机、提问速度、提问次序及提问内容等方面的处理,适时适当,带针对性和逻辑性都是推销员应遵循的提问技巧准则。

5. 开放式提问

开放式提问是指提出的问题具有广泛的答复,不能简单地用"是"或"否"来回答。这种问句因为不限定答复的范围,所以顾客能畅所欲言,推销者因此能获得更多的信息。这种提问方式也能提高顾客参与洽谈的积极性。

(四)答复技巧

答复是推销员处理顾客提出异议、疑问,处理顾客投诉的一种常用方法。针对推销中不可避免的顾客异议、疑问、投诉,可分为正确、中肯和误解、偏见,甚至是恶意中伤、借口拒买等常见类型。针对问题的类型与内容实质,推销员应该以积极态度对待顾客的问题。

一般答复问题的技巧和策略有:掌握充分的思考时间去准备和答复顾客的异议;遇棘手问题要适当以资料不全等借口拖延答复;搞清顾客异议的真正意图后才予以答复;先主后次地进行回复、答疑;个别答复可选留有余地的、具有弹性的答案作答;答复中永远讲求适度,正确的答复未必是最好的答复;先让对方阐明其问题实质后才从容作答;对不值一提的问题可弃而不答等。

(五)提示购买技巧

提示购买的方式是指运用推销语言艺术对顾客心理状态迅速产生影响的面谈,推销员用含蓄、间接的方法对商品某些特性进行提示,使顾客产生联想,并进一步产生购买行为。提示购买的技巧包括以下几种。

1. 动意提示法

动意提示法即打动顾客购买意念的提示方法。根据推销心理学理论,任何一种观念,一旦进入顾客心里,只要不与顾客内心既有观念相抵触,往往就会导致一定的冲动性行为或动力反应。动意提示法正是运用了这一心理现象,通过动意提示给顾客提供观念刺激,以激发顾客的购买行动。

例证 10-11

"现在就买吧!冬天洗衣不冻手而且不影响晚上看电视。"推销员了解顾客冬天洗衣冻手,而且晚上洗衣看不好电视后,于是很有把握地向顾客提出购买全自动洗衣机的建议。

"朋友,请坐上这辆新车跟我去兜个圈子,让您看看这种最新式的汽车性能有多好!"在国外许多汽车修理厂的车间里,总有一些推销员特别关心那些等待修车的旧车主。

动意提示法可以直接传递商品信息,刺激顾客购买欲望,立即引起顾客的行为反应,迅速促成交易。但使用时应注意，动意提示的内容应直接诉述顾客的主要购买动机；为了使顾客产生紧迫感即增强顾客的购买动机，语言必须简练明确；应区分不同的顾客，对于那些内向、自尊心强、个性强等特征的顾客最好不使用动意提示法。

2. 借助名人提示法

这是推销员利用顾客对名人的崇拜心理，借助名人的声望来说服顾客购买的一种提示方法。

例证 10-12

"这种药是按宫廷秘方配制而成的！"这是借助宫廷显赫地位的作用来推销。"这是某电影明星喜爱用的化妆品！"推销员诉诸年轻姑娘崇拜明星的心理，诱发其购买欲望。

使用此方法应注意以下几点。
（1）所提示的名人或名物必须在社会上有名望或有名气，并且是广大顾客所熟知的。
（2）所提示的明星身份必须与推销品有关。
（3）所提示的明星必须是真人真事。

3. 联想提示法

这是一种通过提示使顾客产生某种联想，刺激其购买欲望的方法。联想提示法通过提示某些事实，描述某些情境，使顾客产生丰富的想象，使其在头脑中出现行为后果的图像，有利于刺激其购买欲望，人们将这类图像称为"语言画"。

例证 10-13

"您这个身材，穿这套时装会像时装模特一样引人注目。""孩子穿得活泼可爱，妈妈脸上也光彩呀。""您这么快就把货发回去，经理一定会高兴地夸赞您能干。""现在装修多花一点钱，将来人住进去可就舒适多了。"

使用此方法应注意以下两点。
（1）要能引起联想。"这沙发很好。"这样的话语无法让人产生联想；"您看这沙发的样式，摆在客厅多气派！"则会一下子令人联想到在豪华客厅摆放的效果。
（2）要可信。"这种可爱的洋娃娃，哪个孩子见了都会迫不及待地想抱在怀里。"这话不可信；"这种能发声、会眨眼的可爱的洋娃娃，许多小女孩都爱不释手。"这种表达就较为令人可信。

以上三种提示购买的方法，在运用上的重要区别是提示主体不同：动意提示法中，推销员是主体；明星提示法中，名人、名物是主体；联想提示法的主体是顾客自己。运用不同的提示法，应根据主体的不同来设计有针对性的提示内容。

三、消释异议的语言技巧

顾客异议是推销过程中顾客对推销人员、推销活动、推销品交易条件等所提出的疑问或反对意见。客户提出异议，表明他对推销产品有了某种兴趣，俗话说："嫌货才是买货人。"我国有句经商格言"褒贬是买主，喝彩是闲人"。客户有兴趣购买，才会提出更多的意见。只有成功地处理有关异议，才能有效地促成交易。有经验的推销员，都把顾客异议当作达成交易的起点。推销员应抓住顾客异议这一契机，热情欢迎其提出异议，并创造良好的气氛，让其一吐为快，从心理学来讲，这叫作"排除不满"或"感情净化"。从企业生产来讲，异议中指出的问题，有利于提高产品质量；从推销学来讲，有助于改进营销组合与推销工作。推销员这时如能耐心地对顾客进行说服，有策略地使顾客转变对商品的认识，及时地给顾客以较为满意的答复，就可以促使交易达成。"顾客是上帝""顾客总是对的"，这是推销时的原则或姿态，而不要将其当作一个判断来理解，因为谁的观点都不可能一贯正确。推销员要做到小事马虎，大事清楚，还应做到从大处着眼，从小事着手。富有创造性精神的推销员，都会将顾客异议看作是挑战，试为自己施展才华的大好机会。日本一位推销专家说得好："从事推销活动的人可以说是与拒绝打交道的人，战胜拒绝的人才是推销成功的人。"

为使商品推销成功，推销员必须具备丰富而娴熟的处理异议的语言技巧，能够根据顾客提出的不同异议，采取相应有效的方法与措施进行消释。

（一）需求异议处理技巧

需求异议是指顾客不需要或暂时不需要某种推销的产品而产生的异议。它往往是在推销员向顾客介绍产品之后，顾客首先提出的一种异议，如"我们不需要这种产品""我早已经买了""这商品对我没用""我的存货很多，不进了"等。顾客之所以拒绝，也许他确实不需要，也许他不愿直接回答你的问题而捏造了借口，也许他存在着需要但他本身并没认识到。这种异议会把一个没有防备的推销人员打得丢盔卸甲。

推销人员应该仔细分析顾客需求异议产生的根源，如果顾客真的不需要，那么应该停止介绍，而不要滔滔不绝地进行强卖，也不要显出一副颓丧落魄的样子，对方不但不会同情反而会反感。所以推销员即使心里不高兴，表面上仍要开朗自若，保持和蔼可亲的神态，礼貌地告辞，走时可说"打扰您，不好意思""即使不买，我仍祝您好运"等一类话。这样一来，你那不气馁的形象会给对方留下一个良好的印象，可为下次"继续访问"做好铺垫。

当顾客的需求异议是虚假的或有需求而没认识到时，处理的关键是让顾客相信"这商品正是你需要的，你能从购买中受益"，即先让他动心，再向他推销产品。

例证 10-14

一位中年妇女说："这种时装太时髦了，我这年纪怎么穿得出去？不要！不要！"售货员答道："这种衣服颜色鲜艳，款式新颖，年轻人买的很多。不过，人到中年更需要打扮，这件衣服您穿上很合适。事实上有不少您这个年纪的人买，穿上起码年轻10岁。"于是顾客高兴地购买了。又如，一家商场经理对推销员说："我们从来不卖按摩器，这产品不好卖！"面对对方的断然拒绝，推销员说："我们在你市几家小商店试销走势都很好，你们是否试销一下？如果销路好，就继续销；如果不好，就中止，您看如何？你们可以预付50%款，销完再付50%；若滞销，退货还款。"几经协商，经理按推销员的条件订购了一批产品。

（二）产品异议处理技巧

产品异议指顾客对产品的质量、规格、大小、款式、包装、设计等方面提出的异议。顾客之所以提出产品异议，有可能是不想购买推销的产品，认为没有竞争对手的产品好；还有一种可能是想借此异议来压低产品的价格。这种异议处理的关键是推销员必须首先对产品有充分的认识，然后再根据不同的顾客采用不同的办法去消除其异议。如，顾客说："你们的电池爆炸了，我们不买。"推销员答："您误会了，不是电池爆炸，而是他们的电池盒设计不合理，温度升高后，电池盒涨破了。这个问题已解决，××管理局还为此发了文件，我拿给您看下。"再如，一位家庭妇女欲买厨房用具，提出异议："这种盘子太轻了。"推销员回答："轻，正适合您使用。这种盘子就是根据女子力气小的特点设计的，所以现在十分热销。"这种利用顾客异议反守为攻的方法，直接印证顾客自己说的话，又提供有关信息，以事实和证据服人，自然很有说服力，这不仅有利于保持良好的推销气氛，往往还可以顺水推舟，促使成交。

例证 10-15

一个农夫在集市上卖玉米。因为他的玉米特别大，所以吸引了一大堆买主。其中一个买主在挑选的过程中发现很多玉米上都有虫子，于是他故意大惊小怪地说："伙计，你的玉米倒是不小，只是虫子太多了，你想卖玉米虫呀？可谁爱吃虫肉呢？你还是把玉米挑回家吧，我们到别的地方去买好了。"

买主一边说着，一边做着夸张而滑稽的动作，把众人都逗乐了。农夫见状，面带微笑却又一本正经地说："朋友，我说你是从来没有吃过玉米还是咋的？我看你连玉米质量的好坏都分不清，玉米上有虫，这说明我在种植中没有施用农药，是天然植物，连虫子都爱吃我的玉米，可见你这人不识货！"接着，他又转过脸对其他的买主说："各位都是有见识的人，你们评评理，连虫子都不愿意吃的玉米就好吗？"

他说完了这一番话语，又把嘴凑在那位故意刁难的买主耳边，故作神秘状，说道："这么大，这么好吃的棒子，我还真舍不得这么便宜地就卖了呢！"

农夫的一席话，顺此机会把他的玉米个儿大、好吃，虽然有虫但是却是绿色有机农作物的特点表达出来了，众人被他的话语说得心服口服，纷纷掏出钱来，不一会儿工夫，农夫的玉米就销售一空。

（三）货源异议处理技巧

这是指顾客对推销品来源于哪家企业和哪个推销员而产生的不同看法。如，"没听说过你们这家企业""很抱歉，这种商品我们和××厂有固定的供应关系"。货源异议说明顾客对产品是需要的，推销机会是存在的，这时推销员可以询问顾客目前用的产品品牌和供应厂商。如所用产品与推销品类似，则可侧重介绍推销品的优点；如两种产品不同，则货源异议并不成立，成功的希望更大，推销员可着重说明两种产品的不同点，详细向顾客分析自己的推销品会给他带来何种新利益。

例证 10-16

顾客说:"我从来没听说过你们公司和产品,我们只和知名企业打交道。"推销员说:"是啊,但您是否知道,我们公司今年已占了本地市场销售额的 40% 呢?"然后又用简洁的语言向顾客介绍企业的生产、引以为豪的业绩、公司的发展前景等,尽量解除顾客的疑虑和不安全感,同时特别强调所推销的产品会给顾客带来的利益。当他向顾客证明了自己所提供的产品比其他企业提供的同类产品更物美价廉时,他就击败了竞争对手,获得了交易成功。

(四)价格异议处理技巧

价格异议是精明老练的顾客希望保证最优和最低价格而使用的讨价还价工具,这是一种最常见的异议。"这货价格太高了""要价太高了,别人的比你的便宜",诸如此类的异议,都是顾客受自身的购买习惯、购买经验、认识水平及外界因素影响而产生的一种自认价格过高的异议。推销员如果无法处理这类异议,推销十有八九不会成功。在实际推销中,当顾客提出价格异议时,往往表明其已有购买推销品的意愿,这时就看推销员如何向顾客证明价格并不高,或价虽高但物有所值,或将价高作为有利条件促成顾客购买。例如,有一位妇女想买一瓶美容霜,但嫌贵。推销员看出她的犹豫,就说:"这一瓶 42 元,的确不便宜。不过,它能用大半年呢。照这样算的话,您每月只需花 7 元钱,每天只花 2 毛多钱,还比不上一个冰淇淋呢!这可是太便宜了。"这位妇女点了点头,一边掏钱一边直夸道:"你很会说话。"

例证 10-17

顾客说:"这别墅要价太高了,别处的都比这儿便宜。"推销员说:"先生,买了这套别墅,除了屋内居住舒适外,您还能欣赏到春色满园的湖景,那里盛产鲈鱼。您还可以终生使用那个高尔夫球场,同时可以随心所欲地在宁静的天然小径上散步或骑车。在那儿您能悠闲自在地生活,远离城市的烟雾、噪声和拥挤,这将使您延年益寿,更重要的是会令您生活愉快!这种别墅最能表明人的身份,只有高收入、高品位的人才会买。"推销员的说辞,首先给顾客以实事求是的印象,增强了顾客对推销员的信任感;其次通过提示和分析推销品的优点,使顾客感到物有所值,从而获得心理平衡。因此顾客没有再在价格上争执,终于购买了这套别墅。

又如,在华侨商店里,一对外商夫妇对一只标价 8 万元的翡翠戒指很感兴趣,但由于价格太贵,犹豫不决,于是说:"家里已有一只翡翠戒指了。"售货员见此情景就主动介绍说:"某国总统夫人也曾对它爱不释手,但由于价格太贵,没有买。"这对夫妇闻此言,其好胜心油然而生,当即付款买下,随后得意扬扬,感觉自己比总统夫人还阔气。

(五)服务异议处理技巧

服务异议是指顾客对购买产品后是否能得到运输、售后服务、安装调试、产品保修等售前、售中或售后服务的服务项目而提出的异议。从营销学的产品整体概念分析,服务是产品的附加部分,但服务竞争已成为现代企业推销的一种重要手段,在产品质量一样的情况下就要看谁的服务更好。优质的服务能够增强顾客购买商品的决心，树立企业及产品的信誉。所以现在许多家用电器厂都在全国各地设立特约安装、维修点，并在商品说明书中详告顾客维修地址与电话。对待顾客的服务异议，推销员应诚恳接受并耐心解释，以树立企业良好的形象。

案例

  一次，一位经营通用机械的跨国公司推销员向农民推销一种先进的农业机械。一个农民说："你们公司在我们国家只有很少几个经销维修点，而且离我们农场很远，今后机械零件损坏怎么办？"推销员回答："本公司不提供机械服务。但我们在进行了严格测试的基础上，为每台机械配足了使用寿命所需的配件，一旦机械出现问题时，你们可以自己更换零件和维修，这样既省钱又不会误时。"

  当顾客因服务问题而向你抱怨时，你应该首先向顾客道歉，然后问清情况，力争解释清楚，但不要强调理由，要耐心听听顾客的牢骚，让其消消气，并表示愿意向公司汇报，并且今后会努力改进。这种方式有利于留住老客户，维持良好的供求关系。

  （六）购买时间异议处理技巧

  这是指顾客有意拖延购买时间的异议。推销员费了许多口舌，顾客也表示对产品满意，就在推销员满心欢喜地等顾客购物时，顾客忽然说："过两天再说吧，我回去再考虑考虑。"或者说："我们还要研究一下，过几天再给你回话。"一般来说，当顾客提出购买时间异议时，往往表明他愿意购买这种商品，只是想推迟购买时间。购买时间异议的根源比较复杂，例如，顾客尚未做出购买决策、顾客资金周转困难、顾客存货过多等。对时间异议，推销员切不可忽视，现代市场营销环境瞬息万变，俗话说"夜长梦多"。顾客拖延越久，则导致不利推销的变化越大，一时的疏忽大意，往往会招致意想不到的后果。

  碰到时间异议，要分析一下原因，是顾客对产品缺乏信心，是生性优柔寡断，还是一时资金周转困难。对于前两种情况，可以再向他重申产品对他的益处，并告诉他："放心吧，很多人都买过，商品质量如有问题，可以拿来退货。"对于第三种，确实得等待，但可以试着与对方签订合同，先把货物交给买主，然后再约定收款时间。

  如果顾客说："现在才五月份，到销售旺季我起码得压两个月的库存，过一段时间再说吧。"推销员此时可以回答："是得压近两个月的库存，但你可以享受季节折扣，而且可以提前开市，算起来您进这批货还是挺合算的。"

  以上各种顾客异议都十分容易导致僵局，所以碰到任何顾客异议，推销员都应力避僵局的出现，因为一旦形成僵局，再去补救则非常困难，可能要多花几倍力气。在实际推销中，推销员要随机应变，灵活使用各种方法和技巧，能破除障碍则破之，否则干脆用聪明的办法绕行，重新回到有共同语言的话题上去。当你越过异议这一鸿沟时，你就与成功近在咫尺了。

四、商品成交的语言技巧

  成交是顾客对推销人员和推销产品的一种肯定性的表态。它是推销过程中最关键的阶段，是每一位推销员最渴望达到的。因此，在推销障碍排除后，一旦时机成熟，就要立即提出成交，不能延迟耽误，以免错失良机。一般来说，购买前夕，也是顾客警惕性最高之时，他会再次反复权衡利弊，以形成是否购买的决断。所以，推销员仍应巧妙地运用推销语言艺术，牢牢地把握成交的主动权。

国外推销学家和国内许多优秀的推销员，通过对成交进程进行大量的研究，发现了商品成交活动的基本规律，总结出了一套行之有效的商品成交语言方法和技巧。

（一）请求成交法

请求成交法也称直接成交法。它是推销员主动提出成交要求，要求顾客购买产品的成交方法。一般来说，经过一番面谈消释异议后，双方对主要问题的看法趋于一致时，推销员就应抓住时机，及时直接请求成交，便可有效地达成交易。

例证 10-18

"张经理，您刚才提出的问题都解决了，这次您想购买多少？""我给您包起来好吗？"一般情况下，主要问题基本明确后，就要及时提出成交要求。又如，"林厂长，谈了半天，您很忙，我也该告辞了，您要求什么时间交货？"顾客已愿购买，只是迟迟不做决定，为节省时间，推销员应施加成交压力，直接要求成交。

请求成交法可以促使顾客立即做出购买反应，立即达成交易，提高推销工作效率。它体现了现代推销精神——灵活机动，主动进取。但必须看准时机，否则，盲目要求成交，则可能失去成交控制权，造成被动局面。

（二）假定成交法

假定成交法是推销员假定顾客已经接受推销建议，直接谈及购买细节而促成交易的成交方法。假定成交法不主动谈及是否购买的话题，以减轻顾客做出购买决策的心理压力，通过"暗度陈仓"的方式自然过渡到成交的实质性活动上。假定成交法的主要优点是可减轻顾客的成交压力，用暗示成交将顾客的成交意向直接转化为成交行动。

例证 10-19

在推销某款汽车时，推销员认为某顾客有较强购买意向时，就不必再问他是否决定购买，而应不失时机地问："您要哪种颜色的？明天就可以提货。"

又如"这些花儿我给您包扎好。"售货员看准时机，假定顾客已决定购买，对方一点头，交易就完成了。

（三）选择成交法

选择成交法是指推销员向顾客提出若干购买方案，要求顾客选择其中一种购买方案的成交方法。这是假定成交法的应用和发展，即在假定成交的基础上向顾客提供成交决策选择方案。在实际推销中，此法用途广泛，具有明显的成交效果。选择成交法似乎把成交的主动权交给了顾客，而实际上是把成交的选择权交给顾客。不是买或不买，而是将选择限定在成交范围之内，如不同的数量、颜色、样式等，顾客选来择去，结果都是成交。这种方法，既可减轻顾客成交的心理压力，又可转移顾客的注意力，让顾客觉得是自己做出购买决策的，同时使其难以全部拒绝成交选择方案。

例证 10-20

"王处长，先要 10 吨还是 20 吨？""李厂长，您要大包装的还是小包装的？""先生，现在送货还是明天送货？"

又如，酒吧的服务员对顾客说："先生，请这边坐。您是喝可乐、七喜还是咖啡？"在这种情况下，服务员就是假定顾客一定会要饮料，然后向其提供服务项目，直接假定成交。

（四）从众成交法

从众成交法是指推销员利用顾客的从众心理来促成顾客采取购买决策的成交方法。顾客在购买商品时，不仅要考虑自己的需要，受自己购买动机支配，还要顾及社会规范，服从于某种社会压力，以多数人的行为作为自己行为的参照。从众成交法正是利用人们的这种社会心理，创造一种争相购买的热闹气氛促进成交的。由于人人都有不同程度的从众心理，推销员就可利用一部分顾客的购买行动去吸引另一部分顾客，在无形中给顾客施加一定的社会心理压力，以促成交易。从推销心理学理论看，顾客之间的相互影响和相互说服力，要大于推销员的说服力。

例证 10-21

"这是今年最流行的时候，您要一件多大号的？""这种新式取暖器非常受欢迎，顾客买的很多。"这类语言都是在利用顾客的从众心理来推销商品。

（五）小点成交法

小点成交法，又称为"避重就轻成交法"或"次要问题成交法"。这是推销员通过次要问题的解决，逐步过渡到达成交易的成交方法。一般情况下，顾客对于重大的成交问题，往往比较慎重、敏感，缺乏购买信心，不会轻易做出明确的决策，甚至故意拖延成交时间，迟迟不愿表态。而在较小的问题上，顾客常常比较果断，容易做出明确的决策。小点成交法正是利用顾客这一成交心理活动规律，避免直接提示重大的和敏感的成交问题，而是先强调较小的顾客不太敏感的问题，先小点成交，再大点成交，先就成交活动的具体条件、内容达成协议，再就成交活动本身与顾客达成协议，最后达成交易。

例证 10-22

推销洽谈中顾客提出资金紧张，推销员见机而言："这个问题不大，对于你们这家历来讲信誉的企业,可以让你们分期付款。怎么样?明天就发货吧?"

又如,某推销员到一个住户家中推销家具,当介绍并展示了家具的图片后,妻子对丈夫说:"我妈10号要来,如果我们看中了,就应在10号前买下来。"这位有经验的推销员记在心中。过了一会儿,推销员微笑着对那位妻子说:"我能看出您喜欢这个式样的家具。您妈妈5号要到这儿来,是吗?"她说:"不,是10号来。""那么说,8号给您送货最合适了?""是的。""让我把这日子记下来。"推销员刷刷地写在订单上。推销员又说:"咱们瞧瞧,您喜欢用古铜色的家具来配您胡桃木色的壁纸,是吗?"她说:"不,我喜欢黑檀色的。"推销员答道:"好,我把这记下来。"说着他又填到了订单上。这位推销员没有直接提示重大的成交问题,而是先提出送货日期、家具颜色之类的问题,先促成小点成交。推销员每出一个错,顾客就纠正一次,推销员就把纠正的答案记下来,顾客接受了小点成交,最后也就购买了家具。

(六)优惠成交法

优惠成交法又称为让步成交法,指推销人员通过向顾客提供优惠的条件而促使顾客下决心购买的一种成交方法。

例证 10-23

在销售某些季节性强、市场竞争激烈的产品时,在临近签约的阶段,销售人员可以说:"先生,如果您现在购买我们的产品,我可以给您特别的优惠,再降价5%,并免费保修三年。"销售行业目前普遍采取的赠送促销、免费服务、送货上门等,都是优惠成交法的运用。

(七)机会成交法

机会成交法是指直接向顾客提示最后成交机会而促使顾客立即购买的一种成交方法。"机不可失,时不再来",能否抓住有利机会和及时利用机会,关系到人们的利益得失,谁也不愿失去对自己有利的机会,在最后机会到来时,人们往往相当果断。因此,当推销员向顾客提供最后的有利机会时,可以使顾客当机立断,迅速购买。

例证 10-24

某商店告示:"我店即将搬迁,全部商品降价20%,到本周日为止,欲购从速。"这就是直接提示最后成交机会,施加一定的机会成交心理压力,结合优惠条件,促使顾客立即购买。

又如,某推销员正在推销甲、乙两座房子。他想卖出甲房子,因此在与顾客交谈时说:"您看这两座房子怎么样?现在甲房子已在两天前被人看中了,要我替他留着,因此您还是看看乙房子吧,其实它也不错。"顾客当然两座房子都要看,而推销员的话也在顾客心中留下了深刻的印象,产生了一种"甲房子被人看中,肯定比乙房好"的遗憾。到这里,推销员已很圆满地设下了一个圈套,也可以说出色地完成了整个推销工作的一半了,就等顾客来钻这个圈套。过了几天，推销员兴高采烈地找到这位顾客，说："您现在可以买甲房子了。您真是幸运！以前订甲房子的先生，由于银根紧，只好先不买房。于是我就把这房子留给了您。"听到这里，顾客当然很高兴自己能有机会买到甲房子，现在自己想要的东西送上门了，眼下不买，更待何时？因此，买卖甲房子的交易很快就达成了。

再如，夏末秋初，美国西雅图的一家百货商店积压了一批衬衫，老板让店员在门前的广告牌上写上"本店售时尚衬衫，每人限购一件"，并交代店员，凡购两件以上的，必须经经理批准。第二天，过路人纷纷进店抢购，于是店里积压的衬衫被销售一空。

（八）保证成交法

保证成交法是指推销人员直接向顾客提出保证，允诺担负交易后的某种行为，促使顾客立即成交的成交方法。例如，"您放心，我们会有优质的售后服务，电话随叫随到。"

除以上几种成交方法外，还有试用成交法、异议成交法等，各种方法也可以交替、配合使用。推销员应根据推销的具体环境，灵活变通地运用各种成交语言技巧与方法，及时有效地促成交易，创造辉煌的推销业绩。

五、收回货款的语言技巧

在现代推销活动中，赊销预付是一种正常现象，是一种商业信用，因此，收回货款也自然成为推销员的一项重要工作任务。推销员在收款日要早早拜访，收款时要信心十足地走进门去。一般来说，为收款登门拜访时，不需要闲聊，稍事寒暄就可以坦率地说明今天的目的是收款，拖泥带水反倒会让对方设立防线。

收回货款时可以根据不同的情况灵活采用以下几个语言技巧。

（一）直表来意

"您好！王经理。前天我们在电话里约好今天结算衬衣的货款。"

开头时应理直气壮，直表来意，让对方明白是他欠你的，而不是你欠他的。如果对方没有让你多费口舌就支付了货款，那么你应该说："与您这样爽快的人打交道真是非常愉快！以后在生意上我们会尽量照顾您这种老客户。谢谢！"然后马上告辞。为显示专程前往该处拜访，临走时不可说"还要到另一客户那儿去"之类的话。

（二）试探权力

如果对方说自己不负责或无权管这事，这时就应分清他所言是真是假。可以通过他的眼神、表情及其他人对他的态度加以辨别，也可以试探地说："您就别谦虚了！谁不知道在这儿什么事都是您说了算！"如果他笑而不答，那他定是关键人物；如果他确实无权管付款之事，他也可能不愿被你纠缠，而会告诉你谁是关键人物。

（三）赞美对方

见到关键人物时，如果你能博得他的认可，就会比较容易收回货款。因为支付款项的权力在他手里，他认为能办成的事就能办成，所以事先不妨赞美对方几句："这件事，只有您能解决，别人想管也管不了啊。""这还不是您一句话的事儿！"如果领导爱面子，不妨这样来刺激他："我们卖货给一些小公司，货款都能按期入账，人家听我说收不回您这大型企业的款，都不相信！"

（四）给对方台阶

推销员收款时，常会听到这样的回答："不是我们不给钱，实在是资金短缺，没钱可给。我们也想按时付款，但真的是心有余而力不足呀！"这话听起来似乎合情合理，要是再催还真有些说不过去。其实不然。面对一口咬定"没钱"的顾客，要做好打攻坚战的准备，就有希望取得突破性的进展。例如，对方若是个通情达理并富于同情心的人，你可以说："谁不知道您这企业的名气啊！在全省也是数得着的大户，我要是对别人说你们没钱付货款，谁会相信？其实我知道，您这一阵子主要是太忙……"这样就压倒了对方没钱的借口，而且给对方一个台阶下，顾客这时就有可能识趣地和你达成一致。

（五）小让步

如果对方坚持说自己没钱，你就肯定地说自己更没钱，不收回这笔钱企业正常生产都无法维持。你可以说："其实我也知道您很困难，但我比您还要难呀！现在生意难做，我厂上个月好不容易签订了一个合同，到现在还没把原材料款备齐呢！今天我到您这儿来，厂长、科长都等着。咱们就相互体谅点儿，您这次先支付给我90%怎么样？"

如果对方仍说没钱，你可再做一个小的让步："那就这样吧，我也不给您添更多的麻烦了，您就支付给我80%，让我回去应应急，行不行？"因为你已连做了两次让步，对方便不好意思一直说自己没钱，你就有可能有得而归。

（六）分析利弊

有时候推销员也可以通过剖析对方的产销情况，暗示自己清楚对方"没钱"只是个借口。如，可以向对方说明及时结清货款对客户的信誉及企业形象是至关重要的事情；货款的收支，有利于双方进一步合作，发展更多更广的贸易关系，对顾客来说也是利益所在；拖欠货款只会危及企业的长远发展，对有心大展宏图的企业来说得不偿失。只要你说得在理，点中了顾客的要害，就会大大有助于你的收款工作。

（七）优惠待遇

当普通的说理催促都不起作用时，可采用优惠待遇鼓励先付款、现金付款。例如，告诉对方，及时结清货款可以给予九八折等的优惠，还可选择有关人员，通过奖励办法促其帮助收款或协助收款。这种办法可以使推销员分出身来，以他人作为自己的代表到顾客处去催讨货款，无疑增加了催收款的次数。尤其是选择顾客的朋友、同乡等去进行"感情沟通"式的收款，效果往往会更明显。

（八）诉诸法律

当以上诸法都不能奏效时，可警告顾客将诉诸法律收款。有些顾客看到将上法庭，为避免扩大不利的影响，则会尽量付清货款免上法庭。而对无视警告顽固拒不付款者，则应诉诸法律收款。

总之，为"防患于未然"，推销前对顾客进行信用调查是保证及时如数收回货款的重要措施，推销员收款要注意时机，应在顾客账面有款时收款；赊销商品要明确回款日期，拖欠也要商定具体拖欠的期限，不给对方留有拖欠的余地；要按商定日期上门，不给对方留有借口。

思考与训练

1. 推销的含义是什么？
2. 推销的形式有哪些？
3. 推销有哪些基本原则？
4. 推销的语言技巧有哪些？
5. 组成小组，模仿实际销售场景，训练推销语言技巧。
6. 在校园自己进货并推销产品。
7. 如有条件，可在商场或其他地方做一次兼职推销员。

参考文献

[1] 欧阳友权，朱秀丽．实用口才训练[M]．3版．长沙：中南大学出版社，2005．

[2] 周彬琳．实用口才艺术[M]．大连：东北财经大学出版社，2006．

[3] 张波．口才训练教程[M]．北京：机械工业出版社，2006．

[4] 傅春丹．案例式演讲与口才[M]．广州：广东高等教育出版社，2005．

[5] 周琼，吴再芳．商务谈判与推销技术[M]．北京：机械工业出版社，2005．

[6] 周久云，张静．实用口才训练[M]．上海：东华大学出版社，2008．

[7] 马志强．语言交际艺术[M]．北京：中国社会科学出版社，2006．

[8] 戴尔·卡耐基．卡耐基经典口才[M]．柳青，编译．呼伦贝尔：内蒙古文化出版社，2001．

[9] 李正堂，蒋心海．语言的魅力[M]．北京：海潮出版社，2002．

[10] 周靖．语言交际的艺术[M]．北京：华文出版社，1995．

[11] 王沪宁，俞吾金．狮城舌战：首届国际大专辩论会纪实与评析[M]．上海：复旦大学出版社，1993．

[12] 康家珑．语言的艺术[M]．北京：海潮出版社，2003．

[13] 张晓豪．左右谈判[M]．西安：西安交通大学出版社，1999．

[14] 刘善才．口语艺术[M]．西安：陕西旅游出版社，2001．

[15] 田丽．这样说话最有效[M]．北京：金城出版社，2002．

[16] 《演讲学》编写组．演讲学[M]．郑州：河南人民出版社，1988．

[17] 国家教育委员会师范教育司．教师口语训练手册[M]．北京：北京师范大学出版社，1994．

[18] 季世昌，朱净之．演讲学[M]．南京：江苏教育出版社，1986．

[19] 邵守义．实用演讲学[M]．北京：中国青年出版社，1985．

[20] 邵守义．演讲学[M]．长春：东北师范大学出版社，1991．

[21] 谢诚诺，张兆宏．实用交际语言艺术[M]．南宁：广西民族出版社，1993．

[22] 王敏学．师范生实用口语训练[M]．北京：华夏出版社，1990．

[23] 冯必扬．通往雄辩家之路：辩论学导论[M]．上海：上海人民出版社，1989．

[24] 陈准，周建设．实用论辩艺术[M]．长沙：湖南科学技术出版社，1990．

[25] 李元授，李鹏．辩论学[M]．武汉：华中理工大学出版社，1997．

[26] 张霭珠．谋略之战：辩论赛的理论、筹划与运作[M]．上海：复旦大学出版社，1997．

[27] 赵传栋. 论辩原理[M]. 上海：复旦大学出版社，1997.

[28] 刘伯奎. 教师口语：表述与训练[M]. 上海：华东师范大学出版社，1994.

[29] 刘伯奎. 口才与演讲：技能训练[M]. 北京：中国人民大学出版社，2002.

[30] 争鸣辩论网，http://www.bianlun.com.

[31] 交际与口才网，http://jjkc.qikan.com.

[32] 中国演讲与口才训练网，http://www.yj1234.com.